吴宓的精神世界

周铁群 著

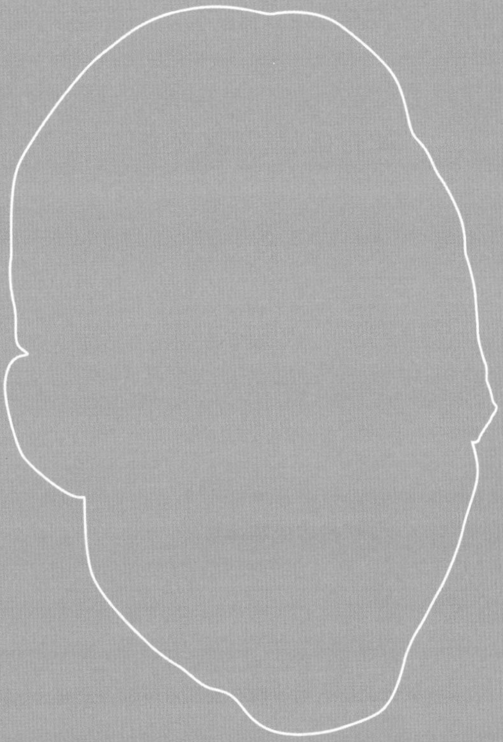

商务印书馆
创于1897 The Commercial Press

图书在版编目(CIP)数据

吴宓的精神世界/周轶群著. —北京:商务印书馆,2023(2024.4 重印)
ISBN 978 - 7 - 100 - 22169 - 6

Ⅰ.①吴… Ⅱ.①周… Ⅲ.①吴宓(1894—1978)—人物研究 Ⅳ.①K825.46

中国国家版本馆 CIP 数据核字(2023)第 047346 号

吴宓的精神世界
周轶群 著

商 务 印 书 馆 出 版
(北京王府井大街36号 邮政编码100710)
商 务 印 书 馆 发 行
北京市艺辉印刷有限公司印刷
ISBN 978 - 7 - 100 - 22169 - 6

2023 年 6 月第 1 版　　开本 880×1240 1/32
2024 年 4 月北京第 2 次印刷　　印张 15⅞ 插页 5

定价:78.00 元

图 1　1921 年，吴宓在东南大学任教

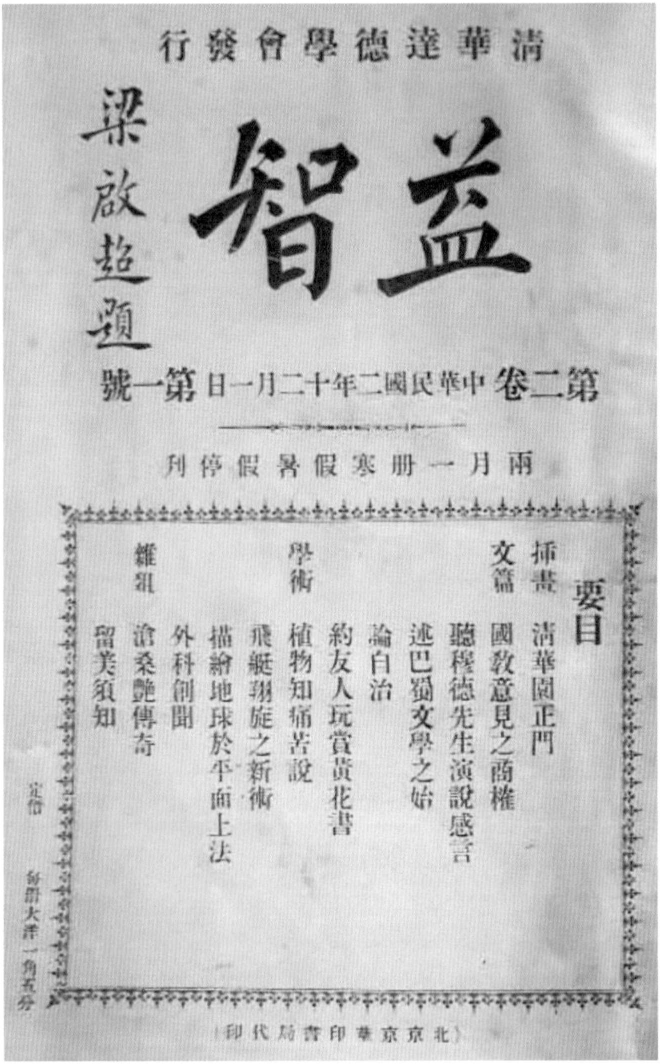

图 2　吴宓翻译的《沧桑艳传奇》（Evangeline，朗费罗作）
发表于《益智》1913 年第 2 卷第 1 号

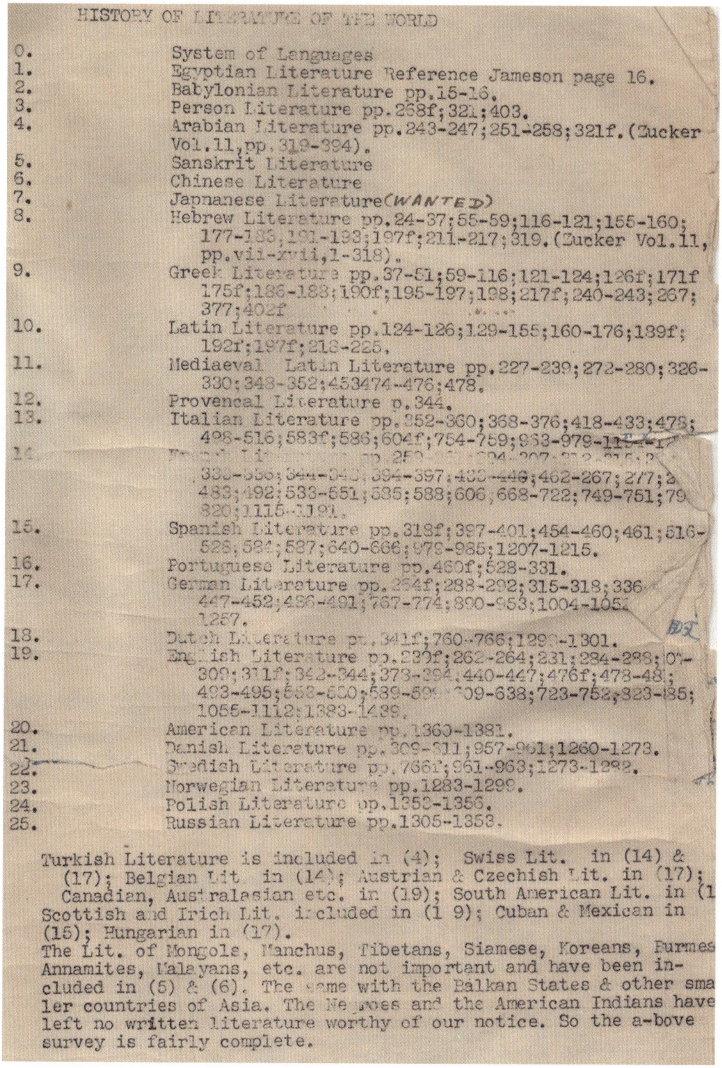

HISTORY OF LITERATURE OF THE WORLD

0. System of Languages
1. Egyptian Literature Reference Jameson page 16.
2. Babylonian Literature pp.15-16.
3. Person Literature pp.268f;321;403.
4. Arabian Literature pp.243-247;251-258;321f.(Zucker Vol.11,pp.319-394).
5. Sanskrit Literature
6. Chinese Literature
7. Japanese Literature(WANTED)
8. Hebrew Literature pp.24-37;55-59;116-121;155-160; 177-183;191-193;197f;211-217;319.(Zucker Vol.11, pp.vii-xvii,1-318).
9. Greek Literature pp.37-51;59-116;121-124;126f;171f 175f;186-188;190f;195-197;198;217f;240-243;267; 377;402f
10. Latin Literature pp.124-126;129-155;160-176;189f; 192f;197f;218-225.
11. Mediaeval Latin Literature pp.227-239;272-280;326-330;348-352;453474-476;478.
12. Provencal Literature p.344.
13. Italian Literature pp.352-360;368-376;418-433;478; 498-516;583f;586;604f;754-759;963-979-11[illegible]
14. French Literature pp.25[illegible] 333-336;344-348;394-397;433-440;462-267;277;2[illegible] 483;492;533-551;585;588;606;668-722;749-751;79[illegible] 820;1115-1191.
15. Spanish Literature pp.318f;397-401;454-460;461;516-528;584;587;640-666;978-985;1207-1215.
16. Portuguese Literature pp.460f;528-331.
17. German Literature pp.264f;288-292;315-318;336[illegible] 447-452;486-491;767-774;890-953;1004-105[illegible] 1257.
18. Dutch Literature pp.341f;760-766;1299-1301.
19. English Literature pp.230f;262-264;231;284-288;[illegible]-309;311f;342-344;378-394.440-447;476f;478-48[illegible]; 493-495;552-560;589-59[illegible] 609-638;723-752;823-[illegible]85; 1055-1112;1383-1439.
20. American Literature pp.1360-1381.
21. Danish Literature pp.309-311;957-961;1260-1273.
22. Swedish Literature pp.766f;961-963;1273-1282.
23. Norwegian Literature pp.1283-1299.
24. Polish Literature pp.1352-1356.
25. Russian Literature pp.1305-1353.

Turkish Literature is included in (4); Swiss Lit. in (14) & (17); Belgian Lit. in (14); Austrian & Czechish Lit. in (17); Canadian, Australasian etc. in (19); South American Lit. in (1[illegible] Scottish and Irich Lit. included in (1 9); Cuban & Mexican in (15); Hungarian in (17).
The Lit. of Mongols, Manchus, Tibetans, Siamese, Koreans, Burmes[illegible] Annamites, Malayans, etc. are not important and have been included in (5) & (6). The same with the Balkan States & other sma[illegible]ler countries of Asia. The Negroes and the American Indians have left no written literature worthy of our notice. So the a-bove survey is fairly complete.

图3 吴宓《世界文学史大纲》

（西南联大外文系1944年油印本）

图4　吴宓在昆明西南联大任教（杨立达摄）

图 5　吴宓读经笔记（一）

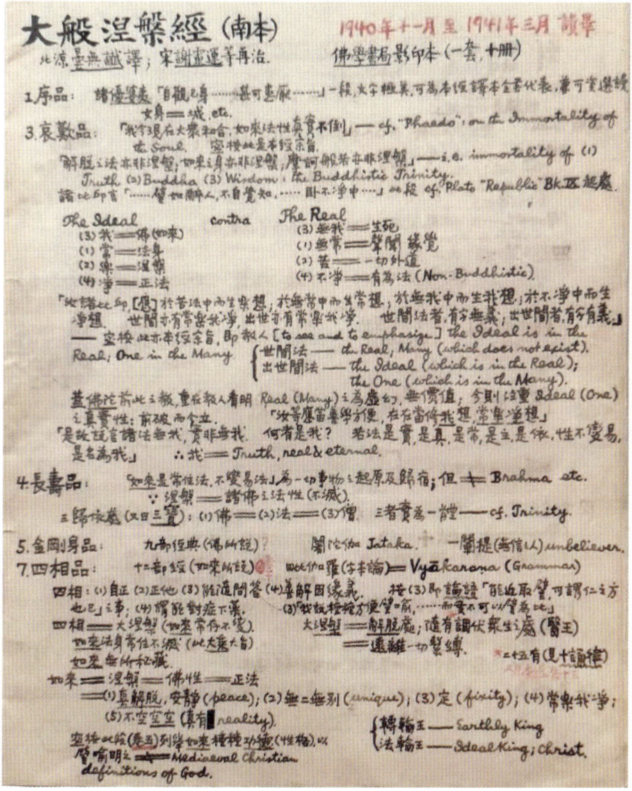

大般涅槃經（南本）　　1940年十一月至1941年三月 讀畢
北涼曇無讖譯；宋謝靈運等再治.　　佛學書局影印本（一套，十冊）

1.序品：　諸優婆夷「自觀己身……甚可惡厭……」一段，文字極美，可為本經譯本全書代表，兼可資選讀．
　　女身＝城，etc.
3.哀歎品：　「我今現在大衆和合，如來法性真實不倒」—cf. "Phaedo"; on the Immortality of the Soul.　案按此是本經宗旨．
　「解脫之法亦非涅槃；如來之身亦非涅槃；摩訶般若亦非涅槃」—i.e. immortality of (1) Truth (2) Buddha (3) Wisdom: the Buddhistic Trinity.
　諸比丘言「……譬如醉人，不自覺知，……臥不淨中……」此段 cf. Plato "Republic" Bk.IX 起處．

The Ideal　　contra　　The Real
(3) 我＝佛（如來）　　(3) 無我＝生死
(1) 常＝法身　　(1) 無常＝聲聞 緣覺
(2) 樂＝涅槃　　(2) 苦＝一切外道
(4) 淨＝正法　　(4) 不淨＝有為法（Non-Buddhistic）．

「汝諸比丘，[應]於苦法中而生樂想；於無常中而生常想；於無我中而生我想；於不淨中而生淨想．　世間亦有常樂我淨，出世亦有常樂我淨．　世間法者，有字無義；出世間者，有字有義．」—案按此亦本經宗旨，即教人 [to see and to emphasize] the Ideal is in the Real; One in the Many
{世間法—the Real, Many (which does not exist).
{出世間法—the Ideal (which is in the Real); the One (which is in the Many).
蓋佛陀前此之教，重在教人看明 Real (Many) 之為虛幻，無價值；今則注重 Ideal (One) 之真實性：前破而今立．　「汝等應當善學方便，在在當修我想，常樂淨想」
「是故說言諸法無我，實非無我．何者是我？若法是實，是真，是常，是主，是依，性不變易，是名為我」　∴我＝Truth, real & eternal.

4.長壽品：　「如來是常住法，不變易法」為一切事物之起原及歸宿；但≠Brahma etc.
　∵涅槃＝諸佛之法性（不滅）．
　三歸依處（又曰三寶）：(1)佛＝(2)法＝(3)僧　三者實為一體—cf. Trinity.

5.金剛身品：　九部經典（佛所說）？　闍陀伽 Jataka．　一闡提（無信之人）unbeliever.
7.四相品：　十二部經（如來所說）　毗伽羅（字本論）＝Vyākarana (Grammar)
　四相：(1)自正 (2)正他 (3)能隨問答 (4)善解因緣義．　按(3)即論語「能近取譬，可謂仁之方也已」之事；(4)謂能對症下藥．　(3)「我說種種方便譬喻，……而實不可以譬為比」
　四相＝大涅槃（如來常存不變）．　大涅槃＝解脫處；隨有調伏衆生之處（醫王）
　如來法身常住不滅（此大乘大旨）　＝遠離一切繫縛．
　如來無所秘藏．　＊二十五有（見十誦律）
　如來＝涅槃＝佛性＝正法
　＝(1)真解脫，安靜（peace）；(2)無二無別（unique）；(3)定（fixity）；(4)常樂我淨；(5)不空空空（真有 reality）．
　案按此經（卷五）列舉如來種種功德（性格），以譬喻明之＝Mediaeval Christian definitions of God.
　{轉輪王—Earthly King
　{法輪王—Ideal King; Christ.

图 6　吴宓读经笔记（二）

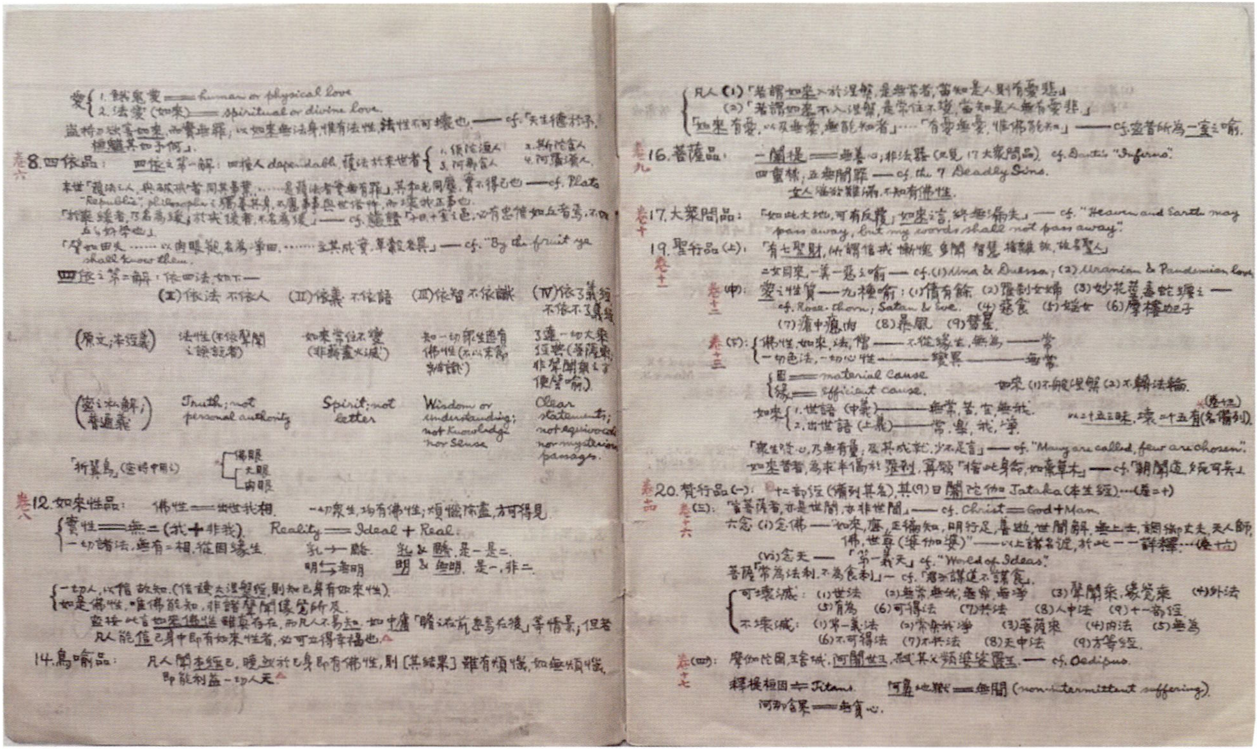

图 7　吴宓读经笔记（三）

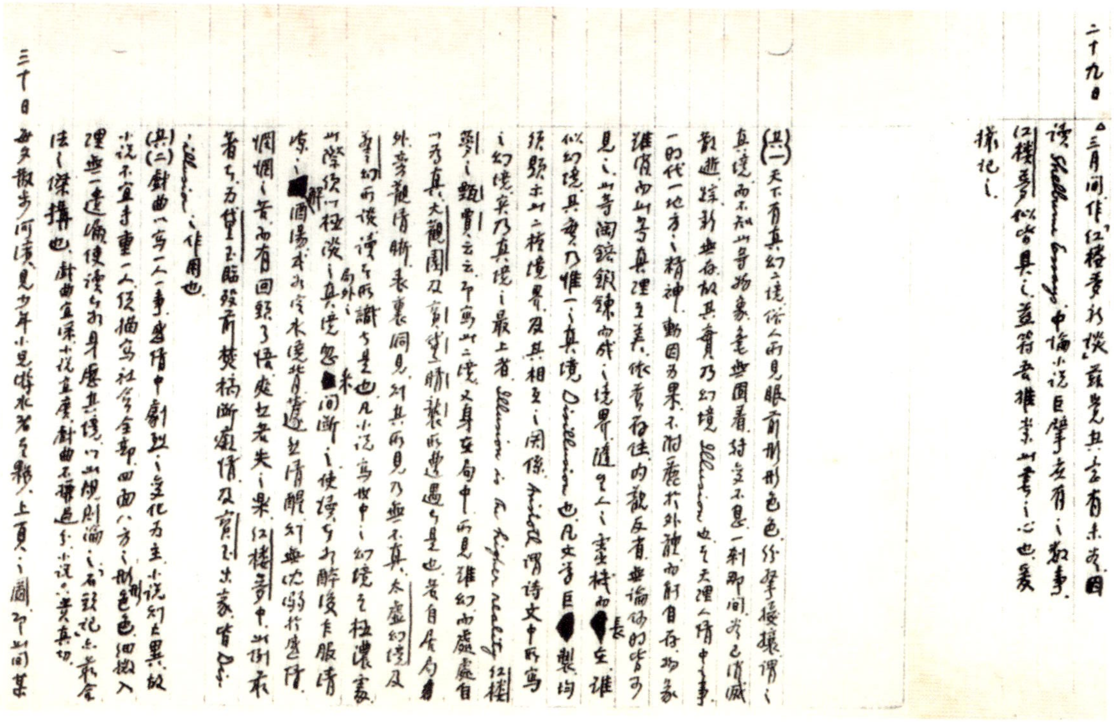

图 8　吴宓读《红楼梦》日记（1919 年 7 月 29 日）

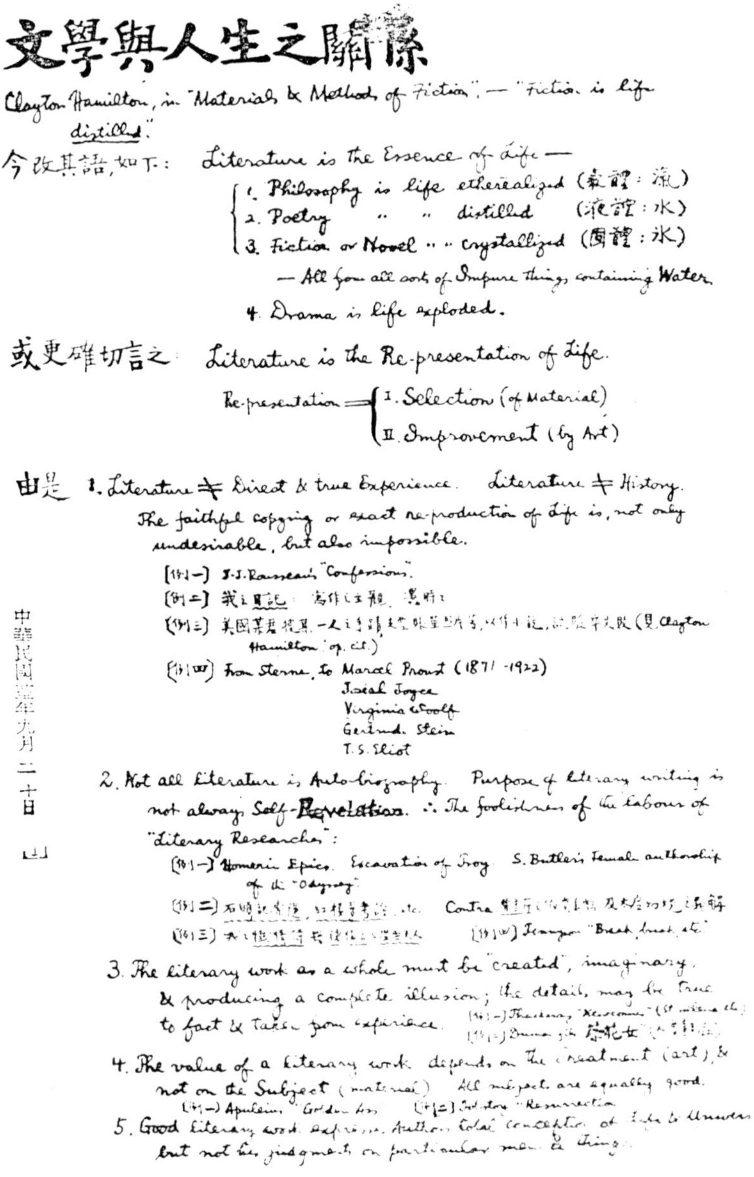

文學與人生之關係

Clayton Hamilton, in "Materials & Method of Fiction". — "Fiction is life distilled."

今改其語，如下： Literature is the Essence of Life —

1. Philosophy is life etherealized (氣體：汽)
2. Poetry " " distilled (液體：水)
3. Fiction or Novel " " crystallized (固體：冰)

— All from all sorts of Impure things, containing Water.

4. Drama is life exploded.

或更確切言之 Literature is the Re-presentation of Life.

Re-presentation = I. Selection (of Material) / II. Improvement (by Art)

由是 1. Literature ≠ Direct & true Experience. Literature ≠ History.
The faithful copying or exact re-production of Life is, not only undesirable, but also impossible.
[例一] J.-J. Rousseau's "Confessions".
[例二] 我之日記 [illegible]
[例三] 美國某君 [illegible] (見 Clayton Hamilton op. cit.)
[例四] From Sterne, to Marcel Proust (1871-1922)
Joseph Joyce
Virginia Woolf
Gertrude Stein
T. S. Eliot

2. Not all Literature is Auto-biography. Purpose of literary writing is not always Self-Revelation. ∴ The foolishness of the labours of "Literary Researchers":
[例一] Homeric Epics. Excavation of Troy. S. Butler's Female authorship of the "Odyssey".
[例二] 石頭記考證，紅樓夢考證，etc. Contra [illegible]
[例三] [illegible] [例四] Tennyson "Break, break, etc."

3. The literary work as a whole must be "created", imaginary, & producing a complete illusion; the details may be true to fact & taken from experience. [例一] Thackeray, "Newcomes" [illegible] [例二] Dumas fils 茶花女 [illegible]

4. The value of a literary work depends on the treatment (art), & not on the Subject (material). All subjects are equally good.
[例一] Apuleius "Golden Ass" [例二] Tolstoy "Resurrection"

5. Good literary work expresses Author's total conception of Life & Universe but not his judgments on particular men & things.

中華民國二十五年九月二十日

图9 1936年，吴宓《文学与人生》讲义手稿

目　　录

前　言

吴宓（1894—1978）是中国比较文学研究的奠基人之一，也是中国现代著名的文化保守主义者。在他的精神世界里，文学、道德和宗教是三大支柱。关于这三者之间的关系，吴宓有几段文字可以为我们提供一个扼要而有力的说明。首先，在为梁实秋（1903—1987）的文学评论集《浪漫的与古典的》（1927）所作的书评中，吴宓这样写道：

> 处今争杀劫夺、艰难困穷之中国，而言文学批评，则人皆将讥为迂远而不切于实用。虽然，文学批评者，非仅如前人之诗话艺谈，零篇断句，自述其涵泳之心得，以为专门研究此道之人说法者。文学批评之范围较大，目的较正，方法较精。盖今之文学批评，实即古人所谓义理之学也。其职务，在分析各种思想观念，而确定其意义，更以古今东西各国各时代之文章著作为材料，而研究此等思想观念如何支配人生，影响实事，终乃造成一种普遍的、理想的、绝对的、客观的真善美之标准，不特为文学艺术赏鉴选择之准衡，抑且为人生道德行事立身之正轨。其于历史政治风俗及社会凡

> 百现象，无不注意及之，既不同哲学家之虚空推衍，成一家言，又异乎科学家之专计物质、蔑视人性。是故文学批评乃以哲学之态度及方法研究人生，即在常人，亦当视为切实而有用者也。今之中国，处新旧递嬗、东西接触之会，不特政治经济，即礼俗行事，以及众人之思想感情，均异常纷乱，迷惘惶惑，盲从妄肆，若不从根本研究，寻其源流，明其条理，以定行政施教立身济世之大方针，则凡百设施，止不过头痛医头，脚痛医脚，甚或狐埋狐搰，倒行逆施。由是言之，今之中国，正有需于文学批评，未可遂以虚空薄之也。
>
> ……惟其然也，故今世之志在鉴别文艺、探求学理者，固从事于文学批评，而志在扶持道德、启迪社会，以宗教家之精神，树立改善群治之基础者，亦托迹于文学批评。文学批评之在中国，岂可废哉？[①]

这是一份关于文学研究在乱世中的存在意义的宣言。道德是救国济世的根本，而文学批评，通过对艺术创造的人生百态进行分析品鉴，是建立道德标准和培养道德行为的重要手段；当此天下大乱、国步艰难之际，文学批评之所以能成为“切实而有用”的事业，正是因为投身于其中的不仅是“志在鉴别文艺、探求学理者”，而且还有那些“志在扶持道德、启迪社会，以宗教家之精神，树立改善群治之基础者”。所谓“宗教家之精神”，也就是书评临近结尾时所歌颂的一种勇往直前、坚诚热烈、矢志不渝的态度：

---

① 吴宓:《浪漫的与古典的（书评）》,《国闻周报》1927 年第 4 卷第 37 期。（本书注释中的文献信息，只在每章首次出注时标注图书版本和文章发表的书刊信息，余同。）

……真正之革命，惟在道德之养成。真正之进步，惟在全国人民之德智体力之增高。真正之救国救世方法，惟在我自己确能发挥我之人性（即真能信仰人本主义）而实行道德，推己及人，力行不懈。无论我之境遇地位如何，永不改吾志。而行事则日趋积极，愈益猛厉，坚决敏速，一洗虚伪委靡迟缓之旧风，比如逆水行舟，久旱望雨。其事至难，然非逆水而行，则舟终莫达其所向；非雨，则旱且益久而已。凡我国人，盍兴乎来！①

对吴宓来说，宗教的意义并不止于将“宗教家之精神”应用于旨在培植道德的文学研究。从他作于1943年的《艺术修养与宗教精神》一文（“艺术”包括文学）可见，吴宓视文学、道德、宗教为一体，其中宗教是内核、基础和目标，而道德和文学是表现、发展和途径：

世间最重要而不可缺之二事：一曰宗教，二曰艺术。二者皆能使人离痛苦而得安乐，超出世俗与物质之束缚，而进入精神理想境界。论其关系与功用，则宗教精神为目的，而艺术修养为方法。宗教譬如结果，艺术譬如开花。宗教树立全真至爱，使人戒定慧齐修，智仁勇兼备，成为真实有益于世之人。世间万事，若政治教育实业社交等，苟非以宗教精神充盈贯注其中，则皆不免偏私争夺虚伪残酷。而艺术者，藉幻以显真，由美以生善，诱导人于不知不觉中进步向上，

① 吴宓：《浪漫的与古典的（书评）》。

更于无所为而为之之际，吸引一切人，亦使之进步向上。人在日常生活中，若无艺术之补救与洗涤，则直如黑狱中囚犯，热锅上蚂蚁，劳乏奔走，忧急煎熬，气愤愁苦，自觉可怜亦复可恨，几禽兽之不若。是故宗教精神与艺术修养，实互相为用，缺一不可。古今东西最伟大之艺术，其时代，其人物，莫不以宗教精神为基础。而欲上达宗教之灵境，由艺术之修养进身，实为最便利之途径。[①]

本书所勾勒的吴宓的精神世界，着重呈现的就是以上所指出的文学、道德、宗教三者之间的紧密关系，其中尤其突出宗教的作用（包括“宗教家之精神”和作为“内核、基础、目标”的宗教这两个方面）。选择这一侧重点，是为了更忠实地反映吴宓其人其行其志的特点和其思想的源泉。研究吴宓者无不将其与白璧德（Irving Babbitt, 1865—1933），即吴宓在哈佛大学比较文学系留学期间（1918—1921）的导师、“新人文主义”（New Humanism）文学批评的倡导者，紧紧联系在一起。当陈独秀（1879—1942）和胡适（1891—1962）领导的新文化运动高举科学和民主大旗，向中国几千年的旧传统发起全面检讨和猛烈抨击时，以吴宓为核心的“学衡派”却从新人文主义对晚近西方极端推崇科学发展和个性解放的批判出发，依托新人文主义在世界各大古代传统中寻找现代出路的解决方案，企图对抗新文化运动

① 吴宓：《艺术修养与宗教精神》，《武汉日报·文学副刊》1947年11月10日。该文撰写于1943年，包括这里引用的一段，发表在1943年12月25日的《建国导报》。到了1947年，为了介绍身为基督徒的小提琴家张舍之，吴宓在这篇旧文后加了一段关于张的文字，重新发表。

所代表的时代大趋势。可以说，在海内外的中国研究中，“新人文主义”等同于白璧德，考察吴宓所受的影响也基本就是讨论他和白璧德的关系。[①] 造成这种情况的原因不难理解。首先，吴宓师从白璧德三年，回国后以《学衡》杂志和大学讲堂为阵地，大力鼓吹白璧德的思想，并且终身对其崇敬备至。其次，白璧德本人对中国传统文化和社会现状都抱有浓厚兴趣，广泛阅读与中国有关的书籍，并且将孔子与古希腊圣哲、佛陀和耶稣相提并论，视为解决现代问题的重要古代资源之一。白璧德与很多中国留学生保持往来，甚至参与他们的活动。[②] 在吴宓之外，1910—

① 这一点，翻开任何研究吴宓和学衡群体的专著、文集和论文即可得到证明。以下仅列举若干有代表性的中英文专著：Chien Hou（侯健），“Irving Babbitt in China”, PhD dissertation, State University of New York, Stony Brook, 1980；沈松侨：《学衡派与五四时期的反新文化运动》，台湾大学出版委员会 1984 年版；张弘：《吴宓：理想的使者》，文津出版社 2005 年版；段怀清：《白璧德与中国文化》，首都师范大学出版社 2006 年版；蒋书丽：《坚守与开拓：吴宓的文化理想与实践》，社会科学文献出版社 2009 年版；张源：《从“人文主义”到“保守主义”：〈学衡〉中的白璧德》，生活·读书·新知三联书店 2009 年版；沈卫威：《“学衡派”谱系：历史与叙事》，南京大学出版社 2015 年版；周淑媚：《学衡派文化与文学思想研究》，台湾花木兰文化出版社 2015 年版；郑师渠：《在欧化与国粹之间：学衡派文化思想研究》，商务印书馆 2019 年版；Yi-tsi Mei Feuerwerker, “Reconsidering *Xueheng*: Neoconservatism in Early Republican China”, in Kirk Denton and Michel Hockx eds., *Literary Societies of Republican China*, Lexington Books, 2008, pp. 137–169; Tze-ki Hon, “From Babbitt to ‘Bai Bide’: Interpretations of New Humanism in *Xueheng*”, in Kai-wing Chow et al. eds., *Beyond the May Fourth Paradigm: In Search of Chinese Modernity*, Lexington Books, 2008, pp. 253–267。

② 例如，1921 年 9 月，白璧德在美国东部中国留学生的年会上发表演讲，其英文演说稿发表在 1921 年 12 月第 17 卷第 2 期的《中国留美学生月报》，随后由《学衡》初期主要成员之一胡先骕（1894—1968）译成中文，刊登于《学衡》1922 年第 3 期。吴宓在编者按中介绍说，白璧德“虽未通汉文，然于吾国古籍之译成西文者靡不读，特留心吾国事。凡各国人所著书涉及吾国者，亦莫不寓目”（第 1 页）。在《白璧德与中国文化》一书的第三章，段怀清就白璧德对中国古代思想传统的了解作了介绍和评价。

1920年代在哈佛的其他一些中国留学生，如梅光迪（1890—1945）、楼光来（1895—1960）、郭斌龢（1900—1987）、张歆海（1898—1972）和梁实秋，也不同程度地接受了白璧德的影响，在其学说中找到了质疑新文化运动、为中国探索不同现代出路的理论依据。[①] 总之，由于吴宓和白璧德的正式师承关系，再加上白璧德本人对中国的重视和他与其他中国留学生的联系，白璧德的名字便成了“新人文主义”在中国的代名词。然而，这样一来，却掩没了穆尔（Paul Elmer More, 1864—1937）——在新人文主义运动中与白璧德并驾齐驱、并且对吴宓影响至深的另一个人物——的重要角色。

与始终在学术界、一直从事教学和研究的白璧德相比，穆尔的职业生涯和兴趣更为曲折和多样化。[②] 在布林玛学院（Bryn Mawr College）教了两年（1895—1897）梵文和西方古典文学之后，穆尔先后担任几家报纸的文学编辑（1901—1914）。在1890年、1894年、1904年，他分别出版了一本诗集和两部小说。

① 在本文开头提到的那篇书评中，吴宓交代了梁实秋和白璧德的关系：“梁君自序中，谓曾从美国哈佛大学教授白璧德先生（Irving Babbitt）研究西洋文学批评，乃能有今之著述，故深致敬谢云云。即不见此序，而细读梁君之书者，亦知其受白璧德先生之影响不少。”梁实秋编印的《白璧德与人文主义》一书（1929），被吴宓称为“欲知白璧德先生学说大纲之最好读物”（吴宓:《悼白璧德先生》,《大公报·文学副刊》1933年第312期）。梅光迪和梁实秋分别于1915—1919年、1924—1925年在哈佛学习。关于白璧德和梅光迪、梁实秋的关系，参见段怀清《白璧德与中国文化》，第171—196，212—235页。在《悼白璧德先生》中，吴宓列举了白璧德的八名“中国门弟子”，其中只有林语堂（1895—1976）“极不赞成先生之学说”。

② 关于白璧德的生平和主要学术成就，可参见上文注中张源和段怀清专著中的有关章节。关于穆尔的生平，可参见其传记：Arthur Hazard Dakin, *Paul Elmer More*, Princeton University Press, 1960; Francis X. Duggan, *Paul Elmer More*, Twayne Publishers, 1966。

虽然他和白璧德的合作在1900年之前就开始了，但其《谢尔本文集》（*Shelburne Essays*）第一册（1904）的出版也许可以视为他投身新人文主义宣传的正式开端。《谢尔本文集》后来总共出了11册，基本是由穆尔在报刊上发表的评论结集而成。1914年，穆尔从《国家》（*The Nation*）杂志社退休，此后在普林斯顿和哈佛等校讲授过希腊文和希腊哲学，但主要精力用于著述，其力作五卷本《希腊传统》即于1917—1927年间问世。高产且文笔优美的穆尔在文学界的影响不小，曾经两次被提名诺贝尔文学奖，其中1930年那一次他是有力的竞争者之一，落选后瑞典的某些批评界人士公开表达了不满，并且引发了瑞典报界和出版社对翻译出版穆尔作品的兴趣。[①]

吴宓在哈佛期间，新人文主义在美国文学界和思想界的影响正处于上升的阶段。[②]其学说恰与吴宓的思想和抱负深相契

---

① Stephen Tanner, "Paul Elmer More and the Critical Temper: A Reconsideration", *Modern Age* 40.2（1998）186。1930年的获奖者是小说家辛克莱·刘易斯（Sinclair Lewis，1885—1951），美国的第一个诺贝尔文学奖得主。关于瑞典批评界和出版界的反应，参见 Dakin, *Paul Elmer More*, pp. 298—299。刘易斯是新人文主义的著名批评者，在其诺贝尔奖获奖感言中都不忘对白璧德进行点名攻击。刘易斯的代表作之一《巴比特》（*Babbitt*，1922），讽刺的是空虚平庸、循规蹈矩的美国中产阶级生活，而其另一部畅销小说《艾尔默·甘趣》（*Elmer Gantry*，1927）则讽刺了美国福音派的宗教人士。这两部作品中主人公的命名（Babbitt, Elmer）很难不让人怀疑刘易斯是在影射白璧德和穆尔。关于对刘易斯用意的理解，参见 Barrows Dunham, "Paul Elmer More", *The Massachusetts Review* 7.1（1966）159; Russell Kirk, "Foreword", Irving Babbitt, *Democracy and Leadership*, Liberty Fund, 1979, pp. 19–20；Robert C. Koons, "The War of the Three Humanisms: Irving Babbitt and the Recovery of Classical Learning", *Modern Age* 52（Summer 2010）198。

② 与此同时，这一运动亦受到来自各方的激烈攻击。1930年代，随着白璧德和穆尔的先后去世，新人文主义的影响遂消失殆尽。关于新人文主义在当时的发展和引发的争论，参见 David Hoeveler, *The New Humanism: A Critique of Modern America, 1900–1940*, University Press of Virginia, 1977。

合；在哈佛的第一个学年中（1918—1919），吴宓就读完了白璧德和穆尔的全部著作，[①]迅速成为两人的忠实信徒。然而，吴宓很清楚，他的两位精神导师并不是完全一体的，他受惠于他们的方面和程度其实也是有区别的。虽然白璧德和穆尔对现代西方社会问题的性质和起源有着高度共识，所给出的解决方案也大体一致，但在具体途径的取向上却存在歧异。新人文主义的目标是在被物欲和感情统治的世界中重新确立以责任和自律为基础的行为标准，找回以内心平衡与和谐为特征的精神生活。人性二元论和"内在节制"（inner check）的概念因此成为白璧德和穆尔两人思想中最基本的共同出发点：因为人性中同时存在善和恶，而本能、印象、欲望和冲动这些在现代社会受到肯定、歌颂和放纵的力量都倾向于促成恶的表现和发展，所以我们必须努力在内心培养和维持一种能够对这些力量起到否定、阻止和控制作用的相反力量，只有这样才能使得人性向善。[②]那么，随之而来的问题就是：施加于人心的约束力量和指导工具来自哪里？在历史上曾经担当这些角色的宗教在新人文主义中应该处于什么位置？道德和宗教的关系是什么？在1937年4月20日的日记中，吴宓这样形

---

① 吴学昭整理：《吴宓自编年谱》（以下简称《年谱》），生活·读书·新知三联书店1995年版，第181—182页。吴宓所读的穆尔著作很可能不包括其早年的诗歌和小说。

② 关于人性二元论和"内在节制"（以及相关的一个概念，"更高意志"（higher will）），参见段怀清《白璧德与中国文化》第二章第三节；George A. Panichas, *The Critical Legacy of Irving Babbitt*, Intercollegiate Studies Institute, 1999, pp. 17–19; Stephen Tanner, *Paul Elmer More: Literary Criticism as the History of Ideas*, State University of New York Press, 1987, pp. 27–35; Folke Leander, *The Inner Check: A Concept of Paul Elmer More with Reference to Benedetto Croce*, E. Wright, 1974；张源：《从"人文主义"到"保守主义"：〈学衡〉中的白璧德》，第55—63页。

容白璧德和穆尔之间的异同：

> 昔白璧德师尝言，彼乃一 Aristotelian，而穆尔先生乃一 Platonist。此语最得其要。惟然，故宓之受穆尔先生之影响，恐尚过所受于白璧德师者。二先生晚年持论虽有不同，然只方向之差，先后缓急之异，根本全体决无不同。盖白师以道德为言，穆尔先生以宗教为勖，二先生皆以宗教为道德之根据者也。[①]

白璧德和穆尔在宗教问题上的分歧在新人文主义阵营中众所周知，并引发了不少内部争论。在对待宗教的态度上，白璧德可以说比较接近他赞赏的英国诗人和批评家马修·阿诺德（Matthew Arnold, 1822—1888，吴宓译为安诺德），认为人类固然不能离开希伯来传统所代表的宗教精神，但在现代社会，当曾经长期占据统治地位的宗教已经难以收拾人心之时，人们更迫切需要的是完美结合了理性和想象力的古希腊传统，以此来应对新时代科学至上、物质至上、功利至上和感情至上的问题。[②] 这一立场导致白璧德似乎有时提倡宗教与人文主义联盟互补，有时又认为人文主义可以独立承担起宗教在前现代社会履行的功能。就神学知识和宗教实践而言，则白璧德不仅与基于教条、组织和仪

① 吴学昭整理：《吴宓日记》，生活·读书·新知三联书店 1998—1999 年版；《吴宓日记续编》，生活·读书·新知三联书店 2006 年版，本书所引吴宓日记均出自此二书，不另注。Aristotelian，亚里士多德主义者；Platonist，柏拉图主义者。

② Babbitt, "The Rational Study of the Classics", in *Literature and the American College*, pp. 179-180. 这里说的是白璧德所接受的阿诺德的观点。关于白璧德和阿诺德在宗教问题上的区别，见本书第一章第一节。

式的建制性宗教保持距离（有人甚至说他敌视教会），而且对基督教神学也明显缺少兴趣和了解。[①] 白璧德在宗教问题上这种看起来游移不定和缺乏热情，也很容易被视为带有一定敌意的姿态，使他常常受到对宗教更为积极肯定的人士的攻击，其中包括著名文学家 T. S. 艾略特（1888—1965）。艾略特曾经是白璧德的学生并且崇信其学说，但在成为虔诚的基督徒之后却对白璧德的宗教观提出了严重质疑，艾氏的名望也使他的意见一直颇有影响。[②] 当然，也不乏学者认为白璧德的宗教立场受到了严重误解，并积极为其辩护。最主要的，他们指出以下几点。第一，白璧德将宗教置于人类生活的最高层次，但他认为我们不能企图一步到位，而是应该循序渐进，从人文层面的道德做起，追求稳步逐级提升，最后到达宗教境界。第二，在白璧德看来，在信仰已经高度分裂的现代世界，如果坚持以宗教作为中心和先决条件，势必引起很多人的反感和抵触，也会将很多群体排除在外，而从人文主义出发则为所有人之间的对话和合作提供了一个共同平台。第三，白璧德对佛教（主要是小乘佛教）怀有强烈兴趣，认为其深刻真理不仅能和基督教真理互证，而且可以借来挽救神学和教会

---

① 段怀清:《白璧德与中国文化》，第 56—63 页; G. R. Elliott, "The Religious Dissension of Babbitt and More", *American Review* 9（1937）252-265；张源:《从"人文主义"到"保守主义":〈学衡〉中的白璧德》，第 66—91 页。极其推崇白璧德的保守主义思想家拉塞尔·柯克（Russell Kirk, 1918—1994）也说:"白璧德一生都在努力教导自己要容忍教会。"（*The Conservative Mind*, BN Publishing, 2008, p. 377.）如非特别说明，本书的中文翻译皆由笔者提供。

② 参见段怀清《T. S. 艾略特对白璧德人文主义的诠释与批判》,《跨文化对话》2003 年 第 12 期， 第 98—112 页; George A. Panichas, *The Critical Legacy of Irving Babbitt*, Intercollegiate Studies Institute, 1999, pp. 87-88，100-101; Claes G. Ryn, "Babbitt and the Christians", *Modern Age* 32.4（1989）346-349；张源《从"人文主义"到"保守主义":〈学衡〉中的白璧德》，第 73—86 页。

给基督教造成的重大损害；白璧德对佛教的高度尊重说明他丝毫不反宗教，只是他对宗教的理解比那些以基督教为中心批评他的人更为宽广。[①] 然而，从以上这些辩解可以看出来，白璧德确实是将宗教悬置，而把人文主义道德作为当务之急的。如一位为他开脱者所承认的，"就（白璧德）涉及宗教的关怀而言，他的重点是道德方面的"，"他所提倡的是宗教的道德维度"。[②] 即使就白璧德最为亲近的佛教来说也是如此：他对佛教的兴趣止于道德关怀，并不涉及佛教之所以为佛教的其他方面。

在这个争论较多的问题上，对我们来说，可能还是看看吴宓自己如何理解最为重要。在《学衡》首次对白璧德的思想进行介绍时（1922 年 3 月），吴宓在编者按中有这样一段话，点明了其师对宗教的态度："白璧德先生之说，既不拘囿于一国一时，尤不凭借古人，归附宗教，而以理智为本，重事实，明经验，此其所以可贵，故有心人闻先生之说者，莫不心悦而诚服也。"[③] 两年后，在介绍白璧德的新书《民治与领袖》（*Democracy and Leadership*, 1924）时，吴宓又更为详细地写道：

---

① 参见 George A. Panichas, *The Critical Legacy of Irving Babbitt*, pp. 83–106; Claes G. Ryn, *Will, Imagination and Reason: Babbitt, Croce, and the Problem of Reality*, Routledge, 1997, ch. 1。

② George A. Panichas, *The Critical Legacy of Irving Babbitt*, pp. 77, 93.

③ 吴宓：《白璧德中西人文教育谈》编者按，《学衡》1922 年第 3 期，第 2 页。吴宓此说，响应了白璧德的哈佛同事马西尔（Louis J.A. Mercier, 1880—1953）的说法。在一篇向法国读者推广白璧德学说的文章中，马西尔写道："旧文明以宗教为根据者，已为新说摧灭净尽，故白璧德不主张复古，而主张实证之人文主义。"马西尔原文发表于 1921 年 7 月 16 日的法国《星期杂志》（*La Revue Hebdomadaire*），经吴宓翻译，以"白璧德之人文主义"为题刊载于 1923 年第 19 期《学衡》。后来，马西尔在自己的书中也表达了类似的判断（*The Challenge of Humanism: An Essay in Comparative Criticism*, Oxford University Press, 1933, ch. 6）。

> 宗教昔尝为道德之根据，然宗教已见弃于今人，故白璧德**提倡人文主义以代之**。但其异乎昔时如希腊罗马异国如孔子之人文主义者，则主经验，重实证，尚批评，以求合于近世精神。易言之，即不假借威权、或祖述先圣先贤之言，强迫人承认道德之标准，而令各人反而验之于己，求之于内心。更证之以历史，辅之以科学，使人于善恶之辨，理欲之争，义利之际，及其远大之祸福因果，自有真知灼见，深信不疑，然后躬行实践，坚毅不易。……就其知行并重一层言之，似与佛法为最近。真幻之对待，亦为其得力于佛法之处。然白璧德先生**不涉宗教**，不立规训，不取神话，不务玄理，又与佛教不同。总之，白璧德先生实兼采释迦、耶稣、孔子、亚里士多德四圣之说，而获集其大成。又可谓之为以释迦、耶稣之心，行孔子、亚里士多德之事。[①]

虽然吴宓明确说白璧德“提倡人文主义以代（宗教）”，并且特别指出白璧德对佛教的关注是“不涉宗教”，但他将白璧德形容为“以释迦、耶稣之心，行孔子、亚里士多德之事”，其实很符合上述当今一些学者为白璧德宗教立场辩护时所提出的理解，其将“心”与“事”对举的表达方式恐怕也会被他们赞许为精当。当然，从白璧德批评者的角度来看，这一“心”和“事”的分别恐怕难免可疑：事易见，心难明，如何保证两者确实互为表里？

穆尔对宗教的态度和白璧德形成了强烈对比。与白璧德对

① 吴宓:《白璧德论民治与领袖》,《学衡》1924 年第 32 期，第 2—3 页。黑体为笔者所加。拉塞尔·柯克在为《民治与领袖》的重印本所写的前言中也认为，白璧德“拒绝从伦理的领域进入宗教的领域”（“Foreword”, *Democracy and Leadership*, Liberty Fund, 1979, p. 11）。

古希腊的偏爱和对希伯来的保留不同，穆尔更着力于证明雅典和耶路撒冷之间无法解脱的干系。他不但坚信人类的现代问题必须依靠宗教信仰才能解决，而且认为这就是眼下的要务。穆尔的这种价值取向，从他 50 岁早早退休后完成的一系列著作的题目即可看出来。其最为人称道的《希腊传统》全称为《希腊传统：从苏格拉底之死到卡尔西顿公会议，公元前 399—公元 451 年》（*The Greek Tradition from the Death of Socrates to the Council of Chalcedon, 399 B.C.—A.D.451*, Princeton University Press, 1917—1927），其中的五卷分别为：《柏拉图主义》（*Platonism*, 1917），《柏拉图的宗教》（*The Religion of Plato*, 1921），《希腊化时期的哲学》（*Hellenistic Philosophies*, 1923），《新约中的基督》（*The Christ of the New Testament*, 1924），《基督之道》（*Christ the Word*, 1927）。[①] 白璧德心仪的是希腊的古典时代，而穆尔潜心研究的"希腊传统"以柏拉图主义和早期基督教为中心。在穆尔看来，基督教是柏拉图主义"真正的继承者和发展者"，"一条直线"将这两者连接起来，形成了以"实现非物质的生活"为目标的一个传统；因为这一传统是整个西方文明的基础，所以一旦丢失这个传统，那么西方社会将面临回到野蛮时代的危险。[②] 吴宓对穆尔的《希腊传统》推崇备至，曾在《学衡》上这样介绍："欲窥西洋文明之真际及享受今日西方最高之理想者，不可不细读以上各书也。"[③] 拉塞尔·柯克在其名著《保守的心

---

① 举行于 451 年的卡尔西顿公会议是第四次基督教大公会议，该会的最重要成果是确定了基督的"神人二性"（同时具有真实的神性和真实的人性）。

② More, *The Religion of Plato*, Princeton University Press, 1921, pp. vi–vii.

③ 吴宓：《穆尔论现今美国之新文学》编者按，《学衡》1928 年第 63 期，第 1 页。

性》（1953年初版）中称《新约中的基督》为美国最伟大的基督教护教作品。[①] 穆尔的护教士身份在他生命最后阶段的著作中变得更为明显。他于1931年出版了《天主教信仰》（*The Catholic Faith*），[②]1935年又与一位神学学者兼圣公宗神父合著了《圣公宗》（*Anglicanism*）。1937年，穆尔出版了自传性质的《牛津日记摘抄》（*Pages from an Oxford Diary*），讲述了自己一生中寻找信仰的历程，其中柏拉图主义是一个关键里程碑，但基督教提供了最终的归宿。[③] 写出以上一系列著作的穆尔，无疑与白璧德在宗教问题上相距甚远。[④]

如吴宓在上引日记中所说的，与白璧德和穆尔在宗教和道德之间的不同侧重相对应，虽然他们两人都崇尚古希腊，但一个强烈认同柏拉图（穆尔），而另一个则自认为是一个亚里士多德主义者（白璧德）。如上所述，穆尔在基督教和柏拉图主义之间看到的是正宗的传承关系；而对宗教似乎模棱两可的白璧德对亚里士多德的定位则是这样的："欧西之旧文明，半为宗教的，半为人文的。此二者之首领为亚里士多德与耶稣基督，亦犹东方之有孔子与释迦牟尼也。"[⑤] 然而，对于本书而言，吴宓这篇日记所提

① Russell Kirk, *The Conservative Mind*, BN Publishing, 2008, p. 384.

② 也可以说，《希腊传统》书系由六本书组成，《柏拉图主义》为序曲，《天主教信仰》为尾声，其他四部为核心（Dakin, *Paul Elmer More*, p. 218）。

③ 该书序言写于穆尔去世前半个月。

④ 据穆尔回忆，在他们两人的一次激烈争论中，白璧德突然停了下来，双手攥成拳头，盯着穆尔，激动地脱口而出："你是不是一个乔装打扮了的耶稣会教士？" 穆尔写道："我从未能对这一问题作出令人满意的回答。"（More, *On Being Human*, Princeton University Press, 1936, p.27）关于白璧德和穆尔对人文主义和宗教之间关系的各自理解和两人之间的分歧，马西尔进行了较为深入的讨论（参见 Louis J. A. Mercier, *The Challenge of Humanism*, ch. 6 and 7）。

⑤ 《白璧德论欧亚两洲文化》，吴宓译，《学衡》1925年第38期。

供的最关键信息，不是白璧德和穆尔之间的异同，而是他关于自己的师承的披露：事实上，和穆尔一样，他自己也是一个极其重视宗教的柏拉图主义者，从这个意义上来说，穆尔对他的影响超过白璧德。

吴宓关于其思想资源的这一自我交代，在以往的研究中未引起注意。本书将要做的，就是以吴宓的这一自我定位为出发点，围绕文学、道德和宗教三大主题，为他提供一幅新的精神画像。关于本书的这一意图，需要作几点重要说明。首先，本书并非想要证明穆尔才是真正影响吴宓最大之人。这种论点不仅本身难以成立，而且吴宓也不会同意在他的两位导师之间进行这种方式的比较。如他在上文所引日记中郑重指出的，白璧德和穆尔虽然有方向和先后缓急之差，一个"以道德为言"，另一个"以宗教为勖"，但两人"皆以宗教为道德之根据"，在这个意义上来说他们"根本全体决无不同"。因此，我们应当做的不是在白璧德和穆尔之间强分伯仲，而是一方面肯定新人文主义作为一个统一的思想体系给予吴宓的总体影响，另一方面则指出吴宓从两位导师身上的不同所得，并且对此前广遭忽略的穆尔影响开始加以重视。

白璧德对吴宓特有的关键影响，在于他将中国的古代传统纳入了新人文主义的框架，作为解决现代问题的四大思想资源之一（吴宓称之为"四大宗传"）。白璧德《民治与领袖》一书第五章中的一段话精练地展示了其四大宗传的组成：

> 若夫孔子，骤观之，似与亚洲三大圣人中其余二人耶稣基督、释迦我佛绝不类者。盖如前所言，孔子以人文化世，而不以宗教为务也。西方之人文大师，以亚里士多德为最重要，

> 孔子与亚里士多德立说在在不谋而合。比而观之，若欲窥见历世积储之智慧，撷取普通人类经验之精华，则当求之于我佛与耶稣之宗教教理，及孔子与亚里士多德之人文学说。舍是无由得也。论其本身价值之高，及其后世影响之巨，此四圣者，实可谓为全人类精神文化史上最伟大之人物也。自此诸圣之生以迄今日，世界中之经验，固皆导源于诸圣。即其生世以前，人类之经验，亦多藉诸圣为归宿，岂不伟哉！[①]

白璧德这种将中国包括在内的世界视野对吴宓产生的至关重要的影响是显而易见的。不管是就吴宓在中国比较文学领域的开拓而言，还是考虑他在与新文化运动抗争中所使用的武器，都离不开来自白璧德的这种视野。吴宓在向中国读者介绍其哈佛导师时，非常注意点出白璧德跨越多种文化界限的学说对中国的特别意义。在《学衡》上刊出《民治与领袖》一书导论的译文时，吴宓在按语中说："本志以先生之学说，在今世为最精无上，而裨益吾国尤大。"[②]具体而言，其益处如下：

> 白璧德先生立论，常从世界古今全体着眼，本不屑计一国一时之得失，然亦足为吾国人指示途径。若更细究西史，则知吾国古圣贤所言国家盛衰之理，治乱得失之故，实已见之于西洋，得征而益信。盖末节之迹象有异，而根本之原理无殊，识者固不以为奇也。[③]

---

① 《白璧德论欧亚两洲文化》，吴宓译，第6—7页。
② 《白璧德论民治与领袖》，吴宓译，《学衡》1924年第32期，第1页。
③ 《白璧德论欧亚两洲文化》，吴宓译，第5—6页。

也就是说，正如新文化运动借重杜威（John Dewey, 1859—1952）这样的西方当代思想家，以近代西方为榜样，宣传科学与民主，掀起文学革命，吴宓则标举白璧德的学说，证明优秀的中国古代传统和世界其他古老传统之间处处相通，欲救现代社会之穷，非回到这些共同的古代智慧不可。一言以蔽之，白璧德之所以“裨益吾国尤大”，就是因为在他的现代化方案里中国传统占有重要的一席之地。

在这一点上，穆尔是不能与白璧德相比的。穆尔对中国了解不多，印度是他在两希之外特别倚重的古代传统。他是梵文和巴利文专家，对印度教和佛教都有很深的研究，但他在这方面的兴趣也与白璧德颇为不同。白璧德极为欣赏佛教的因缘法和以欲望管理为中心的修行方法；他常常将释迦牟尼与亚里士多德相提并论，因为他认为两者都是最上乘的分析家、实证主义者和伦理学家。[①]印度教中的神秘主义和《奥义书》中关于人、神和宇宙的玄思非常吸引穆尔，而白璧德则“从不涉足神秘主义的领域”。[②]另外，虽然穆尔也高度评价佛教伦理，其肯定程度甚至不亚于白璧德，但最终他却将没有造物主、救世主和天启概念的佛教认定

---

① 关于佛教，白璧德最重要的两篇文章是“Interpreting India to the West”（收入 Claes G. Ryn ed., *Character and Culture*: *Essays on East and West*, Routledge, 2019, pp. 150-169；本书为1940年出版的白璧德文集 *Spanish Character and Other Essays* 的重印本，更改了易引起误会的书名）和“Buddha and the Occident”（收入 George A. Panichas ed., *Irving Babbitt on Literature, Culture, and Religion*, Transaction Publishers, 2006, pp.224-270）。释迦牟尼和亚里士多德的比较，主要见于前一篇文章（第153—154、158、160、162、168页）。关于白璧德与佛教的关系，参见 George A. Panichas, *The Critical Legacy of Irving Babbitt*, pp.77-79, 98-99；陈怀宇：《白璧德之佛学及其对中国学者的影响》，《清华大学学报》（哲学社科版）2005年第5期。

② George A. Panichas, *The Critical Legacy of Irving Babbitt*, p. 81.

为“基督教福音的序言”。[①] 毫无疑问，穆尔对东方传统（不论是中国还是印度）的理解和接受程度远逊于白璧德，他在中国得到的宣传和青睐也远不及白璧德是可想而知的。[②]

然而，正如吴宓在1937年4月20日日记中所交代的，对于他个人而言，在宗教和道德的关系上，来自“以宗教为勖”的穆尔的影响恐怕超过“以道德为言”的白璧德。如我们在本书中将要看到的，在语言、思想和行为方面，宗教都是吴宓一生中极为重要的存在。他曾用一句话作过一个自我概括：“宓之特长，在颇具宗教性。”（1939年3月17日日记）和穆尔一样，吴宓也不满足于纯粹从道德出发来为人类社会提供阐释、规范和支撑。恰恰是在这个意义上穆尔给了吴宓根本的影响，而不是穆尔所选择的具体宗教。一方面，柏拉图主义在吴宓身上留下了深刻烙印，基督教也给他提供过巨大力量，这些可以说是出于穆尔的直接影响。另一方面，吴宓极度尊崇孔子，颇倾向于将儒家视为宗教，后半生又潜心佛教，自称信佛，这些事实表面上与穆尔的个人信仰无干甚至相反，但实则指向宗教性极强的穆尔给吴宓带来的深

---

① George A. Panichas, *The Critical Legacy of Irving Babbitt*, pp. 99–100. 引号里的话来自穆尔《天主教信仰》第一章（*The Catholic Faith*, Princeton University Press, 1931, p. 75）。

② 在吴宓主编的《学衡》和《大公报 · 文学副刊》，共有七篇译介白璧德思想的文章（其中四篇为吴宓所译），而与穆尔有关的只有三篇（吴宓为唯一译者）。前者可参见张源著作中的“《学衡》杂志白璧德思想译文一览表”（《从“人文主义”道“保守主义”》，第15—16页）。后者包括：《穆尔论现今美国之新文学》，《学衡》1928年第63期；《穆尔论自然主义与人文主义之文学》，《学衡》1929年第72期；《穆尔论绝对之鬼》，《大公报 · 文学副刊》1929年第62期（吴宓后来将此文稍作改动，作为《穆尔论自然主义与人文主义之文学》一文的译者识语，刊登于《学衡》第72期）。在《学衡》和《大公报 · 文学副刊》之外，白璧德尚有梁实秋、郭斌龢等人通过其他渠道宣传，而穆尔则不然。

层影响。

如果研究吴宓一生如何出入于四大宗传之间，我们就会看到他实在是集两位导师的影响于一身的。所以如上所述，本书的目的不是否认学界对白璧德重要性的共识，而是纠正从前的偏颇倾向，引起对穆尔的注意，以求取得对吴宓思想资源更为全面和复杂的理解。之所以说更为复杂，是因为在增加了考察问题的维度之后，我们发现，虽然吴宓确实如一般认为的那样，完全依赖新人文主义而立论（在这个意义上可以说他的思想来源单一），但其实新人文主义在像宗教这样的根本问题上都并非铁板一块，而在这方面吴宓对两位导师不同倾向的选择性接受则提醒我们，他的所有选择背后，是在时代背景下出自中国文化立场的种种考虑。[①]

在这里，还需要作另外几条重要说明。本书的意图不在于详细辨析白璧德和穆尔各自对吴宓的不同影响（这一溯源研究非常有价值，但有待将来），而是着眼于吴宓本人，通过分析他留下的文字，展示出文学、道德和宗教如何作为一个整体塑造了他的学术生涯和文化事业，并且尤其注重发掘宗教在其中的角色。我希望，这一考察能够弥补现有研究的一个明显不足，为理解吴宓作为中国比较文学研究的先行者和一个无法抹杀的文化保守主义者打开一个极其重要却一直被忽略了的视角。这当然不是说之前

① 韩子奇曾指出，虽然白璧德将大量精力倾注在教育和政治议题上，但吴宓在向中国输入新人文主义时却纯粹宣传其作为文学理论和道德哲学的一面。韩子奇认为，吴宓这一选择的首要原因是他过分寄希望于借助新人文主义来对抗新文化运动（Tze-ki Hon, “From Babbitt to ‘Bai Bide’: Interpretations of New Humanism in *Xueheng*”, in Kai-wing Chow et al. eds., *Beyond the May Fourth Paradigm: In Search of Chinese Modernity*, Lexington Books, 2008, pp. 253–267）。

的吴宓研究中从未有人关注过宗教问题。王本朝《宗教作为一种可能的现代价值资源——论吴宓的宗教观》一文就是个重要例外。郑师渠《在欧化与国粹之间：学衡派文化思想研究》一书中有一小节讨论宗教问题，其中不少处与吴宓有关；蒋书丽《坚守与开拓：吴宓的文化理想与实践》一书中也有一些段落涉及吴宓的宗教观。此外，在《儒教的现代传承与复兴》一书中，韩星有一节专门讨论吴宓的孔教观。[①] 除了篇幅和讨论深度上的差别，本书处理宗教的角度有三个主要特点。第一，宗教被视为理解吴宓一生事业的关键和基础，而不只是其中一个方面。第二，本书探讨的不仅是吴宓的宗教观，还有他在宗教方面的学习和实践。以上两点，对于我们理解吴宓文化保守主义的性质和具体方式将大为有益。第三，本书将指出，对吴宓来说，宗教和文学不是两个分别的领域，他对两者在本体上的相通之处的思考，使他在文学研究中得以提出一些独特见解。讨论吴宓在中国比较文学研究方面的开创性贡献者，一般都只从跨越国家和文化界限的角度来理解比较文学这个学科，而本书将补充他在联通文学和其他领域（宗教）上所做的探索。我希望，本书这一努力将有助于改变目前吴宓研究中的一个现象：作为文学专家的吴宓和作为思想者的吴宓之间的断裂。一般来说，关于吴宓宗教思想的讨论几乎不触及他的文学研究，从文学研究角度进行的讨论又很少关注宗教主题，而本书则试图展示出文学和宗教在吴宓身上密切而深

① 王本朝的文章收入王泉根编《多维视野中的吴宓》，重庆出版社 2001 年版，第 290—301 页；郑师渠书中有关章节为《支持终极的信念："宗教实为道德之根据"》（第 326—335 页）；韩星书中关于吴宓的一节为《吴宓中西文化比较视野中的孔教观》（第 117—124 页）。蒋书丽著作中的相关段落出现在第 103、117—118 页。

刻的联系。

本书的主体分为三章。世界文学是吴宓一生用力最勤的领域，所以第一章即以此为中心，勾画出他在学术、教育和文化事业方面的追求、成就和磨难。虽然吴宓头上顶着“中国比较文学之父”“中国比较文学的拓荒者”这类桂冠，但很大程度上因为长期以来他都被划入反动阵营，所以他在世界文学和比较文学领域的贡献从未得到过全面梳理。本章的一大主线，就是分析吴宓在研究世界文学的理念和方法上与新文学主流的显著不同，其中尤其注重文化根基、经典传统和文本细读对他的意义。我希望，通过本章的初步整理，读者能对吴宓在比较文学方面的开创之功获得一个较有整体性，也有一定深度的理解。

本章最早写于2017年，作为导读发表在吴宓《世界文学史大纲》（商务印书馆，2020）一书中。此次在各方面做了较大修改，有些是配合新的写作目的，有些是因为自己认识的变化，其中有两点需要在此特别一提。首先，四年前，和其他学者一样，我谈及新人文主义和吴宓的思想渊源时，基本上是将白璧德视为唯一主角，穆尔只是作为陪衬顺便提及，而修改稿纠正了这一做法，并且新添了对文学和宗教关系这一问题的初步讨论。与穆尔同时得到更多关注的还有被公认为新人文主义思想主要源头之一、也是吴宓的第三大精神导师的阿诺德。阿诺德与宗教的牵连非常深厚，又兼为诗人和批评家，并且不曾像穆尔那样最后全面转向神学，所以他对吴宓的影响既不同于白璧德，也与穆尔有区别。新人文主义思想不同方面的细化分析并不在本书的范围之内，但我希望，本书迈出的一小步已经非常有助于加强我们对吴宓的了解。本章中能说明这一点的一个例子是有关吴宓对英国浪漫主义诗人拜伦的高度欣赏。现有研究一般从中看到吴宓身上的矛盾和他对新人文主义的偏离，但这种解读是在“新人文主义以反对浪漫主义为己任”这一认识以及将新人文主义等同于白璧德的前提下作出的；如果我们知道穆尔和阿诺德对拜伦的态度与白璧德大不一样，那么吴宓的“矛盾”和“偏离”就必须重新认识，我们对吴宓、对新人文主义、对古典和浪漫之间的关系的理解也就都需要随之调整了。第二，由于吴宓多年讲授世界文学史的讲义至今无法发表，[①] 材料的缺乏对研究他在这一领域开拓性的建树构成了很大障碍，修改稿因此增加了一个附录，对吴宓的长诗《海伦曲》进行评注，期望借此探索出一种特别而有效的方式，增进我们对他在古希腊文学方面的学养和他在事业和人生方面的理想与困境的了解。此外，就宗教的角色而言，本章正文所呈现的是吴宓对文学与宗教关系的学术兴趣以及他“以宗教家之精神”从事文学研究的一面，而附录则通过对《海伦曲》结尾抒怀部分的分析，将讨论引入宗教作为他世界观中“内核、基础、目标”的一面，自然过渡到下一章。

本书第二章集中探讨吴宓在宗教方面的认识和实践。虽然在很大程度上，“太上立德，其次立功，再次立言”的中国传统箴言指导了吴宓的价值观，但归根结底，他视宗教为人生终极意义的来源。以“四大宗传”为考察框架，本章讨论了吴宓对如下一些问题的看法：为什么说人类离不开宗教？宗教形式和宗教精神之间是什么关系？真宗教和伪宗教的区别是什么？应如何看待孔子？儒教到底是不是宗教？《圣经》最主要应当作为文学来阅读

① 其原因，参见吴学昭为吴宓《世界文学史大纲》所写的《编后记》商务印书馆2020年版，第577页。

和研究吗？另外，虽然吴宓竭力提倡四大宗传融合共济，但四者之间是否有先后主次，如何决定？还有，很重要的是，就时间维度而言，吴宓一生中与各大宗传的关系是如何发展变化的？最后，为什么说宗教问题提供了一个很有说服力的角度，有助于我们理解吴宓在人生价值取向和再造中国文化的方案上，与同时代涌现的其他选择之间的共性和差异？

在前两章较为宏观的考察之后，本书第三章聚焦于《红楼梦》，这部吴宓一生最爱的文学作品，也是最早确立他在比较文学研究方面的地位的作品。围绕“中国文学与世界文学”“文学与宗教”“文学与人生”三大主题，本章试图通过一个重要案例，集中展现文学、道德、宗教是如何作为一个整体定义了吴宓的事业和人生，以及比较视野在形成这一整体中所起的重大作用。在《红楼梦》研究中，吴宓的一个主要贡献是他对流行的索隐派和考证派提出了异议，坚持应当回到《红楼梦》的文学本质。在吴宓对《红楼梦》的文学阐释中，“四大宗传”各自留下了清晰的印记，而四者合流的结果，则是他从“真”和“幻”的关系出发理解《红楼梦》在艺术和精神层面同时取得的伟大成就，《红楼梦》为他“宗教譬如结果，艺术譬如开花”的观点提供了最完美的诠释。对吴宓来说，《红楼梦》不只是学术研究的对象，也为他寄托文化理想、履行家国责任、支撑个人情感提供了载体和方式。考察《红楼梦》在吴宓生命中的意义，必然归结到文学、道德和宗教三者之间密不可分的关系。

在过去一个世纪中的大部分时间里，吴宓都是作为一个反潮流者被批判或遗忘的。近年来，伴随着对新文化运动范式的反思，吴宓也日益成为瞩目和重估的对象。我希望本书能为这种重新审视提供一个整体性的视角。白璧德在美国虽然常常因为对宗教的态度不够积极而受到指责，但他在《民治与领袖》开头的一段话足以说明，他对宗教的重要性再清楚不过："只要进行哪怕有一点深度的研究，我们就会发现，经济问题会遇上政治问题，政治问题又会遇上哲学问题，而最后哲学问题本身则会几乎难以分解地与宗教问题绑在一起。"白璧德说这句话，是为了驳斥"未来社会关心的将主要是经济问题"这一论点的，因为在他眼里这样的未来将是"非常肤浅"的。[①] 在新人文主义的事业中，白璧德本人选择了将努力的重点放在哲学层面，而吴宓则更倾向穆尔，目光始终不离终极的宗教范畴。吴宓有一段话明显响应白璧德的观点："人生观（或论事）本于科学者极肤浅，本于经济政治者较深，本于哲学及心理者更深，本于宗教者最深（亦最确）。"[②] 只不过，与白璧德相比，吴宓对宗教层面要关心得多。

虽然我以上的介绍一直将宗教作为重点，但那只是因为迄今为止宗教的角度在吴宓研究中最不受关注。本书所要呈现的吴宓的精神世界，是建立在文学、道德、宗教所共同构成的统一体基础之上的。宗教方面的补充会让这个统一体变得更完整，给其中的文学和道德方面增加深度和高度。作为统一体的另外两维，文学和道德之间的关系也是本书讨论的一个重点。吴宓常常被视为一个道德家和以道德人生来说文学的批评家。如果在正确的前提下，这一观点是不错的。所谓的正确前提，即吴宓对文学审美的

① Babbitt, *Democracy and Leadership*, Houghton Mifflin, 1924, p. 1.

② 吴宓：《文学与人生》，王岷源译，第 75 页。韩子奇认为，吴宓未能理解白璧德思想在社会、经济和政治方面的意义，只限于从文学和道德哲学的角度接受新人文主义（参见上文注：Tze-ki Hon, "From Babbitt to 'Bai Bide': Interpretations of New Humanism in *Xueheng*"）。事实上，吴宓的选择也许与他在本段引文中表达的价值观有关。

执着追求和对训诲说教以及意识形态控制的强烈反对。阿诺德曾说，最好的诗，就是在服从诗歌之真（表现为内容的真理性和严肃性）和诗歌之美（表现为辞藻和风格的合宜完美）的基础上，对人生进行批评。① 吴宓视文学为真善美的共生体，美在其中的地位同样神圣。这一认识的极致反映就是他对白话文运动和汉字拉丁化的抵制。在他的这些行为背后，对中国文字和文章之美的热爱恐怕是最为直接和本能的动机。吴宓的总体文学观也许包括以下两个方面：文学本身即体现真善美的统一；与此同时，在文学、道德、宗教的共生体中，文学又担当着为美代言的角色。后一方面意味着，文学的创造和研究不能离开道德的支撑和宗教的提升，而道德和宗教的修养也离不开文学的表达和陶冶。

在有生之年，吴宓自认是一个彻底的失败者，但同时他并不认为历史的评判就此终结了。在 1960 年代，他曾经说："学衡社的是非功过，澄清之日不在现今，而在四五十年后。现在写，时间太早。"② 作为一个悲壮的失败者，吴宓不仅对古今中西文学和历史中的许多悲剧英雄高度认同，而且对堂·吉诃德这样一个似乎悲喜参半的文学人物特别惺惺相惜。此外，吴宓研究在近三十年的发展也似乎标志着一个由悲剧向喜剧（以快乐结局为特点）的转变。本书的结语部分将对吴宓身上的悲喜剧作一简短讨论，邀请读者共同思考其中悲喜成分各自的意义并对下一幕进行展望。

---

① Arnold, "Byron" (*Essays in Criticism*), in John Bryson ed., *Matthew Arnold: Poetry and Prose*, Rupert Hart-Davis, 1967, p. 724.

② 华麓农：《吴雨僧先生遗事》，黄世坦编：《回忆吴宓先生》，陕西人民出版社 1990 年版，第 58 页。

第一章

吴宓与世界文学

在西方文学研究范式的影响下，1920 和 1930 年代的中国学者习惯于对“文学”进行广义和狭义的区分，后者往往强调形式之美和表达情绪、想象和思想的功能。[①]吴宓也曾用这种方式给文学下过定义。在《文学与人生》一文中，吴宓说：

> 文学之范围本无一定，广义之文学，包含所有书籍著作之有可读之价值者。哲理、政治、历史等等皆在其中。如圣·亚规那（Saint Thomas Aquinas）之《神学大全》（*Summa Theologiae*），如卢梭之《民约论》，如达尔文之《种源论》，如孟森（Mommsen）之《罗马史》，皆文学也。中国之《红楼梦》《儒林外史》《七侠五义》《施公案》等允为文学，而十三经、二十四史、六朝隋唐人翻译之佛经、宋明诸子之论学语录等，尤不能摈斥于文学疆域之外。此就广义而言之者也。若夫狭义之文学，或称纯粹文学，则但取直

① 参见戴燕《文学史的权力》，北京大学出版社 2002 年版，第 8—11 页。

接表现人生之实况者，而弃其虚空论究人生之真理者。[1]

此外，在吴宓开设多年的“文学与人生”课程中，他又将广义的文学定义为“在一个国家或在世界范围内，在一段时期或在整个历史时期内，用一种语言或多种语言写作的一切文学写作”，而狭义的文学则指的是“世界上表达出来的最佳思想和言论（M. 安诺德）”。[2]

如果我们综合以上的若干定义，并参照吴宓制定的一些书目、他的“世界文学史”授课大纲[3]以及他所发表的学术文章，则可以发现：（1）吴宓所说的“文学”虽然偏重纯文学，但其实包括“所有书籍著作之有可读之价值者”，“哲理、政治、历史等等皆在其中”；（2）吴宓研究和讲授文学的目的，是通过揭示和传播阿诺德所说的“世界上表达出来的最佳思想和言论”，达到涵养个人和改善社会的目的。吴宓对文学的范围和文学批评的功能的理解，都明显带着阿诺德的印记。[4]

① 吴宓：《文学与人生》（一），《大公报·文学副刊》1928 年 1 月 9 日第 2 期。此文分成四节，另外三节发表于《大公报·文学副刊》1928 年 1 月 30 日第 4 期、1928 年 2 月 18 日第 7 期、1929 年 11 月 25 日第 98 期。

② 吴宓：《文学与人生》，王岷源译，清华大学出版社 1993 年版，第 13 页。此句原文“The best which has been thought and said in the world”出自阿诺德《文化与无政府状态》一书的前言（*Culture and Anarchy: An Essay in Political and Social Criticism*, Oxford World’s Classics, 2006, p.5）。

③ 吴宓：《〈文学与人生〉课程应读书目》，吴宓：《文学与人生》，王岷源译，第 3—9 页；吴宓：《西洋文学精要书目》《西洋文学入门必读书目》，吴宓著，吴学昭编：《世界文学史大纲》，商务印书馆 2020 年版，第 336—373 页。“世界文学史”授课大纲收入《世界文学史大纲》，第 107—246 页。

④ Arnold, *Culture and Anarchy*; “The Function of Criticism at the Present Time”（*Essays in Criticism*），in John Bryson ed., *Matthew Arnold: Poetry and Prose*, Rupert Hart-Davis, 1967, pp. 351-374.

在批评维多利亚时代英国人的坐井观天、呼吁他们积极向其他文化学习时，阿诺德说："到处都可以找到相互间的联系和说明。没有任何一个事件，没有任何一种文学，可以在脱离与其他事件和文学的关系的情况下，得到充分理解。"[①] 阿诺德的比较视野基本限于西方古典传统以及欧洲当代其他国家（尤其是法国），但也触及波斯和俄国。[②] 白璧德的视力所及更为宽广。他认为，由于历史原因，西方人一般只会想到从希腊罗马和基督教传统汲取智慧，但是，"在全球交通发达和实际接触日益密切的今天，给予远东在人文和宗教方面的成就应有的重视已经变得很重要了"。[③] 和阿诺德与白璧德一样，吴宓也抱着寻找"最佳思想和言论"的目标，从时代变化的角度出发，向国人论说从世界视野和比较角度看待文学的必要性：

> 近今中国与西洋接触，政治社会经济思想种种变迁，人生之经验遽增，人生之情况益繁，故中国文学之范围不得不随之而扩大，应合中国古今及西洋古今人生之经验而为一。居今日而欲创造及评论文学，均当以中外东西古今新旧人生之总和，及中外东西古今新旧文学之全体，为思想之对象，为比较及模仿之资料。[④]

---

① Arnold, "On the Modern Element in Literature", in John Bryson ed., *Matthew Arnold: Poetry and Prose*, p. 270.

② 关于阿诺德对当代英国人狭隘性的批评以及他对比较视野的提倡，参见 Donald Stone, "Matthew Arnold and the Pragmatics of Hebraism and Hellenism", *Poetics Today* 19.2（1998）, 185, 188。

③ Babbitt, "President Eliot and American Education", in Claes G. Ryn ed., *Character and Culture: Essays on East and West*, Routledge, 2019, p. 205.

④ 吴宓：《文学与人生》（一）。

如我们将要看到的，吴宓所涉猎的文学范围确实涵盖“中外东西古今新旧”，只不过他的专长在于西洋文学，在“古今新旧”之间他则以各大古典传统为重，因为这些传统经过时间的检验，代表着文学对人生和人性描摹所达到的最高标准，任何正在形成中的新文学都应当以之为基础。曾受学于吴宓的钱锺书（1910—1998）在1937年的一篇文章里这样评论道：“在十五年前的所有文学批评家里，他（吴宓）似乎是唯一一个对欧洲文学史具有全局了解的人，他也是第一个将我们自己的‘旧’文学纳入比较文学研究范畴的人。”[①] 吴宓一生中在世界文学方面的研习和建树，是我们了解他的最佳起点。

一、从清华到哈佛

1913—1914年，正肄业于北京清华学校的吴宓在《益智杂志》上发表了《沧桑艳传奇》。[②] 根据作者在“叙言”中的交代，“《沧桑艳传奇》者，系译自美人郎法罗（Longfellow）之*Evangeline*诗，复以己意增删补缀而成。”长篇叙事诗《伊凡吉琳》（*Evangeline, A Tale of Acadie*）为美国著名诗人Henry Wadsworth Longfellow（1807—1882，今译朗费罗）的代表作，其打动吴宓最深之处，乃在于其“非欲传艳情，而特著沧桑陵谷之感慨”，正如孔尚任（1648—1718）的《桃花扇》借明末李香

---

① 钱锺书：“A Note on Mr. Wu Mi and His Poetry”，《钱锺书英文文集》，外语教学与研究出版社2005年版，第72—73页。

② 参见《年谱》，第123页；吴宓1914年1月4日，3月15、22、24日，5月11、13、14、16日日记都有关于写作和誊抄《沧桑艳传奇》的记录。

君和侯方域的爱情为题，“以亡国之哀音，写沧桑之痛泪”。对于生活在“山河破碎，风云惨淡，虽号建新国而德失旧风”时代的吴宓来说，捧读朗费罗和孔尚任这两篇“同其用意，同其结构”的作品，不由他不作“察察之士，触目惊怀……有是遭逢，实深同病”之叹。[①]

在同一篇叙言中，吴宓接着发了如下议论：

世之有妙文，初无分于中西也。予读 *Evangeline*，而惊其用意之深远，结构之整齐，词句之藻丽。且其尤足异者，则特具优点数四，而皆有似于我国文学焉。窃尝思之，文之所以妙者，为其能传示一种特别精神而已。此种精神，由文明社会胎育而成，而为其间人人心中所共有之观念也。其有东西古今万千之类别者，亦如行路者各行其所自之道，其终之归宿，则无有不同者。故自善言文者究之，则可一以贯通之焉。我国今日之习西文者，每不究其优美之特点，惟以粗解略通为能。一由其初心系借文以通事，而非专意于文学。二由于习西文者，其年限非甚长，其程度非甚高，于彼中秘奥，一时未能尽窥全豹。三则由其于本国文学，素少研究，故文学之观念殊浅，一旦得瑰宝珠玉，而不能辨其非瓦砾也。由是之故，外国文学之传于我者殊鲜。致使国之文士，咸鄙夷旁行斜上之书，概斥为不足道。而戋戋者，或且乞人墦祭之余，谓为大酺，以骄兄弟，则又何怪国人之拒而攻之哉？若使知彼西文者，与中文较，虽各有短长，且即逊

① 上引见吴学昭整理《吴宓诗话》，商务印书馆 2005 年版，第 3—4 页。

于我，亦自有光华之所现，菁英之所存，未可一概磨灭。而彼中健者，其构思，其用笔，其遣词，胥与我有天然符合之处。东西有圣人，此心此理同。[①]

虽然在写下以上这段话时吴宓年甫弱冠，并且计划留美学习化学，以期成为中国急需的科学人才，但他在这段文字中表达的一些中心思想，却已经预示了他日后在中国开创世界文学与比较文学研究和教学的道路。他的核心信念就是，因为“东西有圣人，此心此理同”，“世之有妙文，初无分于中西也”，所以学者应该以贯通折中为目标来撷取中外文学的精华。这种论点在今天听起来也许无可非议，甚至司空见惯，但民国初年的情况可大不一样。在当时，西方科学技术乃至政治制度的优越性，以及中国在这些方面必须向西方学习的迫切性，固然都早已是知识阶层的共识，但若要说在文学领域中国人也应该向他国借鉴的话，就会有很多人不以为然了。正如吴宓在前引文中所提到的，对外国文学，国人持鄙夷拒斥态度者居多。[②] 对于这些人，吴宓以诱导的口气希望能让他们认识到，中西文学各有短长，而彼之优秀者则皆“与我有天然符合之处”。

那么，贯通中西文学的意义和价值到底何在呢？清华求学

① 吴学昭整理：《吴宓诗话》，第4—5页。

② 钱锺书记录的一桩轶事反映了这种态度。20世纪30年代初，正在清华外文系求学的钱锺书前往拜见清末维新派人士、著名“同光体”诗人陈衍（1856—1937）。当得知钱锺书正在攻读外国文学而不是实用的理工、法政、经济等科目时，陈衍评论道：“文学又何必向外国去学呢！咱们中国文学不就很好么！”参见钱锺书《论林纾的翻译》，《七缀集》（修订本），上海古籍出版社1993年版，第102页。

时期的吴宓最主要是从文学的审美功能去理解这个问题的。《伊凡吉琳》让他“惊其用意之深远，结构之整齐，词句之藻丽……皆有似于我国文学焉”。在日记中他还记录了自己阅读其他中西诗文的感想：

晚，读英文诗一首。余素性悲观，及感于文章若骚史以及诗词等，弥非写愁之作，读之、效之而愁益深，愈难排遣。初以为此中国文学之特质，西人性气活泼，知乐而不知愁，其文学界皆当系发皇鼓舞之文章。然年来仅读书数十种，而若 Irving、Addison 之文，Longfellow、Wordsworth 之诗，其幽愁抑塞之情，望古伤今、埃壒视世，则又足以添愁，正与我国之文人同。乃知文章之道，亘古今中外而一以贯之。而文士多愁，本于爱世之热心，则更无能逾越此范围者。若 Wordsworth 专以短诗 Sonnet 著称，其善者若余所抄数首，尝读之百道而不忍释，觉其思想高尚、趣味浓深。人生无东西，得为诗人留清名于万世，亦大幸矣。（1914 年 2 月 26 日）

凡中西诗文中之事理、之境遇、之感情，及种种极美妙确切之词章，皆若为吾人写抒其胸怀。虽即以逸才，作之未能更工丽有加，而常怦怦然不能自制，屡欲摛藻抒思，及转念辄止。尝语友人，苟余非生于今日之中国、如此之境遇者，则纵其所欲，倾其所蕴蓄，而加以研炼工夫，为文学家，或兼为哲学家，不论成功如何，已足以娱乐一生。惟其然也，故有所警惕，不敢不别求实用之归宿，即他年以一部分光阴，从事此途，而精神力量，决不使多费于其中。郁折

深曲之意，非自解其孰能谅之也。（1915年7月4日）

在这两则日记中，吴宓的诗人气质和文人旨趣流露无遗。阅读中西诗文给他带来的惊喜、启迪和共鸣，可以归结为文学的抒怀、怡情和冶趣的功能。异域视野的引入使得这些功能变得更为强大，以至于吴宓一方面深深感受到文学研究的强烈诱惑，另一方面出于救国的志向他又不得不竭力抵制这种诱惑，正告自己必须从事实用之学，毅然放弃他心底向往的“足以娱乐一生”的学问。对这种抉择他显然心有不甘，所以又曲曲折折地补充一句：“即他年以一部分光阴，从事此途，而精神力量，决不使多费于其中。”有意思的当然是，就在不久的将来，吴宓找到了一条新的道路，使他得以带着一颗未改的救国之心，将文学作为终身志业来追求。

走上新道路的吴宓对文学的功能有了新的理解，他旧日的“东西有圣人，此心此理同”的信念也被赋予了新的意义。这些重大变化首先要归功于吴宓在哈佛大学比较文学系求学期间（1918—1921）所接触到的新思想。他的导师白璧德针对他所看到的现代西方社会重物质而轻精神、重功利而轻道德、重本能而轻自律等弊病，和穆尔一起提出了“新人文主义”的学说。在新人文主义的济世良方中，文学占据了极其重要的地位。吴宓曾经一言以蔽之，“所谓新人文主义，欲使人性不役于物，发挥其所固有而进于善。一国全世，共此休戚，而借端于文学”。[①] 白璧德和穆尔都极为推崇的阿诺德也曾经将诗歌和人类社会的命运联

① 吴宓：《空轩诗话·黄节晦闻》，吴学昭整理：《吴宓诗话》，第188页。

系起来:“诗之前途极伟大。因宗教既衰，诗将起而承其乏。宗教隶于制度，囿于传说。当今世变俗易，宗教势难更存。若诗则主于情感，不系于事实。事实虽殊，人之性情不变，故诗可永存。且将替代宗教，为人类所托命。”[①] 清华时代的吴宓告诫自己逃离文学，因为当时文学对他来说只是遣愁抒愤、陶冶性情的手段，无益于中国救亡图存的大业。新人文主义的学说让吴宓看到了文学的更高使命：在宗教和哲学皆已式微、科学及实用主义当道的现代社会，文学可以为失去方向的人类提供新的精神支柱和道德准则。唯其如此，文学不但也可以救国，而且乃国运根本之所系。[②]

应当指出的是，阿诺德关于文学“将替代宗教，为人类所托命”的观点，实在不能视作一个豪迈宣言，其背后洋溢着不得已的低回情绪。几年之后，在《论安诺德之诗》(1923)一文中，吴宓描述了阿诺德在宗教问题上面临的困境：

> 安诺德以为救时当用希腊之学术思想，由智慧进于光明。不宜再厉行希伯来之教理，专重实行与服从也。安诺德固深信宗教之不可缺，但谓宗教须破除迷信及旧规，而不悖于理智。然何以臻此，则安诺德亦实无办法。譬之人心世局

① 吴宓:《空轩诗话·黄节晦闻》，吴学昭整理:《吴宓诗话》，第188页。吴宓此处引述的观点见于阿诺德《诗歌研究》(*The Study of Poetry*，吴宓译为《论诗教》)一文。吴宓著有《论安诺德之诗》，见吴学昭整理《吴宓诗话》，第77—87页。

② 据吴宓1919年12月14日日记，在与哈佛密友陈寅恪的一席长谈中，两人得出了一个结论:“天理人事之学，精深博奥者，亘万古，横九垓，而不变。凡时凡地，均可用之。而救国经世，尤必以精神之学问(谓形而上之学)为根基。”受到阿诺德、白璧德和穆尔影响的吴宓，将文学视为这种“精神之学问”中特别之一科，因其在现代社会中可弥补宗教与哲学衰败之后的空缺。

> 之病，安诺德身为名医，察知其病源，又知他医用药不当，然己亦无术以愈之，则亦徒唤奈何，于是大苦。
>
> 安诺德之诗，即专写此种伤感者也。旧宗教既衰歇，无新信仰以代之。己心欲信一教，而己之理智又不许为。于是郁苦惶急之至，而一写之于诗。[①]

在1870—1877年之间，阿诺德撰写了一系列与宗教有关的著作：《圣保罗和新教》（1870）、《文学和教条》（1873）、《上帝和圣经》（1875）、《关于教会和宗教的最后文集》（1877）。这些频繁的著述充分说明了阿诺德对宗教问题是何等关注。《上帝和圣经》前言中的一句话很好地反映了他对于宗教前途所持的清醒而无奈的态度："如今，关于基督教，有两件事是任何一个头上长了眼睛的人都肯定可以清楚地看出来的：一件，是人不能没有它；另一件，则是人不能照它现有的样子接受它。"[②] 也就是说，阿诺德对宗教（即他所说的希伯来传统）虽未丧失信心但又不知在当下该如何维持信仰，于是只好求救于希腊传统，希望这一传统所代表的美和智慧（即他所说的"甜美与光明"，sweetness and light）能够成为中流砥柱，抵挡住物质化、机械化和市侩化的大潮，为人类保留一个精神家园。[③] 在这一场由希腊精神挂帅的保卫战中，宗教从未退场，而仍然被阿诺德视为"文化"（亦

① 吴学昭整理：《吴宓诗话》，第80页。

② Arnold, *God and the Bible*, MacMillan, 1883, p. xi.

③ "甜美与光明"是《文化与无政府状态》第一章的主题，也是该书最为脍炙人口的表达之一。关于阿诺德对于宗教的迷茫及其时代背景，参见 J. Hillis Miller, *The Disappearance of God: Five Nineteenth-Century Writers*, Belknap Press of Harvard University Press, 1963, pp. 212–269。

即“世上最佳的思想和言论”）中不可或缺的一部分，等待着他探索出一条能让宗教复归之路。[①]

在对宗教的现代位置的理解上，白璧德和穆尔不像阿诺德那样焦虑彷徨，他们也不像阿诺德那样在无奈中企图将文学树立为宗教的暂时替代品。穆尔坚信宗教是解决现代问题的必由之路，白璧德则似乎往往将宗教问题悬置，而以哲学作为重建标准和信仰的基础；两人都不会接受“文学代宗教”（白璧德曾明确将阿诺德的这种想法视为“其可疑的一面”），[②] 但一致拥护文学在为恢复宗教和哲学地位的奋斗中应起的重要作用。

在对文学的功能和对文学与宗教关系的理解上，吴宓在他的三位精神导师间各有取舍。一方面，和白璧德、穆尔一样，吴宓不赞成阿诺德“文学代宗教”的权宜之计，并且在白、穆之间，他又偏向对宗教更为执着的穆尔。但是另一方面，相较于他跟白、穆的关系，作为诗人和文学教授的吴宓与阿诺德可能更为接近。白璧德是纯粹的批评家，而且他的批评对象除了文学，更多的倒是教育、文化、社会和政治问题。穆尔在 1904 年之前曾经出版过一本诗集和两部小说，但在找到自己真正的人生使命后，他就告别了这些兴趣，先是以文学批评为业，然后转向哲学

---

① 关于阿诺德对宗教的复杂态度，参见 Ruth apRoberts, *Arnold and God*, University of California Press, 1983; Basil Willey, *Nineteenth-Century Studies: Coleridge to Matthew Arnold*, Cambridge University Press, 1980, pp. 263–284。唐纳德·斯通指出，阿诺德绝非完全站在希腊精神一边而排斥希伯来精神，他的理想是两希传统的平衡综合（Donald Stone, “Matthew Arnold and the Pragmatics of Hebraism and Hellenism”）。

② Irving Babbitt, “Matthew Arnold”, in George A. Panichas ed., *Irving Babbitt on Literature, Culture and Religion*, Transactions Publishers, 2006, p. 108.

和神学。[1] 与白、穆更为显著的道德家、护教者身份相比，阿诺德首先是一位著名诗人；虽然他在38岁后就基本停止了诗歌创作，之后写作了大量的文化、社会和宗教问题的评论，但直到生命的最后他都是一个活跃的文学批评家。吴宓也就教育和文化等问题发表过不少意见，将他推上时代风口浪尖的也是这些意见，但是文学研究毫无疑问是他一生学术兴趣和成就的中心；不仅如此，他一直高度珍视自己的诗人身份，并且直到晚年都未放弃创作一部长篇小说的计划。总之，就他在文学研究上的集中用力和他对文学创作的投入而言，吴宓和白璧德、穆尔颇为不同，而且相应的，他可能也比这两位导师赋予了文学更重大的救世功能。吴宓曾说：“世界之平和，必求人心之相同。即须有同人之文化。中国古时。欧洲中世 Latin Culture。今之乱。无统一之法……**惟一之法——文章，可化人而齐之。**”[2] 在《挽阮玲玉》（1935）一诗中，吴宓写道：“我是东方安诺德，落花自忏吊秋娘。”[3] 虽然这句诗的直接上下文指涉的只是阿诺德所作的一首挽歌（Requiescat, 1853），[4] 但其中所流露出来的吴宓对阿诺德的高度认同——从文学家身份到以文学济世的理想到对理想不得实现的哀感——也是不可否认的。

上述几段中所提到的问题我们以后还会有机会涉及，现在让我们先回到吴宓的哈佛时代，开始叙述他是如何使用他所获得的

---

① 关于穆尔精神历程中的系列转折，参见他在《牛津日记摘抄》（*Pages from an Oxford Diary*, Princeton University Press, 1937）中的自述以及 Arthur Hazard Dakin, *Paul Elmer More*（Princeton University Press, 1960）。

② 吴宓：《文学与人生》，王岷源译，第67页。黑体为引用者所加。

③ 吴学昭整理：《吴宓诗集》，商务印书馆2004年版，第296页。

④ 吴宓的译文收入吴学昭整理《吴宓诗集》，第108—109页。

新知的。

新人文主义的提出虽是以西方现代社会为针砭对象，但在其追随者看来，其应用范围应当延伸到世界上任何沾染了西方时弊之处，其中自然包括当时正被风起云涌的新文化运动所席卷的中国。关于新文化运动所提倡的“新文学”，吴宓在1919年3月27日的日记中曾写道：

> 宓近观察及读书所得，知古今中外、天理人情，以及成败利害得失之故，悉同而不异。西国昔日，事事多与中国类似。而中国今日步趋欧美，其恶俗缺点，吸取尤速。即以小说一端，可以为证。读英文十八世纪之小说，则殊类《儿女英雄传》《儒林外史》等。近三十年，Zola之流派盛行，所述无非工女被污、病院生产等事；而吾国亦有《黑幕》《女学生》等书迭出。感召之灵，固如是哉！

对吴宓在此给予左拉（Zola，1840—1902）的贬抑之辞，我们也许可以视为意气用事，但他在这篇日记里表达的中心思想——“古今中外、天理人情，以及成败利害得失之故，悉同而不异”——却是非常值得重视的。这已经不是他翻译创作《沧桑艳传奇》时对中西妙文给他带来的共同审美体验的感叹了，取而代之的是一个跟新文化运动针锋相对的关于中西历史哲学的立场。新文化提倡者以近现代欧美的制度和成就代表“西方文化”，以之为准绳来痛批中国传统，甚而至于宣传“全盘西化”。而在经历了新人文主义洗礼的吴宓眼中，流弊甚多的近现代欧美文化完全不能代表西方文化的精华，以之为鹄的来改造中国必然加深中国文化自晚清以来陷入的重重危机。为了挽救同时处于颓病状态的中西现代文化，唯一的途径就是汇集东西方传统中几千年来最上乘、在本质上也相通相辅相成的智慧，以对抗流俗时弊，重建一个由道德和自律主导的清明世界。[①] 营建这一新世界的伟大使命必须由东西方学人共同来承担，正如吴宓在前引文中总结新人文主义时所说："一国全世，共此休戚，而借端于文学。"又如在 1921 年 1 月，吴宓这样记载白璧德对在哈佛修习人文科目的中国学生的期待："巴师谓于中国事，至切关心。东西各国之儒者（Humanists）应联为一气，协力行事，则淑世易俗之功，或可冀成。故渠于中国学生在此者，如张、汤、楼、陈及宓等，期望至殷云云。"[②]

这里应该强调的是，虽然吴宓在学界一直以复古守旧著称，但他所着眼的其实是古今中外最优秀传统的汇合。在《论新文化运动》一文中，吴宓是这样解释古典传统在他的价值体系里所享有的优先地位的：

> 今欲造成中国之新文化，自当兼取中西文明之精华，而熔铸之、贯通之。吾国古今之学术德教、文艺典章，皆当研究之、保存之、昌明之、发挥而光大之。而西洋古今之学术德教、文艺典章，亦当研究之、吸取之、译述之、了解而受用

① 参见吴宓《论新文化运动》,《留美学生季报》1920 年第 8 卷第 1 号，后收入《学衡》1922 年第 4 期。

② 据 1921 年 1 月 17 日至 2 月 1 日日记。张、汤、楼、陈分别为张歆海（1898—1972）、汤用彤（1893—1964）、楼光来（1895—1960）、陈寅恪。《学衡》1922 年第 3 期出版之前，吴宓将 Babbitt 译为"巴比妥"。关于白璧德的思想及其对吴宓那一代中国学者的影响，参见段怀清《白璧德与中国文化》第四章，首都师范大学出版社 2006 年版。

> 之。若谓材料广博，时力人才有限，则当分别本末轻重、小大精粗，择其尤者而先为之。中国之文化，以孔教为中枢，以佛教为辅翼；西洋之文化，以希腊罗马之文章哲理与耶教融合孕育而成。今欲造成新文化，则当先通知旧有之文化。①

令吴宓痛心的是，新文化运动的提倡者们是不愿也无法去理解白璧德的新人文主义宏图的。虽然他们效法西方，但因为缺乏对西方的通盘了解，他们看不到中西传统在各个层面上的种种吻合之处，而是一味强调两者之间不可调和的区别，继而得出结论说，除了模仿现代西方，中国别无出路。② 在吴宓看来，这些既无能力也不愿意花费时间去透彻掌握中西方传统的新文学领袖们的革命性诚然十足，文学修养则大成问题。在他们的领导下，中国读者对西方传统的接受基本只限于 19 世纪以来的某些特定作家和思想家，文学往往沦为直接宣传政治意识形态的工具。在莫泊桑、托尔斯泰、左拉、易卜生、巴枯宁、马克思成为主宰的同时，西方古典传统、基督教传统，往下至于帕斯卡尔和弥尔顿等两三千年间的经典巨匠则遭到全面冷落。③ 与西方传统在提倡

① 吴宓：《论新文化运动》，《学衡》1922 年第 4 期，第 14 页。

② 在 1919 年的日记中吴宓频繁思考中西异同的问题。如 1919 年 8 月 31 日他写道："稍读历史，则知古今东西，所有盛衰兴亡之故，成败利钝之数，皆处处符合；同一因果、同一迹象，惟枝节琐屑，有殊异耳。盖天理（Spiritual Law）人情（Human Law），有一无二，有同无异。下至文章艺术，其中细微曲折之处，高下优劣、是非邪正之判，则吾国旧说与西儒之说，亦处处吻合而不相抵触。"在 1919 年 9 月 8 日的日记中吴宓表示，是因为有机会在哈佛良师益友的指点下学习西方先贤的著作，他才得以提高自己对中西契合之处的认识："自受学于巴师，饫闻梅、陈诸良友之绪论，更略识西国贤哲之学说，与吾国古圣之立教，以及师承庭训之所得，比较参证，处处符合，于是所见乃略进。"

③ 参见吴宓 "Old and New in China"（《中国的新与旧》），《中国留美学生月报》（*The Chinese Students' Monthly*），1921 年 1 月第 16 卷第 3 期。

新文化者手中遭受的巨大曲解相应，他们对中国古代文化——从文字文学到伦理道德——的攻击和唾弃似乎只能在意料之中。在日记中吴宓曾经既无奈又不屑地写道："若辈（指提倡新文学者）不读中西书，何足与辩？"（1919年12月30日）[①]

现在让我们回到吴宓写于1913年的《沧桑艳传奇》"叙言"。在我们开头引用的一段话中，吴宓分析了西方文学当时在中国影响甚微的一系列原因。在他看来，国人对外国文学的无知和排斥态度归根结底应由介绍西方文化的中国精英负责。首先，这些人往往是带着纯实用的交流目的去学习西方文字和了解西方文化，在文学上用功的很少。其次，了解西方必须经过一个漫长而辛苦的学习过程，否则的话，难免"于彼中秘奥，一时未能尽窥全豹"。第三，国学功底的欠缺也会直接影响学者对外国文学的鉴赏能力："由其于本国文学，素少研究，故文学之观念殊浅，一旦得瑰宝珠玉，而不能辨其非瓦砾也。"虽然在吴宓作出以上阐述时，新文化运动尚未爆发，他的批评也未针对任何具体个人，但从事后看来，这些本身就富有洞察力的观点就更具前瞻性了。吴宓在《中国的新与旧》和《论新文化运动》等文中痛心疾首地抨击的新文化领袖们，与他在《沧桑艳传奇》"叙言"中温和地进行讥弹的西方文学介绍者们，有着共同的背景和缺陷。在吴宓眼中，他们对中国文化的了解是肤浅的，在引进西方文化作为参照系时他们的态度是功利的、速成式的，结果导致他们对西方传

① 显然，在批判新文化运动的偏激性质时，吴宓自己也每有偏激之词和偏颇之处。这在他的《论新文化运动》一文中尤其明显。参见李怡为新文化运动所作的一些辩护（《论"学衡派"与五四新文学运动》，王泉根编：《多维视野中的吴宓》，重庆出版社2001年版，第312—334页）。

统不仅窥豹一斑，而且良莠莫辨。在这种情况下，他们形成的中西文化观必然是扭曲错位的，由他们来设计和指引中国文化的再造也必将误入歧途。

如何恢复中西文化各自的总体面目，重新摆正两者之间的关系，建设一个符合新人文主义理想的世界，怀着这一紧迫使命，吴宓决定结束在哈佛的深造，于1921年夏获得文学硕士后返回中国。

二、办学与办刊

自1921年9月起，吴宓执教于东南大学（中央大学和南京大学前身），先是在英文系，次年进入新建的西洋文学系（单独成立此系，这在全国高校中是首例）。之所以选择东南大学，是因为吴宓的哈佛同门梅光迪先已在此任教，此时招揽诸位旧友前往，以图在新文化运动中心以外开辟一片阵地。[①] 当年11月，以梅光迪、胡先骕、柳诒徵（1880—1956）、吴宓为核心成员的《学衡》杂志社成立，1922年1月杂志创刊号出版，自第三期开始吴宓担任总编辑兼干事。在吴宓的主持下，《学衡》以“昌明国粹，融化新知”为宗旨（见杂志简章），登载有关中西文化的评论、研究、翻译、文学创作及推荐书目。1925年，吴宓转至清华（先在国学研究院，[②] 后入西洋文学系），并继续主编《学衡》。

在东南大学的三年间，吴宓开设了英国文学史、英诗选读、

---

① 上文提到的张歆海、汤用彤、楼光来从哈佛学成回国后皆曾在东南大学任教。

② 1925年吴宓担任研究院主任期间，聘请了梁启超（1873—1929）、王国维（1877—1927）、陈寅恪 、赵元任（1892—1982）为国学科导师，师资力量盛极一时。

英国小说、欧洲文学史等课。此时他初来乍到，信心和干劲都很足，授课的效果也给他非常大的成就感。据其自述，“宓以备课充足，兼以初归自美国，用英语演讲极流利、畅达，故上课后深受学生欢迎……盖自新文化运动之起，国内人士竞谈‘新文学’，而真能确实讲述西洋文学之内容与实质者则绝少。（仅有周作人北京大学教授之《欧洲文学史》上册，可与谢六逸之《日本文学史》并立……）故梅君与宓等，在此三数年间，谈说西洋文学，乃甚合时机者也”。[①]

更大的时机在1926年到来了。当时吴宓被委任代理刚成立不久的清华大学西洋文学系（1928年后改称外国语言文学系）系主任，负责拟定办系方针和课程计划。他参照哈佛比较文学系教学方案为清华制定的学程一直沿用至1937年抗战爆发，其后内容略有改动，但总体不变，直至1952年全国高校院系调整，清华文科并入北京大学。这一影响深远的西洋文学教学方案有三大方针：

> 本系始终认定语言文字与文学，二者互相为用，不可偏废。盖非语言文字深具根柢，何能通解文学而不陷于浮光掠影？又非文学富于涵泳，则职为舌人亦粗俚而难达意，身任教员常空疏而乏教材。故本系编订课程，于语言文字及文学，二者并重。
>
> 本系文学课程之编制，力求充实，又求经济，故所定必修之科目特多，选修者极少。盖先取西洋文学之全体，学生所必读之文学书籍及所应具之文字学知识，综合于一处。然

① 《年谱》，第222页。

后划分之，而配布于四年各学程中。故各学程皆互相关连，而通体成一完备之组织，既少重复，亦无遗漏。更语其详，则先之以第二年之西洋文学史（原名西洋文学概要，今虽改名，内容不变），使学生识其全部之大纲，然后将西洋文学全体，纵分之为五时代，分期详细研究，即（1）古代希腊罗马（2）中世（3）文艺复兴（4）十八世纪（5）十九世纪，更加以（6）现代文学，分配于三年中。又横分之，为五种文体，分体详细研究，而每一体中又择定一家或数家之作品详细讲读，以示模范，亦分配于三年中，即（1）小说，近代小说（2）诗——英国浪漫诗人（3）戏剧，近代戏剧及莎士比亚（4）散文——第三年及第四年英文（5）文学批评。此其区分之大概。复先之以全校必修之西洋史及本系必修之西洋哲学等。益之以第四年之专题研究及翻译术等。翼之以每年临时增设之科目，如西洋美术、但丁、浮士德、拉辛、吉德等，可云大体完备。

本系对学生选修他系之学科，特重中国文学系。盖中国文学与西洋文学关系至密。本系学生毕业后，其任教员，或作高深之专题研究者，固有其人。而若个人目的在于：（1）创造中国之新文学，以西洋文学为源泉为圭臬；或（2）编译书籍，以西洋之文明精神及其文艺思想介绍传布于中国；又或（3）以西文著述，而传布中国之文明精神及文艺于西洋，则中国文学史学之知识修养均不可不丰厚。故本系注重与中国文学系联络共济。[①]

① 吴宓：《外国语文学系概况》，《清华周刊·向导特刊》1934年6月1日，第41卷第13/14期，第85—87页。收入吴学昭编《世界文学史大纲》，第441—444页。

这份学程的设计和《沧桑艳传奇》“叙言”中对习西文者之缺点的剖析在精神上一脉相承，提供的解决方案也具有高度针对性。强调语言和文学训练并重，二者不可偏废，首先是为了破除当时大多数人学习外文时的纯功利倾向，避免培养“粗俚”“空疏”之人，或者“外国语娴习之奴隶人才”（最后引号中的话乃吴宓于1915年9月17日的日记中，对当时清华学校日益裁减学科的做法所表示的担忧）。必须具有一定西方文学涵养之人方可承担向国人介绍和解说西方文化的任务，而要获得这种涵养，又离不开扎实的文字功夫，若要两者兼备，则非长期潜心钻研不可。这是吴宓眼中的新文化运动人士所普遍缺乏的基本素质，也是他对西学后人所寄予之期望的前提。

其次，强调对“西洋文学之全体”的掌握，是对因耐心和功夫不够而对西方“未能窥其全豹”这个问题的回应。在《论新文化运动》中，吴宓对当时青年人受到的误导表示理解：“今中国少年学生，读书未多，见闻缺乏，误以新文化运动者之所主张，为西洋文明全部之代表，亦事理之所常有。”看到青年人无处求得关于西方的真相，吴宓忧心如焚：“值今日中国诸凡变动之秋，群情激扰，少年学子热心西学，而苦不得研究之地、传授之人，遂误以此一派之宗师，为惟一之泰山北斗，不暇审辨，无从决择，尽成盲从，实大可哀矣。”[①] 吴宓设计的学程中，“西洋文学史”乃位列第一的必修课，随之以希腊罗马—中世纪—文艺复兴—十八世纪—十九世纪（现代）五段分期研究，再加上不同文体的专门课程，正是为了既提供一个把握西方文学整体的途径，

① 吴宓：《论新文化运动》，第2、1页。

又防止空泛笼统之病。对局部有专精了解，但在视野上又不囿于一时一派一体，最终才可能取得西洋精髓。[①]

再者，强调中国文学方面的训练，首先是因为中国文学和西洋文学“关系至密”，也就是说两者是相通的，前者了解欠佳势必影响对后者的学习和鉴赏能力，反之亦然。这个在《沧桑艳传奇》“叙言”中已抽象表达过的意见，吴宓在《论新文化运动》中举出实例进行验证：“凡夙昔尊崇孔孟之道者，必肆力于柏拉图、亚里士多德之哲理；已信服杜威之实验主义（Pragmatism-Instrumentalism）者，则必谓墨独优于诸子。其他有韵无韵之诗，益世害世之文，其取舍之相关亦类此。”[②] 除了这个理由，吴宓还从学生将来可能选择的事业着眼来阐述了中西文学并重的必要性。不管是有意从西洋文学中汲取灵感和营养，以“创造中国之新文学”，还是打算从事编译，将西方文化的精神介绍到中国来，或是立志以西文撰著，向西方传播中国文化，无疑都对国学功底有很高的要求。

以上三大方针在 1935 年吴宓为清华外文系编制的 1936—1937 学年之学程中都得到了重申。关于课程编订的目的，后来这份文件中有了更为精当的表述：“为使学生得能（甲）成为博

---

① 读过吴宓《文学研究法》一文者，会觉得他的学程设计在很大程度上是脱胎于他读书修学十法中的前三条：“（一）首须洞明大体，通识全部，勿求细节。如研究西洋文学，则宜先读极简明之西洋文学史一部，如 Emile Faguet 著之 *Initiation into Literature* 等书，次读各国文学史，然后再及一时一家之作。（二）欲研究西洋文学，宜先读西洋历史及哲学，以为之基。此外如宗教美术等，与文学关系甚密，亦须研究。（三）精通西洋各国文字。……”（《学衡》1922 年第 2 期，第 7 页）。

② 吴宓：《论新文化运动》，第 6 页。这段话中所对举的两类人，显然一为服膺新人文主义的《学衡》诸君，一为胡适及其新文化运动追随者。

雅之士；（乙）了解西洋文明之精神；（丙）造就国内所需要之精通外国语文人才；（丁）创造今世之中国文学；（戊）汇通东西之精神思想而互为介绍传布。”[①]

如果总而言之的话，我们不妨说，吴宓是按照他对“如何再造中国文化”的理解来设计清华外文系的培养方案的，也可以说，以上目标中的（甲）（乙）（丙）是为“再造”所做的准备，而（丁）和（戊）则代表的是“再造”的两个途径。把中国文化介绍到西方去，这是哈佛时期白璧德对吴宓的嘱托。“巴师谓中国圣贤之哲理，以及文艺美术等，西人尚未得知涯略；是非中国之人自为研究，而以英文著述之不可。今中国国粹日益沦亡，此后求通知中国文章哲理之人，在中国亦不可得。是非乘时发大愿力，专研究中国之学，俾译述以行远传后，无他道。此其功，实较之精通西学为尤巨。巴师甚以此望之宓等焉。宓归国后，无论处何境界，必日以一定之时，研究国学，以成斯志也。”（1920年11月30日日记）将中国文化之精粹传播出去，使之与西洋文明之精华发生融合，成为大同世界中既和谐而又独特的一分子，既保存中国传统固有的价值，又因跻身于一个新的文化有机体中而得放异彩。这是吴宓在新人文主义视野中为中国找到的位置，也是他设想的中国文化再造的一个方向。

另外一个方向，当然就是将西方文化的菁华引进来，一者可与中国的国粹相得益彰（“凡读西洋之名贤杰作者，则日见国粹之可爱”），[②] 从而对本来熟悉的东西获得新鲜的认识，一者则

---

① 吴宓：《文学院外国语文系学程一览》，《清华大学一览》（1937），收入吴学昭编《世界文学史大纲》，第452页。

② 吴宓：《论新文化运动》，第6页。

是可从中探取素材和手段，为“创造中国之新文学”提供一大助力。对于如何利用这一外来助力，吴宓在《论今日文学创造之正法》一文中进行了申述。首先，在写作材料上，西洋文化无异于为中国当今的作者们呈上了一座从未发掘的宝藏：

> 东方西方之文明接触，举凡泰西三千年之典章文物，政术学艺，其人之思想感情经验，以及穷研深几之科学哲理文史诸端，陆离璀璨，悉涌现于吾国人之前，供我研究享受，资用取汲；且由此而吾国旧有之学术文物，得与比较参证，而有新发明，新理解，琢磨光辉，顿呈异采，凡此皆创造文学之新资料也。
>
> 今欲改良吾国之诗，宜以杜工部为师，而熔铸新材料以入旧格律。所谓新材料者，即如五大洲之山川风土国情民俗，泰西三千年来之学术文艺典章制度，宗教哲理史地法政科学等之书籍理论，亘古以还名家之著述，英雄之事业，儿女之艳史幽恨，奇迹异闻，自极大以至极小，靡不可以入吾诗也。[①]

---

① 吴宓：《论今日文学创造之正法》，《学衡》1923年第15期，第4、15页。在《于右任民治学校园杂事诗》中，吴宓也说过：“以新名新意熔入旧格律，乃吾侪所认为创造之正途也。”（吴学昭整理：《吴宓诗话》，第209页）吴宓的这一主张和晚清时黄遵宪、梁启超等提倡的“诗界革命”有很大共性。吴宓视黄遵宪为“近世中国第一大诗人”，认为“黄先生以新材料入旧格律之主张，……不特为前此千百诗人所未能言，所未敢言，且亦合于文学创造之正轨，可作吾侪继起者之南针。昔人过泥于旧，为格律所束缚。今之新派作者，则空骛于新，既无形式且乏材料。惟黄先生之说为中道、为正法，可不容疑。”关于黄遵宪对他的影响，吴宓有以下声明：“宓论诗作诗之宗旨以新材料入旧格律，实本于黄公度先生，甚愿郑重声明者也。”（《吴宓诗话·黄遵宪》，第206—207页）本章“附录”将以吴宓的《海伦曲》为案例对他“以新材料入旧格律”的主张进行一些具体讨论。

当然，若想开采这座丰富的宝藏，不管是直接接触西方典籍，还是借助翻译的中介，都必须带着耐心和好奇心，获得有力的工具，找到正确的路线，使用合适的方法。在获得关于西方的广博知识之后，还必须善于思考其于中国新文学创作特具启发之处。吴宓试举了一例："吾国向日诗文，言海者甚少。今如有人焉，其文学功深，而海上之经验又极富，则可作为至有味而至实在之诗或小说，而不必假手于彼吉百龄（Kipling）与 Joseph Conrad 也。"在讨论长篇小说创作时，吴宓建议初学者试作"教育小说"（*Bildungsroman*，最著名者为歌德［1749—1832］的《威廉·迈斯特》，叙述主人公成长过程中的思想感情和见闻经历），因为"但将一己及其朋友之经历，依实写出，娓娓动人，虽不能为巨构，而必亦可观也"。[①] 关于戏剧，吴宓先提到近年欧美提倡剧场布景趋简之运动，然后有以下议论："准是以论，则在吾国新剧亦宜于精神艺术上用功夫，而不可徒炫布景之繁复。而吾国旧戏中之京戏，实与莎士比亚时代之戏剧相似；而昆曲之人少事简而重歌唱及词藻，实近于希腊古剧也……由是比较，而吾国之旧戏之价值乃见，以其有多年之旧规，而自能造成一种幻境以悦人也。"[②] 在以上数例中，吴宓的想法都颇有见地，体现了比较视野带来的别有会心。这些建议和议论对于丰富中国文学创作的题材和体裁、探索舞台艺术表现形式以及掌握小说写作门径都具有启发性，其开放的思路毫无新文化运动人士眼中学衡派的抱残守缺、迂腐陈陋之态。

---

① 吴宓本人也曾打算模仿《威廉·迈斯特》，作一部自传体小说（1926 年 11 月 28 日及 1931 年 6 月 13 日日记）。

② 本段上述引文出自吴宓《论今日文学创造之正法》，第 12、23、24—25 页。

因为坚信西洋文学知识使自己在如何创造中国之新文学这个议题上获得了独到的见解和不可忽视的发言权，吴宓是抱着急切和热忱的态度来推广他的看法和心得的。编《学衡》、订学程、日常授课都是他力图传播自己声音的核心途径。这里应该一提的是，除了《学衡》，在1928年1月至1934年1月的六年间，吴宓还担任了《大公报·文学副刊》的主编。《学衡》乃同人刊物，而《文学副刊》是公开发行的商业性报纸，在内容和风格上都比《学衡》开放不少，其宗旨为："对于中西文学，新旧道理，文言白话之体，浪漫写实各派，以及其他凡百分别，亦一例平视，毫无畛域之见，偏袒之私，惟美为归，惟真是求，惟善是从。"尽管如此，吴宓的新人文主义立场仍然在《文学副刊》中得到了清晰的体现，尤其是在他本人撰写的评介西方文学家的"通论"稿件中。这些通论从选题到立论一般都紧密切合吴宓最关心的话题，即如何从世界文学史中找到灵感，帮助理解和解决中国当代文学界面临的紧迫问题。[①]

例如，在《法国诗人兼批评家马勒尔白逝世三百年纪念》一文中，

① 吴宓有时将这些文章由《学衡》转载到《大公报·文学副刊》（以下将提到的两篇都属此类），由此亦可见他主编的这两份性质不同的刊物之间在目标上的共同之处。关于吴宓和《大公报·文学副刊》，参见刘淑玲《吴宓与〈大公报·文学副刊〉》，《中国现代文学研究丛刊》2001年第4期；汤林峄《论〈大公报·文学副刊〉的德国文学研究》，《湖南大学学报》2011年第5期；汤林峄《论〈大公报·文学副刊〉的英国文学研究》，《兰州大学学报》（社科版）2012年第5期；汤林峄《论〈大公报·文学副刊〉的法国文学研究》，《湘潭大学学报》（哲学社科版）2013年第6期。关于《大公报·文学副刊》与新文学的关系，参见沈卫威《"学衡派"谱系：历史与叙事》，南京大学出版社2015年版，第106—114页。一方面，"《文学副刊》对新文学作家著作的评介，比较多的是客观、公正的新书推介式的语言，少数是尖锐的批评"（第106页）；另一方面，"《文学副刊》很少登白话作品"（第112页）。

吴宓向中国读者介绍了马勒尔白（François de Malherbe, 1555—1628，又译马莱伯）的业绩，讲述其如何“主张纯粹之文字与精严之格律”，“毅然为澄清文字、厘正文体之事”，一举廓清了以龙萨（Pierre de Ronsard, 1524—1585，又译龙沙）为首的“七星社”诗人雕饰芜杂而多新变的文风。这篇文章，实际上是因为吴宓既认为中国文字文学亟须改革，但又极不赞成白话新文学提倡者所开出的药方，有感而发的。正如吴宓在以下一段话中所说：

> 夫古今中西之论文字文体者虽多，其结论要必归于“明显雅正”四字。已达此鹄，则美与用合一，而文字之能事备矣。马勒尔白之所倡者亦此而已。然则中国不久必将有马勒尔白之出现，以完成今世中国文字文体解放之功，而使归于正途，蔚成国粹世宝，吾人谨当拭目以俟之矣。[①]

又如，在《德国浪漫派哲学家兼文学批评家弗列得力·希雷格尔逝世百年纪念》这篇文章中，吴宓用了极长的篇幅介绍了德国早期浪漫主义文学运动中的双璧——希雷格尔兄弟（August Schlegel, 1767—1845；Friedrich Schlegel, 1772—1829，又译施勒格尔兄弟）——的生平和作品，但在最后一节中，吴宓将他的注意力转到了与中国的比较。他在18世纪末19世纪初德国文坛的各种流派和20世纪中国文学界先后涌现的风云人物之间，找到了一一对应（比如，陈独秀、胡适、徐志摩等可比于德国之狂飙运动，

---

① 《学衡》1928年第65期，第69页。转载于《大公报·文学副刊》1928年10月8、15日。

鲁迅与郁达夫等可比于希雷格尔兄弟所领导之浪漫派），随即又指出两国情形的不同。其一，德国诸派的流行在时间上相隔较久，而中国的思潮和团体则在十年中风起云涌，令人应接不暇，“今之中国，思想感情之冲突，古今新旧之混淆，较他国他时均为甚”。其二，也可能是吴宓撰此文时最想表达的深意，则是：

> 德国当时有葛德（即歌德）与许雷（即席勒，或译席拉，1759—1805）二人，秉其雄厚之天才，虽由狂飙运动入，而旋即脱弃之，精研古学，以人文主义为倡。其学识则包融新旧，其宗旨则在寻求普遍之真理而发明艺术之精理与正法，其所创造之作品则佳美无上，为古今所莫及，其在当时之影响，则能补益纠正各派之所短，而使新进作者有所取法，譬如众星在天，而日月居中照耀。中国今日，其孰能当葛德与许雷，其孰以葛德之志为志，葛德之法为法；其孰以精美纯正熔铸一切之人文主义为倡，其孰能为古学渊博之今世模范思想家及文艺创造者，此其人谁耶？或答曰恐尚无之。若是者，众皆当勉为之，吾人首先竭诚企望之矣。[①]

在这篇纪念文章中，吴宓从新人文主义的立场，对传主的浪漫主义文学理论和作品提出了批评，最后以对歌德的赞歌结束，为中国呼唤一位同样的“包融新旧”，“以精美纯正熔铸一切之人

---

① 《学衡》1929年第67期，第31页。转载于《大公报·文学副刊》1929年4月22日。

文主义为倡”的文坛领袖，可谓是图穷匕见、用心良苦。[1]

吴宓对中国未来的马勒尔白和歌德的企望，并非仅限于修辞上的抒情。他对马勒尔白之性格和行事的描写似多有自况之意，令人猜想，他很可能曾经想象过自己在中国扮演马勒尔白之角色，在新文化运动中力挽狂澜，虽四面树敌而在所不惜：

> 马勒尔白性情刚烈而质直，威厉而真诚，褊急而忠厚。其律己也严，其责人也亦重而切，人或比之为塾中执夏楚之学究云。方其得君在位而名盛之时，日造门以诗文求正者踵相接。马勒尔白则手挥朱笔，一一为之批改，丝毫不少宽假；劣者则全篇涂抹，甚或面斥其妄作。马勒尔白之于诗文，可谓忠于所事，衡鉴必准而标准至严，虽系当朝权贵或盛名文士，苟以诗文请谒，则决不稍为谀悦瞻徇之事。故其生平招尤致怨不少，特其人皆无如马勒尔白何。[2]

至于谁可为中国之歌德，吴宓在文章中并未明言，但当时最

---

① 狂飙突进运动（约1770—1780年代初）崇尚自然、情感和个人意志，为浪漫主义之先声。歌德早年为狂飙运动的干将，但此后转向古典主义（吴宓区分“过重形式而偏于功利”的古典主义末流和“真正之古典主义”。后者在吴宓心目中等同于人文主义。——见吴宓此文的第一段）。与吴宓看重歌德的古典转向不同，其清华门生、后来成为“战国策派”主要人物的陈铨（1905—1969）最为赞赏歌德作品中的狂飙精神和浪漫主义成分，强调其对纠正中国文化静观和保守性质所具有的积极意义。吴宓和陈铨对歌德于中国之价值的不同认识，说明了在民国时期引介外国文学过程中各种取舍背后的不同文化目标，即使涉及同一位作家时也是如此。在《圣伯甫略传》中（《大公报·文学副刊》1928年12月17日），吴宓形容他推崇的法国批评家圣伯夫（1804—1869）为“理性及感情皆极强之人”，“其一生之态度亦系由浪漫而渐进于古典，与歌德同也”。

② 吴宓：《法国诗人兼批评家马勒尔白逝世三百年纪念》，《学衡》1928年第65期，收入吴学昭编《世界文学史大纲》，第476页。

接近他心中理想的候选人应该是吴芳吉（1896—1932，字碧柳，吴宓清华好友，诗人，常为《学衡》供稿）。吴芳吉兼擅新旧诗，被吴宓誉为“真能熔合新诗旧诗之意境材料方法于一炉者”，[①] 其关于诗歌新旧的立场可以下边这段话为代表：

> 余之所谓新诗，在何以同化于西洋文学，略其声音笑貌，但取精神情感，以凑成吾之所为。故新派多数之诗，俨若初用西文作成，然后译为本国诗者。余所理想之新诗，依然中国之人，中国之语，中国之习惯，而处处合乎新时代者。[②]

这里吴芳吉批评的是时下流行的某些新诗食洋不化、形神皆丧的现象，他本人所追求的是摄取西方文学的精神，然后以中国人的声口道出中国人的经验、情感和关怀，从而铸造一种真正同化了西方精神、也真正属于现代中国的新诗。吴宓对吴芳吉多年一贯的激赏，正是因为在如何让西洋文学为我所用这个问题上两人英雄所见略同。吴芳吉之最高理想，乃以十年、二十年之力，撰作一部中华民族之史诗。预计篇幅108000字，在结构上模仿但丁《神曲》，句法上用六言诗（这一选择有多种技术上的考虑，但亦有远追荷马史诗六步格之意），内容上则第一部以大禹之肇造为中心，第二部写民国革命，第三部遥想三百年后孔子之复生，总体线索为摹写中华民族根性之产生、

---

① 吴宓：《吴芳吉传》，吴学昭整理：《吴宓诗话》，第159页。

② 吴芳吉：《白屋吴生诗稿自叙》，《大公报·文学副刊》1929年2月4日，收入吴学昭整理《吴宓诗话》，第160—165页，引文见第164页。

丧失与再现。[①]

吴宓一直殷切期待吴芳吉能够完成他所构想的这部史诗。在吴芳吉以三十六岁的盛年溘然辞世之后，吴宓在《大公报 · 文学副刊》上写道：

> 予近年在清华授希腊罗马文学，每年秋必教诸生读桓吉尔 Virgil（今译维吉尔）之《伊尼德》*Aeneid* 诗英译本，甚悉桓吉尔所以成功之道。又以中华与罗马东西遥对，民风历史酷似，窃意苟有人能为中华民国作成宏大之民族史诗一部，其义法必同桓吉尔，而其事非碧柳莫能任。故恒劝碧柳抛弃家庭学校朋友人事之纠纷及道德责任之小节，而专力于此。又望以吾之所见，与碧柳当面详说。今皆已矣。呜呼，继碧柳而起者谁耶？吾及身其能亲见之否也？[②]

吴宓在教授罗马史诗时思考中国文学传统中史诗的缺位，这可以说是很自然的事。二十世纪二三十年代时，“中国为什么没有史诗”是一个在学术圈和文学界引起了不少探讨的问题，比较有代表性的讨论可以参见朱光潜（1897—1986）于 1926 年和 1934 年发表的两篇文章。[③] 吴宓较为独特之处，是他试图倚仗自己在多年学习和授课中对罗马史诗精神和艺术的了解（其自许

① 参见吴宓《吴芳吉论史诗计划书跋》，收入吴学昭整理《吴宓诗话》，第 166—168 页。吴芳吉于 1932 年 5 月 9 日去世后，吴宓将其计划刊于《大公报 · 文学副刊》1932 年 6 月 20 日，并为作跋。

② 同上书，第 168 页。

③ 朱光潜：《中国文学之未开辟的领土》，《东方杂志》1926 年第 23 卷第 11 期；《长篇诗在中国何以不发达》，《申报月刊》1934 年第 3 卷第 2 期。

“甚悉桓吉尔所以成功之道”），为打造一部恢宏的中国史诗做出直接贡献。吴芳吉的志向、才具和文学眼光决定了他是吴宓心目中担当这一民族大业的不二人选。为了促成这部巨制的创作，1927—1928年吴宓频繁作书，恳请当时在辗转各方后已返回四川祖籍的吴芳吉赴京，即前引跋文中所提到的“恒劝碧柳抛弃家庭学校朋友人事之纠纷及道德责任之小节，而专力于此。又望以吾之所见，与碧柳当面详说”。从这些信札中可看出吴宓为自己在史诗创作伟业中设想的角色：

> 宓确信弟若能在京，与宓同居半载，则宓之所怀抱，及所知西洋古今大诗人创作进功之方法，可悉以语弟，其于弟一生正事（即创作伟大之诗）必为益极大，宓之受裨，更不必言。（1927年12月29日）
>
> （宓）所望……共为文艺之创作，以宓一生之经验，助弟成为中国二十世纪之大诗人。（1928年六月初四）
>
> 宓之望弟外出者，（1）欲与细论文学创造之法，俾弟得以最经济而正当之途径，成为中国第一大诗人也。（1928年7月11日）[①]

除了基于自己的西方文学修养而志愿为吴芳吉史诗创作提供技艺义法方面的指导，吴宓还以兄长的身份对吴芳吉提出了以下忠告：

> 轻视事功，重视文艺创作。所谓事功，如改良学校、招

① 吴学昭整理：《吴宓书信集》（以下简称《书信集》），生活·读书·新知三联书店2011年版，第118、128、131页。

聚同志以及挽回潮流皆是。非以余生精力，专注于诗文，则难企大成，精力不宜再分。（1928 年 7 月 11 日）[①]

吴宓谆谆告诫吴芳吉须得轻视的一些事——“如改良学校、招聚同志以及挽回潮流”——却正是他本人自归国以来一直兢兢业业从事的活动。办刊、办学、襄助同道都体现了文学研究者吴宓对事功的不懈追求。1919 年 11 月 13 日吴宓曾在日记中写道：“文学之效用，虽远且巨，然以今中国之时势，若专以评文者自待，高蹈独善，不偕诸友勠力前途，为国事世事，稍尽人己之绵力，则按之夙习立志，抚膺实深愧矣。”吴宓曾用一个比方来形容他在事功和独善之间的严重纠结：

宓设二马之喻。言处今之时世，不从理想，但计功利。入世积极活动，以图事功。此一道也。又或怀抱理想，则目睹事势之艰难，恬然隐退，但顾一身。寄情于文章艺术，以自娱悦，而有专门之成就，或佳妙之著作。此又一道也。而宓不幸，则欲二者兼之。心爱中国旧日礼教道德之理想，而又思以西方积极活动之新方法，维持并发展此理想，遂不得不重效率，不得不计成绩，不得不谋事功。此二者常互背驰而相冲突，强欲以己之力量兼顾之，则譬如二马并驰，宓以左右二足分踏马背而絷之，又以二手坚握二马之缰于一处，强二马比肩同进。然使吾力不继，握缰不紧，二马分道而奔，则宓将受车裂之刑矣。此宓生之悲剧也。而以宓之性

① 《书信集》，第 132 页。

情及境遇，则欲不并踏此二马之背而不能。我其奈之何哉？（1927 年 6 月 14 日日记）

虽然吴宓为人耿介且自认缺乏处世之才，每每为行政事务所苦，但淑世之心决定了他不可能满足于做一个专注于文学欣赏和品评的学者和教授。在胡适声誉日隆、新文化运动的主要主张已在知识界和政府层面被广泛接受的形势下，吴宓为《学衡》的编辑和发行殚精竭虑，以求维持一个宣传新人文主义的平台，为中国文化谋划另一种新的未来。在辛苦地运行了五年（1922—1926）、出版了 60 期后，《学衡》的命运日益黯淡，直至 1933 年彻底终刊（六年间时断时续，又总共出版了 19 期）。与《学衡》长期被视为逆潮流而动之典型相比，吴宓在清华外文系二三十年代学程设计中所起的关键作用在当时就得到了多方承认。事后看来，参与办学是吴宓推广其中西文化观最切实有效的方式，他在此过程中的建树也奠定了他在中国高校现代人文学科建设中不可磨灭的地位。20 世纪中国研究西方语言文学的翘楚多与清华外文系（以及抗战期间的西南联大外语系）有渊源，其中不乏通晓中西文化的精英。[①] 吴宓为之呕心沥血的《学衡》应者寥寥，他全力促成的中华民族史诗的创作胎死腹中，但他作为教育家留下的遗产源远流长。无论成败，吴宓的奋斗都是奉行他求学时代

① 参见李赋宁（1917—2004）在《怀念恩师吴宓教授》（《泾阳文史资料·吴宓专辑》，1990）一文中所列举的曾受吴宓培养的作家、学者、翻译家。李赋宁将吴宓视作自己一生学习和从事英语语言文学研究的引路人（《学习英语与从事英语工作的人生历程》，北京大学出版社 2005 年版，第 232 页）。钱锺书则这样向吴宓致敬："本毕业于美国教会中学，于英美文学浅尝一二。及闻先师于课程规划倡'博雅'之说，心眼大开，稍识祈向。"（《吴宓日记》序言，第 1 页）

对自己的砥砺："偕诸友勠力前途。为国事世事，稍尽人己之绵力。"[①] 既自任为新人文主义在中国的使徒，他视行动和事功为自己的当然使命。

三、在中国书写世界文学史

事功之外，一生都在学术界耕耘的吴宓实现其文化理想的途径自然是研究和教学。编一部西方文学史是他的夙愿。当然，吴宓不是民初时期唯一尝试过编撰西方文学史的。周作人便是一个著名的先行者。1917 年 9 月，周作人被聘为北京大学文科教授，担任"欧洲文学史"的讲授，次年 10 月，他将前一学年的讲义汇集出版，是为《欧洲文学史》。[②] 周作人在《知堂回想录》中对当时授课和编写讲义的情形有过较为详细的回忆：

> 课程上规定，我所担任的欧洲文学史是三单位，希腊罗马文学史三单位，计一星期只要上六小时的课，可是事先却须得预备六小时用的讲义，这大约需要写稿纸至少二十张，再加上看参考书的时间，实在是够忙的了。于是在白天里把草稿起好，到晚上等鲁迅修正字句之后，第二天再来誊正并起草，如是继续下去，在六天里总可以完成所需要的稿件，交到学校里油印备用。这样经过一年的光阴，计草成希腊文学要略一卷，罗马一卷，欧洲中古至十八世纪一卷，合成一

① 1919 年 11 月 13 日日记。

② 周作人:《欧洲文学史》，上海商务印书馆 1918 年版，收入止庵校订《周作人自编文集》第 1 卷，河北教育出版社 2002 年版。该文学史自希腊罗马始至 18 世纪止。

册《欧洲文学史》，作为“北京大学丛书”之三，由商务印书馆出版。这是一种杂凑而成的书，材料全由英文本各国文学史，文人传记，作品批评，杂和做成，完全不成东西，不过在那时候也凑合着用了。[①]

周作人在这段话中披露的，除了在中国当时西学基础极其薄弱的情况下讲授“欧洲文学史”这样一门课的实际困难，还有他对待这一艰难任务的态度。看得出来他是很以为苦的，而且他将随讲随编的讲义在一学年授课完毕之后即交付出版，也说明他没有把撰写《欧洲文学史》当作一项真正的学术事业。不准备再投入更多的时间和精力，是因为他不认为他作为学者的身份和声望取决于这本《欧洲文学史》的质量。在《知堂回想录》中，周作人极其坦诚地交代了他在读了一本英国学者所编撰的欧洲文学分期史之后的感想：

我看了只能叫声惭愧，编文学史的工作不是我们搞得来的，要讲一国一时期的文学照理非得把那些作品都看一遍不可，我们平凡人哪里来这许多精力和时间？我的那册文学史在供应了时代的需要以后，任其绝板，那倒是很好的事吧。[②]

确实，如果我们翻开周作人的《欧洲文学史》，可能不得不同意他对自己这本书的诚实评估。薄薄一册（2002 年再版，180

① 周作人:《知堂回想录》第 127 篇“五四之前”，止庵校订:《周作人自编文集》第 36 卷，第 426—427 页。

② 同上书，第 427 页。

页），从古希腊讲到18世纪，基本只限于罗列各阶段文学史中的各项简单事实（主要作家、作品、思潮等）。如再版校订者止庵给这本小册子的定性："按今天的说法，大概算是'编译'。"虽然止庵也认为"书中未必完全没有作者自己的体会"，但所举一例颇为勉强。[①] 其实，考虑到周作人《欧洲文学史》的诞生过程以及他本人的态度，我们可以坦然地以学术价值和学术史价值之间的区别来看待他这本"编译"的小册子。西方文学（尤其是古希腊文学）的浸润在周作人的文学作品中可以说无处不见，他对古希腊文学的钟情更是体现在他大量的译作和随笔中，但他不曾以西方文学史家自居，甚至并不希望自己的《欧洲文学史》传世。

与周作人同为"文学研究会"（成立于1921年1月）发起人的郑振铎（1898—1958），对编写世界文学史有着强烈得多的动力和热情。1923年，郑振铎出版了《俄国文学史略》，在序言中他写道：

> 我们没有一部叙述世界文学，自最初叙到现代的书，也没有一部叙述英国或法国，俄国的文学，自最初叙到现代的书。我们所有的只是散见在各种杂志或报纸上的零碎记载；这些记载大概都是关于一个作家或一部作品，或一个短时间的事实及评论的。这实是现在介绍世界文学的一个很大的缺憾！在日本，他们已有了许多所谓《支那文学史》，《英国文学史》，《独逸文学讲话》之类的书。在英国或美国，

① 止庵：《关于欧洲文学史》（周作人《欧洲文学史》整理说明），止庵校订：《周作人自编文集》第1卷，第2页。

> 他们也已出了不少种的世界文学史丛书；如伦敦 T. Fisher Unwin 公司所出的“文学史丛书”（The Library of Literary History）出版的已有印度，爱尔兰，美国，波斯，苏格兰，法兰西，亚拉伯，俄罗斯等国的文学史；Edmude Gosse 所编辑的“世界文学史略丛书”（Short Histories of the World Literatures）也已出版了中国，日本，亚拉伯，俄罗斯，西班牙，法兰西，意大利等十余国的文学史。[①] 其他关于希腊，罗马及波兰，犹太等国的文学史一类的书零星出版的，尚有不少。
>
> 如果要供给中国读者社会以较完备的文学知识，这一类文学史的书籍的出版，实是刻不容缓的。[②]

在以上这段话中，对于中国在世界文学史撰写方面的严重欠缺，郑振铎所感到的遗憾和急迫心情跃然纸上。鉴于文学研究会的宗旨（“研究介绍世界文学，整理中国旧文学，创造新文学”）[③]，这种心情是很容易理解的。其实，两年前，文学研究会机关刊物《文学旬刊》的发刊词（1921 年 5 月 10 日）已经传达了同样的心声，只不过那份文件的重点是世界文学的译介，而非世界文学史的编写：

> 人们的最高精神的联锁，惟文学可以实现之。

① Edmude Gosse，应为 Edmund Gosse（埃德蒙·戈斯，1849—1928）。

② 郑振铎：《俄国文学史略》，《郑振铎全集》第 15 卷，花山文艺出版社 1998 年版，第 415 页。

③ 《文学研究会简章》第二条，原载《小说月报》第 12 卷第 1 号，收入贾植芳等编《文学研究会资料》（上），知识产权出版社 2010 年版，第 5 页。

无论世界上说那一种语言的人们，他们都有他们自己的文学，也同时有别的人们的最好的文学，就是，同时把自己的文学贡献给别人，同时也把别人的文学介绍来给自己。世界文学的联锁，就是人们的最高精神的联锁了。

我们很惭愧；惟有我们说中国话的人们，与世界的文学界相隔得最窎远；不惟无所与，而且也无所取。因此，不惟我们的最高精神不能使世界上说别种语言的人的了解，而我们也完全不能了解他们。与世界的文学界断绝关系，就是与人们的最高精神断绝关系了。这实在是我们的非常大的羞辱，与损失——我们全体的非常大的羞辱与损失！

以前在世界文学界中黯然无色的诸种民族，现在都渐渐的有复兴之望了。爱尔兰，日本，波兰，吐光芒于前，印度，犹太，匈牙利，露刃颖于后。惟有我们中国的人们还是长此酣睡，毫无贡献。我们实在是不胜惭愧！

…………

在此寂寞的文学墟坟中，我们愿意加入当代作者译者之林，为中国文学的再生而奋斗，一面努力介绍世界文学到中国，一面努力创造中国的文学，以贡献于世界的文学界中……[①]

与翻译外国文学相比，撰写世界文学史的困难在理论上来说是要大得多的。就最基本的层面而言，翻译可以根据译者的兴趣和能力，选定一国、一时、一人的部分作品来努力，而文学史

① 原载《文学旬刊》第1期，收入贾植芳等编《文学研究会资料》(上)，第508—509页。

的写作则必须对各国文学传统具有全盘了解，而且能够作出系统明了的分析和评价。自周作人勉强尝试辄避之唯恐不及之后，这个领域后继乏人，是一点都不奇怪的。对文学研究会灵魂人物郑振铎来说，这种耀眼的空白是应该让中国的文学工作者感到惭愧和不安的。正因为“与世界的文学界断绝关系，就是与人们的最高精神断绝关系了”，而文学史的书写是开通和发展这种关系的必由之路，所以编撰一部世界文学史就成了中国文学界“刻不容缓”的一个任务。

就是在这种紧迫感的驱动下，郑振铎编撰的《文学大纲》问世了。《文学大纲》自1924年1月起连载于《小说月报》，前后三年，直至1927年结集出版。皇皇四卷，共四十六章，约八十万字，纵横古今中外各个文学传统。在“叙言”中，郑振铎写道：

> 这个工作真是一个伟大而艰难的工作；文学世界里的各式各样的生物，真是太多了，多到不可以数字计，一个人的能力，那里能把他们一一的加以评价，加以叙述！仅做一个作家的研究，一个时代，一个国的研究者，已足够消磨你的一生了。要想把所有文学世界里的生物全盘的拿在自己手里，那里能够做得到。然而已有许多好的专门研究者，做了那些一部分的研究工作了，也有好些很有条理的编者，曾经做过那种全盘的整理工作了。编者的这部工作，除了一小部分中国的东西外，受到他们的恩惠真不少。要没有他们的工作，本书乃至一切同类的书，其出现恐将不可能。[①]

① 郑振铎：《文学大纲》（一），《郑振铎全集》第10卷，第2页。

虽然他和周作人一样感慨编撰文学史的艰难，但郑振铎应对的态度和策略要积极得多。既然“已有许多好的专门研究者，做了那些一部分的研究工作了，也有好些很有条理的编者，曾经做过那种全盘的整理工作了”，好好地利用他们便是一条捷径。郑振铎在“叙言”中特别致谢的有两本英文世界文学史著作：英国诗人、剧作家约翰·德林瓦特（John Drinkwater, 1882—1937）所著《文学大纲》（*The Outline of Literature*, 1923），以及美国作家、批评家约翰·梅西（John Albert Macy, 1877—1932）的《世界文学史话》（*The Story of the World's Literature*, 1925）。郑振铎承认，德林瓦特的著作是他自己编撰一部同名的《文学大纲》的诱因，而且“在本书的第一卷里，依据她的地方不少，虽然以下并没有什么利用”。[①] 所谓“依据她的地方不少”，基本上可归为翻译加改写。在第一卷之后，郑振铎对现有英文文学史著作的利用方式也许不复如此直截了当，但实质上也是归入“编译”和“译述”最为合适（梅西《世界文学史话》，郑振铎称其“也特别给编者以许多的帮助”）。[②] 郑振铎深度利用的并不只西方文学史。在中世纪的日本文学一章，郑振铎告知读者：“本章之写成，得谢六逸君之帮助极多；其中有大部分乃直接袭用谢君之《日本文学史》讲义之原文者，应在此声明并志谢意。”[③]

① 郑振铎：《文学大纲》（一），《郑振铎全集》第10卷，第2—3页。

② 同上书，第3页。

③ 郑振铎：《文学大纲》（二），《郑振铎全集》第11卷，第176页。谢六逸（1898—1945），早稻田大学毕业，1921年加入文学研究会，从1923年开始在《小说月报》上发表关于日本文学的文章，于1927年和1929年出版了若干不同版本的日本文学史。关于郑振铎对现有文学史的借用和改写，参见Jing Tsu（石静远），“Getting Ideas about World Literature in China”, *Comparative Literature Studies* 47.3（2010）309—314。

郑振铎以这种风格编写世界文学史并不奇怪。1932年其《插图本中国文学史》出版后，广受赞誉，但该书在史料使用、观点论证、篇幅配置等各方面也招致了不少尖锐的批评。燕京大学国学研究所研究生吴世昌（1908—1986）在《新月》和《图书评论》上的书评轰动一时，而任教于燕大历史系的顾颉刚（1893—1980）在日记中这样表达了自己对郑著的不满："彼绝不用功，只抄别人成编，稍变排列方式，他人之误未能订正也。"① 编写本人专长的一国之文学史尚有如此倾向，要处理世界文学史自然就更在所难免了。

正如论者所指出的，从学术角度出发对郑振铎《插图本中国文学史》进行的有效批评并不能抹杀该书的真正贡献，即通过对戏曲、小说、变文、宝卷、弹词等"俗文学"进行重点讨论和高度评价，来推翻古代正统的文学价值观，以求表现出"中国文学的整个发展的过程和整个的真实的面目"。② 以学术标准来评价的话，郑振铎的《文学大纲》可以引发严重非议的地方实在太多，而且因为大部分是在他人文学史基础上的简单杂凑，这本书也不像《插图本中国文学史》那样具有一个中心线索（更不用说提出新观点了），只是将各国文学中的主要作家作品串在一起，按照传统理解平铺直叙地奉献给读者。但是，《文学大纲》的历史意义是不容忽视的。这是第一本不仅将中国文学与其他文学传统并列，而且给了中国文学显著地位（四十六章中占十二章）的

① 《顾颉刚日记》1934年6月25日，台湾联经出版公司2007年版。

② 参见季剑青《1935年郑振铎离开燕京大学史实考述》，《文艺争鸣》2015年第1期。引文出自郑振铎《插图本中国文学史·自序》，《郑振铎全集》第8卷，第1页。

世界文学史，因此应当永远在学术史中占有一席之地。[①] 如郑振铎在“叙言”中用抒情口吻所说，《文学大纲》的编辑就是要告诉世人，“文学是属于人类全体的，文学的园囿是一座绝大的园囿；园隅一朵花落了，一朵花开了，都是与全个园囿的风光有关系的”。[②] 对于当时的普通中国读者来说，郑振铎以他的方式，迅速快捷地领他们在这个大花园到此一游，体会一下各色风光，未必不是一件幸事。

从表面上看起来，在对世界文学的重视以及提倡世界文学的目的上，吴宓和文学研究会是高度一致的。双方都希望通过汇聚古今中西的文学，创造一个人类情感、精神和艺术的大同世界，在此过程中为中国文学输入新鲜血液，同时也争取让中国为世界文学添加不同的色彩。[③] 然而实际上，在类似的表象背后，是双方一系列根本的分歧。这些重大差异我们将主要在下一节中讨论，本节着重指出的是，在编写文学史的态度和方法上，吴宓和

① 当今学界的评价基本反映了这种态度。潘正文：“郑振铎的《文学大纲》，虽然不无纰漏，但首创之功，仍不可没：它实际上是世上第一部真正意义上的世界文学史。”（《“五四”社会思潮与文学研究会》，新星出版社 2011 年版，第 95 页）李俊亦本着不可苛求古人的出发点，肯定了郑振铎的开拓之功：“《文学大纲》最大限度地展示了 20 世纪初期中国学人所能掌握到的世界文学的面貌与发展状况，也开创了国人写作世界文学史的先河。”（《“世界文学”语境下的中国文学史书写——兼论〈文学大纲〉的学术史意义》，《广西社会科学》2015 年第 7 期，第 182 页）曾为郑振铎作传和编写年谱的陈福康则对《文学大纲》更为推崇：“郑振铎此书不仅是中国人写的第一部世界文学通史，而且，也是整个东半球较早出现的文学史类专著。书中一举突破了欧人撰写的当时极少的这类文学通史的严重弊病与局限，是自百年前歌德提出‘世界文学’的伟大思想之后的一次破天荒的学术实践。”（《文学大纲》“序”，广西师范大学出版社 2003 年版，第 9 页）。

② 郑振铎：《文学大纲》（一），《郑振铎全集》第 10 卷，第 2 页。

③ 关于文学研究会以“大人类主义”为基础的世界文学观，参见潘正文《“五四”社会思潮与文学研究会》第三章。

以上提到的两位名家之间的鲜明对比。

1923年1月（整整一年之后，郑振铎开始在《小说月报》连载《文学大纲》），吴宓在《学衡》上发表了《希腊文学史 第一章 荷马之史诗》。文末缀有几条“附识”，其中前两条如下：

（一）编著文学史，其业至为艰巨。盖为此者必需具有五种资格：一曰博学。凡欲述一国一时代之文学史，必须先将此国此时代之文学载籍，悉行读过。而关于此国此时代之政教风俗、典章制度等之纪述，亦须浏览涉猎，真知灼见，了然于胸，然后下笔，始不同捕风捉影、向壁虚造也。二曰通识。欲述一国一时代之文学，又必须先通世界各国古今各时代之文学，及其政教风俗、典章制度等之大要，全局洞见，然后始得知此国此时代之文学与他国他时代之文学之关系，其间之因果，及生灭起伏递嬗沿革之故。三曰辨体。每种文学史，当有其特别着意之处，运用精思以定体例。体例既定之后，则编著全书，须遵此以行。举凡结构布局范围去取等，悉以此体例为准，不可自有中途紊乱之事。四曰均材。体例既定，则本书之详略，亦有一定之标准。于是某作者或某书应否收入，及收入之后应占篇幅若干，至宜审慎。大率每人每书每事所占之篇幅，应与此人此书此事价值之轻重、影响之大小，成均平之正比例；决不可有所偏畸，以意为之。五曰确评。凡文学史，于一人一书一事，皆须下论断。此其论断之词，必审慎精确，公平允当，决不可以一己之爱憎为褒贬。且论一人一书一事，须著其精神而揭其要旨，一语破的，不可但为模糊影响之谈，或舍本逐末，仅取一二小节反复论究。凡此皆足淆乱人之目耳，而贻误读者也。

（二）文学史之于文学，犹地图之于地理也。必先知山川之大势，疆域之区划，然后一城一镇之形势之关系可得而言。必先读文学史，而后一作者一书一诗一文之旨意及其优劣可得而论。故吾人研究西洋文学，当以读欧洲各国文学史为入手之第一步，此不容疑者也。近年国人盛谈西洋文学，然皆零星片段之工夫，无先事统观全局之意，故于其所介绍者，则推尊至极，不免轻重倒置，得失淆乱，拉杂纷纭，茫无头绪。而读书之人，不曰我只欲知浪漫派之作品，则曰我只欲读小说，其他则不愿闻知。而不知如此从事，不惟得小失大，抑且事倍功半，殊可惜也。欲救此弊，则宜速编著欧洲文学史。周作人君所著，似有下卷，尚未见出版。[①] 此外各国文学史，或区区小册，仅列名氏；或已登广告，尚未出书。然亦不过二三种。故辄自忘其谬妄浅陋，成为此篇。编著文学史之难，上节已详言之，今编者与应有之资格相去千万里，何待赘言。篇中错误缺略至多，应俟从缓增删补正，并望读者常赐教焉。[②]

和周、郑二人一样，吴宓也感叹编写文学史这一任务之艰

① 这应该指的是周作人在出版《欧洲文学史》之后续编的欧洲 19 世纪文学史，本来交给商务印书馆，但因和审订书稿的专家意见不合，周作人决定放弃出版（见《知堂回忆录 · 五四之前》，第 427 页）。止庵、戴大洪根据周作人的遗稿加以整理校注，2007 年由团结出版社出版，书名为《近代欧洲文学史》（出版缘起可参见止庵《关于周作人〈近代欧洲文学史〉》，《中华读书报》2007 年 9 月 26 日）。

② 吴宓：《希腊文学史 第一章 荷马之史诗》，《学衡》1923 年第 13 期，第 47—48 页，收入吴学昭编《世界文学史大纲》，第 418—419 页。

巨，但除此之外，他和他们之间就截然不同了。周作人是带着干脆放弃的心态勉强出版了一小册《欧洲文学史》，郑振铎是巧妙地寻找了一条捷径，仅历时三载便在未届而立之年完成了四卷世界文学史。周、郑二著可以说满足了当时极度贫乏的市场需要，但两人都不曾想过撰作一本符合学术标准的世界文学史（郑振铎特别倚赖的两种英文文学史本身亦非学术性著作，面向的是社会普通读者）。这个追求是属于吴宓的。从以上第一条可以看出，吴宓对编写文学史要求的个人条件及必须考虑的要素进行了严肃的思索。他所列举的五条——博学、通识、辨体、均材、确评——在今天看起来仍然切中肯綮。

让我们先看后三条。**辨体**："每种文学史，当有其特别着意之处，运用精思以定体例。体例既定之后，则编著全书，须遵此以行。"罗列作家作品、解释时代背景是一般文学史最容易采取的格式，但吴宓不满足于这种做法，而是提出每位编者都应当精心思考，为自己的文学史找到其"特别着意之处"。**均材**："大率每人每书每事所占之篇幅，应与此人此书此事价值之轻重、影响之大小，成均平之正比例；决不可有所偏畸，以意为之。"郑振铎《插图本中国文学史》受到的重要批评之一，便是他纯凭个人喜好，对某些文本不厌其烦地反复申说，不惜牺牲其他本该留意的话题。**确评**："于一人一书一事，皆须下论断。此其论断之词，必审慎精确，公平允当，决不可以一己之爱憎为褒贬。"这一点对编写世界文学史来说是极其不易的。若非对每一国的文学有了全面深刻的了解，何来审慎精确的论断？一般世界文学史编者往往选择耳熟能详的例子，来说明主流或传统的稳妥观点，从而省却了自己的揣摩评判之苦。显然，吴宓认为一本好的世界文学史应该超越这种做法。

不用说，博学与通识是做到以上三点的前提，也是从事世界文学史编写的基本要求。在发表《希腊文学史　第一章　荷马之史诗》之际，吴宓向读者自陈本身之谬妄浅陋："今编者与应有之资格相去千万里，何待赘言。篇中错误缺略至多，应俟从缓增删补正，并望读者常赐教焉。"这不是虚应故事的谦辞。首先，如果按照吴宓的理想标准，恐怕几乎所有人都只能像周作人一样，道一声"编文学史的工作不是我们搞得来的"。另外，吴宓此后二十余年中在讲授世界文学史和编撰讲义上付出的心血，足以证明他在 1923 年初表达的惴惴之意是发自内心的。

让吴宓"忘其谬妄浅陋"，坚持认为文学史的编写应从速进行的，是他对于文学史作用的理解："文学史之于文学，犹地图之于地理也。必先知山川之大势，疆域之区划，然后一城一镇之形势之关系可得而言。必先读文学史，而后一作者一书一诗一文之旨意及其优劣可得而论。故吾人研究西洋文学，当以读欧洲各国文学史为入手之第一步，此不容疑者也。"要匡正国人对西方文学零星片段、轻重倒置的了解，只有首先借助文学史，让管窥蠡测之人得以统观全局，让漫无头绪之人得以走出迷宫，让不得要领之人得以事半功倍。当然，只有符合吴宓标准的文学史，才能真正起到这些功效，而他也只有义不容辞，孜孜矻矻地担负起这一极其重要而又无比艰难的任务了。

事实上，若论撰著一本学术性世界文学史的志向和资格（二者缺一不可），当时在中国恐怕不容易找到比吴宓更合适的人选。志向指的是，在清楚地知晓一切困难的情况下，出于对这一事业之价值的认识，仍然愿意从事，并尽力坚持自己的学术标准。读者从下文可以看到吴宓经年的努力。至于资格，在 20 世纪 20 年代的民国，吴宓是少有的在西洋文学以及比较文学领域受过正规系统训练之人。[①] 他 1922—1923 年开具的《西洋文学精要书目》和《西洋文学入门必读书目》（刊登于《学衡》第六、七、十一、二十二期），既洋洋大观又考虑到国人的实用之需，在当时的国内是极为难得的，对有意学习西洋文学的中国学子来说，其功恐绝不止“不无小补”而已。在外语功底方面，除了英文，吴宓在清华时选习德文（预备将来学化学工程），留美后修法文，在东南大学任教时又随《学衡》同人郭斌龢学过希腊文。[②] 在西方语言文学方面有这种程度的准备，同时又热切地希望为国人提供可靠的西洋文学指南，吴宓应当说是他所构想的文学史的理想作者。

浏览吴宓《希腊文学史　第一章　荷马之史诗》，可以让我们感受一下吴宓文学史写作的实践。这一章分为八节：第一节荷马以前之诗歌；第二节荷马史诗之内容；第三节荷马史诗之结构；第四节荷马史诗之作成；第五节荷马史诗之评论；第六节荷

① 吴宓在弗吉尼亚大学（1917—1918）和哈佛大学所修课程，见《年谱》1917—1920 年的记载（日记中亦可查见）。

② 吴宓修习德文和法文的记载见求学时期的日记和《年谱》。1930 年吴宓赴欧休假，在火车行驶于俄国境内时，“同车俄人，有能德语者，互谈。悉俄党国政策，注重提倡工业，制造国货。拟先以五年之力，专造各种机器。更五年后，则诸物均能自造，而不仰给外国矣……俄人于中国事不甚了了，以为中国所有学校工场皆英人所设立……”（吴宓:《欧游杂诗》，收入吴学昭整理《吴宓诗集》，第 217 页）。以此谈话内容观之，其德文已达一定程度。郭斌龢在香港求学工作期间，随英国人沃姆（Geoffrey Norman Orme, 1879—1966，长期担任香港皇仁书院副校长，1924—1926 年任香港教育署署长）学习希腊文拉丁文。后曾翻译《柏拉图对话》若干篇，载于《学衡》。1927 年，郭斌龢赴哈佛从学于白璧德。

马史诗之影响；第七节荷马史诗与中国文章比较；第八节伪托荷马之著作。如果将周作人、郑振铎文学史中讲述荷马的部分拿来对照，吴宓之作不但篇幅更长，而且其学术性质一望而知。其布局之工整程度，其表述之严谨性，及其对故事情节之外诸学术话题之重点关注，都非其他两本文学史可比。事实上，除了第二节荷马史诗之内容，吴宓其他七节的绝大多数主题在周、郑著作中未曾涉及，或者提及也是一带而过、浮光掠影。一个例子就是对荷马是否实有其人，荷马史诗究竟为何人、于何时、以何法所作的讨论，也就是现代古典学界著名的“荷马问题”（the Homeric Question）。在“荷马史诗之作成”一节中，吴宓将这一争论过程分为三大阶段:（1）十八世纪末至十九世纪上半叶（浪漫主义思潮盛行，导致对质朴原始的所谓初民歌谣之崇拜与搜寻，从而提出伟大如荷马史诗者亦应非一人苦心孤诣之作），（2）十九世纪中（语文学兴起，用寻章摘句之法，将荷马史诗解析为来源各异的部分，设想这些不同部分乃在日后经历了汇编增益方成为今日传世之作品），（3）最近三四十年（因众说纷纭，莫衷一是，再加上考古新发现证实了荷马史诗的真实历史基础，于是乃有回归荷马史诗乃一人一手所作之趋势，或者在一人作旧说和多人作新说之间进行折中）。在总结完聚讼纷纭的“荷马问题”后，吴宓站出来加以点评：

平心论之，大凡读荷马之诗者，苟一气读下，观其全体，综合而取其内蕴之精神，则易见其同，而必信从旧说。而若取其一段，反复推究，分析而察其外形之末节，则易见其异，而必依附新说。此其一也。此系乎方法者也。又诗人及文士，读荷马之作，欣赏之，感慕之，神思契合，若见其人，则多信从旧说。而专事考据之语言学者及古生物学者，取荷马之诗，推勘之，比证之，自喜得间，便下铁案，则多依附新说。此其二也。此系乎人性者也。由是推之，思过半矣。[①]

吴宓不惜笔墨来陈述“荷马问题”，显然是因为这是现代荷马研究中绕不过去的一个关目，在这个问题上的立场如何势必影响读者对荷马史诗的性质以及其中所描述的社会的理解，而中国读者在走进这两部巨著时应当和西方读者一样了解这一重要背景知识。通过对有关“荷马问题”的争论进行简明的归纳和分期，吴宓同时还为他的读者介绍了近代以来西方一系列重要文学和学术思潮，从而具体揭示了文学阅读中的一个基本道理：一部文学作品的意义是可以随着时代的变迁而不断嬗变的。至于他在最后所作的那段点评，则进一步向他的读者指出，如何看待荷马史诗（或其他文学作品），其实还可以取决于读者的阅读方式和身份背景。在讨论“荷马问题”的过程中，吴宓对他的读者始终保持着这样的态度：有一些因素会影响你阅读荷马史诗时的理解和感受，我的责任是向你指出和解释这些因素。

对“荷马问题”的现代学术讨论，郑振铎（或者说，他依据的德林瓦特《文学大纲》）提到了吴宓所总结的19世纪十家主要语文学观点中的一家，在陈述了这位学者的论点之后，即视之为学界定谳。周作人未涉及关于“荷马问题”的任何具体学术观点，只是说荷马“身世无可考，学者多谓非实有其人”，以及

① 吴宓：《希腊文学史　第一章　荷马之史诗》，《学衡》1923年第13期，第28页；收入吴学昭编《世界文学史大纲》，第400页。

"大抵史诗之作，由短而长，由散而聚。歌人收散片之诗，联集而吟咏之，又递相口授，多有变易，后乃辑录，成为今状"。[①] 周作人和郑振铎一样，都不像吴宓那样，将一个重大学术问题的多重性和历史性展现给读者，并且提示他们：了解这种多重性和历史性，不仅是他们走进希腊史诗世界必需的指南，而且会带给他们许多关于文学阅读的基本而重要的感悟。

兹再举一例，以说明吴宓荷马讨论最独特的一点。在"荷马史诗与中国文章比较"一节中，吴宓对荷马史诗可与中国历史上何种作品相比拟进行了探讨。在简单考虑了《封神演义》《三国演义》《左传》《西游记》《镜花缘》《尚书》乃至《三都赋》《两京赋》之后，吴宓抛出了他的思考结果：

> 以上所言，初无当也。吾以荷马史诗比之中国文章，窃谓其与弹词最相近似。试举其相同之点：弹词所叙者多为英雄儿女，即战争与爱情。其内容资料与荷马史诗同，一也。弹词虽盛行，而其作者之名多不传，二也。弹词之长短，本可自由伸缩。有一续二续三续者，有既详其祖并叙其孙，亲故重叠，支裔流衍，溯源寻底，其长至不可究诘。而通常则断其一部为一书者，此正如荷马史诗未作成以前，史诗之材料，为人传诵，前后一贯，各相攀连钩挂。又有所谓 Epic Cycles 者，将荷马史诗亦统入其中，为一小部焉，三也。弹词不以写本流传，而以歌者之奏技而流传。歌者亦以此为专业，父子师弟相传。虽亦自备脚本，而奏技时，则专恃记

① 周作人:《欧洲文学史》，第 7—8 页。

忆纯熟而背诵（recite）之。此均与荷马时代之歌者（bard）同，四也。业弹词者，飘泊流转，登门奏技，且多盲。其奏技常于富人之庭，且以夜，主人之戚友坐而听焉。此均与荷马时代歌者奏技之情形同，五也。弹词之歌者，只用一种极简单而凄楚之乐器，弹琵琶以自佐，与荷马时代歌者之用筝（Cithara）者同，六也。弹词之音调甚简单，虽曰弹唱，无殊背诵，不以歌声之清脆靡曼为其所擅长，而以叙说故事绘影传神为主。Story-teller 自始至末，同一声调，句法除说白外，亦只七字句与十字句两种，与荷马史诗之六节音律，通体如一者同，七也。弹词意虽浅近，而其文字确非常用之俗语，自为一体，专用于弹词，间亦学为古奥，以资藻饰，凡此均与荷马史诗之文字同，八也。弹词中写一事，常有一定之语句，每次重叠用之，与荷马史诗同。……又其譬喻亦用眼前常见之事物，九也。弹词中人物各自发言，此终彼继，由歌者代述之 Speeches，而无如章回体小说中之详细问答（Dialogue），此亦与荷马史诗同……十也。弹词开端，常漫叙史事，或祝颂神佛与皇帝，此与荷马之 Invocation 相近。再则概括全书，与荷马同，十一也。弹词中之故事及人物虽简陋质朴，然写离合悲欢、人情天理，实能感动听者，虽绩学而有阅历之人，亦常为之唏嘘流涕。故弹词亦自有其佳处长处，与荷马史诗同，但非国史。十二也。总之，以其大体精神及作成之法论之，弹词与荷马史诗极相类似。《天雨花》《笔生花》等弹词，其出甚晚。其艺术颇工，然已甚雕琢（Artificial），毫无清新质朴之气，与荷马大异。吾所谓弹词非此类也。盖吾意中之弹词，乃今日尚见于内地各省随处飘流而登门弹唱者。吾幼时听之甚为感动。其脚本就吾所读者，略举数例。如《滴水珠全本》(又名《四下河南》);如《安安送米》则写贞与孝,而至性至情之文也;如《雕龙宝扇》(又名《五美图》);如《薛仁贵征东》,则写爱情而又加以降魔平寇之英雄事业者也;如《潜龙传》,则附会晋史而全无根据;如《钦命江南》,则名字虽不同而实歌颂于成龙之吏治;皆史事之作也。总之,此种弹词质朴简陋,其在文学上之价值虽当别论,然确与荷马史诗有类似之处,故为牵尔唐实言之如此。故窃意若欲译《伊里亚》《奥德西》为吾国文,则当译之为弹词体矣。[①]

以上大段引用(省略号处已有删节),实因非如此则无法展现吴宓在荷马史诗和中国弹词之间进行的细致周详的全方位比较。他所列举的十二条相似之处,每一条皆颇有趣味。这种比较的意义何在?从吴宓的讨论可见,一是可以加深和丰富读者的审美体验。就如清华求学时期吴宓在阅读其他中西诗歌时所得到的情感冲击和满足,此时将史诗和弹词并列而观,他感触最深的是,中西两种在大体精神和创作表演方法上都相近的文学形式,如何通过摹写离合悲欢和人情天理打动人心。对吴宓来说,这种比较甚至还具有一定的实用意义。如他在引文结尾时所建议的,鉴于以上比较分析,在将荷马史诗译成中文时,应当考虑采用弹词体。

吴宓这种比较分析是周、郑两种文学史中所没有的。专设比较一节,给吴宓的西方文学史赋予了鲜明的中国视角。周作人的《欧洲文学史》纯粹聚焦欧洲,郑振铎的《文学大纲》虽给了中国文学大量篇幅,但中国部分和世界其他部分是完全平行地放置

① 吴宓:《希腊文学史 第一章 荷马之史诗》,《学衡》1923年第13期,第44—45页;收入吴学昭编《世界文学史大纲》,第415—416页。

在一起的，之间毫无关联。[①] 假如沿用郑振铎将世界文学比作一座大花园的譬喻的话，那么他所做的就是将他的中国读者引到入口处，向他们指点出园内的各个分园，或许还特别告知他们其中有为中国文学新辟的一园，此后他作为导游的任务便只限于在各分园内的讲解，不管是在从一园进入另一园时，还是游览完毕到达出口、回眺全园时，本应对游客很有帮助的解说词都竟告阙如。这种园际引导和全局指南，正是吴宓所特别感兴趣和下功夫之处。

吴宓《希腊文学史　第二章　希霄德之训诗》的结构如下：第一节希霄德以前之训诗；第二节希霄德略传；第三节希霄德训诗之内容；第四节希霄德训诗之评论。在长度上，第二章尚不到第一章的三分之一，但两章的总体结构是一样的，所缺的部分多半是因为，根据吴宓的判断，某一主题在赫西俄德（即希霄德）身上不值得同样大书特书。比如，第一章中有“伪托荷马史诗之著作”一节，而在第二章中吴宓只在“结论”部分简单交代了一句：“希霄德之后，作训诗者甚多，虽其名及书有存者，然以究无足重轻，故今均略而不叙。”[②] 又如，第二章并未单独标出赫西俄德训诗和中国文学之比较一节，而是在“希霄德训诗之评论”一节末尾进行了一番比较。事实上，吴宓此处的比较不只限于希腊与中国之间，而是将希伯来圣书一并引入，作为古代世界的“智慧文学”（Wisdom Literature）来讨论。

由上所述，我们可以说，在他的《希腊文学史》中，吴宓是

① 关于这个方面的批评，参见李俊《“世界文学”语境下的中国文学史书写——兼论〈文学大纲〉的学术史意义》，第179、180页。

② 吴宓：《希腊文学史　第二章　希霄德之训诗》，《学衡》1923年第14期，第14页；收入吴学昭编《世界文学史大纲》，第433页。

尽力实践了他关于文学史书写的理论的。在“博学”和“通识”上，吴宓展示了远胜中国同时代文学史作者的把握、综合、分析西方文史专业知识的能力。在《年谱》中，吴宓这样评价自己的《希腊文学史》：“《学衡》杂志中，宓所撰各国文学史，述说荷马至近二万余言，亦当时作者空疏肤浅、仅能标举古今大作者之姓名者所不能为者矣。”[①] 就我们所知，吴宓的得意的确是不无道理的。在“辨体”上，吴宓设置了一定的体例并遵行之，变通之处乃因为“均材”的考虑，而他所提倡的“每种文学史，当有其特别着意之处”，则突出体现在他每章中为比较讨论所留出的空间。在“均材”上，吴宓按照讨论内容的重要性分配篇幅。荷马在西方文学史中的地位和影响远远高于赫西俄德，所牵涉的学术讨论也复杂得多，因此自然应该多费不少笔墨。在“确评”上，吴宓努力提出自己的判断，并且力求中允，为读者提供必需、有用但又不明显失之偏颇的指引。他对“荷马问题”的讨论就是一个例子。

吴宓的《希腊文学史》让我们看到了他在论战性文章之外的重要一面。在那些令他成名也让他长期受到新文学主流各方的排挤和批判的文字中，吴宓以一个斗士和活动家的身份出现，常常表现得偏激和情绪化（其论敌也多半如此）。在中国现代文学史上，吴宓最常被人提及的就是他对白话文运动的抵制和对孔子及儒家传统的尊崇，但就是同一个吴宓，一生最热爱的中国古代作品乃是《红楼梦》，现代白话小说为他所赞赏的则包括茅盾（1896—1981）的《蚀》和《子夜》、老舍（1899—1966）的

① 《年谱》，第222页。

《骆驼祥子》和钱锺书的《围城》，[①] 这样一个人恐怕是不能简单地视为文言写作和儒家正统的卫道者的。[②] 在《希腊文学史》中，我们又看到，在寻找可与荷马史诗并举齐观的中国文学作品时，吴宓排除了儒家经典和文人诗赋小说之后，将目光落到了现代民间说唱弹词上（他特意说明非由文人才女创作的供案头阅读之弹词）。这种取舍在刹那间几乎可以模糊吴宓与崇尚“俗文学”的新文化提倡者郑振铎之间的界限，也让我们看到，在评判文学的价值时，吴宓心中其实并没有一道语言、时代或意识形态的天然壁垒。作为一个中西文学爱好者与研究者，吴宓在《希腊文学史》中考量的只是文学的形式、主题、存在与流传方式，以及打动人心的力量。中国弹词便是在这种标准下得以与荷马史诗相提并论的。吴宓所做的这一比较告诉我们，虽然他是怀着救国化世之心投身文学事业的，但“新人文主义使徒”这一身份不曾导致他将文学视作主义的鼓吹工具。相反，正因为吴宓认为新文化运动中文学不幸被异化为千篇一律的宣传手段，所以他所坚持的道路，是通过欣赏和弘扬世界各个传统中写至情至性、感人至深的文学，从中西古今最优秀的文学作品中凝聚出一种新的价值体系，作为全世界的精神指南。如果被主义绑架了，那么这条文学济世的道路是走不通的。

---

① 吴宓:《茅盾长篇小说:〈子夜〉》,《大公报·文学副刊》1933 年 4 月 10 日；1965 年 2 月 14 日日记（评《蚀》）；1940 年 5 月 23 日日记（评《骆驼祥子》；吴宓许之为“写实正品”，“法之 Zola 等实不及也”）；1947 年 10 月 19 日日记（评《围城》）。

② 关于学衡派在文言和白话上的立场，参见郑师渠较为全面的讨论（《在欧化与国粹之间》，第 153—163 页）；其中最重要的一点是：学衡派“反对以白话文取代文言文，而非反对白话文本身”（第 158 页）。

写到这里，我们有必要花点时间看一下吴宓关于文学与道德之关系的论述。吴宓一向被认为是个道德意味很浓的文学批评家。在他的清华同事温源宁（1899—1984）为他所作的风趣英文小传中，吴宓给人留下的印象之一是："伦理与艺术怎样也搅不清。你听他讲，常常莫名他是在演讲文学或是在演讲道德。"[①] 最近两篇专门讨论吴宓《希腊文学史》的论文也指出了这一倾向。杜心源用"科学方法的道德视野"来概括吴宓的《希腊文学史》。他认为，虽然吴宓是带着对科学方法的推崇来写作《希腊文学史》的，但"吴宓从未满足于将文学事实之间的因果联系说清即可，而是力图证明，科学方法的目的恰恰是要揭示出传统的源头性价值，他毫不怀疑那些考证的事实背后有一个完整的合理秩序……较之不带偏见的具体知识，对于文学的精神品质的考虑显得更为重要"。余婉卉也认为，吴宓《希腊文学史》中的评价"体现出新人文主义的一大特征：学术、文化上的批评往往与道德批判结合，思想与伦理纠缠"。[②]

以上这些评论所指出的吴宓对文学的道德性的注重，他自己会极乐意承认，只不过这不意味着他提倡的是文学为道德服务。

---

① 温源宁的原文发表在英文周刊《中国评论周报》（*The China Critic Weekly*），是他撰写的当代文化界政治界名人系列小传之一。次年，温源宁从这些文字中选取了十七篇，以 *Imperfect Understanding* 为题出版（Kelly & Walsh, 1935），吴宓传为其中第一篇。在雷勤风（Christopher Rea）编辑的 *Imperfect Understanding: Intimate Portraits of Modern Chinese Celebrities by Wen Yuan-ning and Others*（Cambria Press, 2018）中，吴宓传在第 35—38 页。此处引用的为林语堂的译文（《人间世》1934 年 4 月 20 日第 2 期，第 45 页）。

② 杜心源：《"西方古学"的东方面相——1920—1930 年代中国的古希腊文学史写作与现代性问题》，《中国比较文学》2011 年第 4 期，第 105、106 页；余婉卉：《〈学衡〉中的古希腊：以吴宓〈希腊文学史〉为中心》，《中国文学研究》2018 年第 4 期，第 178 页。

恰恰相反，他一直视“训诲主义”为文学大忌。吴宓关于文学与道德之关系最全面详细的讨论，见于1928年的《评〈歧路灯〉》一文。在指出文学不可能脱离道德而存在的同时，这篇文章大力批判了无效无益、徒损艺术审美的说教和宣传，其中有几段如下：

小说之职志为描写人生，而造成一完美无缺之幻境，引读者身入其中。今忽插入作者之议论，则足使书中之世界与眼前之世界混合为一而界限不清。其结果幻境破灭，大有损于本书之艺术。

小说作者固不可自发议论，然其人对于道德之见解，于所写之人物事实中处处表现，虽欲尽去之而不能，盖道德本为人生之一部，不能分离。一也。人生至繁至大，书中所写者必经选择，而选择之标准即为作者道德之观念。二也。作者描写书中各种人物，贤愚高下，各各不同，不期然而有抑扬褒贬之意存，读者亦不期然而有爱憎喜畏之心生。此种感情，即系灵魂之作用，即寓有精神之价值。三也。……以此三因，欲使小说（及他种文学作品）完全与道德无关，实为不可能之事。人非木石，又非机械，几何学、动力学中可无道德，而文学艺术中终必含有道德之原素。今人有欲使文学艺术与道德绝缘者，此绝不能做到。

极端之怀疑主义亦是一种信仰，事事消极者其态度亦是积极。由是推之，彼谓文学作品须丝毫不含有道德性者，其人于文学与道德之关系，终不能完全置而不论也。实则为此言者，其心乃反对某种道德观念而欲施行己之道德主张。若然，则直言之，不较善耶？由前所言，作小说者尽可有其道德之信仰及主张，但书中所描写之人生首须正确而不失真，切忌犯以下之二病：一者，矫揉造作，故意使书中之人物甲得善果，乙得恶报，以明吾意中之从违。（以上训诲主义）二者，牵强武断，使丙如斯纯善，丁如斯极恶，俾读者皆效丙而反丁之所为，而不悟世间绝无如此之人。此种写法完全不合情理。（以上问题小说）此二病者，昔之小说家尝犯之，今之小说家亦犯之。主张道德者固犯之，攻诋道德者亦犯之。主张忠君孝亲贤母良妻者固犯之，主张爱国合群自由解放者亦犯之。惟第一流之大作者，无论生于何国何代，则绝不蹈此失。是在批评者之细为辨析耳。①

如吴宓所说，走训诲主义和问题小说之路的文学古今中外都有，只不过作者想传递的教训和解决的问题有所变化而已。他认为，所有这些做法只能导致失败的文学，“与昔之劝善书及今之商业广告何异”，② 毫无精神价值。同样的，他坚信，第一流的作者，“无论生于何国何代”，都能避免这一常见的陷阱。通过营造一个“完美无缺之幻境”，这些伟大作家对人生真相的描写得以在不知不觉中作用于读者的灵魂，使其完善和向上。所谓真相，就是平衡地表现人性中同时存在的善与恶，摒弃纯善极恶，也不宣扬分明的善恶报应。《评〈歧路灯〉》着重评论的是小说这一文体，在《诗学总论》一文中，吴宓同样强调：诗歌的“形与质不可分离，相合而成其美，缺一则均归消灭”，“如有高妙之思想感情，尚是浑沌未成形之质，苟得以精美之韵律格调表而出之，

① 吴宓：《评〈歧路灯〉》，《大公报·文学副刊》1928 年 4 月 23 日。
② 这也是吴宓《评〈歧路灯〉》中的话。

则为极佳之诗，否则不能”。[①] 总之，文学的真、善、美互为表里，只有做到了这一点的才能称为优秀文学，要想正确掌握文学和道德之间的关系，也只有通过阅读古今中外的优秀文学。吴宓的这一认识，从他 1945 年在成都燕京大学时为《文学与人生》这门课所设定的评分标准中清楚可见：

此次记分等第之标准：

一、本学期读书甚多。

二、所读为重要且难读之书。

三、所读系文言旧籍或英文原本（如 *Paradise Lost*）。

四、所读与本科所讲有关，可作参证。

五、所述感想及事实，皆系本人生活经验。又皆发自本心。真挚切实，不矫不饰。

六、所述见解或疑问，皆聆本科堂上所讲而得启发，于是推衍之、勘证之。——尤以能应用一多（One in Many）之原理而得当者。

七、无论文言、白话、英文，文笔优美，Good Style，字句少错误。

八、书写工整，不惜时力。英文 Type-Written 者尤善。

九、不取（1）已有成见，全同某党某派之主张者。（2）专读最近出版之语体书或西洋小说之汉译本。（3）钞录、编辑文学史或哲学书之一段（如今日通行之短文）。[②]

---

① 吴宓：《诗学总论》，吴学昭整理《吴宓诗话》，第 63、64 页。

② 1945 年 6 月 9 日日记。吴宓 30 年代在清华大学和北平大学女子文理学院讲授“文学与人生”，后来在西南联大、燕京大学、武汉大学也都开设过此课。吴宓 30 年代的讲课提纲已整理出版为《文学与人生》一书（清华大学出版社 1993 年版）。

这套评分标准的核心思想就是：鼓励学生直接、大量地接触文学原著，用自己的心灵去探索中西典籍里的精神世界，从中汲取人生智慧；无论以何种语言表达自己的见解（文言、白话、英文），都应以古今中西最优美的文学为范本，力图使自己的文笔幸而庶几近之；[①] 最不可取的做法，便是以译本、他人著述或政党主张代替自己的眼睛和头脑者。在最后一条中，吴宓明确指出，“钞录、编辑文学史或哲学书之一段（如今日通行之短文）”乃一大忌。考虑到吴宓本人对撰写文学史的兴趣和实践，这一条特别能够说明问题。也就是说，在吴宓看来，文学史固然是必不可少的工具书，“如地图之于地理”，但是在地图的指引下进入山川城镇之后，若想真切地了解每一处的风俗民情，则除了旅行者本人的亲自勘察、密切接触、用心思考与感受，别无他法。文学正途，最终应抛开一切辅助工具和由他人限定的框架和教条，由读者的心直通古今中西文本中的心灵世界。作为授业解惑者、杂志编者、文学史作者、新人文主义者，吴宓当然拥有自己的观点并且会利用各种平台去传播这些观点（评分标准第六条提到的柏拉图“一多原理”，便是他最属意的一个理解文学与人生的视角），[②] 但他告诉他的学生，任何人的观点都不能取代他们自己对优秀文学的赏玩和吸收。一个有强烈主见甚至偏见的吴宓，一个胸襟开阔、持论公允的吴宓，二者就这

① 在《立论之标准》中，吴宓曾说：“天下只有诗与非诗之别，而无所谓新旧文言白话之别。天下只有佳诗与劣诗之别，而时代国家地方宗派之不同，断不足为价值之轻重。”（《国闻周报》1926 年第 3 卷第 38 期，第 3 页）

② 关于吴宓“一多”之说，参见周辅成《吴宓的人生观和道德理想》，收入《文学与人生》附录，第 212—234 页。本书第二章和第三章将会讨论这一概念对吴宓的影响。

样集于一身。[①]

《希腊文学史》中我们看到的基本是后一个吴宓。他写荷马和赫西俄德的两章充分见证了他当时无出其右地书写西方文学史的资格和潜力。然而，此后吴宓却再未在这一领域公开发表过他的研究成果，尽管几十年中他一直在辛勤地讲授中西文学和世界文学史。他所留下的是因种种原因不能面世的十余册世界文学史讲义，以及一份简单的大纲。[②]

四、世界文学史讲义和大纲

自1921年起至1949年止，吴宓先后在东南大学（1921—1924）、清华大学（1925—1937）、西南联大（1938—1944）、燕京大学、四川大学（1944—1946）、武汉大学（1946—1949）等高校任教。除了大学英文、翻译术等，他开设过的主要课程包括：欧洲文学史、西洋文学史、世界文学史、中西诗比较、中西

---

① 以上这些原则在吴宓的十条读书法中表达得更清楚："（六）闻某书之名，应即直取该书自读之，不可专读他人论述此书之作而遂止。且读原书之后，真知灼见，可自下评判，免致为人所误也。（七）多读本文，如散文诗词小说戏剧之类。苟能细心熟读，则其中之方术道理、沿革历史，自能审知。如小说法程及戏剧史等书，可以少读，或竟不读。节钞选本、摘要叙略，以及杂纂汇编之书，亦勿多读。（八）一书或一文读毕，宜平心远识，徐下评判，勿观察浮表，勿激于感情，勿用先入之见，勿逞一偏之私。今之人或专重理性，或但取才华，或徒赏词藻，或尽黜浪漫而惟尊写实，凡此皆大误也。"（《文学研究法》，《学衡》1922年第2期，第8页）。郑师渠认为，"既强调人生文学，又肯定文学创作有自身的规律，作为新人文主义者，学衡派在把握文学批评的标准上便不能不遇到困难"，"他们在道德标准与艺术标准之间摇摆不定，但是最终却是趋重于前者"（《在欧化与国粹之间》，第145、148页）。

② 参见吴宓著，吴学昭编《世界文学史大纲》"编后记"，商务印书馆2020年版。

比较文学、文学与人生、文学批评。

首先需要把以上提到的三门文学史课之间的关系简单厘清一下。在东南大学期间，从 1922 年开始吴宓讲授的是“欧洲文学史”。到清华后，他参加“西洋文学史”的分期讲授，负责希腊罗马文学（“西洋文学概要”的任课教师为美国学者翟孟生［Robert D. Jameson, 1895—1959］，威斯康星大学硕士，1925 年 8 月到清华任教）。1938 年初翟孟生返美后，吴宓接手“西洋文学概要”。下一年度（1938—1939），“西洋文学概要”与原先分期讲授的西洋断代文学史取消，改为“欧洲文学史”，由吴宓担任。在 1943—1944 学年，也就是吴宓在西南联大开课的最后一年，他在毗邻的云南大学和中法大学兼课，讲授“世界文学史”（据《日记》记载：1943 年 9 月 22 日在云大开讲“世界文学史大纲”；自 11 月 10 日起，与中法合班，在云大教室授“世界文学史”）。此后 1944—1949 年在燕大、川大、武大，吴宓几乎每年都开设“世界文学史”（1945—1946 除外，该年度吴宓在燕大所授课为“文学批评”和“Dr. Johnson”，在川大则授“中西比较文学”和“文学与人生要义”）。

从以上可以看出，吴宓独立讲授宏观文学史总共十一年，前七年时间课名为“欧洲文学史”，后五年改为“世界文学史”（1943—1944 年度两个名称共用），另外还有十一年他则负责“西洋文学史”分期史中的第一段。“西洋文学史”涵盖的是古代希腊罗马、中世纪、文艺复兴、18 世纪、19 世纪、现代，名副其实的是一门关于“西洋”的文学概要课，使用的教材为翟孟生编写的《欧洲文学简史》（*A Short History of European*

Literature, 上海商务印书馆 1932 年版)。[①] 吴宓自己开设的文学史的内容则不限于西方。即使在课名为“欧洲文学史”时，其覆盖范围也包括埃及、波斯、阿拉伯、印度、中国、日本等“东方”文学传统(详见下文)。从日记中可以看出，吴宓心中是把“欧洲文学史”当作“世界文学史”来处理的。如 1940 年 2、3 月间，吴宓一直有关于编写、打印、缮校所授《欧洲文学史》一课讲义和大纲的记录，至 4 月初这一工作告一段落，在 4 月 3 日的日记中吴宓写道：“整备《世界文学史讲义大纲》。命黄维代付邮寄郭斌龢收用。”[②] 此时吴宓明明讲授的是“欧洲文学史”，2 月 5 日开始记录讲义编写工作时，也清楚地加以注明：“下午编讲义《欧洲文学史》大纲。”同样的，1944 年 6 月 6 日，吴宓有如下记载：“晚 7—12 校改油印《欧文史》讲义(完)”(1943—1944 年日记中关于编订校改该讲义的记录俯拾皆是)，但 6 月 15 日，我们从日记中得知，他“以《世界文学史》讲义(英文)一全份赠朱自清”。[③] 两则日记中提到的显然是同一份讲义。我们可以合理推测，此时吴宓只是沿用“欧洲文学史”这个传统的名称，而

① 《清华大学史料选编》卷二(上)，清华大学出版社年 1991 版，第 319—323 页。讲授“西洋文学史”其他时段的为翟孟生、温德(Robert Winter, 1886—1987，美籍，芝加哥大学硕士，1923 年任东南大学教授，1925 年经吴宓推荐至清华)、王文显(1886—1955，生于英国，伦敦大学文学士，1915 年回国，后长期在清华任职任教，1926 年任西洋文学系主任，1928 年后任外文系主任)、吴可读(A. L. Pollard-Urquhart, 1894—1940，英籍，牛津大学硕士，1923 年 8 月到清华任教)。

② 郭斌龢此时任教于浙江大学。吴宓将整备好的大纲寄给郭斌龢，显然是友人同道之间的学术交流、相互请益之意。

③ 朱自清(1898—1948)为吴宓好友，当时是西南联大中文系教授兼系主任。据 1943 年 9 月 22 日日记，吴宓在云南大学授课时，“用国语讲授，英国文学史除外”。有可能他为此另外准备了一部分中文写就的讲义和大纲。以下所讨论的皆为英文讲义和大纲。

实际上给学生传授的是远远超出西方文学范畴的知识——世界文学史。

吴宓将“欧洲文学史”和“世界文学史”的名称混用，从多年以后他在日记中提到早年编撰的讲义时也可以看出。如1963年2月11日，吴宓让他辅导的某教师“参看宓编东南大学、西南联大《世界文学史大纲》油印及稿本”；1965年11月22日，重庆大学外语系一位老师来访，借去了“宓撰《欧洲文学史讲义》（1922—1943）全十余册”；1973年1月14日，吴宓取回了曾托人保管的“宓撰英文《世界文学史》讲义稿本东南大学练习簿一十六册”。以上这些记录所指的都是吴宓1922—1943年间讲授文学史时所积累下来的讲义，但时而称之为“欧洲文学史”，时而又名之曰“世界文学史”，尽管实际上他从未在西南联大开设过名为“世界文学史”的课（如前所述，此课名是1943年9月开始，他在云南大学和中法大学兼课时才第一次正式使用）。

我们在上一节已经提到，周作人比吴宓更早在国内开设“欧洲文学史”，但该课内容分为三大段:（1）希腊;（2）罗马;（3a）中古与文艺复兴，（3b）17、18世纪，不涉及欧洲以外的地区。此后清华外文系1926—1937之间由翟孟生讲授的“西洋文学概要”也是如此。可能正是因为缺少先例，所以虽然吴宓的文学史课其实囊括了东西方传统，但是开始他一直使用大家比较熟悉的“欧洲文学史”这个名称，仅在1940年的日记中偶尔泄漏了“世界文学史”才更名实相符这个想法，并且又过了三年才正式给这门课“正名”。为了行文方便，在以下的讨论中我会用“世界文学史”来指称吴宓历年（包括正名之前）所授文学史课程的内容。

根据吴宓《世界文学史大纲》（以下简称《大纲》）以及日记中1943—1944学年在西南联大上课情况的记录，可知这门课的结构和课时安排大致如下：

0 语言体系[①]
1 埃及文学
2 巴比伦文学
3 波斯文学
4 阿拉伯文学[②]
5 印度梵文学（7课时，每堂课一小时）
6 中国文学（2课时）
7 日本文学（2课时）
8 希伯来文学（含《新约圣经》，3课时）
9 希腊文学（12课时）
10 拉丁文学（8课时）
11 中世纪拉丁文学（5课时）
12 普罗旺斯文学（2课时）
13 意大利文学（6课时）
14 法国文学（28课时）

---

① 据日记记载，1943年9月15日乃吴宓本学年"欧洲文学史"课第一讲。

② 1943年10月12日，日记中第一次记载当天"欧洲文学史"讲授的内容："下午1—2上课（阿剌伯）"。因此前的将近一个月中（9月15日起）只记载了"上课"（总共12次）而未说明讲课内容，我们无法得知各国语言体系、埃及文学、巴比伦文学、波斯文学和阿拉伯文学这五个主题各占了多少课时。从9月15日到10月12日共有12次上课记录看来，给其中每种文学分配的可能是2—3课时。

15 西班牙文学（3 课时）

16 葡萄牙文学

17 德国文学（9 课时）

18 荷兰文学

19 英国文学（13 或 14 课时）①

20 美国文学（3 课时）

21 丹麦文学（21、22、23 共 1 课时）

22 瑞典文学

23 挪威文学

24 波兰文学

25 俄国文学（2 课时）②

根据《大纲》目录之后的说明，土耳其文学与阿拉伯文学一并讲述，瑞士文学分入法国和德国文学，奥地利和捷克文学归

① 吴宓著，吴学昭编：《世界文学史大纲》，第 107—109 页。《大纲》原文为英文，译文皆由笔者提供。在 1943—1944 学年，英美文学提前到希伯来文学之后讲授（11 月 15 日—12 月 9 日），可能是因为吴宓安排了他的得意弟子李赋宁（1939 年清华外文系毕业，1941 年清华研究院毕业，1941—1946 年任教于西南联大外语系）主讲"欧洲文学史"的英国文学部分，而李将于 12 月回陕西省亲，归期未卜（因种种原因，包括战乱阻断交通，至次年 6 月李仍未能返校）。参见 1943 年 11 月 15 日、17 日日记，及吴宓 1944 年 6 月 9 日致校长梅贻琦的信函（《书信集》，第 213—214 页）。李赋宁自 1943 年 11 月 15 日起开始为期两周的英国文学讲授，而吴宓于 11 月 30 日、12 月 2 日接手讲英国现当代文学，于 12 月 6 日、7 日、9 日讲美国文学。吴宓未记载李赋宁上课的具体日期和内容，所以我根据吴宓平时每周授课频率，估计李代课次数为 6—7 次，英国文学总课时由此大概定为 13—14 次。

② 吴宓著，吴学昭编：《世界文学史大纲》，第 107—109 页。这份大纲是根据吴宓西南联大外文系 1942 级一位学生保存的油印讲义编印的（吴学昭：《世界文学史大纲》"编后记"，第 576 页）。波兰文学部分严重残缺破损，只有头几行是完整的句子。

入德国文学，苏格兰、爱尔兰、加拿大和澳大利亚文学纳入英国文学，而南美、古巴、墨西哥文学并入西班牙文学。另外，蒙、满、藏、缅甸、朝鲜、越南、马来等小语种文学将在讲授中国文学和印度文学时涉及。关于此课的涵盖范围，吴宓很有信心地宣称道：“是相当全面的。”①

吴宓对“全面”的追求我们在前边已经多次提到过了，只不过那时关涉到的仅仅是他对全面把握西方传统的强调，而从他“世界文学史”的课程设计看来，他对“全面”的理解其实是扩展到全世界的。这种延伸应该是基于上文讨论过的同样原理：只有对中国之外的文学传统有了良好的整体掌握，才能更好地理解中国文学，也才有可能正确评论各自的特点，并进而思考如何会通各个传统的精华，让文学在拯救和改进现代世界的努力中起到关键作用。当然，对吴宓来说，不是所有的文学传统都同等重要。在他庞大的世界文学体系中，诸小语种文学处于附属地位，只需顺带提及。在榜上有名的二十几种文学中，吴宓给予的注意力也是很不一样的。其中中国文学情况特殊（毕竟这是一门为外语系学生开设的介绍世界各国文学的课），我们稍后再论。先盘点一下其他文学的课时分配。

在所有文学中，法国文学所占的课时遥居榜首（28）。接下来是英国文学（13 或 14）和希腊文学（12）。然后是德国文学（9），拉丁文学（8），印度梵文学（7），意大利文学（6）。其次是中世纪拉丁文学（5），美国文学（4），西班牙文学（3），希伯来文学（3），埃及文学（可能 2—3），巴比伦文学（可能 2—

① 吴宓著，吴学昭编：《世界文学史大纲》，第 109 页。

3），波斯文学（可能2—3），阿拉伯文学（可能2—3），日本文学（2），普罗旺斯文学（2），俄国文学（2）。最后是北欧文学（1）。[①] 在这个布局中，最值得注意的是法国文学、英国文学、希腊文学、印度梵文学的地位。

（一）古希腊文学

吴宓对古希腊文学的重视，显然是因为古希腊被视为西方文明的源头和基础。欲了解西方的真相，首先必须对希腊传统进行深刻透彻的研究。阿诺德、白璧德和穆尔都极其注重从希腊精神中寻找现代人需要的指引和规范。阿诺德认为，公元前五世纪的希腊是人类发展的一个高峰，不仅因为该时代本身伟大，而且因为当时产生了能够充分反映和阐释这一盛世的文学（相比之下，古罗马可以说是一个比古希腊更伟大的时代，但其文学却未能与时代完全相称）。在阿诺德看来，伯利克里时期的希腊虽然在时间上属于古代，但就其高度发达的理性和批判精神而言，它是极其现代的，能为我们当今的现代社会提供思想解放和自由的动因。[②] 有学者称，阿诺德《批评在当今的功能》一文的题目其实可以改为“希腊精神在当今的功能”。[③] 同样，在白璧德和穆尔的著作中我们随处可见对古希腊的标榜，虽然亚里士多德主义者白

---

① 《世界文学史大纲》中有葡萄牙文学、荷兰文学、波兰文学，但吴宓1943—1944学年日记中关于上课的记录中，未提及三者。不清楚本学年和其他学年吴宓是如何处理这三国文学的，但所占课时应该接近数据中的底端。

② Matthew Arnold, “On the Modern Element in Literature”, in John Bryson ed., *Matthew Arnold: Poetry and Prose*, Rupert Hart-Davis, 1967, pp. 269–283.

③ Donald Stone, “Matthew Arnold and the Pragmatics of Hebraism and Hellenism”, *Poetics Today* 19.2（1998）189.

璧德称亚里士多德为古人中最为现代者（“现代”指的是具有实证和批判精神），而柏拉图主义者穆尔则认为，如果没有柏拉图，西方文明会重新回到野蛮时代。[①] 穆尔在1920年代开始日益趋向他所说的希腊传统中的另一端——早期基督教，但在他发表于1908年8月的《古典学的教学》一文中，他以阿诺德和白璧德都从未表现过的激情论述了古希腊之重要。这篇短评在第二段中赞扬了五个月前出版的白璧德《文学与美国的大学》一书，然后即通篇讨论古典作品的价值，以此宣传他和白璧德的共同观点。在其中几段穆尔这样写道：

> 如果说从前真的是“条条大路通罗马”，在今天，我们历史中的每一条路其实仍然几乎都通往罗马，然后又从罗马抵达雅典。我们的文学和艺术从那里开始；在那两座城市里，成长起了后来演变为基督教、并塑造了一个新世界的那些宗教和哲学思想；法学和政府学也植根于这同一片土地。就在几天前，我跟一位杰出的社会学家谈话，他未受过古典语言的训练，也肯定没有什么理由会让他倾向于赞成这种训练。他正在向我大讲有关社会学的各种高级概念，并对将来的情况进行预测，但这时他突然停了下来，古怪地压低了声音说：“不过，你知道吗，所有这些想法，很早以前亚里士多德就都讨论过了！”那就是源头。我们进行组合、添加、再组合，但是起源都已经在那儿了，并且它们的影响仍然在

① Babbitt, “Matthew Arnold”, in George A. Panichas ed., *Irving Babbitt on Literature, Culture, and Religion*, pp. 108, 104; More, *The Religion of Plato*, Princeton University Press, 1921, vi–vii.

以看不见的方式和无法测算的力量作用于我们身上。……

很大程度上，现代人头脑的轻浮和我们的能量的浪费，是由于在历史这个大圆中我们只看到太小的一部分；我们因此而对人性进行误判，并且因为视线匆匆，我们看不到一些潜藏太深的力量。将起源牢牢地镌刻在记忆里，随着人类历史的展开去跟踪这些力量：这样做会使我们的判断具有重心，会使我们有能力区分瞬息的变化和有机的发展，会使我们在面对随着风向转变的意见时保持恒定的目的，会赋予我们一种全面的智慧——以上这些都是我们不太可能从任何其他地方获得的。……

虽说希腊思想很大一部分的价值在于其所催生的产物，但是希腊本身也有一些成就是至今仍未被后人超越，并且似乎是无法超越的；训练头脑去欣赏这些成就，也就是从此以往掌握了一块鉴别高级和低级快乐的试金石。后世没有一个叙事诗的作者能与荷马比肩，没有一个剧作家超过了索福克勒斯，没有一个抒情诗人的吟唱比萨福更为令人迷醉，没有一个雕塑家能匹敌菲狄亚斯，没有一个哲学家像柏拉图那样深入地透视了人的灵魂。……[1]

从阿诺德到白璧德和穆尔，他们尊崇古希腊，都是为了反对18、19世纪以来基于科技发达而产生的线性“进步”观念。他

① More, “The Teaching of the Classics”, in Byron C. Lambert ed., *The Essential Paul Elmer More*, Arlington House 1972, pp. 265-266. 在去世前的几天，穆尔的最后一位来访者看见他在读希腊文版的《奥德赛》，旁边放着一个法文译本。参见 Barrows Dunham, “Paul Elmer More”, *The Massachusetts Review* 7.1 (Winter 1966) 164。

们相信，在不断变化的环境和形态各异的表象之上，存在永恒的人性和常态的人类体验，而古希腊作为西方文明的源头，为穿透表象和变化去把握规律和方向提供了标准、重心和制高点；希腊的古典性就是其现代性，离开了古希腊这一试金石和指南针，对现代性的盲目追求必然陷入混乱和灾难。

吴宓接受了他的三位精神导师对古希腊的推崇。《学衡》频繁刊登与希腊传统有关的稿件，[①] 在吴宓 1922—1923 年开列的《西洋文学精要书目》和《西洋文学入门必读书目》中，希腊文学名著及研究所占的分量也都是重中之重。在上一节，我们已讨论过吴宓 1923 年发表的《希腊文学史》第一章和第二章。从文章标题看来，他当时是有打算写一部完整的希腊文学史的。考虑到吴宓在希腊传统上下过的功夫，此后在清华的十余年中，一直由他负责讲授“西洋文学史”中的希腊罗马部分是一点不奇怪的，在他的《世界文学史大纲》中希腊文学占据显要位置也完全是意料之中。在《文学与人生》一文中，吴宓从同时刻画人性常态与变化的能力这一角度，来论说古典文学在西方文学史中的地位，解释了古典文学的优秀之处，以及新古典主义、浪漫主义、写实主义和自然主义文学之偏失：

> 文学所表现者，乃人生与人性之常，兼及其变。苟常与变二者缺一，则不能有博大充实之文学，亦不能成精警奇妙之作品。凡批评文学或有志创造者，均可以此为衡鉴之标

① 余婉卉列举了《学衡》中以“希腊”“苏格拉底”“柏拉图”“亚里士多德”为标题的文章，共 28 篇，以译介为主（《〈学衡〉中的古希腊：以吴宓〈希腊文学史〉为中心》,《中国文学研究》2018 年第 4 期，第 173 页）。

准、致力之途径矣。

文学写人性之常，又写人性之变。此乃一事而非二事。不但一书中之材料有常有变，且其常者即是变，变者即是常。常变合一，不可分离。易言之，即伟大文学作品中之主要题材，必为人生人性中根本普遍之事实，但其事又奇特精妙，富有价值与趣味，而为常人平居所不能见所不能行者。

古典派文学注重表现人性之常。希腊罗马作者之所谓Nature，乃指常人之本性而言，谓文学以直接模仿或描摹（Imitate）常人之本性为职志，故其所写之事皆必合于各人之身分地位（Decorum）而有平和中正之意，不务奇僻，不取险怪。世或以平淡枯窘为古典文学病，殊不知古典文学之巨子皆能兼写人生人性之变（如前举苏封克里之《肿足王》悲剧是），[①] 但虽变而不离于常（如肿足王虽抉目椎心、悔痛无地，类似疯狂而仍不离人之本性，且不失彼之特性）。易言之，即真正之古典文学，实能兼写人生人性之常与变，即并具奇美而不失真。此诚文学之极诣，而为后世所难及。不幸文艺复兴以还，十七、十八世纪中之新古典派及伪古典派，不知观察人生以自行直接模仿，但务熟读希腊罗马古贤之作而模仿其书中所写之人物事实。故其所得者，非直接之人生真谛，乃辗转钞袭之古代文学作家之意想。譬之照像印刷，翻版愈多，愈益失真。且其途径益狭，范围愈小，此诚不免枯窘平庸，了无生气。是故新古典派及伪古典派之文学，不知人生人性之变，但写其常，且系由书本中得来之知

---

① 即索福克勒斯的《俄狄浦斯王》。“俄狄浦斯”在希腊文中意为“肿足”。

识，既无奇无美而亦失真。然后世末流之弊如此，决不能持为古典派文学咎也。[1]

浪漫派文学不遵规矩，惟务创新，以奇特为高，以诡异为尚。又凡事喜趋极端，矜炫浮夸，纵获奇美而失真善。写实派文学描绘务期其真，惟观察不广，选择不精，每以一时一地偶然掇拾之材料，概括人生人性之全体，故不免拘囿而陷于一偏。自然派文学昧于人性二元之要理，不知人实兼具神性与物性，而视人如物，谓人之生活纯为物质机械，受环境之支配，为情欲所驱使，无复意志责任道德之可言。此其对于人生人性仅知其半，而未识人之所以为人者何在。总之，浪漫派、写实派、自然派，皆只注重表现人生人性之变，而遗弃其常，未若古典派文学之真切而完善也。[2]

对吴宓来说，古典文学不仅仅在刻画复杂人性这个看似抽象的问题上达到了后世罕及的高度，而且即使从培养爱国精神这一极其实用和紧迫的目的出发，他在论证文学的重要功能和向世界各国文学寻找模范的重要性时，首先想到的也是古希腊。在发表于“九一八”事变爆发之后的《民族生命与文学》一文中，吴宓写道：

希腊罗马之爱国精神最为发达，英雄伟人项背相望，实

① 白璧德常常批评新古典派和伪古典派，说他们的模仿方式只讲形式上的规则，缺乏道德想象（参见 Irving Babbitt, *Rousseau and Romanticism*, Houghton Mifflin, 1919, pp. 203–205）。

② 吴宓：《文学与人生》（四），《大公报·文学副刊》1929 年 11 月 25 日。

为后世之所取资。近世之国家观念，虽谓孕育于希腊罗马历史文学可也。《柏拉图语录》*Protagoras* 篇（326A），记希腊儿童入塾，列坐木凳上，其师则"取贤诗人之作，使之读，且必背诵，"盖使儿童受诗人之道德训教，知古昔伟人之行事，"以资为模范，而悉力求与之相似。"又芝诺芬 Xenophon《筵话篇》*Symposium*（三章三节）记客之言曰，"吾父欲使吾成为善人，遂使吾读荷马全集，今吾犹能背诵 *Iliad* 及 *Odyssey* 二史诗之全部。"又曰"荷马为诗人魁首，叙论人间百事。汝等如欲善治其家，或为辩士，或为军师，如 Achilles，Ajax，Nestor，Odysseus 等人者，则首当研诵荷马之诗。"今按荷马 *Iliad* 之诗虽叙战争，兼及道德。书中人物以 Hector 最为崇伟，盖其人忠勇仁贤，一身系邦家之重，惨死疆场，国社遂屋。至如希腊将帅不和，为争美女，致全军败退不支，调和其间者煞费苦心，战场中暗箭伤人，背誓渎神，立致大败。而希腊军得胜之后，敌国老王身入吾营，竟使生还，不乘机擒斩，且归其子尸，以礼葬焉。至荷马 *Odyssey* 一诗则写 Odysseus 百抑不挠，终还故国。而其妻守贞数十年，以计阻诸暴客，亦可称道。他如忠仆义犬，并能感人。荷马之诗如此，至描写亡国破家之惨最痛切者，莫如 Euripides 之 *Trojan Women* 一剧。此盖本于当时实事，正以希腊当日情况如此，故爱国精神自然发达。捍卫国家，则所以保妻子财产全生命，故不得不舍身以从事也。罗马文学历史中，尤多英烈之事，今不备述。总之，西人之勇武忠诚，其爱国奉公沉着刚毅之精神，实为文化教育所铸造，而诵读本国及世界文学名篇，仿效其中伟人之立意行事，实为吾国人士之要务也。[①]

培养爱国精神，并不是只能通过阅读中国的文学作品，而可以同时借力于世界文学名著。在关于这一“要务”的认识背后，是吴宓对文学普遍价值的信念。在历史上，古希腊文学在塑造西方的英雄主义和家国观念上扮演了重要角色（在吴宓看来，其重要性胜过以勇武奉公著称的罗马人的文学，后者他只以“罗马文学历史中，尤多英烈之事，今不备述”一带而过）。[②] 在今天，古希腊的文学经典则还可以为培养中国人的爱国奉献精神提供更多的模仿对象。通过“诵读本国及世界文学名篇，仿效其中伟人之立意行事”，吴宓看到的是一个普遍价值得到流布和加强的过程，而不是像梁启超和鲁迅那样，基于中国文化缺乏尚武精神和公民道德这一观念，呼吁向古希腊学习，达到改善国民性的目的。[③]

（二）印度文学

印度文学在吴宓世界文学史课时分配上得到的优待也应追溯到他的哈佛时代。一方面，汲取东西方世界古老文明的智慧以济当代之穷乃新人文主义的重要主张，白璧德和穆尔在著作中都频

① 吴宓:《民族生命与文学》(二),《大公报·文学副刊》1931 年 10 月 5 日。

② 这当然不是说吴宓不重视古罗马文学。如上所述，古罗马文学在吴宓 1943—1944 年世界文学史课程安排中占了 8 个课时之多。只不过，虽然人们习惯于将希腊罗马并称，但希腊往往掩盖了罗马的光辉。

③ 关于梁启超的《斯巴达小志》(1902) 和鲁迅的《斯巴达之魂》(1903)，参见陈漱渝:《〈斯巴达之魂〉与梁启超》,《鲁迅研究月刊》1993 年第 10 期。高旭东曾提出，中国比较文学研究中存在着两大路线，分别关注中西之异和中西之同，前者与对新文化运动产生过巨大影响的北大渊源甚深，而后者则是吴宓、梁实秋、钱锺书等人所在的清华的特点(《比较文学与二十世纪中国文学 1901—2000》，人民文学出版社 2003 年版，第 84 页)。

频向印度古代文学与宗教思想致意。[①] 另一方面，在哈佛时与吴宓过从甚密的友人陈寅恪和汤用彤皆在印度文字与文明研究上有专门造诣，更不仅加深了吴宓对印度传统的重要性及其对中国文化长远而重大影响的认识，也为他在这方面的知识打下了难得的基础。[②] 以上两重渊源能很好地解释吴宓在他的世界文学史中为印度留出的显著位置。1924 年，吴宓将美国学者威廉·李查生（William L. Richardson）和杰西·渥温（Jesse M. Owen，又译欧文）合著的《世界文学史》（*Literature of the World*, 1922）中的前几章（绪论、东方各国之文学、圣经之文学）译成中文，并加以增补评注后发表在《学衡》，其中印度文学部分所增补的材料格外详细。关于印度文学的特点，吴宓有这样一条评论："印度文学，以宗教及哲学之著作为主，占其大部分。印度所以贡献于世界之文明者在此。"[③] 在《世界文学史大纲》中总结梵文学之特色时，吴宓首先指出其传统悠久，"完整记录了人类的发展"；其宗教哲学色彩之浓厚及思想的独创性；在文学体裁中诗歌所享受的格外青

① 白璧德大学毕业后曾到法国学习梵文和巴利文，而穆尔则曾在布林玛学院教梵文（1895—1897）。

② 在 1919 年 11 月 10 日、12 月 14 日的日记中，吴宓记录了陈寅恪来访，与谈印度哲理文化及中印关系。据《年谱》（第 205 页），1920 年的暑假中，汤用彤为吴宓单独讲授"印度哲学及佛教"，"精明简要，宓受益至多"。按照汤用彤开具的应读书目，该年 8、9 月间吴宓"专读印度哲学及佛教书籍"。吴宓盛赞汤氏在印度哲学、宗教及文字方面的修为，称其为"全中国此学之翘楚"。陈怀宇讨论过白璧德在印度学和佛学方面的兴趣对哈佛中国留学生的影响；他认为吴宓对佛教产生兴趣是因为受了白璧德的启发（《白璧德之佛学及其对中国学者的影响》，《清华大学学报》（哲学社会科学版）2005 年第 5 期，第 44 页）。据吴宓 1942 年 3 月 17 日日记记载，当天为"印度日"，昆明广播电台邀请汤用彤和吴宓，分别播讲"印度哲学之精神"和"印度文学"。二十余年间，吴宓一直保持了他对印度文学的兴趣和钻研。

③ 吴宓著，吴学昭编：《世界文学史大纲》，第 272 页。

昧；在表达方式上其夸张的倾向；其苦行、出世、悲观、压抑自我的宗教信仰在文学上留下的烙印。[①] 最后，吴宓列举了印度文学对中国语言文学广泛而重要的影响，从音韵学和诗学到小说之情节与叙事方式及戏剧创作与搬演中的诸多规则，至于佛经曾在塑造中国人的生活、思想和精神中所扮演的关键角色就更不用说了。在吴宓对李查生和渥温《世界文学史》所作的评注中，有一段话体现了他对印度文学研究的终极价值的理解："吾国人之研究梵文于欧美者，近今亦有其人，然为数极微。窃愿国人加以注意。异日昌明佛教，发扬东方文化，其道必由研习梵文、巴利文而诵读佛经原本，此惟一之正途也。"[②] 吴宓研究和讲授世界文学，其眼光归根结底是离不开中国的，这在讲到在历史上本就与中国有千丝万缕文化联系的印度传统时可以更清楚地看到。[③]

（三）英国文学

英国文学在吴宓的世界文学史课程中占了较多课时是非常好理解的。吴宓从清华时期开始就一直学习英国文学，留学回国之后也经常开设英国文学史、英国小说、英国诗歌等课程。[④] 吴宓早在 1920 年就在《留美学生季报》上发表了一篇《英文诗

---

① 吴宓著，吴学昭编:《世界文学史大纲》，第 131—132 页。对这些特征的更详细阐述，见吴宓《学衡》第 29 期对李查生和渥温《世界文学史》印度文学章节的增补部分（现已收入《世界文学史大纲》，第 247—335 页）。

② 同上书，第 271—272 页。

③ 在《文学研究法》中讲到掌握古典文字的重要性时，吴宓特别提及印度的古文字:"梵文及巴利文，亦当通习。以其既为西洋文字之总源，而佛教与我国尤有极重要之关系也。"(《学衡》1922 年第 2 期，第 7 页)

④ 参见刘明华《吴宓教学年谱》，王泉根主编《多维视野中的吴宓》，第 511—526 页。

话》，[1]后来他登载于《学衡》和《大公报·文学副刊》的评介文章也有很多是关于英国文学的。作为其科班风格的一个表现，在刊登于《大公报·文学副刊》的哈代（Thomas Hardy, 1840—1928）评传中，吴宓附了一个“哈代著作年表”和一个包括19本英文专著的“研究哈代应读书目”，宛如他世界文学史课程的讲义。[2]

在阅读和介绍英国文学时，吴宓保持了处处与中国文学建立联系的习惯。有时候这种联系是有关内容和风格的，但有时候即使似乎纯属巧合，他也忍不住要指出其发现。例如，他曾饶有兴趣地注意到，18世纪下半叶中国和英国同时涌现了一批优秀小说：

> 较论中西文学，不特其内蕴之原理精义根本相同而可以贯通，即其显著于外之事实迹象亦往往符合，虽出偶然，实增奇趣已。有如英国之小说发达于十八世纪，而中国小说之全盛亦在此时。前此虽有长篇小说，然多叙述历史事实或英雄鬼怪。其以描写人生实况为职志而艺术复臻精妙者，要推《石头记》及同时之作。亦犹论述英国小说者每以一七四零年李查生之*Pamela*一书托始，而英国之有小说固已久矣。
>
> **（列举两国十八世纪最重要的小说家及作品）**
>
> 观右表，知此诸作家之生世及其书之作成出版约略同时。更细按之，则（一）费尔丁与李绿园同年生。（二）费

① 吴宓：《英文诗话》，吴学昭整理：《吴宓诗话》，第49—52页。

② 吴宓：《最近逝世之英国大小说家兼诗人哈代评传》，《大公报·文学副刊》1928年2月6日。

> 尔丁与吴敬梓同年死，而是年曹雪芹始作《石头记》。（三）李绿园《歧路灯》前半部与李查生、费尔丁第二第三两书著作之时同。夫天之降才，本无定算，而各国文学演进又自有其历史，顾此诸大小说家乃均生于十八世纪之中叶，成其巨著，东西辉映，亦云奇矣。[①]

尽管各国文学演进自有其不同的历史，但中西文学“内蕴之原理精义根本相同而可以贯通”，这是吴宓从清华时期开始就持有的一个基本信念，也是他从事世界文学和比较文学研究的前提。长篇小说这种艺术形式在 18 世纪中国和英国同时繁荣，吴宓虽归之于偶然（或曰天意，“天之降才”云云），但时间上的种种巧合加强了他的固有信念，并且令其平添生趣。

下边我们来看一看吴宓一些关于英国文学的文章。有时候，这些文章为我们理解吴宓的某些理论立场提供了具体案例。例如，吴宓对萨克雷（William Makepeace Thackeray, 1811—1863）和狄更斯（Charles Dickens, 1812—1870）的比较，很好地说明了他对文学与道德之关系的认识。在吴宓看来，这两位都属大家，但狄更斯对道德训诲过于执着，在人物刻画上善恶判然，而萨克雷笔下的人物形象更为复杂，作者的评判也委婉微妙得多。正因为如此，吴宓认为萨克雷比狄更斯要稍胜一筹：

> 窃常比而论之，迭更司之书似《水浒传》，而沙克雷之书则似《石头记》。二人短长得失，以及读者轻重抑扬之处，

① 吴宓:《评〈歧路灯〉》,《大公报·文学副刊》1928 年 4 月 23 日。

悉可由此定之矣。迭更司多叙市井里巷、卑鄙龌龊之事，痛快淋漓，若不胜其愤激者。沙克雷则专述豪门贵族，奢侈淫荡之情，隐微深曲，若不胜其感慨者。其于褒贬人物也，迭更司直而显，扬善嫉恶，惟恐不及。其弊则书中之善人几同贤圣，而恶人皆如鬼蜮，刻画过度，反而失真。且其人多性行一偏，言动怪癖，著者方诩其音容宛具，栩栩欲活，而读者则疑其不近人情，殊类优孟，粉墨衣冠，插科打诨而已。沙克雷则不然。用笔婉而深，似褒实贬，半讥若讽。描画人物，但详其声色状貌之流于外者，而于微处，偶露其真性情。明眼读者，自能领悟。而沙氏则不自著评语，恶人必有才足以济其奸，善者常有失以为德之累。读者但觉其入情入理，合乎世中实境。而沙克雷赏善惩恶之意，自已潜入人心，深固不拔，不必如迭更司之叫嚣愤激，惟恐人之不喻其旨也。[①]

很多时候，这些文章展示了吴宓对宗教问题的浓厚兴趣。比如，在班扬（John Bunyan, 1628—1688，吴宓译作彭衍）诞生三百年之际，吴宓作文纪念。他这样介绍班扬代表作《天路历程》的内容：

---

① 吴宓：《钮康氏家传》（*The Newcomes*, 萨克雷小说）译序，《学衡》1922 年第 1 期，第 1—2 页。穆尔有一篇关于狄更斯的评论，吴宓显然受其影响很大（参见 1919 年 8 月 31 日日记）。在称赞狄更斯的天才的同时，穆尔批评其风格缺乏节制和自律（也即缺乏“贵族精神”），人物刻画也欠真实。为说明起见，穆尔屡次将狄更斯与萨克雷进行了对比，两者分别代表“民主精神”和“贵族精神”。参见 More, “The Praise of Dickens”, *Shelburne Essays* V, 1908, pp. 22-44。大多数中国读者对狄更斯和萨克雷之间的差别恐怕不甚了了，吴宓拈来《水浒传》和《红楼梦》进行解释，能让问题变得容易理解得多。

此书意境颇似吾国小说中之《西游记》，乃一宗教寓言而为小说体。叙一基督教徒，梦中自其本乡出发，远道孤征，经历诸多地方，诸多人物，种种迷惑，种种陷阱。本其坚定之信心及强固之道力，卒能不为恶魔所吞噬摧抑，而得达天国（Celestial City），免堕破灭之域（City of Destruction），至是豁然梦醒，而既已得道，心旷神怡矣。[①]

吴宓分析了《天路历程》之所以成为名作的三大原因：其思想真诚感人，其文章简朴崇高（模仿《圣经》语言），其所写经历和道理与广大民众有深切共鸣：

彭衍生平所著之书，皆言其日夕心思口诵身体力行之事，阐明宗教之真理而劝人为善。正以其天性诚挚而学识浅薄之故，言皆由衷而文不假雕饰，其感人之力乃至伟大。然彭衍虽未深造于学，实具文学天才者。其所取舍制作，无意中动合轨辙。其所终身循诵而深铭于心者，厥惟《新旧约圣经》。《圣经》文章之美，世所熟知，纯粹简洁，如浑金璞玉。彭衍遵此为模仿，奉此为圭臬，宜其文章之有光辉价值也。当其生时，宗教信仰犹盛，彭衍心中所宛转思索，与其文中之所启发叙述者，皆全国并世之人心中之所有。而彭衍又生长贫贱之中，深悉英国乡村小邑贫苦劳作之人境遇及心理，其书以深厚之同情，专为此辈说法。其所言之道理皆若

① 吴宓：《英国宗教寓言小说作者彭衍诞生三百年纪念》，《学衡》1928 年第 65 期，又《大公报·文学副刊》1928 年 11 月 26 日。下同。

> 辈所能知所可解，其所叙之经验皆若辈所心历所身受，其所绘之景物皆若辈所目睹所足履。此所以彭衍之书一出骤受欢迎，由是遂能流传广被也。

尽管宗教的式微导致《天路历程》在近些年受到读者冷落，但是吴宓认为，基于两个原因，这部基督教寓言作品仍有其长远价值。一、其文章之美，使得这本书“终为不可废之作”。从这一理由，可见吴宓对文学审美的重视。二、此书是建立在对二元人性的坚实认识之上的，而这种二元性是永远不会改变的，所以今天的读者仍然可以将其作为“普通人生之寓言”来从中受益：

> 作者之初意，虽系以此书为宗教信仰之寓言，谓以坚诚心信，得避恶魔而亲上帝，离地狱而登天堂。而自吾侪读者观之，此书亦普通人生之寓言。写人之一生，由其二元之本性，凭德慧术智为引导，常抉择于善恶之间，辨别乎邪正之际。内则理欲交争，外则趋舍异途，其结果则为成为败、有得有失、受福受祸，各各不同。而一己之功能与道德之因果律，亦显而易见焉。人生之实况如此，想象即可得之。人性二元，终古不改，则此书之寓言亦久久常真。

吴宓对宗教问题的强烈关注，还反映在他对阿诺德和克里斯蒂娜·罗色蒂（Christina Rossetti, 1830—1894，今又译罗塞蒂）的诗歌的喜爱上。这是吴宓在自己的诗歌创作中所追摹的三位西方诗人中的两位（另一位是拜伦，我们稍后再论）。[①] 罗色蒂虔信上帝，终身未婚。吴宓这样表达了自己对她的高度赞赏：

> 罗色蒂女士纯洁敏慧，多情善感。以生涯境遇之推迁，遂渐移其人间之爱而为天帝之爱。笃信宗教，企向至美至真至善。夫西洋文明之真精神，在其积极之理想主义。盖合柏拉图之知与耶稣基督之行而一之。此诚为人之正鹄，亦即作诗之极诣矣。[②]

除了在《学衡》撰文介绍罗色蒂，吴宓还翻译了她的三首诗。[③] 其中的《逝矣逝矣》（*Passing Away*），吴宓为之提供了简短说明，从中可见他对宗教题材和典故的兴趣及知识：

> 原诗久为世所传诵，可称女士一生最佳之作。其中词旨，不外脱弃尘寰，解除人间男女之爱；而上企天国，归依上帝，以求最后之安定及精神之慰乐。……此诗音节凄婉，而辞句则极纯粹。然其中字字皆有所本。无非改用（paraphrase）《圣经》中（散见各处）之辞句，细读自知。例如（1）题云逝兮，乃用《新约·圣保罗致哥林多人前书》七章三一节，又后书五章十七节，及《使徒约翰第一书》二章十七节。又如（2）本诗第二首三四等行，乃用《新

---

① 参见吴学昭整理《吴宓诗集》卷首之“吴宓自识”。

② 吴学昭整理:《吴宓诗集》卷首。

③ 吴宓:《论罗色蒂女士之诗》,《学衡》1926 年 1 月第 49 期，收入吴学昭整理《吴宓诗话》，第 88—89 页。译诗见《吴宓诗集》卷首和第 135、194—195 页。

约·使徒雅各书》五章二节及三节，兼及他处。余不尽释。至于（3）以男女爱情婚姻喻天人之接引，而称上帝或耶稣基督曰新郎，盖源于《旧约·诗篇》第十九首第五行，《以赛亚书》六十二章五节，《新约·马太福音》九章十五节，又二十五章一至十二节，《约翰福音》三章二十九节，等处。兹不细论矣。[①]

至于阿诺德诗中所写的感情，吴宓概括为"由宗教信仰已失不可复得，人心无所归依之痛苦"。在分析了《鲛人诗》（*The Forsaken Merman*）后，吴宓总结道："至于此诗所寓之意，盖谓近世物质生活发达，宗教道德失势，而人之思想迷乱，感情悲苦。今之所急需者，厥为耶教之精神。使能得此，足为人之慰乐。然而耶教衰微，此种精神势难复现，而安诺德深用悼伤，亦他篇诗中之意也。"[②]吴宓认为，阿诺德的诗之所以写得好，是因为"此（指失去宗教信仰的痛苦）为十九世纪之人所共有，亦二十世纪之人所同具，而惟安氏感受最烈，故写来亦最美满有力。此其情至深且大，读其诗者靡不为之动"[③]。

对生活于单纯而笃实的宗教信仰之中的罗色蒂，吴宓是抱着仰慕之心看待和赞美的，而对诗人阿诺德，吴宓则颇有同是天涯沦落人之感。他说：

吾侪生当其后，承十九世纪之余波，世变愈烈。安诺

① 《吴宓诗集》卷首之"吴宓自识"。

② 本段中的引文来自吴宓：《论安诺德之诗》，原载《学衡》1923年2月第14期，收入吴学昭整理《吴宓诗话》第81、84页。

③ 同上书，第81页。

> 德等之所苦，皆吾侪之所苦，而更有甚焉。且中国近三十年来政治社会学术思想各方变迁之巨，实为史乘所罕见。故生于今日之中国，其危疑震骇迷离旁皇之情，尤当十倍于欧西之人，则吾侪诚将何以自慰，何以自脱，何以自救也耶？呜呼，此吾所以读安诺德之诗而感慨低徊不忍释卷也。①

显然，阿诺德诗中弥漫的悲郁惶然并不符合古典主义的标准。但是吴宓认为，古典与浪漫的结合正是阿诺德取胜之处：

> 安诺德之诗之佳处，即在其能兼取古学浪漫二派之长，以奇美真挚之感情思想，纳于完整精炼之格律艺术之中。如上所言，哀伤之旨，孤独之感，皆浪漫派之感情也，然以古学派之法程写出之。无一冗笔，无一懈字，所以难能而可贵也。②

值得注意的是，吴宓对阿诺德诗歌的评价与他对自己追摹的第三位英国诗人——拜伦所下的评语如出一辙："摆伦以雄奇俊伟之浪漫情感，写入精密整炼之古典艺术中。"③ 两者之间的一大区别可能是：对于阿诺德，吴宓是从内容到形式都不仅赞赏而且表示认同和模仿，而对拜伦，他固然称许其"雄奇俊伟之浪漫情感"，但他自己所有志仿效的似乎只是其"精密整炼之古典艺术"。1927年初，吴宓从北京赴西安探亲，往返期间共作诗105

① 吴宓：《论安诺德之诗》，吴学昭整理：《吴宓诗话》，第77页。
② 同上书，第81页。
③ "吴宓自识"，吴学昭整理：《吴宓诗集》卷首。

首，统称《西征杂诗》。在序言中，吴宓这样写道：

> 先是民国十五年秋冬，予在清华学校新旧各班，授英国浪漫诗人之所作。于摆伦一译拜轮。（Byron）之 *Childe Harold's Pilgrimage* 之第三曲（Canto Ⅲ）一八一六年作成出版。尤反复讲诵，有得于心。下笔之时，不揣冒昧，径仿效之，然所谓仿效者，仅略摹其全篇之结构章法已耳。予诗之内容，乃予一身此日之感情经历，一主真切。又乌敢强同于异国诗人也哉！此篇诗共百零五首，比摆伦原作之一百一十八首略少。而首尾连贯，合为一体，则同。又此篇均系七律诗，以七律之体，与摆伦原作之 Spenserian Stanza 最为近似。此八句，彼九行，一也。中幅对偶，合整与杂，二也。此每首韵字，凡四或五，彼每首叶韵之字，多者为五字，但其韵格，每首不止一韵。此在中文，断难学步。三也。每首自成篇段，而又与上下各首，一气衔接，四也。至此中零星词意，与原作相同者，亦有若干处，均出无心，不惧剽窃之讥，敢云摹仿之似。读者比并而观之可耳。①

以上的详细引述是为了说明，在诗歌的艺术形式方面，吴宓对拜伦的欣赏和模仿是实实在在的，并非虚言。吴宓看重拜伦"精密整炼之古典艺术"，显然是为了借助他山之石，为自己"以新材料入旧格律"的诗歌创作途径寻找灵感。几年后，在旅欧期间（1930 年 9 月至 1931 年 8 月），吴宓作了五十余首《欧游杂诗》，其叙曰：

① 吴学昭整理：《吴宓诗集》，第 149 页。

予昔有《西征杂诗》民国十六年及《南游杂诗》民国十七年之作，……西征感兴，盖起于英人摆伦一译拜伦 Byron 之长篇纪行诗 *Childe Harold's Pilgrimage* 之第三曲 Canto Ⅲ。民国十九年九月，予复有欧洲之行。予学业志趣虽异摆伦，而遭际阅历不无一二类似之处，遂仍模拟原诗体裁，成为此篇。[①]

关于吴宓对阿诺德和拜伦的诗歌的欣赏，学者多将其视为吴宓矛盾性格的证据。温源宁早就这样说过：

他（吴宓）立论上是人文主义者，古典主义者；但是性癖上却是澈头澈尾底一个浪漫主义者。雨生为人坦白无伪，所以此点人人都已看出，只有他自己看不见。人家知道他是崇拜拜伦的，并且曾摹仿 *Childe Harold* 写过一篇中文长诗。这种矛盾，除了他自己，没人看不明白。[②]

同样的，钱锺书在评论吴宓出版于 1935 年的诗集时，声称吴宓其实正是白璧德痛恨猛批的浪漫主义诗人中的一员，但他本人却对自己内心的严重分裂缺乏清醒的意识。[③] 近年来，仍然有

① 吴学昭整理：《吴宓诗集》，第 213 页。

② 温源宁：《吴宓》，林语堂译，第 45 页（笔者对译文有所改动）。所谓“曾摹仿 *Childe Harold* 写过一篇中文长诗”，指的就是吴宓作于 1927 年的《西征杂诗》。

③ 钱锺书：“A Note on Mr. Wu Mi and His Poetry”，《钱锺书英文文集》，外语教学与研究出版社 2005 年版，第 74—75 页。新文学家对拜伦的推崇，从《小说月报》1924 年第 15 卷第 4 期的拜伦纪念专号可见一斑。在“卷头语”和《诗人拜伦的百年祭》一文中，郑振铎（西谛）将拜伦定性为“伟大的反抗者”，赞扬拜伦“对于虚伪、庸俗、以礼教的假面具掩饰一切的厌恶与反抗”。鉴于拜伦的这种反传统斗士形象，吴宓对拜伦的赞赏难免被视为咄咄怪事。

学者提出类似看法，但不一定认为吴宓没有自知之明，有的还从中看到吴宓的独立思想。例如，向天渊说，吴宓和阿诺德“外表上、思想上是坚持古典主义理性精神的学者，但本质上、情感上却都是具有浓厚浪漫主义气质的诗人”，“正是由于白璧德、摩尔等人对古典主义理性的强调，对浪漫主义情感的消解，使得以白璧德、摩尔的忠实弟子自居的吴宓为自己浪漫诗人的内在本质感到一种原罪式的痛苦”。[①] 余婉卉在讨论吴宓的《欧游杂诗》时，则强调了吴宓对拜伦的崇拜，提出“吴宓作为白璧德的忠实学生，虽以‘以新材料入旧格律’等做法来实践文化保守主义，却对浪漫主义推崇备至，未对老师亦步亦趋”，认为这组诗“在谈文论史中尽显吴宓的浪漫倾向，迥异于其师白璧德对浪漫主义的严厉批判，可例证中国学人如何以文学的感性演绎异域，以个人体验择取西学”。[②]

我们这里无法详论吴宓和浪漫主义文学的关系，只能仅就他最心仪的阿诺德和拜伦泛泛而言。首先应当指出的是，古典和浪漫恐怕不能作为简单的判断标签。阿诺德身上就有着浪漫主义的一面，他在写于 1881 年（去世前七年）的一篇评论中还对拜伦给予了高度评价，认为他“在诚挚和力量方面的长处掩盖了他的所有过错，相形之下他所有的缺陷都不那么重要”；对于拜伦的叛逆姿态和一些道德缺陷，阿诺德也从当时英国社会充斥的虚伪和压迫考虑，给予了相当的同情和理解。[③] 阿诺德的浪漫无损于

① 向天渊：《吴宓与马修·阿诺德》，王泉根编：《多维视野中的吴宓》，第 404、405 页。

② 余婉卉：《跨文化的诗与思：吴宓〈欧游杂诗〉探析》，《文学评论》2018 年第 5 期，第 79、75 页。

③ Arnold, “Byron”, in John Bryson ed., *Matthew Arnold: Poetry and Prose*, Rupert Hart-Davis, 1967, pp. 726–727.

他的古典心性，不妨碍他成为白璧德和穆尔新人文主义最重要的精神来源之一，而对吴宓来说，兼得古典和浪漫之长正是阿诺德最吸引他之处。

古典与浪漫可以兼容这一点，从穆尔对拜伦的态度中能够得到更进一步的说明。穆尔写过两篇关于拜伦的评论，并于 1905 年编辑出版了《拜伦诗歌全集》，总的来说对这位浪漫主义大诗人给予了极高的评价。[①] 穆尔将拜伦的天才总结为两点：革命精神（the revolutionary spirit）和古典艺术（classical art）。"古典"在这里的定义是"理智对情感施加某种控制，依靠大体效果而非微妙印象"。[②] 穆尔认为，拜伦在属于浪漫主义运动的同时，事实上又不懈地在为古典主义而战斗；其恢宏矫健的手笔，再加上其对人类社会广阔而深切的道德关怀，都使得拜伦不同于（也胜过）大多数流于柔靡、琐碎、空虚，沉湎于自然或自我的浪漫主义诗人。穆尔对拜伦的称赏在以下这句话中听起来达到了极致："在英国文学中，除了莎士比亚，我几乎不知道上哪里去找一个作家，能像拜伦那样直接而有力地表达人类所拥有的伟大激情。"[③] 在评论《唐璜》时，穆尔更是称之为"我们的文学中极少数的伟大诗篇之一"，认为其伟大之处在于拜伦呈现了生活的整体，善恶俱全，而不只是一个方面，正是在这个意义上，这部现代史诗能够与西方文学传统里那些具有普遍性质的史诗（如荷

① More, "The Wholesome Revival of Byron", *The Atlantic Monthly* 82 (December 1898); More "A Note on 'Don Juan'", in *Shelburne Essays*, Third Series, G. P. Putnam's Sons, 1905, pp. 166–176; More ed., *The Complete Poetical Works of Lord Byron*, Houghton Mifflin, 1905. 穆尔编辑的拜伦诗集有一个"生平简介"（Biographical Sketch），基本取自发表于 1898 年的那篇评论，做了一些修改和补充。

② More, "Biographical Sketch", *The Complete Poetical Works of Lord Byron*, p. xii.

③ 同上书，第 xii–xxi 页，最后的引文摘自第 xviii 页。

马、维吉尔、弥尔顿）相媲美。[①]

很显然，吴宓对拜伦的概括评价（“以雄奇俊伟之浪漫情感，写入精密整炼之古典艺术中”）就来自穆尔总结的“革命精神和古典艺术”。虽然白璧德基本上将拜伦视为一个典型的浪漫主义诗人而对其不假辞色，偶尔才会指出他的优点（即拜伦和古典主义者在某些问题上也存在着相通之处），[②]但穆尔却认为拜伦在实质上更接近西方传统中的经典作家，呼吁读者带着冷静和辨析的态度来研究这位诗人。[③]阿诺德、白璧德和穆尔对拜伦的不同看法说明了拜伦的复杂性，也说明古典和浪漫不但可以共存，而且这种共存所产生的张力可能正是这位诗人的一个可贵之处。在对拜伦的评判上吴宓毫无疑问地站在了阿诺德和穆尔的一边；这再一次向我们表明，虽然古典对于吴宓来说是永远的起点，但在这个基础上他是提倡兼采众长的。他以阿诺德和拜伦的诗为模仿对象，就是因为他们两人都集古典和浪漫的长处于一身。吴宓曾写过以下这样一段话：

文学创作之事綦难，而诗词为尤甚。大率格律稳练者，

---

① More, “A Note on ‘Don Juan’”, pp. 176, 171. 关于拜伦的道德问题，穆尔在阿诺德的基础上进一步提出，拜伦在这方面能赢得人们的理解和同情，是因为他对自己的缺陷以及问题所在都有着清楚的认识，从不自欺欺人（More, “Biographical Sketch”, *The Complete Poetical Works of Lord Byron*, pp. xviii–xix）。关于穆尔对拜伦的评价的更多讨论，参见 Stephen Tanner, *Paul Elmer More: Literary Criticism as the History of Ideas*, pp. 125–129。

② 这从白璧德的《卢梭和浪漫主义》就可以看出来（*Rousseau and Romanticism*, Houghton Mifflin, 1919）。在第 266—267 页，白璧德承认，虽然拜伦的讽刺艺术大体来说是浪漫主义情感型的，但其中也有不少能让古典主义者完全会心的成分。

③ More, “The Wholesome Revival of Byron”, *The Atlantic Monthly* 82（December 1898）801.

每伤情薄而事空。情真而事实者，又往往格律缺乏研究与训练。若夫斟酌于二者之间，得中道之至美，以新材料入旧格律，合浪漫之感情与古典之艺术，此乃惟一之正途，而亦至难极罕之事。[①]

从吴宓对阿诺德和拜伦的评论看来，他们的诗歌正符合他心目中的理想，属于为数不多的实现了“中道之至美”者。

以上我们还看到，吴宓非常重视西方传统中古希腊和基督教两者的结合。他在英国文学方面的兴趣和观点证明了这一点。他在比较萨克雷和狄更斯时所使用的标准（是平和中正还是偏激直露，是描写人性的多面还是只写一面）让我们想起了吴宓将古希腊文学悬为后世楷模的原因。吴宓关于班扬、罗色蒂、阿诺德的评论则表明，文学与宗教的关系是他研究西方文学和认识西方文明的一个关键视角。

（四）法国文学

最后，我们来看一看，应该如何理解法国文学在吴宓世界文学体系中所处的显赫位置。首先我们也可以联想到他在哈佛所受的学术训练。白璧德的专攻乃是法国文学，哈佛另一位令吴宓爱戴备至的教授葛兰坚（Charles Hall Grandgent, 1862—1939）则兼治法国与意大利文学。[②] 据吴宓自陈：“盖哈佛大学之教授中，

① 吴宓:《评顾随〈无病词〉〈味辛词〉》（节录），原载《大公报·文学副刊》1929年6月3日第73期，收入吴学昭整理《吴宓诗话》，第150页。

② 美国但丁学会（Dante Society of America）每年颁发“葛兰坚奖”（Charles Hall Grandgent Award），用以奖励美国和加拿大最佳研究生（含博士生和硕士生）学术论文。

白璧德师以外，宓所尊敬、钦佩者，实惟葛兰坚先生皆有悲天悯人之心、匡时救弊之志者也。”吴宓 1920 年发表的《中国的新与旧》一文，本亦是受了葛兰坚《新与旧：杂文集》（*Old and New: Sundry Papers*, 1920）一书之启发而作。[①] 肄业期间，吴宓随两位教授修过三门有关法国文学的课：“卢梭及其影响”（白）、“法国文学批评”（白）、“法国文学史大纲”（葛）。[②] 师承毫无疑问影响了吴宓对法国文学的钟爱。30 年代初，吴宓于欧洲休为期一年的学术假时，有五个月的时间在巴黎。除了学习法文，购买法文书籍，往剧院观剧，吴宓日常所为中最重要的即为阅读法国文学，以及赴巴黎大学听讲法国文学课。在接触新知之外，吴宓在重温一些于美国留学时已读过的法国文学作品时，屡次产生昔日未觉其佳、甚至直未能解、今乃多感而深觉有味的体验。[③] 在《大纲》中，吴宓是这样高度评价法国文学的：

> 一、法国文学最为重要，因为它继承了欧洲的核心传统：（1）古典传统（2）基督教传统。或者说，法国文学体现和表达了埃德蒙·伯克所说的（1）绅士精神（2）宗教精神。[④]

---

① 《年谱》，第 204 页。

② 同上书，第 178、196、197 页。

③ 参见吴宓 1931 年 2 月至 7 月的日记。关于重读某些法国作品所获得的新理解，见 4 月 27 日和 5 月 12 日日记。

④ “绅士精神”（spirit of a gentleman）和“宗教精神”（spirit of religion）是柏克（Edmund Burke, 1729—1797）在《反思法国大革命》一书中使用的两个概念。白璧德将“绅士精神”上溯到古希腊的人文主义传统，其追求的目标为均衡有度的生活（Babbitt, “What I Believe: Rousseau and Religion”, in Claes G. Ryn ed., *Character and Cultures: Essays on East and West*, Routledge, 2019, pp. 229-230）。白璧德常常被视为柏克传统的保守主义思想家。他的《民治与领袖》一书中有整整一章讨论柏克，称赞其对自由的理解。

二、法国文学是理性的表现。帕斯卡尔的数学头脑（esprit de géométrie）和直觉头脑（esprit de finesse）可以同时在法国文学中找到。[①]

三、法国文学是“社会本能”（Social Instinct）的表现。

四、法国文学坚持对完美形式和美好风格的追求。

五、法国文学为我们提供了最优美的散文。清晰、准确、简洁、纯正乃其特质。[②]

在此我们不需要理会吴宓对法国文学的概括是否妥当，我们只关心他所使用的评判标准。对他来说，法国文学之所以“最为重要”（the most important），并且值得占用比其他任何文学都多得多的课时，是因为它不仅追求形式完美，而且在内容上最好地体现了各种精神和价值的中和。在法国文学中，希腊罗马古典传统和基督教传统得以兼容，绅士伦理和宗教伦理共同维系着社会，理性和本能也可以同时得到表达。为了更好地理解吴宓的这套评价，我们应该看看他《文学与人生》一文中的一节：

人之本性，原甚复杂。其所秉赋，有本能，有直觉，有理性，有意志，有感情，有想像。人之生活及行事，实为以上各种同时运用活动之结果。文学中所描写之人生，亦为本

① 译者按：简而言之，帕斯卡尔（Blaise Pascal, 1623—1662）所说的数学头脑（吴宓译为“几何学之精神”，参见吴学昭整理《吴宓诗集》，第243页）指依靠严密的逻辑和精确的推理对事物进行分析和说明的能力；在面对那些不可使用逻辑和推理来理解的事物时，则必须依靠微妙细腻的直觉、灵感和想象来抓住它们的本质，这就是所谓的直觉头脑。

② 吴宓著，吴学昭编：《世界文学史大纲》，第196页。

能、直觉、理性、意志、感情、想象联合所构成。人性固有所偏，然理性强者不乏想象，意志强者非无感情，其他类推。就一人所行之事言，于此时或专重理性，于彼事或纵任感情。又以此人与彼人较，其本性中之理性感情等成分之比例各不同，然就其人之一生全体论之，未有不兼具上言各种性行之原素者也。是故文学描写人生欲得其真，必同时兼写此诸种性行原素之表现于事实者。如所写之人纯为意志或感情所支配，则其人不啻傀儡，其书毫无文学趣味，但足宣示作者之主张见解而已。古学派（一译古典派）之伦理的主张，乃以各种性行原素之调和融洽、平均发达、适宜运用，为修养之鹄的及人格之标准。然希腊、罗马文学中之上品，如荷马之诗，苏封克里之悲剧，以及桓吉尔（Virgil）之诗，其描写感情想象非不强烈，岂仅专重理性者。中世之基督教文学，似重意志，然亦不能废理性及感情。后来之新古学派及伪古学派，特重一偏之理性，致有浪漫派之反动，专务提倡感情及想象。写实派继浪漫派而兴，复趋他一端，专主以冷静之头脑，观察社会人生之实况，详细描写，不参己见，其所重者乃为科学之理性。自然主义变本加厉，专重本能及冲动。最近对于自然主义之反动又起，将来趋向尚难预言。

统观西洋文学之全史，此兴彼仆，各派循环递代，实足证明专重性行原素之一之文学，决非正当，亦不能持久。其始也补偏救弊，为时世所需要，受众人之欢迎。其弊旋即由此而生。所长即其所短，其情形有如敧器独乐，倾覆旋转，常倾向于中心，欲归于静止而不能。又如调色和味，注此挹彼，终难得所求之色，或匀正之味，而于其经过中，则遍见各色，备尝各味焉。既知夫此，则吾人今日，对于已往之各派文学，俱应充分欣赏，并择己之所好者，自由仿作。然决不可专举注重性行之一原素之某派文学，悬为批评之标准，创造之模范，而不许他派文学之存在或处同等之地位也。

……

自古至今之文学，为积聚的，非递代的。譬犹堆置货物行李，平列地面，愈延愈大，并非新压旧上，欲取不能。吾人今日之文学财产，乃各时代各国各派之文学作品之总和，非仅现今时代（或本国）所作成者而已。①

以上这几段话，实际上是在重复了文学是“世界上表达出来的最佳思想和言论”这一定义的同时（见最后一段），提供了何为“最佳”的一个标准（即能够描摹出人性和人生的复杂性与多面性），并且表明了达到“最佳”之不易（西方文学史上众多文学流派在表现人性和人生上都失于一偏和极端，所以势必只能兴盛一时，循环迭代）。我们这时再回头看一下吴宓对法国文学的赞扬就会发现，他的评判基础是一致的。在《文学与人生》一文中，吴宓肯定了希腊罗马文学和中世纪基督教文学在理性意志和感情想象两方面的平衡；而在《世界文学史大纲》中，他则赞扬法国文学同时继承了欧洲的古典传统和基督教传统，并且兼具理性和本能。从吴宓对法国文学的评价来看，他的最高文学理想是会通、均衡、和谐。也就是说，虽然人们常常认为吴宓是个唯古

① 吴宓：《文学与人生》（二），《大公报·文学副刊》1928 年 1 月 30 日。

为上的守旧派，但他其实是从文学的最基本功能出发（描写复杂人性和多面人生），向往各种不同来源的古今美好传统之间的融合与并存。在吴宓看来，法国古典文学（17世纪末至法国大革命前）在欧洲内部近乎实现了这一理想，因此他予之以极高赞誉，而这一理想的失落可以说是从卢梭（1712—1778）开始的。吴宓抨击卢梭的《忏悔录》（1781—1788），因为“其与构成欧洲旧文明之古典派人文主义及基督教教理显然背驰”，既违背了古典传统最重视的中节合度，也抛弃了基督教传统所提倡的谦卑和模仿，而成为后来浪漫主义滥情、自爱、虚荣之滥觞。[①] 对于伏尔泰（1694—1778），吴宓的主要批评包括：“信物质科学，乏想象，绝感情，无热烈真诚之信仰。”“虽力主宽容，欲祛除彼拘墟顽固之旧见 Prejudice，而实则己所持者，常不免褊狭而陷于一偏，故破坏有余而建设不足。”[②] 至于19世纪以左拉为代表的自然主义文学，吴宓对其强烈抵触，则是因为他在其中只看到了某些低级本能的泛滥横行，法国文学原有的多元平衡特质荡然无存，可以说完成了卢梭开启的大破坏过程。

吴宓对卢梭、伏尔泰和左拉的批判很容易让人觉得“古典”和“现代”之间的畛域是他在文学批评中固守的藩篱，但他对普鲁斯特（Marcel Proust, 1871—1922）的赞赏可以证明并非如此。普鲁斯特是现代小说最具标志性的作家之一，其七卷巨著《追忆似水年华》（1913—1927），因为在技法和风貌上与传统写

① 吴宓：《卢梭逝世百五十年纪念》，原载《学衡》1923年6月第18期，收入吴学昭编《世界文学史大纲》，第487—488页。

② 吴宓：《〈福禄特尔记阮讷与柯兰事〉编者识语》，原载《学衡》1923年6月第18期，收入吴学昭编《世界文学史大纲》（以《福禄特尔与法国文学》为题），第498—499页。

实小说迥然不同，起初在法国文学界遭到冷遇，以至于作者自费才总算出版了第一卷。吴宓于1933年7月10日和17日的《大公报·文学副刊》中登出了曾觉之（1901—1982）撰写的《法国小说家普鲁斯特逝世十年纪念——普鲁斯特评传》，长达两万多字。据估计，这是国内第一篇较有系统和深度地介绍普鲁斯特的文章。[①] 七个月后，1934年2月22日的《大公报·文学副刊》又发表了卞之琳（1910—2000）翻译的《追忆似水年华》（卞译为《往昔之追寻》）第一卷开头的几个段落。这据说是普鲁斯特作品的最早中译，而且此后四十几年都再无新的译者尝试。[②] 吴宓在1933—1934年给予曾觉之和卞之琳向中国读者介绍普鲁斯特的机会，已说明他作为主编和批评家的开明态度。须知，吴宓一向甚为推崇法国批评家圣伯夫，而普鲁斯特对文学的理解是和圣伯夫大相径庭的，其《驳圣伯夫》（1908—1909）虽然生前并未发表，但其中的思想乃至不少文字都早已出现在《追忆似水年华》之中。[③] 由此可见，吴宓在对待不同文学趣味上其实是相当包容的。[④] 不仅如此，过了几年，吴宓的日记中多次出现了阅读普鲁斯特小说及传记的记录。从中我们可以得知，他不但非常欣赏普鲁斯特的作品，而且对普鲁斯特的性格与气质产生了高度认

---

① 关于曾觉之的这篇文章，参见段怀清《曾觉之与普鲁斯特》，《新文学史料》2007年第2卷，第147—154页；许钧、宋学智《20世纪法国文学在中国的译介与接受》，湖北教育出版社2007年版，第273—275页。

② 卞之琳给这几段文字加了一个题目：《睡眠与记忆》。参见许钧、宋学智《20世纪法国文学在中国的译介与接受》，第275—276页。

③ 〔法〕普鲁斯特：《驳圣伯夫》，王道乾译，上海译文出版社2007年版。

④ 而且，从吴宓为圣伯夫《释正宗》（Qu'est-ce qu'un classique? / What is a classic？）中译文所加的编者按中，我们可以看到，吴宓自己对圣伯夫"知人论世"的批评方法也不是全面接受，而是提出了中肯的批评，认为一味关注作者背景容易导致对作品本身的忽略（《学衡》1923年第18期）。

同（1937年3月28日、4月2—3日，1941年6月2日、7月8—10日），甚至说出了“Proust=吴宓”这样的话（1937年4月2日）。我们无法了解吴宓欣赏普鲁斯特的细节原因，但将根据极其有限的材料，在本章附录和第三章稍作分析。在这里，我只想指出，不管吴宓是如何看待普鲁斯特和他理想中的法国文学传统之间的关系的，可以肯定的是，他心目中的伟大作品，并非只符合一个模式，更不是用简单的古典和现代之分可以定义的。

敏感的读者从吴宓对法国文学的评判中，应该可以听到他的东西文化观以及他对中国新文化运动的理解的回响。现在就让我们来看一看他在世界文学史课中对中国文学的处理。在《大纲》中概括中国文学总体特色时，吴宓以沉重的语气起笔：

> 博大而优秀的中国文学是世界上最伟大的文学传统之一。至今它尚未被西方国家充分理解和欣赏。极其不幸的是，自1900年左右以降，它在中国的新知识分子手中可悲地遭到了忽视和极不公正的低估。涌现的所谓文学改良或文学革命运动只不过是让人们对与中国文学有关的事实和材料越发无知，也越发丧失了进入中国文化灵魂和精神的能力。可伤可叹之甚。（然而，此话题应留待别处讨论。）[①]

这段话讲了两点：中国文学仍未被西方人了解，中国人对自己的文学深深误解，且日益陌生与轻视。这是一个令吴宓痛心之至、感慨无比的话题，但显然是考虑到了场合的问题，他克制住

① 吴宓著，吴学昭编：《世界文学史大纲》，第150页。

了自己，没有继续发表议论，只是在括号中提醒听众，他对此是很有话说的。针对这门课的对象——外语系的大学生——吴宓讲这段话可能是想向他们传递两个信息。第一，希望他们将来能够担当起向西方介绍传播中国文学的任务，第二，希望他们在了解了世界上其他文学传统之后，能够认识到中国文学的价值并珍爱之；总之，希望他们能带着世界视野，通过各种方式为理解和弘扬中国文学做出贡献。接下来，吴宓自己就以这种视野，对中国文学进行了总结。他写道：

> 将中国文学与从古希腊至现代俄国的西方文学比较之后，我们可以对中国文学作一个保守而清醒的评价：
>
> 一、中国文学属于人文主义传统，富于实践伦理方面的智慧。
>
> 二、中国文学坚持追求形式上的完美，并且已经达到最高境界。
>
> 三、中国文学不足的方面在于：（1）宗教精神（2）浪漫爱情（3）英雄崇拜（4）展现严肃而高贵的人生观的悲剧。[①]

所谓“保守而清醒”（conservative and sane）的评价，应该就是《学衡》办刊宗旨中所说的“以中正之眼光，行批评之职事。无偏无党，不激不随”。[②]从吴宓所总结的三点来看，他似

① 吴宓著，吴学昭编：《世界文学史大纲》，第151页。

② 在他为圣伯夫《释正宗》中译所作的编者按语中，吴宓这样定义文学批评家的职责：“批评者之责任，以研究通悉及同情（Comprehension and Sympathy）为首要，而不可凭偏见、理性及已定之规矩，以为武断也。”（《学衡》1923年第18期）

乎也确实努力秉持了一种冷静而不偏激的态度。虽然他关于中国文学在形式上已臻完美的论断听上去并不是那么“保守”（他高度赞赏的法国文学尚只做到了“坚持追求”形式上的完美而已），但他摆出的另外两个观点则不失中肯。今天我们可以对吴宓所使用的一些西方文学批评概念（比如悲剧、英雄崇拜、宗教精神）以及他所得出的结论（比如中国文学是否在某些方面“不足”[deficient] 以及这些不足意味着什么）进行探讨，但他勾勒出的中国文学经典的特性以及与西方文学经典之间的差异是体现了敏锐观察的，足以启发思维和推动细致的比较研究。无论如何，吴宓在此陈列的观点充分说明了，他虽然以捍卫国粹著称，但他是非常有意识地带着“清醒”的比较眼光来审视中国文学传统的。他对本国文学的热爱，是在考察了中外传统各自的特色，同时看到了中国文学的优长和不足之后，所持有的立场和情怀。优长之处，必竭力弘扬之；不足之处，则可望借他山之石丰富之。①

《大纲》的中国文学部分有两个附录，一是“外国学者论中国文字”，另一则是著名瑞典汉学家高本汉（Bernhard Karlgren, 1889—1978）《中国语与中国文》（*Sound and Symbol in Chinese*,

---

① 根据 1928 年 3 月 15 日日记，吴宓当晚作了一场题为《中国文学与西洋文学之比较》的演讲，其要点如下：“中国文学之优点有三。（一）以人为中心（Humanistic）。（二）有限的形式之完美（Limited Perfection of Form）。（三）文字兼具形声之美。中国文学之缺点亦有三。（一）无高远之感悟（No Religious, Mystic, or Tragic Experience or Feeling，笔者译：无宗教的、神秘的或是悲剧的体验或情感）。（二）无深邃之哲理。（三）无宏大之著作。”将这些内容和 1940 年代的《世界文学史大纲》中所列的几点放在一起，可以看到吴宓一直在从比较的角度思考中国文学传统的特点，其表述在某些地方有所精简，在另一些地方有所扩展，但总体上可以说基本未变。

1923）一书中的某些段落摘抄。[1]高本汉是吴宓的英雄，因为他在其著作中热情洋溢地评价了汉字在维系中国数千年文明中所起的关键作用，并且坚决驳斥了新文化运动中废除汉字和汉字拉丁化的主张，这对吴宓来说无疑是异域知音。吴宓设这两个附录的目的，并不是无端地牵引一位语言学专家来为自己关于中国文字的观点背书。其深意所在，应该与吴宓对一国文字与其文学之间紧密关系的认识有关。在《论今日文学创造之正法》中吴宓曾写道："文章者美术之一，凡美术各有其媒质，文章之媒质即为本国之文字，故作者必须就本国文字中，施展其才力。若易以外国文字，则另是一种媒质，另需一种本领而当别论矣。文章不能离文字而独立。"[2]吴宓对中国文字的深厚感情在《空轩诗话》的一段话中也清楚可见：

> 所赖以为民族复兴之资、国众团结之本、文化奋进之源者，惟我中国固有之文字。即汉文。即吾人所诵所知所写所说之文。其特质为自成完美之系统，重形而不重音……所赖以为宓个人之鼓舞、策励、支持、慰藉者，惟有我一生爱读爱作之旧体文言诗……今日或最近之将来汉文正遭破毁，旧诗已经灭绝。此后吾侪将如何而兴国，如何而救亡，如何以全生，如何以自慰乎？[3]

从《大纲》我们可以看到，吴宓讲世界文学史，是从"各国

① 吴宓著，吴学昭编：《世界文学史大纲》，第151—155页。
② 吴宓：《论今日文学创造之正法》，《学衡》1923年第15期，第10页。
③ 吴宓：《空轩诗话·近贤之诗至关重要》，吴学昭整理：《吴宓诗话》，第254—255页。

语言体系”开始的，尔后在讲授各个文学传统时，也必定花时间讲解与之相关的基本语言文字知识。即使放在今天看，吴宓的这种做法在世界文学史的教学中也仍然是别具一格的。他的这种坚持，显然是出于他对文学的物质载体的高度重视。文学不能只是载道的工具，形式与内容乃密不可分的两端。虽然任何人都不可能通过原文去直接接触人类历史上产生过的所有文学（哪怕是其中最主要的传统），但掌握一些最基础的语言文字知识都会有助于理解一种文学的特质，并且有可能从而激励读者去学习原文，以求得未经翻译过滤的阅读体验。

《大纲》的中国文学部分还有值得注意的一点就是，吴宓在其参考书目中放入了不少中国作品的西文译本或是研究专著。前者包括理雅各（James Legge, 1815—1897）所译的四书五经，亚瑟·威利（Arthur Waley, 1889—1966）选译的古诗，沙畹（Édouard Chavannes, 1865—1918）的《史记》节译，德效骞（Homer H. Dubs）译注的《荀子》，赛珍珠（Pearl Buck, 1892—1973）翻译的《水浒传》，徐仲年（1904—1981，1930年里昂大学文学博士）选编的《中国文学读本》（法译本），《红楼梦》的两个英译本和一个德译本，以及林语堂辑译的《孔子的智慧》。研究专著则有三部。马古烈（Georges Margouliès, 1907—？）的《中国散文风格演变》，李辰冬（1907—1983）1934年在巴黎大学完成的博士论文《红楼梦研究》，以及卢月化1937年在巴黎大学的博士论文《〈红楼梦〉里的少女们》。此外，除了翻译和研究著作，书目中还收入了林语堂在海内外享誉一时的《吾国与吾民》（1935）。

让学生参考这些西文著作，吴宓显然是为了向他们初步展示中国文学在西方的译介情况，为他们今后可能承担的传播工作打下一定的基础。当年，吴宓在对李查生和渥温《世界文学史》中简略得只有两三段话的中国部分进行译补的时候，曾加了以下按语："此节论中国文学，多有事实不合或议论欠通妥之处。今均不改正，以存其真，藉觇西人知识如何也。"① 按理说，越是知晓西方人对中国文学的了解现状，应该越能产生改变这种不理想现状的动力。吴宓《大纲》所列的西文书目中有翟理思（Herbert A. Giles, 1845—1935）1901 年出版的《中国文学史》。该书虽然号称是世界上最早的中国文学史，但实际上作品翻译片段构成了书的主体，并且错误甚多，以至于郑振铎在《评 Giles 的中国文学史》一文中，虽然肯定了翟著的开创性，同时却不客气地断言其对国人毫无参考价值。② 从吴宓把翟著加入参考书目看来，他显然是在其中发现了它特别的价值。一部问题很多、名不副实的《中国文学史》不但可以激发学生的兴趣和志向，何尝又不可以对授课者和世界文学史撰写者吴宓起到类似的激励效果呢？

吴宓参考书目中的西方作者更多的是像理雅各、德效骞、沙畹、威利和赛珍珠这些人。他们的翻译至今在西方学界和课堂里仍然被广泛使用，沙畹和德效骞的研究成果也继续在当代的汉

① 《学衡》1924 年第 28 期，第 14—15 页。

② 直到近年，学者才考证到，俄国汉学家王西里（Vasilij Pavlovich Vasil'ev, 1818—1900）在 1880 年即已出版了一部《中国文学史纲要》。此后又有学者认为，这一殊荣应属于德国汉学家萧特（Wilhelm Schott, 1802—1889）出版于 1854 年的《中国文学论纲》。参见李明滨《世界第一部中国文学史的发现》，《北京大学学报》（哲学社科版）2002 年第 39 卷第 1 期；方维规《世界第一部中国文学史的"蓝本"》，《世界汉学》2003 年第 12 卷。关于翟理思《中国文学史》的体例、撰写背景以及所得到的评价，参见李倩《翟理思的〈中国文学史〉》，《古典文学知识》2006 年第 3 期。

学著作中被频频征引。在民国时期，这些人可以说是汉学翻译和研究的优秀代表，学生通过他们能大致把握西方对中国古代文化了解的状况，从而为自己今后可能担当的任务设立标准和努力方向。除了这些大名鼎鼎的汉学家以及《红楼梦》的两位西方译者（Henry Bencraft Joly, 1857—1898; Franz Kuhn, 1884—1961），吴宓的书目中还出现了一个如今在中国也许已经少有人知的名字——马古烈。马古烈为旅居法国的俄裔汉学家，研究中国古代文字与文学，一生著作甚丰。[①] 吴宓 1931 年在巴黎与年方二十四岁的马古烈相识，盛赞其“负才学，而识解高超”。在日记中吴宓记录了不少马古烈的言论，其中一次乃谈论中国社会现况和前途并与当代西方社会进行对比，吴宓特意在括号里加了按语：“Babbitt 师亦主此说。”[②] 此前，吴宓曾对包括著名的伯希和（Paul Pelliot, 1878—1945）在内的某些汉学家深表失望，因为他们“记诵考据之精博”固然令人佩服，但对何为真正上乘的中国学问却“殊无辨择之能力”，“彼之工夫，纯属有形的研究，难与语精神文艺”。[③] 吴宓早年在《文学研究法》一文中对美国从事文学研究者类型的划分（商业派、涉猎派、考据派、义理派），也许可以帮助我们理解他对马古烈的倾倒及对伯希和等人的失望。伯希和等近似吴宓定义的“考据派”：“其于文章，惟以训诂之法研究之，一字一句之来源，一事一物之确义，类能知之，而于文章之义理、结构、词藻、精神、美质之所在，以及有

---

① 在当今西方汉学家编纂的中国古代文学研究参考书目中（如 David Knechtges and Taiping Chang, *Ancient and Early Medieval Chinese Literature: A Reference Guide*），马氏著作仍频频出现。

② 1931 年 5 月 17 日、6 月 1 日日记。

③ 1931 年 2 月 24 日日记；1931 年 2 月 25 日致浦江清函（《书信集》，第 181 页）。

关人心风俗之大者，则漠然视之。”义理派研究者大为不同，“重义理，主批评。以哲学及历史之眼光，论究思想之源流变迁。熟读精思，博览旁通，综合今古，引证东西，而尤注意文章与时势之关系，且视文章为转移风俗、端正人心之具。故用以评文之眼光，亦即其人立身行事之原则也”。[①] 将声名不显但显然属于他心目中的义理派的马古烈著作放进参考书目，吴宓或许是想鼓励学生，今后在向世界传播中国文学时也要走义理派的道路。

最后，我们当然不能忽略吴宓书单上那些向西方引介中国文学的中国人的名字：徐仲年、王际真（1899—2001）、李辰冬、卢月化、林语堂。这些人都有和吴宓类似的西方教育背景，其中《红楼梦》译者王际真还是清华后几届的校友，林语堂则和吴宓同时在哈佛攻读比较文学，并且都受教于白璧德。虽然同门，但吴宓和林语堂并非同道中人，因为林不接受白璧德的学说，而且致力于推广白话文学，被吴宓视为“胡适、陈独秀之党羽”，甚至讽刺他“中文本极不通，其英文亦不佳”。[②] 尽管如此，吴宓在中国文学书目中却收入了林语堂两部著作，实属独有之殊荣。推其意，想来是因为吴宓客观承认林语堂英文作品在西方

① 吴宓:《文学研究法》,《学衡》1922 年第 2 期，第 4、5 页。吴宓将义理置于考据之上的立场应该是从白璧德那里继承来的。参见白璧德《文学与美国的大学》第五、六章（*Literature and the American College: Essays in Defense of the Humanities*, Boston: Houghton Mifflin, 1908）。陈怀宇指出，白璧德对佛学和印度学的兴趣也是出于经世致用的目的，所以尽管他精通数种印欧古典文字，但他对当时学界流行的语文学和比较语言学却没有兴趣，而是关注佛教义理（《白璧德之佛学及其对中国学者的影响》，第 45 页）。

② 1920 年 3 月 28 日日记。吴宓这里的讥讽多有遗憾的成分。在 1919 年 11 月 7 日日记中，吴宓这样评价林语堂：“极聪敏好学，然沉溺于白话文学一流。”林语堂对白璧德的看法，见林氏《八十自叙》第六章，收入刘志学主编《林语堂作品选》第 1 卷，河北人民出版社 1991 年版，第 75—76 页。

的影响，所以无论自己是否欣赏其学识，在授课时仍然必须向学生推荐。与西方的汉学家相比，林语堂以及吴宓书单上的其他中国人在身份、背景、视角上来说都是离中国学生更近的人，不管他们身在何处（徐仲年、李辰冬、卢月化30年代学成后皆回国执教；林语堂1923—1935年间在中国，之后则长居海外；王际真自1929年起任教于哥伦比亚大学，直至退休）。吴宓让学生接触这些人所做的工作，应该是想为他们提供贴近自身的例子，向他们说明中国人和中国文学在世界文学的传播和创造中能够扮演的角色。

吴宓在世界文学史课程中给予西方汉学家以及用西文写作的中国学者的重视，在郑振铎的《文学大纲》中是没有的。这种区别不只源于他们不同的语境（郑振铎面对的不是外文系大学生），而且也与两人差异极大的学术背景和视野有关。后边这种不同，我们可以通过比较吴宓和郑振铎的世界文学史体系看出来。进行这个比较，当然并不仅仅是纠结于吴郑两人之间的差别。二三十年代学衡派和文学研究会之间的尖锐矛盾，构成了中国现代文学史上新旧斗争的重要一环。通过考察两派代表人物吴宓和郑振铎所构建的不同世界文学体系，可以为我们理解这两个文学团体之间的重大分歧以及中国现代文学发展的内外部动力找到一个有用的视角。

首先应该指出的是，对应于法国文学在吴宓心目中的地位，是郑振铎对俄国文学的特别推崇。早在1920年，距《俄国文学史略》的出版尚有三年之时，郑振铎就发表了《俄国文学发达的原因与影响》一文，对俄国文学给予了最热情的赞誉。文章的第一段即定下了基调："俄罗斯是文学最发达的国家……一讲到俄国的文学，我们就觉得他是伟大的，最高级的，高高的站在世界文学的水平线上，不惟足以抗衡西欧先进诸国，并且在有些地方，似乎还超过他们。”虽然俄国文学真正开始发展是在19世纪，历时不过一百余年，但是“世界上却没有一国的文学的历史比他更绚烂更光明。他的年纪虽比一切地方的文学更轻些，他的精神却比无论那一个都老到健旺些；他的伟大，他的对于人类心灵的贡献，也比无论那一个都高些多些”。至于俄国文学的优越之处，郑振铎总结了七点：“第一是人道的爱音，或爱的福音的充溢；第二是悲苦的音调，灰色的色彩的充满；第三是他们的悔恨的灵魂的自忏；第四是哲理的丰富；第五是多讨论社会问题的；第六是病的心理的描写；第七是用现代的语言、现代的文法组织来写平民的生活状况（详细的说明请看《新学报》第二号我著的《俄罗斯文学的特质及略史》一文），更没有那一国的文学比他更忠实更平民的，更能感动人的了！”①

在如此年轻却取得了如此辉煌成就的俄国文学面前，郑振铎难以抑制自己的惊讶与崇拜之情。在短短一段话中他反复问道：“为什么俄国文学有这样长足的发达？为什么在这样低级的，贫乏的文明状态里，文学独能这样的发达？又为什么在这样短促的年代间，他能够为这样长足的发达？能够发达而成怎样的忠实的，平民的，人道的，满注着诚恳，真实，同情，友爱，怜悯，爱恋的心情的文学？”郑振铎从五个方面回答了他自己的问题：地理、历史、国民性、政治以及外来影响。②不管这些解释是否合理，总之俄国文学是迅速地结出了惊人的硕果，它的横空出

① 上引自郑振铎《俄国文学发达的原因与影响》，《改造》1920年第3卷第4号，第83—84页。

② 同上书，第84—90页。

世，给西方文学界带来了巨大的冲击：

> 在文学界里，几百年来为法德英等等西欧各国的文学所垄断者，忽然异军苍头突起，出现了一个俄国的平民的满注着诚恳，真实，同情，友爱，怜悯，恋爱之心情的伟大文学，与他们那些贵族的，雍容优雅的文学相对待，自然足以震骇一世，一新世人的耳目了。他那种痛苦的，灰色的描写与人道的情感的充塞，也是别一国文学里所决不能有的。所以这种恳切，真实，沉痛的文学，输入西欧的文学界里就发生了好些影响。[①]

从以上我们已经可以感受到，郑振铎和吴宓两人世界文学体系之间的一些重大区别。俄国文学最令郑振铎叹为观止、无限心折的一点是，其历史虽短（“无论世界上那一国的文学，没有比他的历史更短少的了”）[②]，缺乏文明的滋养和传统的承续，却可能恰恰是因为这种缺乏，得以一下子以全新的平民姿态跃上世界文学舞台（“异军苍头突起”），傲视群雄，让一直为贵族文学统治的西方诸文学大国眩目和震撼。郑振铎对不依赖传统，并且打破传统的俄国文学的欣赏，跟吴宓推崇法国文学的理由（因为它继承了欧洲的核心传统），无疑是大异其趣的。事实上，吴宓在他的《大纲》中对俄国文学作了如下总结：“政治上的压迫，人民的苦难和愚昧，再加上因为欠缺一个博大悠久的传统，导致俄

① 上引自郑振铎《俄国文学发达的原因与影响》，《改造》1920年第3卷第4号，第92页。

② 同上书，第83页。

国文学主要是革命文学。”[①]虽然吴宓和郑振铎对19世纪以来俄国文学形成条件的认识几乎完全一致（当然，郑振铎不会用“愚昧”来形容俄国的人民，尽管他也认为俄国文明是“低级的，贫乏的”），但是他们得出的结论和结论背后的价值观却大相径庭。在郑振铎眼里，从荒芜和磨难中倏然崛起的俄国文学是悲剧意识和人道主义的最高体现，宣告了平民精神在文学中的胜利登场，而在吴宓的字典里，“革命文学”的标签代表着政治至上，牺牲文学的艺术性和思想性（从《论新文化运动》到《大纲》中的中国文学部分，“革命”一词的使用都多多少少带有质疑的成分），[②]而“平民文学”的目的则是媚俗，其推行也必然意味着文学艺术性和思想性的损失。吴宓《马勒尔白逝世三百年纪念》中的一段话很好地说明了他对平民文学的看法：“[七星社]所倡者，乃复古运动而非革新运动，乃贵族文学……而非平民文学，乃欲提高文学之标准而使成精炼、非欲降低文学之标准而使简易而能普及。此其异于中国之白话新文学运动彰明较著者也。”此后七星末流堕入堆砌侈靡之途，马勒尔白起而矫之，归于明显通达，然其所依据的用语标准和文学趣味仍然来自于宫廷贵族及文人社会，而非“里巷市井一乡一地”。[③]

以上的比较也能帮助我们理解郑振铎和吴宓对俄国以外的一

① 吴宓著，吴学昭编：《世界文学史大纲》，第243页。在《大纲》中俄国文学一节的末尾（第245页），吴宓写道：“十九、二十世纪的俄国文学——一向服务于革命。”仅从这些断言来看，吴宓对19—20世纪的俄国文学似乎是简单地全面抹杀，但他的观点其实要比这复杂得多。他对托尔斯泰的评价即可反映出这一点（参见本书141页注1）。

② 在1938年5月4日至7月30日日记中，吴宓写道：“吾爱国并不后人，而极不慊今日上下之注重‘革命’等观念，而忽略中国历史文化之基本精神。”

③ 吴宓：《马勒尔白逝世三百年纪念》，《学衡》1928年第65期，第65、75页。

些文学传统的不同认识。最能说明问题的是希腊和印度文学。和吴宓一样，郑振铎也很重视古希腊，但是二人所关注的重点很不一样。吴宓虽然广泛涉猎希腊文史，撰著《希腊文学史》时也是按照时间顺序从史诗起笔，但他最为用力的其实是柏拉图和亚里士多德的著作，可以说这两位哲人的文艺理论和哲学思想奠定了他的整个文学观。文艺批评者尊柏拉图和亚里士多德为先驱和巨擘，这本是遵循西方学术界的惯例，对于以肃清现代各种流弊为己任的新人文主义者来说，提倡这些经典思想家和经典著作更是值得不遗余力。跟吴宓不同的是，郑振铎情有独钟的是古希腊的神话。1921 年，郑振铎发表了他第一篇译介希腊神话故事的文章；1929 年，他将希腊罗马神话中的一些爱情故事结集出版，题为《希腊罗马神话与传说中的恋爱故事》；1935 年，他又编译出版了《希腊神话与英雄传说》。[①] 对于郑振铎（以及同样关注希腊神话的周作人）来说，这些故事是人类童年时期充满活力和自由的想象，是美的最纯真表现，是文明高度发展之后难以再生的遗产，但若小心呵护之崇拜之，则仍有望从中不断汲取文明自新的生机。[②] 联系到郑振铎对俄国文学的赞誉，我们也许可以看到一个共同的逻辑：不受“传统”束缚和压迫的文学是最可贵的，

① 收入《郑振铎全集》第 18 卷。

② 关于郑振铎和周作人对希腊神话的兴趣和译介，参见张治《民国时期古希腊神话的汉译》，《读书》2012 年第 3 期。杜心源指出，在希腊文学中周作人特别看重拟曲，是因为这一文体诙谐戏谑，富有生活趣味，政治或宗教意识形态色彩较淡，这与周作人对民间文学等“小传统”的兴趣是一致的（《“西方古学”的东方面相》，第 107 页）。民国文人和思想家对希腊传统不同方面的兴趣和利用，能够很好地反映出他们各异的政治立场和文化诉求。参见 Yiqun Zhou, “Greek Antiquity, Chinese Modernity, and the Changing World Order”, in Ban Wang ed., *Chinese Visions of World Order: Tianxia, Culture, and World Politics*, Duke University Press, 2017, pp. 106–128。

也是当下中国亟须引进和学习的。希腊神话是人类童真在时间里永远凝固的一瞬，它们的价值和力量，一旦用“经典”和“古典”这种词汇来定义，便将不幸落入条条框框的窠臼。郑振铎之关注希腊文学，与吴宓的用心是完全不同的。

印度文学为我们理解吴宓和郑振铎不同的世界文学体系提供了另一个案例。先看郑振铎。他在印度文学方面的兴趣最主要体现在他对泰戈尔（1861—1941，1913年诺贝尔文学奖获得者）的大力宣传。作为最早在中国有系统地介绍和研究泰戈尔之人，郑振铎总共翻译了五百余首泰戈尔的诗作，并于1925年出版了《太戈尔传》。此外，他还在文学研究会内部成立了“太戈尔讨论会”，目的是就泰戈尔诗歌的翻译问题互相交流。[①] 在《太戈尔传》的“绪言”中，郑振铎写道：“他的作品，加入彭加尔文学内，如注生命汁给垂死的人似的，立刻使彭加尔（Bengal）的文学成了一种新的文学；他的清新流丽的译文，加入于英国的文学里，也如在万紫千红的园林中突现了一株翠绿的热带的长青树似的，立刻树立了一种特异的新颖的文体。”[②] 这段话的前半部，赞扬的是泰戈尔挽救了一个已丧失生气的本土文学传统，而后半部则称许泰戈尔给兴旺的英国文学也带来了迥然不同的清新之气。频繁出现的“新”字是整段话的核心。[③] 郑振铎描写泰戈尔在英

① 关于郑振铎与泰戈尔，参见郑振伟《郑振铎前期文学思想》第六章，人民文学出版社2000年版；牛水莲《郑振铎与印度文学》，《郑州大学学报》2001年第6期。

② 郑振铎：《太戈尔传·绪言》，《郑振铎全集》第15卷，第552页。

③ 在“绪言”的下一段里，郑振铎进一步用当代读者对“新”的追求来解释泰戈尔的魅力：“太戈尔之加入世界的文坛，正在这个旧的一切，已为我们厌倦的时候。他的特异的祈祷，他的创造的新声，他的甜蜜的恋歌，一切都如清晨的曙光，照耀于我们久居于黑暗的长夜之中的人的眼前。这就是他所以能这样的使我们注意，这样的使我们欢迎的最大的原因。”（第552页）

国文坛亮相时所使用的比喻（“如在万紫千红的园林中突现了一株翠绿的热带的长青树似的”），与他当初将俄国文学比作“异军苍头突起”，虽然一清丽一雄壮，但实有异曲同工之妙。

郑振铎对泰戈尔的盛赞，也清楚地显示出他跟吴宓的分歧。在吴宓《大纲》中的印度部分，几乎所有的篇幅都给了公元1000年之前的文学，只在最后短短的一小节触及以后的时代，其中自然提到了泰戈尔。吴宓是这样说的：“泰戈尔虽然用孟加拉文创作诗歌与戏剧，但他的灵感来自雪莱和现代欧洲其他浪漫主义诗人。他根本不能体现真正的古印度和梵文学传统。其国际声誉毋宁说是建立在他的英文散文和诗歌（或者是他孟加拉文诗作的英译）之上的。”① 一望而知，在评价泰戈尔时，吴宓跟郑振铎的出发点完全不同。郑振铎将沉寂已久的印度文学比作垂死的病人，并讴歌泰戈尔的起死回生之功；他的重点完全在于妙手回春所带来的新面貌，至于患者当初盛年之时是何等状况，如今复健之后与当年相较如何，这些都不是郑振铎所关心的。对他来说，泰戈尔赢得的盛誉足以让我们宣布：“古印度的文学上的荣誉，在新世纪也是重复恢复了。”② 与郑振铎的现代中心视角形成鲜明对照的是，吴宓的立足点是古印度文学，他评价泰戈尔时的首要考虑，就是这位当代文豪是不是印度古老的本土文学传统的优秀继承者。从前引文可见，吴宓对泰戈尔是颇不以为然的：他的作品

① 吴宓著，吴学昭编：《世界文学史大纲》，第145页。

② 郑振铎：《文学大纲》（三），《郑振铎全集》第12卷，第458页。引文出自末章（“新世纪的文学”）的第八节。本节的第一段话是：“久在沉睡中的民族，在新世纪的前后，也都觉醒了，复从已久熄的火灰中，燃着一星的文艺的火，竟至于现出灿烂之火光。这如新犹太、印度诸国都是，而匈牙利在这时也产生了好些世界的作家。”（第455页）

只是以印度文字为载体，而其精神却是西方现代的，从中找不到印度古代文学的灵魂。吴宓甚而暗示，泰戈尔在西方获得盛名，本就是因为他的英文作品及其孟加拉文作品的英译本符合当代西方人的趣味。本土性和世界性之间的关系是世界文学批评中永恒的话题，时至今日，学者们依然在激烈探讨的一个问题就是，中国文学要被西方读者接受和欣赏，是否不可避免地需要进行自我调适，以迎合他们的口味，或者换句话说，是否植根本土文学传统越深的作品就越没有机会走向世界。[①] 吴宓对泰戈尔的微词表明，他是中国文学评论界较早进行这种思考的人，并且他的立场是，要熔铸新的世界文学，不但不能消解各国文学的本土性，而且必须确保这种本土性质是具有深厚历史基础的。

至此我们可以看到，郑振铎所秉承的文学研究会宗旨——研究介绍世界文学，整理中国旧文学创造新文学——虽然和吴宓所代表的学衡派的主张看起来如出一辙，但实际上却近乎水火不容。拿"创造新文学"来说，俄国文学的译介功臣郑振铎最为关心的是，俄国文学能够对中国文学产生何种积极影响。[②] 在《俄国文学发达的原因与影响》一文中，他提出了五个方面的潜在影响。第一，引入俄国文学能够帮助铲除中国文学传统中"'虚伪'的积习"。真性情的缺乏是中国文学最大的病根；"俄国文学正是

---

① 这类讨论数量庞大，仅举数例。Stephen Owen, "Stepping Forward and Back: Issues and Possibilities for 'World' Poetry", *Modern Philology* 100.4（2003）532–548; Jacob Edmond, *A Common Strangeness: Contemporary Poetry, Cross-Cultural Encounter, Comparative Literature*, Fordham University Press, 2012, esp. Ch. 4; Longxi Zhang, *From Comparison to World Literature*, State University of New York Press, 2015, Ch. 10；方维规：《何谓世界文学？》，《文艺研究》2017 年第 1 期，第 5—18 页。

② 郑振伟在《郑振铎前期文学思想》中，对郑振铎在引介俄国文学方面的贡献有一概述（第 116—129 页）。

药我们之病，我们多服之，自然足以愈病了。”第二，改造毫无同情心和人道观念的中国文学，去掉其中充盈着的“残忍酷虐”和“血腥之气”。第三，让无作者个性并且远离实际生活的中国文学变得表现个性、切于人生。第四，把中国文学平民化，因为传统的中国文学是“贵族的，是专供士大夫的赏玩的，是雕饰得非常精美的，是与平民无预的”。第五，把中国文学悲剧化，打破永远不变的“团圆主义”，从而让中国文学超越“单纯”的趣味（此处引号中的二字显然是贬义），获得文学的“真价”。[①] 在文章结束时，郑振铎写道：

> 上面所说的虽然都不过是猜度之辞，然敢说，如果俄国文学的介绍盛了，这些影响必定是都要实现的——现在已经实现了一些了——所以我们相信俄国文学的介绍与中国新文学的创造是极有关系的。
>
> “我们要创造中国的新文学，不得不先介绍俄国的文学”，这就是我们现在所以要极力的介绍俄国文学入中国的原因了。[②]

在此让我们回顾一下吴宓在《大纲》中所列举的中国文学的四个“不足”方面：（1）宗教精神（2）浪漫爱情（3）英雄崇拜

① 郑振铎：《俄国文学发达的原因与影响》，第92—94页。

② 同上书，第94页。同在1920年，周作人发表了《文学上的俄国与中国》，文中对俄国文学的赞许、对中国文学的批评以及对俄国文学与中国新文学之间关系的理解，多有与郑振铎相同之处。周作人说：“中国的创造或研究新文学的人，可以得到一个大的教训，中国的特别国情与西欧稍异，与俄国却多相同的地方，所以我们相信中国将来的新兴文学，当然的又自然的也是社会的人生的文学。”（原载《民国日报·觉悟》1920年11月19日，收入北京大学比较文学研究所编《中国比较文学研究资料1919—1949》，北京大学出版社1989年版，第8—9页。）

（4）展现严肃而高贵的人生观的悲剧。我们会发现，其实郑振铎和吴宓的“诊断”是有着惊人的共同点的。两人都认为中国文学缺乏悲剧精神，郑振铎更是直接对“团圆主义”发起攻击。吴宓所看到的中国文学“宗教精神”之不足，也让人想到郑振铎对俄国文学中“悔恨的灵魂的自忏”以及“爱的福音的充溢”的称赞。至于吴宓所指出的“浪漫爱情”和“英雄崇拜”的欠缺，则或许多多少少能跟郑振铎所抨击的无真情、无个性联系起来。可以说，吴宓和郑振铎在对中国文学的批评上其实是有许多共识的，但是在如何借助外国文学来创造中国的新文学，以及以何种态度对待中国的旧文学上，两人之间存在巨大分歧。一方面，他们向不同的源泉寻找药方，一为东西方的古典传统，一为代表着打破传统窠臼的各国文学，从希腊神话到泰戈尔的诗，尤其是19世纪的俄国文学。另一方面，他们看待中国旧文学的眼光相应的也很不一样。吴宓肯定了中国文学“富于实践伦理方面的智慧”，他对孔子和包括四书五经在内的经典之推崇也众所周知；此外，他还认为“中国文学坚持追求形式上的完美，并且已经达到最高境界”。[①] 与此相反，郑振铎则撇开“正统的文学”，致力于挖掘、研究和提倡中国古代的各种“俗文学”。[②]

① 引号中的话皆来自《世界文学史大纲》，第151页。吴宓的尊孔以及他对中国儒家经典的重视，可参见吴宓《论孔教之价值》，《国闻周报》1926年第3卷第40期，以及“文学与人生”一课的必读书目（吴宓:《文学与人生》，王岷源译，第3页）。下一章我们将对此进行更详细的讨论。

② 按照郑振铎的定义，“‘俗文学’就是通俗的文学，就是民间的文学，也就是大众的文学。换一句话，所谓俗文学就是不登大雅之堂，不为学士大夫所重视，而流行于民间，成为大众所嗜好，所喜悦的东西”（《中国俗文学史》，商务印书馆1938年初版，1998年重印，第1页）。郑振铎与吴宓难得共同极力称许的一部中国古代文学作品是《红楼梦》。在《俄国文学发达的原因与影响》中，郑振铎认为，《红楼梦》是中国历史上罕见的体现真性情而且跳出了“团圆主义”框框的作品（第93页）。

这种基本路线上的差异，是学衡派与文学研究会在二三十年代成为劲敌的原因。对 19 世纪写实主义文学成为中国文学界的宠儿这一形势，吴宓是深恶痛绝，大加鞭挞，而文学研究会的干将们也进行了凌厉的反击。在文学研究会发起人之一茅盾看来，“我们与它（指学衡派）毫无共同之处。‘学衡派’反对新文学，提倡复古，是当时的时代思潮中的一股逆流”。针对吴宓抨击的新文学提倡者不了解西方传统，茅盾反唇相讥“其实他们对西欧文化是一窍不通”，“我的有些文章就着重揭露他们对西欧文学的无知和妄说”，“（吴宓）对于托尔斯泰等等是毫无所知的”。①为了避免被误会是和“昌明国粹”的学衡派同流合污，文学研究会甚至大大推迟了实施自己“整理中国旧文学”的创会宗旨，尽管他们后来整理出版的成果明白无误地显示，他们对国故的取舍

---

① 茅盾：《复杂而紧张的生活、学习与斗争》，原载《新文学史料》第 4、5 辑，收入《文学研究会资料》（下），第 807、808、809 页。在文中茅盾提到文学研究会其他成员对学衡派的批判，包括郑振铎的两篇文章（第 809 页）。吴宓对于托尔斯泰的评价其实很高。在《托尔斯泰诞生百年纪念（九月八日）》一文中，吴宓写道：“托尔斯泰在生活上所感之苦闷、疑惧、愤激、彷徨，一一皆吾人所能亲验。故托尔斯泰关于人生之教训，吾人当聆之弥殷，初无论吾人赞同之与否也。”“古今文学家对于人生之认真，与爱人类之恳挚，未有甚于托尔斯泰者也。”“其人格之伟大，已足以拓千古之心胸，动万世之歌泣矣。而其艺术上之成就犹不与焉。”然而，在两个根本问题上，吴宓不能认同托尔斯泰的立场：（1）“人生是否宜屏绝‘美’或‘无自利目的之快乐”，（2）是否应该只提倡平民文学（通俗文学），而抹杀平民所不解之精英文学。（原载《学衡》1928 年 6 月第 65 期，收入吴学昭编《世界文学史大纲》，第 530、542、545 页。）在这两个问题上的意见分歧，足以导致茅盾认为吴宓对托尔斯泰是完全无知的。当然，茅盾认为“近代文人得荷马之真趣者，惟托尔斯太”（《托尔斯泰与今日之俄罗斯》，原载《学生杂志》1919 年第 6 卷第 4—6 号，收入北京大学比较文学研究所编《中国比较文学研究资料 1919—1949》，第 4 页），如此崇高的评价吴宓估计无论如何是不会同意的。

和评价与学衡派完全不同。[①]

正如茅盾所说，学衡派是“一股逆流”，他们在中外文学上的主张，不管是在当时还是在此后的几十年，都因此遭到猛烈的攻击乃至强势的压制。在此我想特别指出的是，除了文学观点上的根本分歧，《学衡》代表吴宓和文学研究会领袖郑振铎之间，还存在着治学方法和风格上的巨大差别。在上一节，我们已经以编撰世界文学史的态度为例，说明了这一点。形成这种差别的主要原因，也许可以从两方面来理解。第一条跟吴郑在古典与现代、旧与新上的不同偏向有关。我们从郑振铎对俄国文学的讨论中看到，俄国文学让他不可思议也倾心激赏的一点，就是它在没有历史基础的情况下、在极短的时间内，达到了一个他人不可企及的高峰。显然，郑振铎希望中国文学能够向俄国学习，迅速自新再造，在不久的将来也许可以取得类似的辉煌。在文学方面这种迫切求发展的心态，或许跟近代以来日本在军事和政治领域的突飞猛进给中国的有识之士带来的压力和激励有相通之处。在快速拿来、以应急需成为学习外国文学的主导驱动力的情况下，是很难侈谈从长计议和慢工细活的。与此相反，吴宓因为最注重的是传统的形成、延续和融汇，所以尽管他的焦虑和急切看起来完全不下于郑振铎，但是他的基本倾向是坚持耐心和细心的知识积累和思想沉淀。第二条则跟吴郑的不同学术背景有关。从求学经历到工作环境来说，吴宓是不折不扣的学院派，现代西方的学术训练和标准在他身上留下了鲜明的印记。与吴宓相比，郑振铎与学院传统之间的渊源要浅得多。他早年在北京铁路管理学校学

① 关于学衡派在这方面给文学研究会带来的顾虑以及文学研究会的应对，参见潘正文《“五四”社会思潮与文学研究会》，第 99—105 页。

习，30 年代（1931—1937）虽然先后在清华大学、燕京大学、暨南大学任教，但他的学术风格显然与正统的学院派之间存在着冲突，1933—1934 年间燕大国文系学生发起的“驱郑风潮”以及上文提到的燕大国学研究所学生吴世昌对《插图本中国文学史》的批评，最集中地展现了这种冲突。[①] 郑振铎在编写世界文学史时，携带更多的可能是文学家的兴趣、新文学社团领袖的使命感以及出版家的眼光和魄力，其次才是严谨的学者身份。

吴宓是与吴世昌相识并有来往的，也几乎可以肯定是知晓吴世昌对郑振铎的批评以及他认为文学史应慎作甚至不作的看法的。[②] 如果以一人之力撰写一国的文学史尚且要面对不少的知识短板和漏洞，那么写世界文学史更不用说是处处陷阱，步步艰难了。[③] 吴宓想必是同意吴世昌关于文学史应慎作的观点的，但他对掌握世界文学（尤其是西方文学）全貌的重要性的执着认识，又决定了他很难选择“不作”。摆在吴宓面前的，似乎只有带着“知其不可而为之”，甚至是“我不下地狱谁下地狱”的决心和毅力来从事世界文学史的写作了。二十几年中年复一年地授课和备课，从教学相长中获益，以及和校内外各国文学专家之间的交流，为吴宓完成他的宏愿提供了一系列郑振铎所不具备的条件。以下我们简单看一看吴宓在多年的教学生涯中为世界文学史这门

① 参见前引季剑青文《1935 年郑振铎离开燕京大学史实考述》。

② 吴宓 1936 年 8 月 26 日的日记提到在路上遇见吴世昌，8 月 30 日吴世昌与其他几人应吴宓之邀，共同茶叙。吴世昌对撰写文学史的态度，见其《评郑振铎〈插图本中国文学史〉第二册》，《吴世昌全集》第 2 册，河北教育出版社 2003 年版，第 46、55 页。

③ 关于同时代西方学术界对编写世界文学史这一吃力不讨好的任务所存之疑虑和批评，参见 J. C. Brandt Corstius, “Writing Histories of World Literature”, *Yearbook of Comparative and General Literature* 12（1963）5-14。

课投入的功夫。

吴宓在东南大学时，这门课刚开始使用艾米尔·法杰（Émile Faguet, 1847—1916，法兰西学院院士）所著《文学入门》（*Initiation into Literature*，1914）作为课本，但学生其实主要听吴宓讲授，依据每次上课前他写在黑板上的大纲。为了编撰大纲，在1922—1923学年内吴宓“曾遍读古今各国文学史”。1924年，吴宓得到李查生和渥温合著的《世界文学史》，随即采用为课本。[①] 在西南联大期间，则指定翟孟生的《欧洲文学简史》为本课的基本参考书（《大纲》第107页），有可能是因为之前清华“西洋文学概要”已经使用翟著多年，而且该书乃上海商务印书馆出版，作为参考书有诸多方便。[②] 但无论选用哪种教材和参考书，对于讲授者来说肯定都远远不敷用。若想负责任地维持“世界文学史”这种课程的讲授，除了不断地阅读各国文学作品、文学史、文学批评等著作，再永远兢兢业业地准备讲义，别无他法。在1927年9月27日的日记中，吴宓记录了备课艰难给他带来的苦恼：“宓本年所授‘古代文学史’课，材料缺乏，无法预备，讲授大感困难。既穷于应付，又深愧学无根柢。半生空过，此中苦痛，亦惟我自知之也。”（此处“古代文学史”应该指的是“西洋文学概要”的希腊罗马部分）。

苦恼归苦恼，吴宓是严肃而勤奋地迎接世界文学史课程给他带来的挑战的。在1933年之前，《学衡》和《大公报·文学副刊》的编辑任务，还有在清华担任的行政职务，耗费了吴宓大量

① 《年谱》，第238、256页。

② 据1940年10月11日日记记载：“上‘欧洲文学史’课。又至图书馆，借出Jameson书十部，分配与诸生。”文学方面的其他西文书籍估计不会有如此数目的馆藏。

的精力，但他仍然尽力勤恳地阅读中西各种书籍。比如1927年，吴宓在日记中频频抱怨行政事务给他带来的羁绊：“事务萦心，大有妨于学问。长此碌碌，必至终生无成。然辞之又不可得脱，奈何！”“本日会至晚八时半始散。宓饥疲至不能支。会散后，又几于不得食。宓在此间平居，率以评议会等事，费时甚多。既不得读书，又不能休息。”（8月16日，9月15日）但就在这期间，吴宓在8月23日有日记云：“读 *Iliad* 完，及《雪桥诗话》。”随后两天的日记（8月24日、25日）又连续有“读 *Odyssey* 等书”的记录。这些记载不仅见证吴宓在事务缠身的情况下坚持读书的努力，而且让我们看到了他是如何重视不断重温经典名著的。在四年前已经撰写过长篇专文讨论两部荷马史诗的情况下，吴宓此时仍然拿起重读一过，显然不会只是为了应付讲课。而且这也不会是吴宓最后一次重读荷马（至少有1942年10月12日和11月3日日记可证）。他用自己的实践证明了他对文学史和文学作品之间关系的理解：文学归根结底是关于读者和作品之间不断发生的直接而亲密的接触，一个学者只有在这种接触的基础上才可能写出好的文学史，但文学史的终极目的不是帮助读者摆脱文学作品、满足于知晓故事梗概和思想意义，反而是促使他们有更强的意愿和能力去拥抱作品本身。

抗战期间在西南联大的艰苦环境下，吴宓日记中有若干则关于躲避日军轰炸的记录，很好地说明了他阅读东西方著作之勤勉和广泛。据第一则（1941年12月18日），“出，即来警报。宓杂众中出北门西北行，至联大东之田中，依沟卧伏。敌机10架，在大东门外投弹，死近三百人。宓坐冢间，读 Jaeger *Aristotle*。英译本，陈康所指借”。耶格尔（Werner Jaeger, 1888—1961）乃著名西方古典学家，吴宓坐于冢间所读者乃耶氏力作《亚里士多德思想发展简史》（英译本，*Aristotle: Fundamentals of the History of His Development*, 1934；德文原著于1923年出版）。[①] 两天后（1941年12月20日），吴宓于日记中写道："9：30警报至，宓随众出……坐山坡上。读 Warren *Buddhism*。"华伦（Henry Clarke Warren，1854—1899）是美国梵文及巴利文专家，著有《佛教圣典选译》（*Buddhism in Translations: Passages Selected from the Buddhist Sacred Books*, 1922）。在另一则日记中（1942年12月29日），吴宓随警报而出后，"坐第一山前冢间，读《美国文学史》"。根据12月26日日记中"读 Long, *American Literature*"的记录，可知吴宓此处所指应为美国作家威廉·朗恩（William J. Long，1867—1952）所著《美国文学纲要（附文选）》（*Outlines of American Literature, with Readings*，1925）。在山冢间捧读古今东西名著，与炮火连天之中的新魂旧鬼相伴，其嗜书如命、不断追求精进的精神可见一斑。

除了持续广博的阅读，吴宓还经常向同事和其他专家请益，以改进自己的世界文学史讲义。如1939年10月5日的日记云："宓今日编讲义。于各国文字之源流，多请教于邵循正君。其绩学可佩也。"邵循正（1909—1973）曾在法国和德国学习蒙古史，1936年回国，此时任教于西南联大历史系。我们前边提到

---

① 陈康（1902—1992）曾在柏林大学师从耶格尔，于1940年获哲学博士学位，并于同年回国，任西南联大哲学系教授。1942年1月25日日记记录："读 Jaeger之 *Aristotle*，完。"据日记，1940年12月20日吴宓赴欢迎陈康的茶会，听了陈关于德国哲学家尼古拉·哈特曼（Nicolai Hartmann，1882—1950）本体论的演说之后，认为哈特曼的学说"实与吾侪所追求而希望者相合"，"且其大旨亦与大乘佛教之学说相合"。

过，吴宓在讲授世界文学史时非常注重讲解各国文字系统，而邵循正因为研究蒙古史，需要利用诸多欧洲和中亚语言，恰好在这方面具有很强的背景。在1942年12月4日的日记中，吴宓记道："以讲稿示冯至。至教我Goethe诗。"1944年9月7日，吴宓又记录了徐梵澄（1909—2000）来访，"带来冯至修改宓德国文学讲义等件"。冯至（1905—1993）乃德国文学专家，持有海德堡大学博士学位，时任联大外文系教授。由以上几则日记可见，在将近两年的时间里，吴宓曾通过各种渠道向冯至学习德国文学。最后再举一例。1946年3月26日，吴宓在四川大学任教时，"访印度人沈书美（Somel Sinha）讲师，以宓撰印度文学史印稿求正"。此后吴宓又多次造访同一人（4月9日、4月16日、5月7日、5月14日、5月21日、7月10日）。如果我们可以合理猜测，在这些会晤中宾主至少曾经谈及吴宓的印度文学史讲义，那么我们从中似乎可以看到，吴宓对印度文学一如既往的重视，并且可能因为周围这方面的专家不多，所以他积极地抓住一切可以请教的机会。

1943年春，已连续教课十二年的吴宓向西南联大校方请休一年学术假，拟"将所编已油印，且分发学生就之英文《欧洲文学史大纲》（*Outline of the History of the World's Literature*）再加修订，印成书籍出版"。[①] 校方批准了吴宓的申请，但仍命其指导数名研究生。这一要求，再加上下一学年（1943—1944）本系

① 吴宓1943年3月15日致校长梅贻琦（1889—1962）信函，《书信集》，第211—212页。从吴宓的申请可以看出，讲义的中文名称为《欧洲文学史大纲》，但英文名实为《世界文学史大纲》。除了修订出版这份大纲，吴宓的休假计划中还包括完成"文学与人生"一课的讲义。

已有两名教授休假，系里开课将人手不足，所以吴宓考虑再三后决定取消休假。在给校长的信中，吴宓写道：“原拟出版《欧洲文学史英文讲义》事，不休假亦可缓缓进行，且修订此书，同时重授此课，正可相辅而为之。”①

从日记中我们可以看到，吴宓似乎确实是带着修订出版世界文学史讲义这一目标度过1943—1944学年的。一个有意思的细节是，以往多年日记中常见的“上课”或“上课如恒”的记录，现在首次加上了每次所讲授内容的简单标注（刚开始的一个月左右除外，见上文）。对一门常年教授的课突然这样记录，显然吴宓是怀揣着新的规划来看待这门课的。

一年之后吴宓并没有完成他的修订出版计划。此后五年（1944年9月至1949年4月），他在燕京大学、四川大学和武汉大学继续讲授“世界文学史”，日记中也仍然有一些关于该课讲义的记录。除了前边提到的请沈书美指正印度文学讲义，还有以下几个零散例子：“上下午，在国文系改正《世界文学史》油印笔误”（1944年11月20日）；“下午钞讲义（Greek Literature第一页）”（1945年2月27日）；“下午，改讲义（Gr.-Rom.）……晚无电灯，续改讲义（英美）”（1945年2月28日）。② 总体看起来，这一时期吴宓不但似乎逐渐失去了出版世界文学史讲义的兴趣，而且对自己《学衡》之后事业的根本价值也产生了迷茫。

1944年12月5日，吴宓在日记中写道：“晚，翻阅各期《学衡》，深佩诸君子之名言精论，而惜其未得广行而救国益世也。”

---

① 吴宓1943年3月15日致校长梅贻琦信函，《书信集》，第212—213页。

② 1945年5月6日日记有“下午修改油印讲义”的记录。因吴宓同时还讲授“文学与人生”一课，所以难以判断此“油印讲义”何所指。

显然，在立言和立功之间，吴宓是将后者视为终极目标的。早前，在1939年和1943年，吴宓曾两次试图创办刊物，重拾《学衡》未竟的救国益世事业。在1939年3月17日，吴宓作长函致当年的《学衡》同人、时任浙江大学教授的郭斌龢，其中一段的主要内容如下：

> 宓所能为、所愿为之事业，厥为主编《善生》周刊，发起一种道德改良运动，以为救国救世根本之图。然如近今之新生活运动及全国精神总动员，既不征聘及宓，其发表之宗旨规条，亦与宓所知所信者相去极远。此生恐无用世之望，则惟有寄身学校，勉求著作之完成。（1939年3月17日日记）

因无人捐助经费，吴宓的这一计划悄然终止（1939年3月27日日记）。四年之后，吴宓同意出任筹办中的《曙报》总编辑，其自述动机"仍是道德责任之心，与爱人救世之热诚"（1943年7月15日日记）。虽然吴宓最后因各种利害关系的考虑而在发刊前即辞去此职，但他的这一决定显然是带着惆怅的。[①] 这种周期性的事功冲动最后一次在吴宓心中鼓荡是在1946年秋季，他抵达武汉大学的第一个学期。那年11月25日的日记这样写道：

> 夜中静思，乃欲专编撰一《文学与人生》周刊，以宓个人之精神与文章为主，俾崭然特异，易见精采，而此事在宓之一生为自然进化之最后一段工作，不为逆流或旁骛。

---

① 参见1943年7月4日、7月15日、8月11日、8月13日、9月4日日记。

吴宓视为其人生“最后一段工作”的这项事业并未得到实施。很快他就接受了《武汉日报》的邀请，为其主编《文学副刊》，但仅司职一年（1946年12月至1947年12月）便请辞了。作为商业性的文艺刊物，《武汉日报·文学副刊》当然跟吴宓想象的《文学与人生》周刊相去甚远，是不可能让他做到“以宓个人之精神与文章为主，俾崭然特异，易见精采”的。

早在1925年，吴宓在致庄士敦（Sir Reginald Fleming Johnston, 1874—1938）的一封信中写道：“我们相信，政府和伟大政治成就的基础是德性……没有一个国家能从道德沉沦中得救。如果人民的道德业已戕败，那么任何一个强大的帝国都将立刻崩溃。这个道理是我们急切地想要提醒我们的人民的，也是我们急切地想要引起西方人的注意的。”[①] 这段话中讨论政治与德性的部分明显反映了白璧德1924年出版的《民治与领袖》一书思想的影响。[②] 皈依了新人文主义的吴宓相信，危乱之世维系人民道德于不坠，乃文学可立之一大功。从运行十一年的《学衡》到未起步的《善生》和《文学与人生》，都见证了文学研究者吴宓心中最执着热烈的梦想。但正如他在1939年致郭斌龢函中已经悲哀地意识到的，此生可能用世无望（信中所言“如近今之新生活运动及全国精神总动员，既不征聘及宓，其发表之宗旨规条，亦与宓所知所信者相去极远”，乃触发这一哀叹的直接原因），留给他的路“惟有寄身学校，勉求著作之完成”。出版世界文学史的计划，也

① 此函日期为1925年12月30日（《书信集》，第150页）。庄士敦1919年曾辅导溥仪英文等科目，1931年回英国后任伦敦大学汉学教授。

② 从吴宓1924年7月4日致白璧德的信中（《书信集》，第22页），我们得知彼时他已经阅读了老师的新著并且翻译了“绪论”，将于当年8月刊登于第32期《学衡》。

许可以看作这种不得已的选择之结果。然而，编撰一部符合吴宓标准的世界文学史，是一项需要非凡动力、能力和耐力的事业。在1923年的中国，吴宓可以说是完成这一任务的最佳人选。二十年后，论三项综合条件，他的地位也许依旧未变，但此时他心中的动力似乎已经今非昔比。[①] 将多年积累的讲义转化成一部能让自己满意的文学史，需要巨大的激情和坚定的信仰，而日渐消沉、将著书立说视作一个勉强的次等选择的吴宓来说，这种激情和信仰已难寻觅。[②] 在这种情况下，唯有像创办《文学与人生》周刊这样的念头才能在静夜中重新燃起吴宓的激昂之心，而他修

① 在郑振铎之后，民国期间编写过世界文学史的有：余慕陶:《世界文学史》，上海乐华图书公司1932年版；李菊休编，赵景深校:《世界文学史纲》，上海亚细亚书局1933年版；啸南:《世界文学史大纲》，上海乐华图书公司1937年版；胡仲持:《世界文学小史》，生活·读书·新知上海联合发行所1949年版。胡仲持（1900—1968）和赵景深（1902—1985）都是文学研究会会员。胡仲持1931年翻译了约翰·梅西的《世界文学史话》（郑振铎编写《文学大纲》时曾特别借鉴），由上海开明书店出版。这些后出之作在规模上都完全不能跟郑振铎的《文学大纲》相比（尤其是胡仲持的《世界文学小史》，全书仅94页），而且在深度和学术性上亦无改观。李菊休、赵景深在《世界文学史纲》序中声明，该书有两个目的：一是"想使一般的读者能用最经济的时间，对于世界文学的思潮和变迁及其作者，知道一个大概。此外更重要的目的，便是高级中学常设有世界文学一个选科，苦无良善教本，这部书便适应了这个需求"（第1页）。余慕陶的《世界文学史》出版之后，被赵景深等人指出其中内容大都从赵景深的《中国文学小史》（1928）及他人所著中外文学史中剪窃而来，而余慕陶则辩称其乃"整理"而非剪窃。是为鲁迅在《文床秋梦》一文中所提到的"余赵剪窃问题之争"（《申报·自由谈》1933年9月11日）。

② 吴宓1940年之后的日记中有大量关于学佛的记录。1944年即写道："痛感大局崩坏，余生苟幸不死，决当为僧，不复更有所主张与计划布署矣。"（12月5日日记）至1947年，"决志为僧"，"但思离世出家而已"的想法频频出现（如3月27日、10月15日）。武大的行政方式和为他提供的待遇，以及学生的学习态度，也常常让吴宓不满和失落。吴宓当时心思涣散的状态，从1947年12月31日的日记可见一斑。那天的世界文学史课，吴宓"忘携讲义，遂改易次序。先讲希伯来文学"（这样的事故日记中仅此一见）。本书下一章将详细讨论吴宓和佛教的关系。

订出版世界文学史讲义的计划就在不知不觉中搁置下来了。

在1945年10月7日的日记中，吴宓有以下记载："晚，6—8顾绶昌来，谈莎士比亚研究。宓以讲义及笔记，托其带交李梦雄，以助雄授'世界文学史'云。"顾绶昌（生于1904年，北大英文系1930年毕业）和李梦雄（生于1909年，清华外文系1933年毕业）当时任教于四川大学外文系，和吴宓是同事。在1945—1946学年，吴宓在燕大和川大共授"文学批评""Dr. Johnson""中西比较文学"及"文学与人生要义"四门课，没有"世界文学史"。这是1938年以来，吴宓第一次没有开设这门课。为什么将这门课让与李梦雄讲授？原因我们不得而知。有一个可能是，吴宓在川大并无长久之计（上一学年他仅在此兼职，授"世界文学史"一课，而下一学年他就赴武大了），所以他有心培养一个日后可以继续开设这门课的接班人，而李梦雄乃四川人，1939年即已到川大，再加上其当年在清华求学的背景（1936年7月31日的日记有李来访的记录），都决定了他是一个不错的人选。不论内情如何，我们从1945年10月7日的日记中可以看到的是，吴宓将自己的讲义和笔记交给李梦雄，其明确目的乃是为其讲授"世界文学史"助一臂之力。我们知道，吴宓1944年秋赴燕大讲学后，他的"欧洲文学史"由他的清华高足李赋宁接任，但据李赋宁回忆录中自称，"我无力讲整个欧洲文学史，只好先从'英国文学史'入手"。[1] 由此我们可以想见，要开设世界文学史这门课有多大困难，而吴宓将自己的讲义和笔记交与李梦雄，为其授课提供的支撑又何其关键。吴宓在日记中记录此事

① 李赋宁：《学习英语与从事英语工作的人生历程》，第55页。

时只是作一简单的事实陈述，完全看不出来他的心情。从吴宓一向急公好义、热心牵引的性格看来，给李梦雄的这一帮助对他来说也许只是再平常自然不过的行为。吴宓此时或许已经对“立功”失望，对“立言”淡漠，但他“欲把金针度与人”的一副热肠终其身而未改。凝聚自己多年心血的世界文学史讲义出版与否已不重要，无论以何种方式使其对世人和后学有所裨益，便已满足吴宓对学问的最基本期待。

对中国学界来说，吴宓的世界文学史讲义未能按计划出版却留下了巨大的遗憾。如今我们只能通过一份简略的《大纲》以及曾经聆教者的片段回忆，[①] 再加上两章《希腊文学史》，以及散见在报刊中的一些文章，来想象这本来应该是中国第一部学术性的世界文学史。假如有一天吴宓在“文革”中托人保管的十几册讲义能够公之于众，[②] 我们从中最可期待的发现可能会包括以下方面：他热衷进行的中西对比，他对一人一书一事都争取作出自己之判断的努力，以及他擅长制作的往往匠心独具的各式图解。在这一天到来之前，我们只有透过吉光片羽，来揣摩和追想吴宓在世界文学史研究和教学领域所做出的开创性建树。他所设立的世界文学史编撰标准，以及他的书写和教学实践，至今都能给后来者提供准则、借鉴和激励。

---

① 参见马家骏《古希腊文学教学的典范——从吴宓先生的二图谈其创造性》，《第一届吴宓学术讨论会论文选集》，陕西人民出版社 1992 年版；赵瑞蕻《“我是吴宓教授，给我开灯”——纪念吴宓先生辞世二十周年》，王泉根主编《多维视野中的吴宓》，重庆出版社 2001 年版。这两篇文章现都已收入《世界文学史大纲》。

② 关于吴宓讲义和手稿的下落，见吴学昭《世界文学史大纲》“编后记”，第577页。

五、“青毡失路竟安之”

1949年4月，吴宓离开武汉大学入川，计划前往内江，“在王恩洋先生主办的东方文教学院（以佛为主，以儒为辅）研修佛学佛教，慢慢地出家为僧”。但飞抵重庆后，因交通阻断，未能成行，于是吴宓停留在梁漱溟（1893—1988）主办的勉仁文学院（以儒为主，以佛为辅）讲学，同时在私立相辉学院任教，获薄薪以谋生，度过了“一生生活最苦的一段时期”。[①]

吴宓选择佛学家王恩洋（1897—1964）和新儒家梁漱溟的学院，是因为“宓多年中抱着‘保存、发扬中国文化’之目的，到处寻求同道”，而且他“嫌国立大学只教授学术、知识而不讲道德、精神、理想（此必求之于私立学院）”。王、梁两校皆主融合儒佛，正与吴宓本人的立场契合，因为他“认为中国文化是最好的，而且可以补充西洋文化之缺点。至于中国文化之内容，宓认为是‘以儒学孔子为主佛教为辅”。[②] 虽然勉仁（儒主佛辅，成立于1946年）跟吴宓的主张尤为接近，但他首选了东方（佛主儒辅，创办于1942年），原因我们可以猜测一二。在1946年10月7日的日记中，吴宓记录了他对王恩洋的评价：

> 甚佩王恩洋君化中，四川南充。之精神行事，有白璧德师

---

① 《日记续编》1949年“整理者按”，第11页。出处为吴宓参加1952年思想改造运动之总结及其于1966年9月8日和1969年6月2日至12日“文革”中所写交代材料。

② 同上书，第10页。

与碧柳之风。名言宏论，亦层见叠出。惟（1）对西洋文化不深知，每以近世唯物功利概括西洋文化。大误。（2）作者之性情，属于瞋类……如 St. Bernard 与 Gregory Ⅶ以及 Bossuet 一类人也。但此乃瑜不掩瑕，不为贤者讳之意。若其人之刚毅勇猛，学深识高，独行孤往，热诚救世，宓只有敬服倾慕而已。

其实，看罢第一句，吴宓对王恩洋何等推重我们就应该了然于心了。白璧德是吴宓最敬爱的一位导师，吴芳吉是吴宓最欣赏也期待最深之诗人，在王恩洋身上能看见这两位故去之师友的影子，那么吴宓在 1948—1949 何去何从时的选择就不是彻底难以理解了。[①] 吴宓 1946 年对王恩洋的两点批评中之第一点，则能进一步让我们明了他日后往投东方文教学院的动机。同样的批评，吴宓其实在 1945 年 3 月 10 日的日记中已经提出："下午 1—3 立路明书店观欧阳竟无先生与王恩洋君所著各书。佩王之识力，而惜其不知西洋文明之优点。不免拘囿。"如果说王恩洋救世之热心和高卓之识力让吴宓想起了怀抱和学识皆非常人的旧日师友，那么王对西方文明了解的欠缺则可能让吴宓看到了自己能够为东方文教学院提供的特殊贡献。本来，吴宓多年来对新文化运动的一个核心批评就是，其提倡者因不解西洋文明的真相而错将近代西方当作楷模，进而导致对中国传统的误判和践踏。王恩洋的问题看似不同，但其实有很大的共性：和新文化运动者一样，他将唯物功利的近代西方文化视作西洋传统的本质，不同的

① 吴宓当时不考虑海外任教，国内他则辞去了中山大学和岭南大学的聘请。

是，他因此而在标举佛儒济世时未能看到和吸取西方文明中的精华。在高度赞许王恩洋弘扬中国传统的努力之同时，吴宓也惋惜他因为对西方文明理解的“大误”而产生的“拘囿”。在新人文主义的世界视野里，佛陀、孔子、苏格拉底、耶稣是可以终日分庭抗礼、坐而论道的。也就是说，虽然吴宓“认为中国文化是最好的，而且可以补充西洋文化之缺点”，但这句话未说出的另一半就是，西洋文化也可以补充中国文化之不足。吴宓选定东方文教学院，也许是希望自己能够补足王恩洋的认知缺陷，与他协力进行东西文明融合的伟大实践。对于自国共对峙以来便对中国文化的命运忧心忡忡的吴宓来说，入川可以说是“为理想牺牲实际利益”的一个孤注一掷的决定。[①]

吴宓的赌注当然是没有下对。不久之后，勉仁文学院和东方文教学院都相继停办，吴宓辗转进入新组建的西南师范学院外文系。入职之后的头两年（1950—1952），吴宓同时还在重庆大学兼课，每一年都开设西方文学方面的课，包括“世界文学史”。在日记中，吴宓经常记录他在这个新时代讲授外国文学的感受，其核心与他半个世纪前针对新文化运动的一些看法惊人地相似。此时，“世界文学史”事实上已变成俄苏文学史（1952年6月5日、7月29日日记），老师被要求使用苏联学者的观点解读一切文学，学生则除了英文官方杂志中登载的一些有关俄苏作家的文章，对文学作品皆不感兴趣。“此类文章，千篇一律”，“无时无地无一事一人非宣传”，“舍玉粒而餍粗粝矣”，“今人不学，且斥人之为学，将见全世人皆变为简单枯燥印板式动物生活

① 引号中的话见《日记续编》，1949年“整理者按”，第11页。

而已”……[1]皆令人回想起，吴宓当年是如何抨击新文化运动误把近代西方的某些思想视作整个西洋传统的优秀代表的。如今，从命之余，吴宓在日记中进行倾诉：“宓深感在今为一文学工作者之苦。宓即不自杀，亦必劳苦郁迫而死。”“在今讲授殊难且苦，宓降志辱身不止一事，心痛实深已。”[2]在1951年的最后一天，吴宓在日记中写下了：“1951于是告终，而宓之一生亦就此实际结束矣！”

然而吴宓的生命还有漫长的二十六年，他“降志辱身”的经历也才刚开始。精神上对他打击最大的可能有两件。一是在被先后调任历史系、中文系教授后（1953年外文系改为俄文系），从1964年秋开始，吴宓终于因改造不力而被取消上课的资格。虽然十几年来上课一直是“步步荆棘”，让吴宓不但无所适从，而且时时感叹自己的无能，[3]但对他来说，此时讲台已经是惟一可能让作为学者的他找到一丝生存意义之地了。因此，在校方决定公布后，吴宓多次在日记中记录了自己的绝望：“宓之生机斩绝尽矣。”“秋景虽美，而宓以无课之教师，有如待决之死囚，行人世中，一切人事皆与我无关，悲丧殊甚。”[4]

另一给吴宓造成极大精神痛苦之事则发生在1958—1960年，当他在中文系参与集体编写外国文学讲义之时。起初小组由吴宓

① 《日记续编》，1951年3月27日，1952年5月5日、5月29日，1951年10月28日。

② 《日记续编》，1951年5月4日、10月22日。

③ “步步荆棘”之语见《日记续编》，1952年5月15日。其他可以1953年4月24日、1956年5月29日、1957年4月18日、1958年3月28日、1960年7月4日日记为例。

④ 《日记续编》，1964年8月24日、8月31日。另外可见9月6日、9月7日、11月7日。

和两名进修生组成。在1958年10月27日的日记中，吴宓写道："两进修生示宓以新编之《外国文学》讲义，宓所撰三章，只登出二章（批判现实主义一章，删去未登），全书几皆二进修生所编，阅之气尽！"[①] 进入1959年后，编写小组加入一助教并由其领导，目标为快速写成一部"完全革命，建立中国人之外国文学体系"的讲义（1959年1月13日，1960年7月23日日记）。所谓"快速"，当时的楷模是北大中文系三年级的学生，在1958年8月一个月内，编成《中国文学史》二册，9月中旬即已出版（1958年11月22日日记）。1959年吴宓四人小组编写《现代外国文学》讲义的速度可以体现出这种榜样的力量。3月10日的小组会议上，宣布吴宓承担法国、印度、土耳其三国，限3月19日提交大纲，讲义的交稿期则为4月15日。当时吴宓"力言同时兼理数国之难，非全部研读后，不能作出大纲"，但在组长坚持并且表示可以为他提供帮助之后，吴宓"自惭怯，只得应命"（1959年3月10日日记）。此后，在编写整部外国文学讲义的过程中，吴宓所受的催逼、轻鄙与责难，每每令他心痛但又只能唯唯承受，但有一次他在自我辩解和请求缓期时，情绪失控，"声与泪俱，神情激越，自觉其愤苦有似《荡寇志》中，上官派员至祝永清初出，犹在官军，对青云山、猿臂寨作战索粮促战之情景"。[②] 对一个当年写过《希腊文学史》并且对撰著文学史有着系统而严格要求的人来说，我们可以想见，参与这种"杂抄新书新杂志以成篇

① 关于1958年中文系重新编订外国文学讲义的背景以及吴宓在其中所受的苦楚，参见吴学昭《吴宓与陈寅恪》（增补本），生活·读书·新知三联书店2014年版，第384—385、398页。

② 1959年11月10日日记。其他例子可见1960年4月26日、6月4日、6月14日日记。

应命”的大跃进式编写活动给他带来的摧折。

吴宓在逆境中发挥出的坚韧、独立和积极精神可圈可点。1960年6月6日，他在重温了白璧德的《文学与美国的大学》（*Literature and the American College*, 1908）之后，再一次为其预言性的论断深深折服。在日记中，吴宓推论如下：

> 今世两大阵营，[①] 略如古希腊之斯巴达与雅典。甲方贫苦而勇毅，乙方富乐而贪淫，相持相争之结果，甲或当胜而乙将灭，然两方皆以力争，以暴治，而其影响，使亚欧之文明全部沦亡，似已成定局。若求其根本立人救世之道，则仍为儒道与佛教，希腊哲学与真正之基督教，即是人文主义。白师等所倡导与宓等所信奉者，此决不容疑者也。

新人文主义信念给吴宓提供的巨大精神支撑，在他1955年8月15日的日记中有一段感人的表述：

> 回思我等生平受父师之教，读圣贤之书，知中西文明社会之真实情况，甚至1920至1930间犹得欣见白璧德师之教一时颇盛行美国。由今观之，真如佛国庄严净土，弹指一现，片刻得窥，而永存在于我心目中，缥缈至极，亦真实之极。

这一缥缈而真实的佛国净土，唯有曾经流连于“中国及世界

① 指美苏。

数千年之学术文艺、典章制度、风俗道德”中“美丽光明广大自由之生活与境界”之人，方有缘一窥。[①]虽然流行的阶级斗争批评范式已经不给欣赏这种“美丽光明广大自由”留有多少余地，但吴宓仍然抓住一切可能向学生传达自己的心得的机会，有时甚至情不自禁。1959年9月30日，在给中文系学生讲授但丁时，吴宓提到钱稻孙（1887—1966）用楚辞体翻译的《神曲一脔》（《地狱篇》前五章）。在课上，“宓力言《神曲》译离骚体，甚是，且宓素主张，文学作品必须译成相当之文体，断不可一律译为浅近白话。此主张宓仍坚持，静候同学们批判，云云。事后，颇悔直言，不适于今之时势”。[②]显然，在讲课时，吴宓沉浸于但丁诗歌形式之美与思想之恢宏，想到的是，如果《神曲》译成中文那么只有骚体方能相配，并且脱口而出，忘情演说，既而后悔。[③]我们不难理解，如果遇上学生主动对宣传式教育之外的内容表示兴趣时，吴宓会有多么欢欣鼓舞，和盘托出。他1956年11月11日的日记就记录了这样难得的一幕：

> 晚7:40至9:40凡二节。中间休息十分钟。在教室中，为中文系三年级学生90人，讲其所命之二题：（1）从古希腊、罗马到十九世纪之历史概况以与世界文学有关之历史为重点。并与中国历史作相应的对比。（2）学习外国文学之方法和步骤，如

---

① 引文出自《日记续编》1952年5月5日。

② 《日记续编》，1959年9月30日。

③ 这里应当提到《吴宓诗集》卷首中的一页，其上半部分是但丁像，旁加小注曰：“出亡于外，类屈原之放逐。回睨故国斐冷翠城，欲归不得。”下半部分则为《离骚》摘录，第一段为“悔相道之不察兮 / 延伫乎吾将反 / 回朕车以复路兮 / 及行迷之未远”，最后结以“乱曰：已矣哉 / 国无人，莫我知兮 / 又何怀乎故都 / 既莫足与为美政兮 / 吾将从彭咸之所居”。

何去掌握它的体系。陈幼华主席。宓所讲以（1）题为主，甚兴高采烈，所讲能综括扼要，而精义重重，学生热烈鼓掌表谢。

大多数时候，吴宓只能通过自娱自乐，顽强地维持自己一生中对世界文学的痴迷。这一时期，他似乎对学习外语迸发出了强烈的兴趣（吴宓对文字和文学之间密切关系的讨论见上文）。早在 1952 年 11 月外文系组织教师学习俄文的一年多之前，吴宓自己就开始读俄文文法了（1951 年 9 月 17 日始读，此后有连续记录）。[①] 但此后吴宓的外语学习范围远远超过官方提倡的俄文。1956 年是第一个高潮。日记中记录了他读《希腊文法》《蒙古文法》《阿剌伯文法》《波斯文法》《梵文字典》（1956 年 7 月 26 日、11 月 8 日、11 月 12 日、11 月 14 日、11 月 15 日、11 月 16 日等），但他真正花时间的是拉丁文。吴宓最早学拉丁文不清楚是何时。在 1925 年对清华学校留美预备部学生的一次演讲中，吴宓曾告诉他的听众："余前在清华所受之益处虽多，但殊以从未有人告以须习拉丁文为歉。及到外国时，科目繁多，不能兼顾；回国后，俗务冗忙，更无暇从事矣。故欲学希腊或拉丁文者愈早愈好，庶不致遗后悔也。"[②]1927 年的暑假吴宓曾计划学拉丁文（6 月 13 日日记："宓现决于此暑假中，专读希腊文学之书，并每

① 在 1950 年 9 月 20 日致李赋宁的信中，吴宓提到自己正自修俄文，进度甚缓，并评论说："以俄文较法文，优劣悬殊，甚矣 Lomonosov 之自炫（谓俄文兼众文之美）也！"（《书信集》，第 369 页）。郑振铎在其《俄国文学史略》第一章中提到，罗蒙诺索夫（Lomonosov, 1711—1765）认为俄文"其活泼如法文，其刚健如德文，其秀逸如意文，其丰富雄壮如希腊拉丁文"（《郑振铎全集》卷 15，第 420 页）。

② 《清华周刊》1925 年第 364 期。

日以一小时治拉丁文。”）但接下来的日记中并没有相关学习记录。这有可能是因为那年夏天，清华因留美预备部高二高三年级学生提前出洋问题而引起的风潮愈演愈烈，一直闹到外交部，吴宓作为学校评议会六名成员之一处于纠纷中心，深为所困，故而未能将学习拉丁文的计划付诸实际，并且在日记中屡屡哀叹无暇治学。① 此后的二三十年中，我只注意到1945年10月13日的日记中有“读Latin文法”这一孤立记录。多少具有讽刺意味的是，吴宓关于拉丁文的遗憾似乎直到1956年他已被高度边缘化之后才得以弥补。这一年的2月13日，上午吴宓“心绪不属，读拉丁文法”；午饭后“续读拉丁文法”，晚上又“读拉丁文”。看起来，学拉丁文是他调节自己心情的一种手段。同年的7、8、11月有较为密集的关于读拉丁文法的记载（太多不录）。11月7日，吴宓在致郭斌龢的信中，请郭“速寄来希腊、拉丁字典”。②

第二个高潮是1964年。该年二、三月间，吴宓读完了一本《西班牙文法》（3月22日日记：“费三十一日之力”）。3月6日在参加一次市政协座谈会时，他“极言外国文甚易学，宓有妙法可以传授，并宣称宓现自学西班牙文”。在这一发言中，吴宓一贯的热心和“好为人师”跃然纸上。也许，在世界文学的讲授已经举步维艰之时，学习和传授外语知识相对安全，所以吴宓才按捺不住地如此踊跃自荐吧。刚放下西班牙文，吴宓又开始学意大

① 有关该次风潮的记录屡见于吴宓自1927年6月17日至8月15日的日记中。

② 此后，1960年（8—11月）和1963年（9月、10月）吴宓又重拾拉丁文法。1963年，吴宓为他指导的一名进修教师讲授拉丁文（参见9月22日、9月25日、10月14日等日日记）。《日记续编》1961年11月25日记载：“晨，读《希腊文法》（White），1923所习而未卒业者也！”对于此时虽然闲置但在高压环境下极度苦闷的吴宓来说，拿起近四十年前因忙于事业而未能修习完毕的课本，抚今追昔，其感慨与无奈想必异常深刻。

利文（自3月26日起至4月21日止，几乎每天的日记都有记录）。

最后一个高潮则从1968持续到1971年。1968年9月2日，吴宓购得法文版、德文版、俄文版的《毛主席语录》（英文版早已拥有）。当天，他"以各种外文版《语录》比较细读，深可玩味。平生用力之外文知识与政治学习、思想改造，两俱有益，诚乐事也"。此后吴宓又托人觅得西班牙文版（1968年9月23日日记）。在参加集体劳动时，这些外文版的《语录》陪伴吴宓度过工间休息的时间，在同事怜其年高而派其留守工具室时，它们也为他提供了读物。[①] 到1971年6月26日（上午10：30），吴宓在日记中记载了他读毕法文及德文译本的那一刻。他还曾多方欲购意大利文版而不得。1970年2月中至3月底，吴宓又一次学习意大利文，并已达到借助字典可阅读普通书籍的程度。令他遗憾的是，"宓缺一册《毛主席语录》的意大利文版，在渝碚多年不能买到（其他英、法、德、俄、西文版的《语录》，宓皆已藏有且可以教人）。[②] 吴宓这一轮学习外语的努力，尤其是他最后"且可以教人"的标注中透露出的自豪，见证了他在毕生所学皆归于无用的情况下的积极挣扎。

除了学外语，吴宓所能做的便是在中西经典中寻找心灵慰藉。他在1955年4月17日的日记中写道："宓读今之书籍报章、巨著杂文，辄觉其千篇一律。同述一事，同陈一义，如嚼沙砾，如食辣椒，其苦弥甚。而回忆平生所能诵之中西典籍诗文，则觉其言之有物，胜境无穷。如食珍馐，如饮甘露，乐矣哉！"这里

① 《日记续编》，1968年9月6日、9月10日，9月13日、10月9日。

② 《日记续编》，1970年3月，据吴宓1970年4月22日至5月2日所写交代材料整理。

吴宓说的当然不是白话作品和文言作品之间的区别，也不是现代作品和古代作品之间的区别。在1965年2月14日的日记中，吴宓记录了他对茅盾小说《蚀》的读后感，将其誉为“二十世纪之《红楼梦》”（虽然也指出其“规模之大则弗及”），是“有价值之爱情小说”，作为历史小说来读也“觉其趣味深长”。1955年5月11日，在卧读印光法师（1862—1940）的文抄之后，吴宓“精神顿觉安舒，食沙食饭，饮醇酒、饮仙露之喻”。可见古今和文白皆非必然界线。吴宓一生挚爱的《红楼梦》，此时依然一如既往地为他起到排遣净化的作用。“晚，读《石头记》第十七回园景题联，第十八回省亲欢庆，顿觉神怡心安”（1964年11月4日日记）。“读《石头记》43—44回，流泪，觉甚舒适（宓此情形，少至老不异）”（1967年4月3日日记）。在1973年，吴宓存有日记的最后一年，2月11日，他写道：“今晨4时醒，6时起，翻阅 *A Companion to Greek Studies*, 深感八十之年，时日无多，此类佳书，皆不能再读。死去所恨者，此耳。”《希腊研究手册》（*A Companion to Greek Studies*）乃英国古典学家伦纳德·惠布利（Leonard Whibley，1864—1941）编辑的一本重要工具书，可称作是“希腊文明百科大全”（文学所占分量很重），初版于1905年，此后多次再版，最近一次是2015年（剑桥大学出版社）。在吴宓1922年《西洋文学精要书目》中，惠布利的著作列于“希腊文学参考用书”类的第一部。[①] 在双目即将失明、身体也已伤

① 这本书是英国人沃姆（Geoffrey Norman Orme）1923年8月到访东南大学时赠与吴宓的。在《年谱》中（第250页），吴宓有以下记录：“沃姆先生授宓书二厚册：一曰“Companion to Greek Studies”。二曰“Companion to Latin Studies”。皆剑桥大学出版，为研究希腊、拉丁文学文化之向导书，必不可缺者。宓查用之终身。”

残的八十高龄，吴宓翻阅摩挲这本陪伴自己几十年的经典，遗憾的乃是来日无多，势将不能再读此类佳作。其超然忘世与热烈执着之并存，依稀使人想起吴宓40年代在敌机轰炸中于山冢间捧读东西方经典的情形。文学救世乃吴宓一生所念；在救世彻底无门之时，世界上最优美的文学是他最后、最可依靠的心灵港湾。

吴宓这种坚韧背后的信念，可以从他1951年2月22日写给李赋宁的信中找到。当时任教于清华外文系的李赋宁，正因新时代高校学术形势的剧变而情绪低落。吴宓在信中这样嘱咐自己亲如子侄的得意门生：

> 目前英国文学与西洋文学不被重视，等于无用；然我辈生平所学得之全部学问，均确有价值，应有自信力，应宝爱其所学。他日政府有暇及此，一般人民之文化进步，此等学问仍必见重。故在此绝续转变之际，必须有耐心，守护其所学，更时求进益，以为他日用我之所学，报效政府与人民之用。[①]

不管自己是否能够等到重见天日的那一天，吴宓希望将自己的信心和耐心传递给旧日的学生，让他不但要守护住生平所学到的西方文学的学问，而且应尽可能寻求进益，以待来日。1962年4月，吴宓致信李赋宁，婉陈自己不愿应邀回北京任教的原因，继而写道："弟能觉得宓昔年之全面提倡世界文学史之计划之好，在清华有微功，即已深感弟矣。"[②] 言外之意，自己在有能力有条

① 《书信集》，第370页。
② 同上书，第384页。

件之年已经拼力一搏，尽了一己之责，时势如此，欲以学问用世报效，只能有待后辈诸君了。从这封信可以看出，吴宓对自己在清华外文系遗产的理解，是和他当年以世界文学史为基础及主干设计的文学课学程紧紧联系在一起的。此时吴宓所寄望于弟子的“守护”，除了个人在西方文学方面的学养，应该还包括一种语言与文学并重、打消中西古今壁垒的文学教学和研究传统。①

六、小结

在过去这个世纪的绝大部分时间，吴宓的志向和思想都与时代格格不入。在1934年，温源宁这样评论他：

> 他要叫中国读者注意西洋文学之史实，而不仅摭拾那文学的皮毛。史实、年月、数目，这是多么干燥乏味。现代人所要的是趋时喜新，随波逐流，摭拾这文学潮流上之泡沫草秽——Dowson, Baudelaire, Valéry，Virginia Woolf, Aldous Huxley 等等。在现在时代，像雨生那样孜孜教人研究 Homer, Virgil, Dante, Milton, 就要遭人不齿。②

① 在同一封信中，吴宓还告知李赋宁，自己为杨周翰（1915—1989）和赵萝蕤（1912—1998）等人新编的《外国文学教本》提了十余条批评及改正意见，请代为转交。

② 温源宁：《吴宓》，林语堂译（略有改动），第45页。文中提到的西方作者如下：英国诗人道森（Ernest Dowson, 1867—1900）、法国诗人波德莱尔（Charles Baudelaire, 1821—1867）、法国作家瓦莱里（Paul Valéry, 1871—1945）、英国小说家伍尔芙（Virginia Woolf, 1882—1941）、英国作家阿尔都斯·赫胥黎（Aldous Huxley, 1894—1963）、荷马、维吉尔、但丁、弥尔顿。

从温源宁列举的两个名单来看，吴宓完全属于“古典派”，但温的意思应当不是说吴宓只教人研究从前的经典。就拿温源宁“现代派”名单上的法国作家瓦莱里来说，吴宓早在1928年就翻译过其两篇文章。① 上边我们也讨论过吴宓对现代派小说标杆作家普鲁斯特的浓厚兴趣和高度欣赏。事实上，吴宓所属意的是古今中外的第一流文学，而因为“现代”尚短，其中已经过检验、当得“最佳”之名的作品数量自然不能和此前的数千年相比，所以难免形成厚古薄今的局面。② 吴宓犯的错误，也就是他“遭人不齿”的原因，是他在破旧立新已成为时代主旋律的情况下仍然坚持从历史的长远眼光出发，以传统的整体延续为目标，来看待文学研究的任务。比温源宁更准确地表达了吴宓的使命的是诗人王荫南（1905—1944）以下这段话：

> 足下……介绍西洋之一贯理论，在国内作一贯之批评。文学流别万千，异军时时突起，如足下论固不敢阿其所好，谓为至圣至明，然而其为古今中外文学之一主潮，固人人而知之。足下于此努力，可谓勤矣。然而时人之排挤诋讪愈力。岂正论终不见容于今时耶？③

---

① 吴宓：《韦拉里论理智之危机》《韦拉里说诗中韵律之功用》，《学衡》1928年第62、63期。

② 关于吴宓对这一点的说明，见《世界文学史大纲》，第248页。

③ 吴宓：《悼诗人王荫南烈士》，《武汉日报·文学副刊》1947年2月10日第9期。据汤林峄统计，在吴宓主编《大公报·文学副刊》的六年期间，在313期中介绍了数十个国家的几十位作家。他作出了以下结论：“总体来说，从20世纪初期的比较文学状况来看，《文学副刊》构筑了完整的欧美文学知识谱系，强调全面地介绍欧洲文学。”在对欧美文学的评介中，达到了“梳理脉络，理清渊源影响”的目的（《〈大公报·文学副刊〉在中国早期比较文学中的地位与价值》，《湖南商学院学报》2014年第21卷第4期，引文出自第111、113页）。

时至今日，西学正在中国经历一次新的繁荣（希腊罗马研究和教学在过去十余年的兴起尤其引人注目），此时回头检视吴宓一生的事业，除了向一位先行者所付出的奉献、所开拓的基业与所经历的坎坷致敬，我们还应该有更多的思索。最重要的是，我们应该意识到，吴宓会不断迫使我们回答一系列最基本的问题：为什么研究外国文学？怎样避免“兴西学，治西语，而事事惟得其表”？[①]在外国文学研究中，中国文学有何种位置？古典和现代之间是什么关系？“经典”应享有何种地位？文本细读有多重要？如何处理文学和政治、道德之间的关系？吴宓本人对这些问题的回答，可以从以下一些有代表性的文字中找到：

原夫天理、人情、物象古今不变，东西皆同……既有不变者存，则世中事事物物，新者绝少。所谓新者，多系旧者改头换面，重出再见，常人以为新，识者不以为新也……今即以文学言之……文章成于摹仿（Imitation）……文学之变迁，多由作者不摹此人而转摹彼人。舍本国之作者，而取异国为模范，或舍近代而返求之于古，于是异采新出，然其不脱摹仿一也。[②]

将来世界文化必为融合众流（Eclectic），而中国文化之特质，厥为纳理想于实际之中之中道（Ideal in the Real）。吾侪就此发挥光大，使中国文化得有以贡献于世界，是为吾

① 这是吴宓清华求学期间发表在《清华周刊》的一则随笔中的话。“今人皮相之意过重，二十年来，兴西学，治西语，而事事惟得其表。”（吴学昭整理：《吴宓诗话》，第22页）

② 吴宓：《论新文化运动》，《学衡》1922年第4期，第3—4页。

侪之真正职责，亦不朽之盛业。①

宓之保守主义，乃深知灼见中外古今各时代文明之精华珍宝（精神＋物质）之价值，思欲在任何国家、任何时代图保存之，以为世用而有益于人，非为我自己。②

中西古来皆重诵读古籍名篇，就文字精心用功，故名治学曰“读书”。盖由书籍文字之工夫，以求锻炼心智，察辨事理，进而治国安民，从政治军，兴业致富。其技术方法之取得与熟习，以及藏息精神、陶冶性情于诗乐画诸艺，其根本之训练与培养，莫不自文字中出也。近世妄人，始轻文字而重实际劳动与生活经验，更倡为通俗文学、“白话文学”之说，其结果，惟能使人皆不读书、不识字、不作文，而成为浅薄庸妄之徒。（1955 年 10 月 7 日日记）

勿卷入一时之潮流，受其激荡，而专读一时一派之文章。宜平心静气，通观并读，而细别精粗，徐定取舍。

宜以庄严郑重之心研究文学。将如 Matthew Arnold 云，欲熟知古今最精美之思想言论（To know the best that has been thought and said in the world），将与古今东西之圣贤哲士、通人名流，共一堂而为友也。故立志不可不高，而在己则宜存谦卑恭敬之心。③

宓窃观近五十年中之论著，大率议论多、批判多，而知

① 这是吴宓在和西南联大外文系学生黄维的一次闲谈中所说的内容（1940 年 7 月 18 日日记）。

② 这是 1958 年 6 月，在西南师范学院历史系世界史教研组的一次座谈会上，吴宓对自己的思想所作的交代（6 月 27 日日记）。

③ 吴宓:《文学研究法》,《学衡》1922 年第 2 期，第 6、8 页。

识与材料太少。其所知之中国古史旧学固不足，而所知之西史西事，所读过之西国古今要籍原书，尤极有限，故宓皆不敢倾服；即如孔子之真价值与其特长，宓认为尚未见有能说出者，甚矣，此事之难也。（1964 年 1 月 8 日日记）

吴宓的这些观点在他生前都是极不合时宜的，无论是在新文化运动中，还是在抗战时期，或是在 50、60 年代。今天，他鲜明而不妥协的议论仍然必定会引起争议。但是，在“西学”和“国学”同时欣欣向荣之际（这应该说是 21 世纪的新现象），吴宓是特别值得我们深思的一个人物。[①] 他对新与旧之间的关系的看法，以及他将“摹仿”视作人类文明发展中的核心机制，时时提醒以创新为要务的学者、思想家和活动家，在古今中外的大历史框架中，永远以一定的谦卑谨慎来对待自己的发明和建树。[②] 吴宓对于文学化世的信念以及他对中国学者在此过程中的任务的理解，应当激励当代从事中西文化研究者，为自己的学问寻找目的和使命，而不仅仅是以专业和职业视之。吴宓对透彻掌握古籍名著的重视以及他将典籍视作修身养性和获取人生智慧最重要途径的看法，在节奏日益加快的众声喧哗之当代，可以引导人们重新直接面对经典，在安静的阅读和思考中让自己的心智不断成长。吴宓对五十年西学中“大率议论多、批判多，而知识与材料

① 吴宓在最近关于“西学在中国”的历史检讨中受到的关注，可参见刘锋《“致用”：早期西方文学引介和研究的一个基本面向》，《北京大学学报》（哲学社会科学版）2017 年第 4 期。

② 白璧德认为过于强调原创性是现代文学批评的一个弊病。在他看来，真正的原创性必须深深地扎根于传统，做到既符合普遍真理而又具有强烈个性。参见 Babbitt, *Literature and the American College*, 第八章。

太少”以及他对治学者中西要籍皆所知有限这一缺点的批评，在西学各科教研与出版皆空前兴盛发达的今天，依然是振聋发聩之良言，应当在所有学者心中成为一股警醒和鞭策力量。

附录　《海伦曲》评注①

吴宓很看重作诗，虽然他并不是第一流的诗人。1928 年，他的学生浦江清（1904—1957）在 8 月 30 日的日记中评论道：“吴先生天才不在诗，而努力不懈，可怪也。”② 另一位高徒钱锺书更是在《吴宓诗集》（1935）出版后发表了一篇评论，公开用“不精、不畅、粗糙、气短”这些字眼来形容吴宓的诗。③ 即使是与吴宓以诗相交的王荫南，在读了《吴宓诗集》后，作长函一封加以评论，也坦率告知：“窃谓足下于文学之工作，批评胜于创造。”而吴宓则“觉其评论悉当”。④

从吴宓对王荫南意见的反应可见，对于自己的诗才，吴宓是非常有自知之明的。对于浦江清感到“可怪”之事，他也是有解释的。在《吴宓诗集》卷首的《编辑例言》中，他说：“予作诗之动机，为发泄一时之感情，留存生涯之历史。”“予所为诗，力求真挚明显。此旨始终不变。顾予乃一庸人，感情本来淡薄，学力又未充足，其所作诗，空疏无味，缺乏辞藻，亦自然之理。然勿以予成绩之劣，而遂谓诗以真挚之感情为主之说为不可信，则

① 吴宓：《海伦曲》，收入吴学昭整理《吴宓诗集》，第 266—267 页。

② 浦江清：《清华园日记 西行日记》（增补本），生活·读书·新知三联书店 1999 年版，第 12 页。

③ 钱锺书：“A Note on Mr. Wu Mi and His Poetry”，《钱锺书英文文集》，第 79 页。

④ 吴宓：《悼诗人王荫南烈士》，《武汉日报·文学副刊》1947 年 2 月 10 日。

幸甚矣。”[①] 在《刊印自序》中，吴宓援引好友吴芳吉对诗人的分类，将自己这种局限于抒写个人经历和情感者划入下等，并说他的诗集等于自传：

> 碧柳尝谓诗人可分三等：其下，为自身之写照者。如唐之温李。其中，为他人之同情者。如唐之元白。其上，为世界之创造者。如唐之李杜。此论最真。碧柳盖托始于中而已臻乎上者。若予之诗，则终未脱“自身之写照”之范围，此乃性行之自然趋势，未可强致。故予之诗集，不啻即为予之自传。[②]

也就是说，依照吴宓的自供，他的诗可能因缺乏诗才而不足观，但若我们的目的是了解他这个人，那么他的诗就会成为再好不过的材料了。吴宓对自己诗集中的作品进行过品鉴，认为总共只有四首具有传世价值，其中两首是译作，两首是原创：

> 此集编辑体例，有作必收。原待高明读者自为甄选去取，非敢谓集中之诗皆具可存之价值也。或问，设有人编为今世中国诗选，应录君集中何篇？则当对曰《壬申岁暮述怀》四首。卷十三。再问，其次当取何篇？则谨答曰《海伦曲》。卷十三。三问，更求其次，则如何？对曰所译罗色蒂女士《愿君长忆我》卷七。及《古决绝辞》卷十一。二篇。此外无可选录者矣。[③]

---

① 吴宓:《编辑例言》，吴学昭整理《吴宓诗集》卷首，第 2 页。

② 吴宓:《刊印自序》，吴学昭整理《吴宓诗集》卷首，第 4 页。着重号为吴宓所加，表示强调。

③ 同上书，第 5 页。

两首原创作品中的《海伦曲》发表于1933年。这是一首五言古体诗，由以下三部分组成：序（66字），诗歌正文（112句，560字），以及夹在正文中的若干注解（以小号字体标出，106字）。我之所以选择《海伦曲》作评注，有以下原因。首先，这是一首以古希腊神话和文学为主题的长篇叙事诗，若非对相关领域有相当了解则不可能创作，从中我们可以领略到吴宓在西方古典文学知识方面的独到修养。读者若想顺利通读这首诗，最好的办法可能是先看一看吴宓《希腊文学史》中对荷马史诗内容的介绍。其次，这首诗并非通篇叙事，其最后十四句转入抒怀，让我们得以看到吴宓在人生和事业方面的特有感悟和志向。也就是说，虽然《海伦曲》的主体部分是叙事，但吴宓写作此诗的根本目的仍然不离他所说的“为自身之写照”。事实上，如我们将要看到的，貌似以叙事为主的《海伦曲》和吴宓自己最为满意的另一首诗——明确以抒怀为己任的《壬申岁暮述怀》——在创作时间和所思所感上都有极为密切的联系，在解读中必须放在一起考虑方可。就其形式和内容而言，《海伦曲》本就可以说是吴宓诗作中最有特色的一首，在中国比较文学史和现代诗歌史上都值得一提[①]，再考虑到吴宓本人对其评价，那么我们可

① 进入21世纪，越来越多的学者重新审视“五四”以来中国现代诗歌史中“新体诗胜利取代旧体诗”这种单一叙述。他们提出，中国现代诗歌史应当同时包括新体诗和旧体诗，研究两者之间的互动关系，这样才能完整而真实地了解诗歌在塑造中国现代文化认同和情感体验中所起的作用。早期有代表性的著作可参见黄修己《旧体诗词与现代文学的啼笑姻缘》，《现代文学研究丛刊》2002年第2期，第91—99页；陈友康《二十世纪中国旧体诗词的合法性和现代性》，《中国社会科学》2005年第6期，第143—154页；胡迎建《民国旧体诗史稿》，江西人民出版社2005年版；Jon Eugene von Kowallis, *The Subtle Revolution: Poets of the 'Old Schools' during Late Qing and Early Republican China*, Insitute of East Asian Studies, University of California, 2006; Xiaofei Tian, "Muffled Dialect Spoken by Green Fruit: An Alternative History of Modern Chinese Poetry", *Modern Chinese Literature and Culture* 21.1（2009）1-45。

以说，为了更好地了解吴宓的学问、思想和追求，就应该读懂《海伦曲》。

到目前为止，尚很少有学者关注《海伦曲》，但是涉及者都给予了高度评价。吴盛青在研究吴宓英诗翻译中所采取的“本土化”策略时，一语带过地提到了《海伦曲》，称赞其“综合了西方文学、宗教、神话传统和中国自己的传统，产生了令人心动神摇的效果”。[①] 对《海伦曲》进行了讨论的有章克生《吴雨僧师以新材料入旧格律的吟诗理论及实践》一文。章克生称《海伦曲》为“一首想象丰富、情节曲折、色彩瑰丽的长诗”，“正像他的诗集中其他长诗一样，涵义隽永，意境深远，简洁凝练，自然生动，可以说是近世中国旧体诗作家以新材料入旧格律的典范”。[②] 后一条评论似乎抹杀了《海伦曲》在吴宓诗作中的特殊性。而且，完全从吴宓和毛彦文（1898—1999，英文名为海伦）的恋情的角度来理解《海伦曲》的意义，也失于偏颇，大大削弱了这首诗的丰富性和重要性。

从各种角度来说，《海伦曲》都远未得到应有的重视。为了帮助读者理解诗中牵涉的西方文学传统背景、讲述的故事细节以及吴宓写作此诗的目的和所要抒发的情怀，本文将采取评注的形式，对《海伦曲》分段解析，既提供一些必要的基本注释，也进行综合的和更高层面的解读。较全面地剖析这首诗，将非常有助于理解吴宓的学术和人生。

---

① Shengqing Wu, *Modern Archaics: Continuity and Innovation in the Chinese Lyric Tradition, 1900—1937*, Harvard University Asia Center, 2014, p. 378。

② 章克生：《吴雨僧师以新材料入旧格律的吟诗理论及实践》，李继凯、刘瑞春选编：《解析吴宓》，社会科学文献出版社 2001 年版，第 363—393 页。关于《海伦曲》的讨论在第 369—372 页。本段所引两处文字分别见于第 370、372 页。

《海伦曲》（*Helen of Troy*）

按希腊海伦（Helen of Troy）故事，近世郎氏 Andrew Lang 等多为长诗歌咏，且有演成说部者。古意今情，旧瓶新醴。予夙爱诵华次华斯（William Wordsworth）之 *Laodamia* 诗，爰仿之而作是篇。旨在叙事，兼以抒怀云尔。

评注：（1）根据传统说法，历时十年的特洛伊战争发生于公元前 12 世纪初，起因是特洛伊王子帕里斯（吴宓译作“巴黎”）在造访斯巴达国王墨涅拉奥斯时，借机掠走了主人美丽的妻子海伦，而墨涅拉奥斯为了复仇，发动了希腊联军远征位于小亚细亚的特洛伊。“特洛伊的海伦”（Helen of Troy）即由此得名。

（2）有世间第一美人之称的海伦频繁出现于古希腊各种文类的作品中。吴宓《海伦曲》在正文的自注中将要提到的荷马史诗和希罗多德的《历史》只是其中的几部。后世对海伦故事的兴趣长盛不衰，从古罗马史诗《埃涅阿斯纪》到歌德的《浮士德》，许多文学名著中都有她的身影。在近人中，此处序中特别提及的安德鲁·朗格（Andrew Lang, 1844—1912）为苏格兰文学家和民俗学家，他于 1882 年出版了长诗《特洛伊的海伦》。当然，数千年间的这些不断讲述并不是一模一样地重复同一个故事，而是在叙事角度、故事发展和结局以及对海伦的道德评判等方面各有不同，在争奇斗艳中展示作者的创造力，表达作者各自的道德立场、精神追求和文化理想。吴宓序中“古意今情，旧瓶新醴”这句话其实很好地概括了西方作者对海伦故事的永恒兴趣以及海伦故事给他们提供的无限创造空间。关于海伦在漫长的西方传统中复杂而不断演化的形象，研究著作可谓层出不穷，近年的专

著可参见 *Metamorphoses of Helen: Authority, Difference, and the Epic*（Mihoko Suzuki, Cornell University Press, 1989），*Helen of Troy: Goddess, Princess, Whore*（Bettany Hughes, Knopf, 2005），*Helen of Troy: From Homer to Hollywood*（Laurie Maguire, Wiley-Blackwell, 2009），*Helen of Troy: Beauty, Myth, Devastation*（Ruby Blondell, Oxford University Press, 2013）。

西方文化史中的"海伦现象"很契合吴宓对中西古典传统的钟情和他对新旧文化关系的理解，这也许是他选择创作《海伦曲》的最重要原因。作为一个中国人参与到海伦故事延绵不断的讲述中来，吴宓不是为了寻找一个显示自己西方学问的机会。带着三千年来既永恒又万变的海伦给他的灵感，吴宓探索的是他一如既往关切至深的问题：在巨变的时代，中国古老的文化传统应该如何保存、延续和创新。在本章正文中，我们曾提到吴宓关于改良中国诗歌的一个宗旨："熔铸新材料以入旧格律。"吴宓在很多场合反复表达他的这一思想。比如，在为顾随（1897—1960）的词集所写的评论中，吴宓先是说明了保存中国诗词旧格律的重要性，然后指出了当时中国诗歌创作中新旧两派各自的缺点：

> （一）文学作品之美，在形式与材料并佳。二者融合为一体而相助相成。（二）凡文学之形式体制，必有所因袭，逐渐蜕变而来。征之任何国家时代之文学史，昭昭可见。（三）形式体制格律之可贵，即在其强迫作者精心苦思，而不至率尔成章，敷衍了事。
>
> ……
>
> 新派之失，在不肯摹仿，便思创造，故唾弃旧格律。旧

派之失，在仅能摹仿，不能创造，故缺乏新材料。欲救其弊而归于正途，只有熔铸新材料以入旧格律之一法。[①]

在《吴宓诗集》的卷首，吴宓摘译了18世纪法国诗人解尼埃（André Chénier，1762—1794，又译谢尼埃）的几行诗，“以明吾诗集作成之义法”：“采撷远古之花兮，以酿造吾人之蜜。/ 为描画吾侪之感想兮，借古人之色泽。/ 就古人之诗火兮，吾侪之烈炬可以引燃。/ 用新来之俊思兮，成古体之佳篇。”吴宓选择以五古长诗的形式来写《海伦曲》，可以视作他“熔铸新材料以入旧格律”主张的一次严肃实践。其实，从表述上来看，“熔新入旧”这一宗旨岂不就是《海伦曲》序中所说的“古意今情，旧瓶新醴”？

（3）吴宓称自己一向爱读华兹华斯的《拉奥黛米亚》（Laodamia），“爰仿之而作是篇。旨在叙事，兼以抒怀云尔”。《拉奥黛米亚》是一首以希腊神话为题材的叙事诗，全长185行。该诗女主人公拉奥黛米亚的丈夫普罗特西拉奥斯（Protesilaus）是远征特洛伊的希腊联军中的一名将领，是第一个在特洛伊战场上殒命的希腊勇士。在他死后，拉奥黛米亚痛不欲生，因此获得神的怜悯，特许普罗特西拉奥斯从冥府归来与妻子相聚三个小时。华兹华斯所讲述的，就是夫妻二人的这次重逢，其焦点在于拉奥黛米亚和普罗特西拉奥斯对待死亡和分离的不同态度之间的冲突。她无法承受没有他的生活，不顾一切地祈愿他能留下，否则就情愿追随他而去，而他则批评她太缺乏理智和自制，教育她真正的爱是有节制、超越激情的主宰的。普罗特西

① 吴宓：《评顾随〈无病词〉〈味辛词〉》（节录），原载《大公报·文学副刊》1929年6月3日，收入吴学昭编《吴宓诗话》，第150、151页。

拉奥斯在如此短暂的一次会见中的努力显然是无济于事的。在他离去的那一瞬间，悲伤过度的拉奥黛米亚即倒在地上，气绝身亡。

吴宓没有说明他为什么爱读《拉奥黛米亚》，但究其原因，可能有二。第一，《拉奥黛米亚》的主题是情感的节制问题。诗中普罗特西拉奥斯劝诫悲痛欲绝的妻子，让她运用理性的力量克制自己，“寻求更高层次的目标”（seeking a higher object），这一劝告与白璧德和穆尔提倡的“内心节制”和“更高意志”非常契合。这里应当提及的是，《拉奥黛米亚》最初发表于1815年，在此后的三十年中，华兹华斯不断加以修改。在这些版本中，华兹华斯对拉奥黛米亚的态度有一个变化过程，从最初的偏向同情拉奥黛米亚遭受的痛苦，变成偏向谴责其缺乏自控，最后则变成在怜悯女主人公的同时明确对其作出谴责。[①] 这一过程反映出的理性和情感之间的张力，特别是最后定本中对这一关系既均衡照顾又毫无疑义地肯定理性的更高地位的处理方式，可能是吴宓欣赏这首诗的一个重要原因。[②]

第二，《拉奥黛米亚》不但在情节上取材于希腊神话，而且

① 参见 Judith W. Page, *Wordsworth and the Cultivation of Women*, University of California Press, 1994, Ch. 4; Steven Stryer, "'A Loftier Tone': 'Laodamia,' the *Aeneid*, and Wordsworth's Virgilian Imagination", *Studies in Philology* 112.3（2015）, 575–597.

② 关于这一点，可以参照吴宓对他极为推崇的英国女诗人克里斯蒂娜·罗色蒂的形容：“罗色蒂女士纯洁敏慧，多情善感。以生涯境遇之推迁，遂渐移其人间之爱而为天帝之爱。”（《吴宓诗集》卷首“吴宓自识”）吴盛青指出，吴宓偏爱罗色蒂，是因为她的诗歌中突出表现了对情爱的升华和对更高层次理想的追求，完美地阐释了白璧德关于“内心节制”的观点（参见 Shengqing Wu, *Modern Archaics: Continuity and Innovation in the Modern Chinese Lyric Tradition, 1900–1937*, p. 371）。在本文开头我们提到过，吴宓认为自己诗集中有保留价值的，除了《壬申岁暮述怀》和《海伦曲》，就是他翻译的罗色蒂女士的两首诗。

在主题、意象和语言风格上明显地反映出《埃涅阿斯纪》第三卷（安德洛玛刻对亡夫赫克托耳的哀悼）和第四卷（狄多对埃涅阿斯的绝望之爱）的影响。尽管华兹华斯的其他诗中也时时能看到维吉尔的影子，1823—1824年间他甚至还将《埃涅阿斯纪》的前三卷（以及第四卷和第八卷的部分段落）译成了英文，但有学者认为，《拉奥黛米亚》代表着华兹华斯对维吉尔进行的最有深度、层次和创意的回应。[①] 可以说，《拉奥黛米亚》是英国现代诗人对西方古典诗歌传统创造性继承的一个优秀范例，这正是吴宓欣赏这首诗的另一个重要原因。

综合以上两个原因，我们可以得知，在何种意义上吴宓的《海伦曲》是模仿华兹华斯的《拉奥黛米亚》而作的。一方面，《海伦曲》是一个中国现代诗人对中西方古典诗歌传统进行创造性继承的一个尝试。另一方面，和《拉奥黛米亚》一样，《海伦曲》是叙事诗但又不止于叙事，其主要意图是传达一定的思想和价值观。

正文第一段（第1—14句）：

1—2　海伦天下美，云是神人裔。希腊神话。天帝 Zeus 幻身为白鹅，与 Leda 相爱，而生海伦。

3—4　祸水能灭邦，姿容真绝世。

5—6　忆昔初嫁年，盛会瑶池诣。

7—8　干戈奠婚姻，玉帛申盟誓。

9—10　保此一家安，归彼名王婿。

① 参见 Steven Stryer, “A Loftier Tone”。

11—12　妖魔敢兴心，群力同诛殪。

13—14　鱼水倡随乐，端居偕伉俪。

评注：这一段叙述的是海伦的出身背景以及她和墨涅拉奥斯缔婚的过程。

1—2：勒达（Leda）为斯巴达国王廷达瑞俄斯（Tyndareus）之妻。天帝宙斯化身为天鹅与勒达交媾，生下绝世美人海伦。所以，从出身上来说，海伦是半人半神。

3—4：特洛伊战争因海伦而起，在旷日持久的交战中，双方都遭受了惨痛损失，最后以特洛伊的陷落告终。不难想象，罪魁祸首海伦因此被视为“祸水”，广遭痛恨。最早在荷马史诗《伊利亚特》中，我们即可看到，她在特洛伊人中深受孤立和仇视。古往今来，“特洛伊的海伦”这个名字的同义词就是“倾城倾国的绝色佳人”，是西方传统中“红颜祸水”的经典代表。然而，三千年来文学家艺术家们对海伦的兴趣永不衰减，正是因为他们并非简简单单地将她当作一个万人唾骂的道德审判对象。在与海伦有关的众多为人称道的作品中，其作者多半会尝试以某种方式使她的形象多面化，使她的经历曲折化，也使她受到的评判复杂化。从荷马史诗开始就是如此（见下文）。吴宓虽然说海伦“祸水能灭邦”，但这仅仅是他陈述海伦事迹中最广为人知的一点，非但不是他整首诗要发挥的重点，而且如我们将在诗歌正文第5—6段中所要看到的，会成为他质疑和思索的对象。

吴宓看待“祸水”海伦的角度，与樊增祥（1846—1931）在其名作《后彩云曲》中口口声声将女主人公赛金花（1872—1936）斥为“祸水”的做法相比，是很不一样的。在《后彩云曲》的序中，樊增祥这样总结他对赛金花这位清末名妓的评价以及他作这首诗想要传达的道德教训："此一泓祸水，害及中外文武大臣，究其实一寻常荡妇而已。祸水何足溺人，人自溺之。出入青楼者，可以鉴矣。"① 吴宓对樊增祥的《前后彩云曲》评价不高，对其所享盛誉表示不解："诗中之女主角，甚觉其庸碌，然各报竞相传载，喧腾一时。"② 相比之下，吴宓更为欣赏清华同事、政治学专家萧公权（1897—1981）作于1932年4月的《彩云曲》，尽管萧的新作远远不如樊作知名。萧公权完全无意贬损赛金花的身份或裁判其行事，而是通过回顾在庚子年间大名鼎鼎的女主角坎坷的一生，抒发自己对"九一八"事变造成的最新国难的感慨。该诗结尾云："我歌未终长叹息，悲从中来泪沾臆。人生已是伤漂蓬，那堪家国祸相逼。惊传塞北倭寇深，远望江南阵云黑。边疆无守国都迁，战既不能和未得。屈指庚子今壬申，三十三年国不国。呜呼请君听我歌，国将不国君如何。莫恨彩云容易散，更有人间恨事多。"③

5—12：海伦长大成人后，向她求婚者众多，来自整个希腊世界的各路豪杰云集廷达瑞俄斯的王庭。因为不愿意得罪任何一位英雄，也担心因择婿而挑起城邦之间的争端，于是廷达瑞俄斯要求每一位求婚者发誓，不管他们中哪一位被选中，今后若有人企图从海伦夫君的手里将她夺走，则其他所有人有义务组成联盟，共同捍卫她的婚姻。这就是所谓的"廷达瑞俄斯之盟"。在墨涅拉奥斯脱颖而出、成为那个幸运者之后，诸位英豪散去，但

① 《香艳丛书》六集，卷一。

② 吴学昭整理：《吴宓诗话·萧公权彩云曲》，第248页。

③ 同上书，第249页。

有朝一日他们为海伦设下的誓言又将把他们重新带到一起。

13—14：婚后，墨涅拉奥斯和海伦关系和谐，生活幸福。

以上这一段叙述中的素材广见于古希腊各种作品，如荷马史诗《伊利亚特》和《奥德赛》、赫西俄德的《列女世系》、欧里庇得斯的《海伦》。吴宓的叙事风格直接而简洁，很快就将最重要的一些前情交代完毕。在遣词上，他使用的表达方式都是中国文学传统里固有而熟悉的，如用"盛会瑶池诣"形容大批求婚者汇聚廷达瑞俄斯王庭的盛况，众英豪的"玉帛申盟誓"让人想起春秋战国时期政治中常见的会盟约誓，而墨涅拉奥斯和海伦的婚后生活则被说成是"鱼水倡随乐"。这种手法容易令读者感到亲切，减少因题材陌生而造成的阅读障碍，但也不无问题。例如吴宓将夫唱妇随、鱼水情好这种夫妻关系模式套用到墨涅拉奥斯和海伦身上是否合适。在任何一种古代材料中，作为宙斯之女和天下第一美人，海伦的形象从来都不是一个温顺驯良的妻子。在她和墨涅拉奥斯之间，海伦几乎永远都处于指挥和支配地位，甚至在希腊军队攻陷特洛伊、墨涅拉奥斯准备处死海伦那一刻都是如此（73—80）。看起来吴宓也并非有心改写墨涅拉奥斯和海伦之间的权力关系，因为那样的话他必须使用大量笔墨，而非仅仅一句"鱼水倡随乐"敷衍了事。很可能此处吴宓只是信手拈来中国的一句套话，就此了结这段叙事，然后在下一段中转入突变的剧情。

正文第二段（第 15—32 句）：

15—16　大海少平波，白日忽阴曀。

17—18　远国公子临，修好陈礼币。

19—20　体貌极风流，仪从咸都丽。

21—22　仙女授痴魂，仙女谓 Oenone。爱神荷殊嬖。

23—24　婉娈媚术工，一见深情系。

25—26　贿迁恩作仇，相携翩然逝。

27—28　异域托新欢，绸缪忘根蒂。

29—30　息妫岂无言，文君原有例。

31—32　违德行不祥，因果明卜筮。

评注：这一段叙述的是帕里斯的到来以及他和海伦的私奔。

15—16：天气上的风云突变，象征着即将降临到人间的一场剧变。

17—20：墨涅拉奥斯已成为斯巴达的国王。帕里斯带着外交使命从特洛伊翩然而至。这位王子以其俊美的外貌著称。

21—22：在帕里斯出生前，其父母（特洛伊国王普里阿摩斯和王后赫卡贝）得到预言，说这个孩子将给特洛伊带来灭顶之灾。于是帕里斯被其父母遗弃在山里，但是他神奇地存活了下来，成为一名牧羊人。依诺妮（Oenone）是山间的仙女，她爱上了帕里斯，两人结为夫妇。

天后赫拉、智慧和战争女神雅典娜、爱神阿芙洛狄忒为谁是三人中最美的一个争执不决，宙斯指定帕里斯为裁判。为了获得帕里斯的青睐，三位女神纷纷许下极其诱人的回报：欧亚两洲的统治权（赫拉），智慧与勇力（雅典娜），海伦（阿芙洛狄忒）。帕里斯判阿芙洛狄忒为胜者。

之后，帕里斯重新为普里阿摩斯和赫卡贝所接纳，返回父母身边。

23—24：从语法上来说，这两句有可能作不同理解。一是认为前一句的主语是帕里斯，而后一句的主语是海伦。也就是说，帕里斯一表人才，善于获取女性芳心，立刻让海伦坠入情网。另一种读法，则是认为两句话的主语都是帕里斯：这位富有魅力的远方来客对海伦一见钟情。根据前一种理解，这一场婚外情是两情相悦、一拍即合的，而在后一种理解中，其关系性质和海伦在其中扮演的角色则是模糊不清的。根据下文（27—30）判断，前一种解读更符合吴宓的本意。

25—26：在接待帕里斯后，墨涅拉奥斯前往克里特岛参加葬礼，留下海伦继续款待来宾。不料，这位贵客却恩将仇报，带着海伦及其财物，还有主人赠予的礼物，潜逃回特洛伊。

27—30：海伦是遭到帕里斯的强力绑架还是完全心甘情愿地随行呢？从这两句看来，吴宓是将海伦和帕里斯的出逃看作两相情愿的私奔的。“息妫岂无言，文君原有例”这两处用典很说明问题。汉代才子司马相如在富翁卓王孙家做客时，以琴声挑逗主人家孀居的女儿卓文君，成功地激起她的爱慕之情，很快两人就设计私奔（《史记·司马相如列传》）。虽然海伦是有夫之妇，而文君是丧偶独身，但吴宓引用文君相如的典故，可见海伦也是爱上了家中别有用心的客人，两人情投意合，终至约定私奔。息妫即春秋时期的息夫人，有美色，丈夫是息国的国君。楚文王灭息，将息夫人占为己有。后来息夫人虽然为楚文王生下两个儿子，但一直沉默寡言。被楚文王问及原因时，息夫人回答说：“吾一妇人而事二夫，纵弗能死，其又奚言？”（《左传·庄公十四年》）息妫的故事吴宓是用来和海伦形成反差的，也就是说海伦不具有息夫人那样的贞洁观，不会因为再嫁而感到羞耻。恰恰相反，“异域托新欢，绸缪忘根蒂”，海伦这位绝色佳人是喜新忘旧的。

31—32：这两句是说，帕里斯和海伦的行为不仅违背了传统妇德，也违反了宾主之间的道德义务，其后果终将证实“特洛伊将毁于帕里斯之手”这一预言。在古代众多的故事演绎中，这个警告不只在帕里斯出生前出现过，还曾在其他关键时刻由其他人口中发出。例如，当帕里斯从特洛伊启程前往斯巴达时，帕里斯的妹妹卡桑德拉如是说；当帕里斯即将为了海伦而遗弃依诺妮时，又由依诺妮说出（欧里庇得斯《安德洛玛克》第293—298行；奥维德《女杰书简·帕里斯致海伦》第121—124行；帕特尼亚斯［Parthenius of Nicaea］《苦恋》［*Erotica Pathemata*］Ⅳ）。

在以上一段关于特洛伊战争起源的叙述中，吴宓采纳的是最通常接受的版本，[①] 在该版本中海伦是毫无疑问应该对自己后果极其严重的行为承担道德责任的。吴宓引用息妫和文君这两个中国读者很熟悉的典故，巧妙地对应表达出古希腊人对海伦行为性质的常规理解和裁判，在这个意义上说可谓成功的用典。值得一提的是，有意为海伦翻案的古希腊人，在本段叙述的事件中找到了很好的机会。在著名女诗人萨福眼里，为了爱情不惜抛弃家庭的海伦非但不应遭受唾骂，反而是值得热烈歌颂的。在一首诗中（残本16），萨福说，世上最美好的就是一个人的所爱，海伦这位世间头号美人用她充满激情的行动有力地证明了这一真理。哲学家、演说家高尔吉亚则在《海伦颂》中提出，人们责怪海伦祸国殃民是没有道理的，因为她的所作所为首先是由神意决定的，其次也应该算到来自远方的绑匪身上。虽然萨福和高尔吉亚对海伦的行为主体性持有完全相反的看法，但他们都和传统观点唱反

---

① 可参见吴宓在其《希腊文学史 第一章 荷马之史诗》中对特洛伊战争起因的简述（吴宓著，吴学昭编：《世界文学史大纲》，第379—381页）。

调，拒绝谴责海伦。如我们后边将要看到的，吸引吴宓兴趣的是关于海伦的另外一种反调（89—98）。

正文第三段（第33—70句）：

33—34　义师张挞伐，大地兵氛疠。

35—36　伏尸百万积，见荷马史诗*Iliad*卷一。城围逾十岁。

37—38　黯澹鬼神愁，杀伤冤亲剃。

39—40　珠还未许云，巢覆无完势。

41—42　忽尔两军惊，拄戈齐凝睇。

43—44　盈盈现城头，玉颜春风霁。

45—46　秀美出尘寰，真假何由谛。

47—48　此战为谁来，赴死甘如荠。

49—50　指点晋楚雄，一一识别细。

51—52　可有蘼芜情，俯眺为流涕。

53—54　旧夫勇猛豪，咆哮俨后羿。

55—56　新郎粉黛丛，温存欣婉嫕。

57—58　新欢旧可忘，旧才新不逮。

59—60　弯弓急复仇，救取劳神惠。

61—62　摄归置绣闼，幽梦重帏闭。以上二十二句，见荷马史诗*Iliad*卷三。

63—64　何必建功业，方得美人契。

65—66　元戎国柱石，有兄难为弟。

67—68　栋折大厦倾，旋中毒矢毙。

69—70　薄幸靳灵药，殉身悔未济。以上四句，指巴黎与Oenone之死。

评注：这一段叙述的是特洛伊战争。

33—34：墨涅拉奥斯启动“廷达瑞俄斯之盟”，组建希腊联军，向特洛伊兴师问罪。

35—40：希腊人围城十年，双方死伤无数，僵持不下。《伊利亚特》集中描写的是第十年中所发生的事件，对战争的残酷和壮丽、军人的悲观厌战和英雄的叱咤风云及同袍情谊，做了多方面的表现。吴宓的描述强调的是长年征战造成的巨大灾难。

41—64：吴宓的叙述聚焦在《伊利亚特》第三卷中的几个场景。

43—50：得知墨涅拉奥斯即将和帕里斯在军前决斗的消息，海伦心中激起了对前夫和故土的思念，于是她带着侍女飘然来到城头。在城头观战的特洛伊长老们亲眼看见海伦的美艳，议论纷纷。一方面，他们表示，海伦如此天仙美貌，难怪希腊人和特洛伊人为了她不惜陷入如此惨烈而无休止的一场战争；另一方面，他们又说，无论如何他们都希望能早日归还海伦，将特洛伊从苦难中解救出来。此时，也在观战的特洛伊国王普里阿摩斯将海伦叫到自己身边，先对她进行好言安慰，说他不怪她，只怪上天神祇的安排，然后又让她为自己指认希腊军中的诸位将帅。海伦一一照做了。如众多评论家所指出的，特洛伊城头这一幕透露出了海伦在人们心中激起的复杂感情。在遭人痛恨的同时，她的美丽令人膜拜，也意味着她不可能被塑造成一个完全令人厌恶、无人同情的形象。在《伊利亚特》第三卷中，独处闺房的海伦对自己造成的灾难表示了忏悔和自恨，而普里阿摩斯在城头一幕中对待海伦的态度则表明了老人对这个儿媳的极大善意和宽容。

45—46：在描写城头惊艳一幕时，吴宓忽然荡开一笔：“秀美出尘寰，真假何由谛。”这里牵涉到的是古希腊关于海伦的一个传说，即真正的海伦根本没有去特洛伊，人们在那里看到的只是她的幻影。这个说法吴宓将在下文专用一节推出（第 89—96 句），并在诗的结尾又加以发挥，在这里他只是先埋下伏笔。

51—58：这一段是从海伦眼中所见，来对比决斗中的墨涅拉奥斯和帕里斯。墨涅拉奥斯勇猛善战，气势堪比中国神话传说中的英雄后羿，而帕里斯的胜场在于“粉黛丛”中的温存，一看见墨涅拉奥斯便不由得往后退缩。[①] 若从战场上的表现来说，则两人间的高下立判，所以吴宓对海伦发出了“可有蘼芜情”之问。从处处新旧对比的行文到“新人不如旧”的立意，这八句都立刻让人想到古诗《上山采蘼芜》。以下左边是《海伦曲》第 51—58 句，右边是《上山采蘼芜》全文：

可有蘼芜情，俯眺为流涕。	上山采蘼芜，下山逢故夫。
旧夫勇猛豪，咆哮俨后羿。	长跪问故夫，新人复何如？
新郎粉黛丛，温存欣婉嫕。	新人虽言好，未若故人姝。
新欢旧可忘，旧才新不逮。	颜色类相似，手爪不相如。
	新人从门入，故人从阁去。
	新人工织缣，故人工织素。
	织缣日一匹，织素五丈余。
	将缣来比素，新人不如故。[②]

当然，明显不同的是，两首诗中的人物性别角色发生了对

① 吴宓选取善射的后羿与墨涅拉奥斯作比，恐怕主要是为了押韵。事实上，墨涅拉奥斯的主要兵器是长矛，而帕里斯更愿意使用弓箭。在古希腊的战争描写中，弓箭常常被视为胆小力怯者的武器。

② ［南朝陈］徐陵编：《玉台新咏》卷一，文学古籍刊行社 1955 年版，第 9 页。

换:《上山采蘼芜》中是那个“故夫”不知好歹，而这里则是海伦为了新欢抛弃了看起来要强得多的“旧夫”。中国文学传统里难以找到一个与海伦故事中的性别角色相匹配的典故，吴宓对《上山采蘼芜》的点化，算得上是巧用了。

59—64：墨涅拉奥斯眼看就要擒获帕里斯，但就在这千钧一发之际，阿芙洛狄忒出手相救，用一阵雾霭将帕里斯摄去，径直带回他的卧室，然后又命令仍在城头的海伦立即回到帕里斯的身边，与他共入温柔乡。无能的帕里斯受到神灵的如此眷顾，令吴宓感叹“何必建功业，方得美人契”。

65—66：与帕里斯在军事方面的懦弱无用不同，其兄赫克托耳乃特洛伊第一战将，十年来一直肩负着卫国守土的主要责任。在战场之外,《伊利亚特》还刻画了赫克托耳作为丈夫和父亲的温情（第六卷）。此外应该一提的是，虽然赫克托耳极其鄙视帕里斯，对海伦他却给予了同情和保护。据海伦自称，赫克托耳不但本人从未对她说过一句重话，还会阻止别人羞辱她（《伊利亚特》第 24 卷）。通过正面英雄人物赫克托耳对海伦的态度，我们可以看到，荷马无意将海伦塑造成一个十恶不赦、人人得而诛之的反面角色。

67—70 :《伊利亚特》以赫克托耳的战死和葬礼结束。“栋折大厦倾”，特洛伊随之陷落。帕里斯中了希腊人的毒箭，命在旦夕，祈求依诺妮施药医治，但遭到拒绝。帕里斯死后，依诺妮后悔莫及，遂自杀身亡。

正文第四段（第 71—88 句）:

71—72　　城破鸡犬戮，覆亡惨劫厉。

73—74　握刃上神坛，相逢欲裂眦。

75—76　妾命尽今日，生死一发际。

77—78　廿年色未衰，巧辩工词说。

79—80　犹存故剑恩，竟复六珈制。以上十句，见桓吉尔史诗 *Aeneid* 卷二。

81—82　同航返故国，欢乐终恺悌。

83—84　儿女侍膝前，应宾主祀祭。

85—86　清福老境臻，融融兼泄泄。以上六句，见荷马史诗 *Odyssey* 卷四。

87—88　人丧君独全，天道胡乖戾。

评注：这一段讲述的是特洛伊战争之后海伦的下落。

71—80：希腊军队攻陷特洛伊之后大肆杀戮，丧生的无数特洛伊人中包括国王普里阿摩斯，然而海伦却免于一死。此处吴宓关于材料出处的注解有误。在维吉尔史诗《埃涅阿斯纪》第二卷中，埃涅阿斯（特洛伊王族成员，主要将领之一）在城破之际的混乱中，发现海伦藏身于一处神龛，于是带着满腔怒火正准备结果她的性命，却被从天而降的母亲爱神维纳斯（即希腊的阿芙洛狄忒）及时阻止。维纳斯所给的理由，一是值此危乱之际埃涅阿斯应当速去救护自己的家人才是，二是他应当明白，造成所有这一切灾难的不是海伦和帕里斯，而是神的意志。埃涅阿斯听命而去。吴宓诗中所叙述的是，在特洛伊陷落之后墨涅拉奥斯和海伦重逢并赦免了她，这些情节来自别处。阿里斯托芬（约公元前 446—386 年）的喜剧《吕西斯特拉特》（第 155 行）和欧里庇得斯的悲剧《安德洛玛克》（第 629—630 行）中都有人物声称，墨涅拉奥斯本已举剑欲杀海伦，但当他的目光落到她身上的那一瞬间，立刻就被她的美丽所征服，宝剑从手中坠落。至于海伦的“巧辩工词说”（第 78 句），则可能指的是欧里庇得斯《特洛伊妇女》中的一幕。当时海伦随着被俘的特洛伊妇女们，即将起航前往希腊。墨涅拉奥斯声称，自己的打算是把海伦带回故土处死，以告慰所有战死在特洛伊的斯巴达勇士。海伦此时在剧中出场，请求墨涅拉奥斯允许她为自己提供辩护。在她的慷慨陈词中，海伦使用了各种诡辩（如责怪赫卡贝生下了帕里斯，普里阿摩斯又未在襁褓之中即扼杀帕里斯），不但将自己开脱得一干二净，还声称自己是希腊的大功臣（如果帕里斯在选美赛中没有因为想得到海伦而选择阿芙洛狄忒，而是站在赫拉或雅典娜一边的话，那么特洛伊人就会成为希腊的统治者了）。在场的赫卡贝愤怒地一一驳斥了海伦的这些说辞，并且强烈请求墨涅拉奥斯处死海伦，以儆效尤，而墨涅拉奥斯则表示他完全同意赫卡贝关于海伦应得到严厉惩罚的看法，只等他们一回到斯巴达就执行。

当然，墨涅拉奥斯并没能遵守他的诺言。在下边的六句诗（81—86）中，吴宓根据《奥德赛》第四卷，描述了海伦返回家乡之后的生活。她和墨涅拉奥斯言归于好，在家中养尊处优，在以女主人的身份接待客人的场面中，处处以各种方式与墨涅拉奥斯争锋，显示出她才是家中最有话语权之人。考虑到特洛伊战争给无数家庭和个人带来的惨痛遭遇，而海伦却不仅毫发无损，还继续过着美满优渥的日子，难怪吴宓发出了“人丧君独全，天道胡乖戾”的感叹。

正文第五段（第 89—98 句）：

89—90 或传风引舟，埃及长留滞。

91—92 古寺久为尼，宝幡琼姿蔽。

93—94 东土未曾到，神光谁得睨。

95—96 登陴幻非真，荆璞碱玦替。以上八句，见希罗多德（Herodotus）希腊史（*History*）卷三第一一二至一二零章。

97—98 哀哉两军众，摧仆无余继。

评注：这一段介绍希罗多德《历史》第二卷（吴宓自注中的“卷三”可能是笔误）中的一个说法，完全颠覆了以荷马史诗为代表的海伦故事。

89—96：希罗多德声称，这个说法是他在游历埃及时听到的。据说，帕里斯带着海伦驶往特洛伊时，一场大风使他们偏离了航线，结果抵达了埃及。靠岸后，帕里斯的仆人投奔当地国王普罗特乌斯，向他控诉帕里斯在斯巴达做客时对主人墨涅拉奥斯犯下的滔天罪行。愤怒的普罗特乌斯当即赶走帕里斯，扣留下海伦，等待有朝一日墨涅拉奥斯前来认领。对埃及这一幕不知情的希腊人兵临特洛伊，要求归还海伦，并且无论如何不相信特洛伊人关于海伦其实在埃及的说法。就这样，一直到希腊人打下特洛伊，他们才发现确实没有海伦的踪迹。这时墨涅拉奥斯才前往埃及，在那里找到了安然无恙的海伦。

91—94：希罗多德在埃及看见了一座神庙，里边供奉的是一位“外国来的阿芙洛狄忒”。因为已经听说了有关普罗特乌斯收留海伦的故事，所以希罗多德猜测，这位“外国来的阿芙洛狄忒”其实就是海伦。希罗多德的意思是，居留于埃及的海伦后来被当地埃及人作为神明供奉起来了。希腊世界很多地方，最主要是斯巴达和受斯巴达影响的地区，都有海伦崇拜。从第 91—92 句“古寺久为尼，宝幡琼姿蔽”看来，吴宓将希罗多德这段记录理解为：海伦在埃及留下后，成了这座神庙里的女祭司（“久为尼”的表达可能一是为了中国读者的理解方便，二是为了诗歌结尾部分引申抒发的佛教道理预作铺垫）。希罗多德的本意很简单清楚，吴宓误解的可能性不大，比较合理的解释是他有意为之。反正希罗多德记录的只是他关于一座神庙里的神像的揣测，吴宓作诗时又在希罗多德的基础上加以发挥亦无甚不可，何况他的发挥在本质上和希罗多德的要点是一致的，即：海伦根本就没有去过特洛伊。

希罗多德否认荷马的海伦故事，是从一个历史学家的角度出发，对古老神话和诗歌传统的权威发出挑战。希罗多德自认为，作为历史学家，他相信的是理性，依靠的是调查和推理，这些工具和方法要比神话传说和诗歌故事的想象要来得可靠。关于海伦的真实下落，希罗多德是在如下两个基础上得出他的结论的：（1）他在埃及采访了当地的神职人员；（2）他认为，如果海伦确实去了特洛伊，那么特洛伊人是不可能宁愿苦战十年也拒不将她交出的，唯一说得过去的解释就是他们的确无人可交。

希罗多德并不是第一个如此彻底否定荷马的海伦故事的人。公元前七世纪的西西里诗人斯特西科罗斯（Stesichorus）就在一首诗的残篇中说，世人关于海伦的传说是不可靠的，她其实并未到过特洛伊。关于斯特西科罗斯为什么这么说，一个通常的解释是，西西里属于斯巴达影响范围，当地存在海伦崇拜，所以斯特西科罗斯作了这首诗为海伦正名，借此弥补自己之前在诗中对海伦进行诽谤的过错行为。据说，因为该过错，斯特西科罗斯遭到天谴，双目失明，但一旦他在新诗中作了自我纠正，他就立刻重获光明（关于这个说法，参见柏拉图《斐德罗篇》243a，伊索克拉底《海伦》64）。希罗多德也否认海伦去过特洛伊，但他的原因和斯特西科罗斯不一样。

95—96：这两句回应第45—46句“秀美出尘寰，真假何由谛”，揭出有关“真假”问题的谜底：当初登上特洛伊城头，以其沉鱼落雁之姿惊倒一众看客的佳人，其实只是海伦的幻影，这个幻影之于海伦就如美石之于真正的美玉。这里，吴宓所依据的其实已经不是他自注中所说的希罗多德的历史著作了，而是欧里庇得斯于公元前412年搬上舞台的《海伦》。在该剧中，欧里庇得斯塑造了一个与三年前上演的《特洛伊妇女》中的海伦完全不同的女主角。一开场，我们就得知一个惊人的真相：天后赫拉因为未能赢得选美而愤怒，决定惩罚帕里斯，于是将海伦替换成一个幻影让他带往特洛伊。随后，宙斯将海伦的真身摄至埃及，并挑起了特洛伊战争。在希腊人和特洛伊人酣战的十年中，海伦其实一直都居住在埃及国王普罗特乌斯的宫中，受其庇护，丝毫不曾背叛墨涅拉奥斯。进入剧中主要部分，我们看到的则是，墨涅拉奥斯在特洛伊战争结束后返回希腊，在海上漂泊了七年后，被一场风暴卷到了埃及。此时普罗特乌斯已死，其子继承了王位，欲娶海伦，但她一心忠于墨涅拉奥斯，坚决不从。在墨涅拉奥斯和海伦惊喜重逢后，两人设计（在计策中唱主角的是海伦），成功地骗过国王，逃离了埃及。

从以上的剧情概述可以看出，欧里庇得斯创造了一个全新的海伦，在和墨涅拉奥斯的关系中她仍然居于主导地位，尽显其机智、主见和行动力，但她对他的忠贞不渝和一往情深却是我们前所未见的。与同样否认海伦曾去过特洛伊的斯特西科拉斯和希罗多德不同，欧里庇得斯作这样一个大翻案，最主要是为了通过海伦的遭遇来探讨表象和真相之间的关系这一重大而永恒的问题。这两者之间常常出现巨大差距，而人们又不可避免地被这种差距误导，从而得出大错特错的看法和判断。令剧中的海伦感到无比沉痛而又无可奈何的，正是她虽然彻底清白无辜，却被视为背叛丈夫、祸乱天下的淫妇而背负骂名。欧里庇得斯之所以选取海伦故事来剖析表象和真相的关系，是因为海伦是美的象征，人们对她的认识永远只停留在这个表象的层次，而对于真实的她到底是怎样的，大多数时候是无人关心、人云亦云地将她视作倾城倾国的祸害，其他时候则是挖空心思寻找各种角度为她开脱，导致言人人殊、莫衷一是。欧里庇得斯的《海伦》的最主要目标和最重大创意，与其说是一锤定音地呈现一个“真实的海伦”，毋宁说是将表象和真相之间复杂而艰难的关系作为一个根本的哲学和道德问题提了出来。

从《海伦曲》的最后一段可以看到，表象和真实之间的关系是吴宓从海伦故事中得到的最大感慨。所以，从材料来源上来说，欧里庇得斯给他的灵感远胜于他得益于希罗多德之处。他只在注中提及希罗多德，有可能是一时混淆或漏记。

97—98：这两句是感叹，仅仅为了海伦的幻影，希腊和特洛伊的大军前仆后继，两败俱伤，结局惨痛。

就此，吴宓结束了本诗的叙事部分，即将转入抒怀。

正文第六段（第99—112句）：

99—100　　水月镜中花，美境由心缔。

101—102　追求底虚空，颠倒成衰敝。
103—104　碌碌苦纷争，宇宙一玄谜。
105—106　鸣呼海伦身，古今亿万蜕。
107—108　贪瞋痴爱缘，无明同梦寐。
109—110　快刀斩乱丝，精勤依智慧。
111—112　至理独永存，闲愁随时瘗。

评注：乍一看，吴宓以海伦故事为基础，在这一段抒怀中表达的完全是佛家思想，但经过仔细考察，我们会发现丰富得多的内涵。

105—106：这两句点出了历史上海伦故事令吴宓最为感慨之处：其多样性和不确定性。这一特点，可以说在欧里庇得斯《海伦》一剧中独具创意的“幻影”设计里找到了最佳象征。如果我们一开始就连海伦到底是否曾与帕里斯私奔、是否曾经踏上特洛伊的土地都不得而知，那么面对“古今亿万蜕”的海伦形象，我们怎能对“真相”有任何期待呢？

99—104，107—112：海伦故事所说明的关于表象与真实之间关系的道理，令吴宓联想到了这一问题的佛教阐释。这十二句中的概念、意象和观点都明显采自佛教。首先，境由心造，世间的一切其实皆为主观产物，其美好和虚幻恰如镜花水月。因为未看透这一本质问题，人们陷入毫无意义的追求和纷争，其价值之错乱和结果之痛苦，构成了不可思议的梦呓人生。要想从这种“无明”状态中解脱出来，佛教的智慧是利器，凭借它可以斩断愚妄的根源，抛开一切无谓的烦恼，在对至高真理的固守中度过一生。

吴宓在这一段中所做的发挥，应该算是海伦故事漫长演变史中最有趣的发展之一。如果西方读者能够读到这首诗中由海伦故事到佛教道理的这一全新联想，他们会对自己熟悉的一个古老叙事传统的强大生命力产生更深刻的理解；而对于中国读者来说，他们耳熟能详的那些基本佛家教义，也会在一个充满想象力的异域故事映照下显得更为生动，也更具有普遍性。通过在海伦故事和佛家道理之间建立一个出人意想的对接，吴宓使得两者都获得了新的意义。

然而，在指出吴宓是如何成功地给海伦故事注入了新血液，也给佛家道理提供了新见证的同时，我们迫切地需要回答一个问题：吴宓在序言里说，他写作《海伦曲》的目的是叙事兼抒怀，那么他想抒发的只是对佛教智慧表达认同和赞许吗？恐怕不能作如是理解。为了更好地回答这个问题，我们必须考虑《海伦曲》的创作和发表背景。

在1933年5月号第78卷的《学衡》中，《海伦曲》是作为吴宓《欧游杂诗》的附录刊出的。稍早，《海伦曲》还曾发表于《清华周刊》1933年4月19日第39卷第5/6期和《铁路月刊·津浦线》1933年第3卷第5期的诗文栏目。在这三个发表渠道中，我们应该可以认为，在《学衡》刊出的那一次是吴宓最重视的，而我们要考求《海伦曲》的抒怀性质，也应该从他将这首诗作为《欧游杂诗》的附录发表这一安排入手。

吴宓的欧洲之行发生于1930年9月至1931年8月之间，期间所作的五十几首诗（有些在《国闻周报》和《大公报·文学副刊》发表过），他编辑成为《欧游杂诗》，登载于《学衡》。在该期杂志中，紧随这组诗之后，没有任何分隔标志排印的是吴宓的

《壬申一九三二年岁暮述怀》（以下简称《壬申岁暮述怀》）和《欧游杂诗第一集跋》（以下简称《欧游杂诗跋》），[①] 然后是另起一页、标明为“附录”的《海伦曲》。《欧游杂诗跋》对这组诗的缘起、之前的发表记录、今后的续作打算等作了一些事实性的简单说明。作于1932年11月的《壬申岁暮述怀》是四首五言古诗，先已刊载于《大公报·文学副刊》第260期。在为这组诗中每一首的意义作注解之前，吴宓先作了如下说明：“此诗四首，可作欧游杂诗之结尾或末段，故体裁全同。”看起来，可能因为《欧游杂诗》担负着过多写景记游的任务，导致“言志”不足，所以吴宓认为有必要单作一组诗，用以表明自己在结束人生这一段重要经历之后不久时的心迹。将《海伦曲》附于《欧游杂诗》和《壬申岁暮述怀》之后，也是同样用意。以抒怀为唯一目的的《壬申岁暮述怀》，为探求叙事诗《海伦曲》背后的情怀提供了不可或缺的帮助。以下我们就简单地来看一下《壬申岁暮述怀》，从中寻找有助于理解《海伦曲》之处。[②]

这组诗中的第一首如下：

> 至德惟诚敬，真爱存理想。世缘日萧条，吾生益孤往。
> 成败等齐观，苦乐同欣赏。托体红尘中，寄意青云上。
> 夙慧明本原，奇功追幻象。大道自圆融，末俗徒纷攘。
> 无我绝悔吝，得仁何悒怏。栩栩任浮游，未死脱重网。

---

① 吴宓：《欧游杂诗第一集跋》，吴学昭整理：《吴宓诗集》，第256页。如吴宓在跋中所交代的，他打算“他日追思补作及修饰整理所得，当编为二集三集”。因事实上日后并未再有续集，所以为简便计，本文将直接使用《欧游杂诗》的指称。

② 这组诗的正文及吴宓的自注皆引自《吴宓诗集》，第265—266页。不另注。

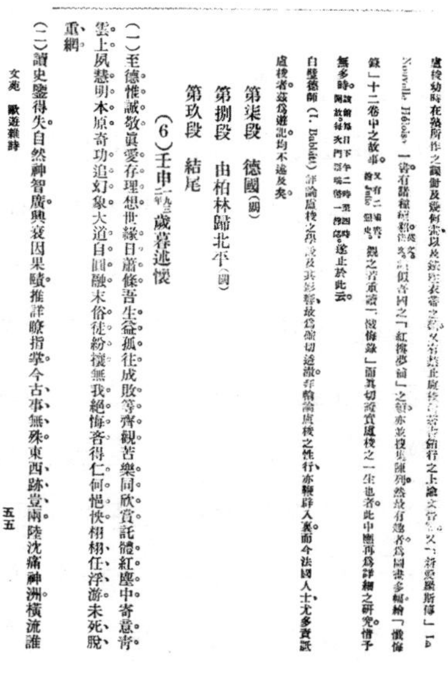
盧梭幼時在[illegible]所作之諷刺及幾何[illegible]以及鍍[illegible]表帶之[illegible]。又若[illegible]盧梭[illegible]行之上[illegible]文[illegible]。又「新愛羅斯傳」la Nouvelle Héloïse 一書有[illegible]假吾國之「紅樓夢」[illegible]之[illegible]亦並搜集陳列。然最有趣者，為圖畫多幅，繪「懺悔錄」十二卷中之故事。（又有二幅，皆繪 Julie 與史。）觀之者重讀「懺悔錄」，而其切證實盧梭之一生也者。此中應再為詳細之研究。惜予無多時。（該館每日下午二時至四時開放，每次門票一法郎。）遂止於此云。

白璧德師（I. Babbitt）評論盧梭之學說及其影響，故為剴切透徹。彼論盧梭之性行，亦鞭辟入裏。而今法國人士，尤多責詆盧梭者。茲為遊記，均不遑及矣。

第柒段 德國（闕）

第捌段 由柏林歸北平（闕）

第玖段 結尾

(6)壬申（一九三二年）歲暮述懷

(一)至德惟誠敬。眞愛存理想。世緣日蕭條。吾生益孤往。成敗等齊觀。苦樂同欣賞。託體紅塵中。寄意青雲上。夙慧明本原。奇功追幻象。大道自圓融。末俗徒紛攘。無我絕悔吝。得仁何悒怏。栩栩任浮游。未死脫重網。

(二)讀史鑒得失。自然神智廣。興衰因果賾。推詳瞭指掌。今古事無殊。東西跡豈兩。陸沈痛神洲。橫流誰

文苑 歐遊雜詩 五五

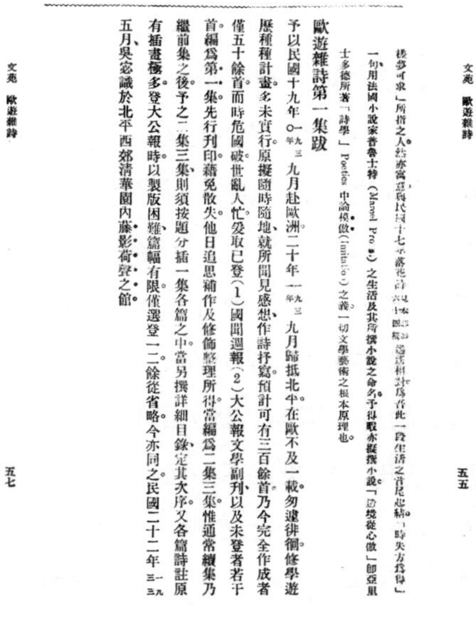
樓步可求」所指之人，若亦寓意與民國十七年落花詩（見[illegible]）[illegible]相對為者。此一段生活之首尾起結。「時失方為得」一句，用法國小說家普魯士特（Marcel Proust）之生活及其所撰小說之命名。予得暇亦擬撰小說「[illegible]從心徹」，即亞里士多德所著「詩學」Poetics 中論模倣（imitation）之義，一切文學藝術之根本原理也。

歐遊雜詩第一集跋

予以民國十九年（一九三〇年）九月赴歐洲，二十年（一九三一年）九月歸抵北平。在歐不及一載，匆遽徘徊，修學遊歷，種種計畫，多未實行。原擬隨時隨地，就所聞見感想，作詩抒寫，預計可有三百餘首。乃今完全作成者，僅五十餘首，而時危國破，世亂人忙，爰取已登(1)國聞週報(2)大公報文學副刊以及未登者若干首，編為第一集，先行刊印，藉免散失。他日追思補作，及修飾整理所得，當編為二集三集。惟通常續集，乃繼前集之後，予之二集三集，則須按題分插一集各篇之中。當另撰詳細目錄，定其次序。又各篇詩註，原有插畫極多，登大公報時，以製版困難，篇幅有限，僅選登一二，餘從省略，今亦同之。民國二十二年（一九三三年）五月，吳宓識於北平西郊清華園內藤影荷聲之館。

文苑 歐遊雜詩 五七

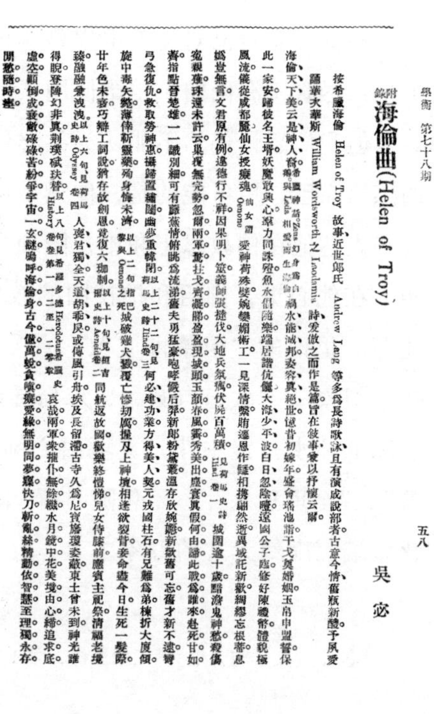
學衡 第七十八期 五八

附錄 海倫曲(Helen of Troy) 吳宓

按希臘海倫 Helen of Troy 故事，近世郎氏 Andrew Lang 等多為長詩歌詠，且有演成說部者。古意今情，舊瓶新釀。予夙愛誦華次華斯 William Wordsworth 之 Laodamia 詩，爰傚之而作是篇，旨在敍事，兼以抒懷云爾。

海倫天下美。云是神人裔。（希臘神話，Zeus 幻身為白鵝，與 Leda 相愛而生海倫。）禍水能滅邦。姿容眞絕世。憶昔初嫁年。盛會瑤池詣。干戈奠婚姻。玉帛申盟誓。保此一家安。歸彼名王壻。妖魔敢與心。羣力同誅殄。魚水倡隨樂。端居諧伉儷。大海少平波。白日忽陰曀。遠國公子臨。修好陳禮幣。體貌極風流。儀從咸都麗。仙女授癡魂。（仙女謂 Oenone）愛神荷殊嬖。婉孌媚術工。一見深情繫。賄遷恩作讎。相攜翩然逝。異域託新歡。綢繆忘根蒂。息嫣豈無言。文君原有例。違德行不祥。因果明卜筮。義師張撻伐。大地兵氛癘。伏屍百萬積。（見荷馬史詩 Iliad 卷一）城圍逾十歲。黯滲鬼神愁。殺傷寃親蕹。珠還未許云。巢覆無完勢。忽爾兩軍聚。壯戈齊凝睇。盈盈現城頭。玉顏春風霽。秀美出塵寰。眞假何由諦。此戰為誰來。赴死甘如薺。指點晉楚雄。一一識別細。可有蘼蕪情。俯眺為流涕。舊夫勇猛豪。咆哮儼后羿。新郎粉黛叢。溫存欣婉嫕。新歡舊可忘。舊才新不逮。彎弓急復仇。救取勞神惠。攝歸置繡闥。曲夢重幃閉。（以上二十二句，見荷馬史詩 Iliad 卷三）何必建功業。方得美人契。元戎國柱石。有兄難為弟。棟折大廈傾。旋中毒矢斃。薄倖靳靈藥。殉身悔未濟。（以上二句指巴黎與 Oenone 之死）城破雞犬戮。覆亡慘刼厲。握及上神壇。相逢欲裂眥。妾命盡今日。生死一髮際。廿年色未衰。巧辯工詞說。猶存故劍恩。覺復六珈制。（以上十句，見維吉爾史詩 Aeneid 卷二）同航返故國。歡樂終愷悌。兒女侍膝前。靈賓主祀祭。清福老境臻。融融兼洩洩。（以上六句，見荷馬史詩 Odyssey 卷四）人喪君獨全。天道胡乖戾。或傳風引舟。埃及長留滯。古寺久為尼。寶摒瓊姿藏。東土曾未到。神光誰得睨。登障幻非眞。荊璞碔玞替。（以上八句，見希羅多德 Herodotus 希臘史 History 卷二第一一二至一二〇章）哀哉兩軍眾。摧仆無餘繼。水月鏡中花。美境由心締。追求底虛空。顛倒成衰敝。碌碌苦紛爭。宇宙一玄謎。嗚呼海倫身。古今億萬蛻。貪嗔癡愛緣。無明同夢寐。快刀斬亂絲。精勤依智慧。至理獨永存。閑愁隨時瘞。

《学衡》杂志1933年第5期依次刊发吴宓著《壬申岁暮述怀》《欧游杂诗第一集跋》《海伦曲》

和《海伦曲》的末段一样，这首诗充斥着佛教用语（外加少许道家色彩），其主旨似乎也是抒发对一些基本佛教价值的认同。那么，吴宓自己的用意如何呢？在这首诗的注解中，他说："第一首总叙。大意取柏拉图两世界之说，重观念而轻形体。由一以明多，且以死为真生永生也。"由此看来，吴宓是在用佛教的语言表达以"一""多"之别为核心的柏拉图理念论（Theory of Forms / Ideas）。正如吴宓在一份讲义中所表述的，"一"代表"知识 = 一定；存在；一致；客观的与永恒的；智力的理念"，而与"多"相联系的则是"意见 = 变化；成为；不一致；个人的与瞬息的；感觉材料"。在同一份讲义中我们可以看到，吴宓认为，"一"相当于佛教中的"真如"（智慧或真理），而"多"则对应于佛教中的"幻觉（魔）"。[①]

根据吴宓自己对《壬申岁暮述怀》第一首的解释，我们可以推论：尽管《海伦曲》结尾使用了密度更大、色彩更浓的佛教语言，但我们恐怕仍然不能认为吴宓仅仅是在抒发自己对佛教思想的感悟而已；更可能的是，他只是选择了中国读者熟悉的佛教语言来表达他在佛教思想和柏拉图理念论之间看到的共同性，而事实上在他心里，佛祖和柏拉图的教导是高度相通的。《壬申岁暮述怀》里说的"至德惟诚敬，真爱存理想"，"夙慧明本原，奇功追幻象"，"大道自圆融，末俗徒纷攘"，和《海伦曲》末尾所歌咏的"水月镜中花，美境由心缔"，"快刀斩乱丝，精勤依智慧"，"至理独永存，闲愁随时瘗"，指向的是同一个信念：在变化多端、虚幻无常的万象之上，存在着永恒纯一的真理和大道，

---

① 吴宓著：《文学与人生》，王岷源译，第 176—177 页。

前者起于人的欲念，作用于人的感官，而后者依靠的是精神层面的诚敬和智慧。这一信念在《壬申岁暮述怀》中是以直抒胸臆的方式传达的，而在《海伦曲》中，则是通过讲述一个极其复杂、多面、多变的神话人物的故事，为思考“真”与“幻”、“一”与“多”之间的关系提供形象铺垫。以海伦故事作为载体来展现佛教思想和柏拉图理论的合一，这也许就是对《壬申岁暮述怀》第二首中“今古事无殊，东西迹岂两”两句的一个说明吧。

《壬申岁暮述怀》第二首全文如下：

读史鉴得失，自然神智广。兴衰因果赜，推详了指掌。
今古事无殊，东西迹岂两。陆沉痛神州，横流谁砥磉。
邪说增聋瞽，私利分朋党。国亡天下溺，贤圣急奔抢。
可能毁椟匣，珠玉辉天壤。愧非执梃徒，掩泪倚书幌。

在对这首诗的注释中，吴宓说：“第二首叙国事及吾之事业责任。珠玉谓中国之精神文明。‘执梃国门殉气节，抱书空山守穷独。’吾民国四年五月九日感赋诗中句。见本集卷三。今愧未能实行所言。”这首诗表达的是对国势的忧心和对自己未能尽责的愧疚，因而基调是沉痛的。“邪说增聋瞽”一句或许是指猛烈抨击中国传统文化的新文化学说盛行多时，蒙蔽了世人的视听，但在此语境中，我们可以立刻联想到海伦故事令吴宓感触最深的一点：关于海伦的主流传说如何掩盖了事实，使一个美丽忠贞的妻子蒙上了千载骂名。《壬申岁暮述怀》和《海伦曲》分别发表于1932年冬和1933年春，此时《学衡》即将停刊（第77期出版于1932年12月，第78期出版于1933年5月，最后的第79期出版于 1933 年 7 月），吴宓最念兹在兹的事业已接近尾声，他本人也久已作为逆流而动者备受讥讽和打击。可以说，和《壬申岁暮述怀》一样，《海伦曲》也是带着深深的痛心而作的。然而，正如《壬申岁暮述怀》第一首总叙中表达了对超脱末俗红尘的理想大道的坚强信念那样，组诗中的第二首尽管充满了孤愤之情，但归根结底也不是悲观的。这表现在对蕴藏于古今中外的书史中的智慧的信心上（前六句），也表现在对中国文明将永远与天地同辉的信仰上（第十四句）。同样，如我在下文将提出的，《海伦曲》中所称的"至理独永存"，其主旨也不是感叹虚空、宣扬超脱，而是有着更积极正面的含义。

现在让我们来看看《壬申岁暮述怀》第三首：

> 朱碧色恒改，苍黄丝杂纺。流水无停波，尘镜迷真像。
> 俗变礼可通，名全道必枉。凫胫违鹤膝，雅奏异凡响。
> 劝酒或伤人，揠苗难助长。未阅世事繁，敢诩吾心朗。
> 不忮羡婴孺，退藏绝魍魉。咫尺对帝天，浩气舒泱漭。

吴宓注："第三首叙民国十七年以来，离婚恋爱之经历，及精神见解之改变。"为了追求他爱慕的毛彦文，吴宓顶着来自亲朋好友的巨大压力，1929 年与妻子陈心一（1895—1994）离婚。吴宓此后几年的日记中对他与毛彦文之间复杂的感情纠葛有频繁记载。这对情侣曾认真地谈婚论嫁，但经过 1931 年吴宓旅欧期间两人之间发生的一些冲突之后（其时毛彦文在美国留学），关系变得冷淡疏远，直到 1935 年初毛彦文与熊希龄（1870—1937）结婚。本诗反映了吴宓对这段影响他至深的恋爱的一些感慨：众亲友纷纷从道德礼教的角度反对他的选择，但他们不明白，“礼”的生命并不存在于固定不变的条文之中，正是因为这些条文可以不断调适和重新解读，才能维护“礼”的永恒精神。亲友们不理解，他在爱情上的追求也许有损名教，却符合大道；[①] 他们也看不到，他们的规劝于事无补、于他有害（第1—10句）。经此一场变故，他已决定以通达的态度处理情感问题，不忮不求，问心无愧（第11—16句）。从两方面来说，这首诗可以帮助我们理解《海伦曲》。第一，本诗所触及的几个主题——事物的复杂多变，真理的难知难行，以及自己在迷茫和孤独中的坚持——也正是《海伦曲》想表达的。忠贞的海伦孤身一人在埃及，默默忍受着世人的指责，可以视为这种坚持的写照。第二，我们可以作一猜测：毛彦文的英文名为海伦，[②] 这一点很可能大大增加了吴宓对海伦故事的兴趣，甚至最初给了他写作《海伦曲》的灵感。章克生对《海伦曲》的解读，就是将吴宓的失恋理解为这首诗背后的“本事”的：

> 雨僧师写作这首长诗，正当他在恋爱生活上痛感失败空虚之际，因此他的歌咏海伦，必然有所寄托，也就是说，借他人酒杯，浇自己块垒，利用铺陈海伦的故事来达到排遣自己胸中郁闷怅恨的目的。从文学批评的角度来说，雨僧师撰

---

① 如吴宓在1929年3月27日记中所说：“欲合于真道德之标准，而不妄一偏之礼教及世俗之意见”。当然，这是吴宓本人对自己行为的解释，其未能服人之处自有不少（参见张源《从“人文主义”到“保守主义”》，第250—255页）。

② 吴宓常常在其诗作中称毛彦文为海伦，例如本年（1933）的《晨乘汽车入城寄怀海伦》和《电复海伦九月十日》，以及晚至1962年的《鹊桥仙怀念海伦》（吴学昭整理：《吴宓诗集》，第283、515页）。

> 写《海伦曲》的创作活动，产生了亚里士多德在阐述悲剧原理时所称的净化作用（Catharsis）。海伦的故事，尽管如一种传说所称的，最终与故夫重逢，返回家园，仍然是一场悲剧，而悲剧的目的在于激起恐惧与怜悯，从而使这些感情得到净化。19世纪初期德国戏剧家莱辛认为净化使多余的激情转化为高尚的情操。雨僧师从《海伦曲》的创作活动中取得了一种高超的道德教训，触景生情，因情悟道，毅然决然，力图从情网和迷妄中解脱出来，笃信天命，归于至理。[1]

将《海伦曲》的写作与吴宓的恋爱经历联系起来固然不错，但若将本诗完全理解为一个失恋者在寻找情感宣泄和精神解脱，则既无益于阐释诗中对海伦故事的讲述，也降低了《海伦曲》在帮助我们了解吴宓其人其志上的价值。在吴宓笔下，海伦经历的并不仅是（甚至不主要是）一场感情悲剧，其复杂多面的形象给他带来的慨叹和感悟也远非局限于恋爱一端。对《海伦曲》更全面的解读方法应该指出以下一点：对吴宓来说，文学的阅读、研究和创作都是与人生的体验和追求密不可分的，而爱情作为人生至关重要的一部分，和人生的其他方面一样，都须依赖古今中外最优秀的文学作品来表达、丰富和提升。

文学和多面人生的这种关系正是《壬申岁暮述怀》第四首的中心主题：

> 种花终萎枯，插柳忽骀荡。乐彼灌园叟，旦旦倾瓶盎。

---

① 章克生：《吴雨僧师以新材料入旧格律的吟诗理论及实践》，第371—372页。

美艳共眩惑，精灵费培养。色香遍大千，吾庐春风敞。
壁画九州游，梦逐蓬莱仗。映丽见天人，如玉颜俊爽。
时失方为得，造境从心仿。斗室艺术宫，余生足俯仰。

吴宓在这首诗的自注中写道：

第四首叙现在及今后吾之生活态度。仍将（1）爱情（2）理想（3）道德（4）艺术认为一事。天人即今春《春阴》诗中“蓬岛无槎梦可求”所指之人，然亦寓意。与民国十七年《落花诗》见本集卷九。遥遥相对。为吾此一段生活之首尾起结。“时失方为得”一句，用法国小说家普鲁士特（Marcel Proust）之生活及其所撰小说之命名。予得暇亦拟撰小说。“造境从心仿”即亚里士多德所著《诗学》（*Poetics*）中所论模仿（Imitation）之义，一切文学艺术之根本原理也。

在1928年《落花诗》（八首）的序中，吴宓说：“古今人所为落花诗，盖皆感伤身世。其所怀抱之理想，爱好之事物，以时衰俗变，悉为潮流卷荡以去，不可复睹。乃假春残花落，致其依恋之情。”[①]《壬申岁暮述怀》第四首的开头两句似乎预示着，这首诗歌咏的也将是“种花终萎枯”而引发的无可奈何的哀伤。然而，在接下来的十句中，洋溢着的却是春意盎然的欢欣和明媚。这种意境上的反差，可以从《落花诗》第七首和《壬申岁暮述怀》第四首中几句的对比中看到。前者云：“本根离去便天涯，随分飘零感岁华。历劫何人求净乐，寰中无地觅烟霞。生前已断

① 吴学昭整理：《吴宓诗集》，第173页。

鸳鸯梦，天上今停河汉槎。渺渺香魂安所止，拼将玉骨委黄沙。”虽然《壬申岁暮述怀》第四首也使用了一些类似词汇和意象，但其氛围何其不同：“色香遍大千，吾庐春风敞。壁画九州游，梦逐蓬莱仗。眏丽见天人，如玉颜俊爽。”据吴宓自注，《落花诗》第七首表达的是“宗教信仰已失，无复精神生活。全世皆然，不仅中国。”[①] 如果说，这是对现实世界的悲叹，那么，《壬申岁暮述怀》第四首中的活色生香、春风荡漾、神游九州、上接天人，则来自于托身文学而得到的超然而美好的精神体验。

如吴宓在自注中指出的，他对文学这种奇妙伟大的功能的认识，来自于普鲁斯特和亚里士多德。“时失方为得”一句，指向普鲁斯特的《追忆似水年华》(*À la recherche du temps perdu*，曾觉之译为《失去时间的找寻》，其他译名包括《追寻逝去的时间》《往昔之追寻》《寻找失去的时间》《追寻逝去的时光》)。[②] 著名普鲁斯特传记作家安德烈·莫洛亚（André Maurois，1885—1967）曾这样阐释《追忆似水年华》的主题：

> 第一主题，是时间……“过去”便是我们每个人身上都存在的某种永恒的东西。我们在生命中某些有利时刻重新把握“过去”，便会“油然感到自己本身是绝对存在的”。所以，除了第一个主题：摧毁一切的时间而外，另有与之呼应的补充主题：起保存作用的回忆。[③]

---

① 吴学昭整理：《吴宓诗集》，第 174 页。

② 关于这部小说译名引起的众多讨论和争议，参见许钧、宋学智《20 世纪法国文学在中国的译介与接受》，湖北教育出版社 2007 年版，第 285—295 页。

③ 施康强译，转引自许钧、宋学智：《20 世纪法国文学在中国的译介与接受》，第 309—310 页。

吴宓“时失方为得”的说法，其实就是莫洛亚指出的“补充主题”：现实世界中不可阻挡地逝去的时间，只有通过文学作品，以回忆的方式进行捕捉和描绘之后，才能进入我们的把握之中，我们在时间中的存在也才能获得意义；也就是说，回忆不是简单地“保存”过去，而是一个整理、提炼和寻找意义的过程。[①] 这一观点，本质上可以追溯到两千多年前亚里士多德“诗学高于历史”的著名论断（《诗学》1451b）：历史只记述已经发生的具体事件，而文学则揭示事物的可能性、必然性和普遍性，所以是一个更为严肃也更具哲理的领域。亚里士多德所说的文学对现实的高层次摹写，吴宓用“造境从心仿”来归纳，强调其创造性、想象力和洞察力。《壬申岁暮述怀》第四首自注中提到同年春天所作的《春阴》一诗，其结尾云“待化诗情入哲理，琅环一室任优游”，[②] 表达的就是文学透视、点化和超越现实的巨大能力，而《壬申岁暮述怀》第四首也就是运用了这种能力，在季节和文化的双重凛冬之中勾画出氤氲的一派春意之后，带着思考和信心以下边四句结束：“时失方为得，造境从心仿。斗室艺术宫，余生足俯仰。”其中“造境从心仿”这一句，可以立刻让我们想起《海伦曲》末段中的“水月镜中花，美境由心缔”。上文我们说过，这里吴宓显然是在传达佛家思想：尘世间的一切，皆由心起，虽看似美丽绚烂，但其实都只是泡沫幻影而已。这一理解诚然不错，但也许不能仅仅作此解读。鉴于《壬申岁暮述怀》和

① 吴宓 1937 年 3 月 28 日日记记录：“读 Marcel Proust 之小说及传。”莫洛亚的普鲁斯特传（《追寻普鲁斯特》*À la recherche de Marcel Proust*）1949 年才出版，所以吴宓此时所读肯定为其他传记。

② 吴学昭整理：《吴宓诗集》，第 263 页。

《海伦曲》的紧密联系，我们应当看到，对于“幻境”和制造幻境的主观意识，吴宓是划分为两种的：一是现世中作用于我们感官的事物，一是经过文学家艺术加工的事物；前者是低层次的、在本体上是虚妄的、应该看破和放开的，而后者是高层次的、真实的、值得珍爱和追求的。关于现实幻境（即“实境”）和艺术幻境之间的关系，吴宓写过不少文字，我们在本书第三章会再加讨论，这里先引用他《诗学总论》一文中的两段话作一简单说明：

> 诗为美术之一，凡美术皆描摹人生（Imitation of Human Life）者也。惟其描摹之法，非以印板写照，重拓复本，毕肖原形，毫厘不爽之谓。盖如是则理固不宜而势亦不能。其法乃于观察种种，积久成多之后，融聚一处，整理而修缮之，另行表而出之以示人（Representation）。故美术皆造成人生之幻境（Illusion）。而此幻境与实境（Actuality）迥异。盖实境者，某时某地，某人所经历之景象、所闻见之事物也。幻境则无其时，无其地，且凡人之经历闻见未尝有与此全同者，然其中所含人生之至理、事物之真象，反较实境为多。实境似真而实幻，幻境虽幻而实真。譬如屋外之山，实境也。画中之山，则幻境也。吾友适间所乘之马，实境也。缟素漠漠开风沙之马，则幻境也。实境迷离闪烁，不易了解。幻境通明透彻，至易领悟。实境成于偶然，而凌乱无理。幻境出之化工，故层次位置关系极清。凡美术皆示人以幻境，而不问实境。至若究二者之关系，则幻境乃由实境造出，取彼实境整理而修缮之，即得幻境矣……故美术中之幻

> 境，比之原有之实境，必较为精美，较为清晰，较为趣味浓深……
>
> 美术中幻境之价值，不在其与实境相去之远近，而在其本身是否完密（Complete），无一懈可击。使读者置身其间，视如真境。真境者，其间之人之事之景之物，无一不真。盖天理人情物象，今古不变，到处皆同，不为空间时间等所限。故真境（Reality）与实境迥别，而幻境之高者即为真境。故凡美术，皆求造成一无殊真境之幻境，惟诗亦然。昔者亚里士多德著《诗学》(*Poetics*)，谓史专叙一时一地三数人之事，而诗则叙古今天下所有之人之事。故二者相较，诗高于史云云。实即此处所言之理，盖史者实境之纪录，而诗则幻境之真相也。[①]

亚里士多德的诗学理论，是对其师柏拉图的批判性回应。在柏拉图理念论的框架中，“一”的抽象理念世界完美、真实、永恒，“多”的具象现实世界是对理念世界的拙劣模仿，虚幻而无常，而文学，因为其功能是对现实世界进行模仿和表现，所以相对于理念世界来说，就只能算是影子的影子，从道德和哲学意义上来说都是低级和可疑的，在柏拉图的理想国度里没有一席之地。亚里士多德不接受柏拉图将理念和物质截然两分的做法，认为前者无法脱离后者而独立存在，文学对现实世界的模仿因此也就无所谓影子的影子了。不仅如此，而且如上所说，因为文学反映的是事物的必然性和普遍性，所以不论是在知识

① 吴宓:《诗学总论》，收入吴学昭整理《吴宓诗话》，第66—67页。

上还是道德上，这种模仿都为人类提供了关键和不可或缺的学习手段。[①]

柏拉图对文学的强烈质疑和亚里士多德为文学所作的有力辩护在西方传统中影响极为深远，作为文学研究者和西洋文学专家，吴宓在这个问题上奉亚氏为圭臬可以说再自然不过。除了在知识论上肯定文学所塑造的幻境，从道德论的角度吴宓也论证了“文学描写历史中或虚构之伟大人物，足为模仿之资”这一观点。他说：“模仿为人类之天性。人性二元，亦善亦恶，由其所模仿者，而人之感情思想行事遂定。往往因偶然之遇合，随其所闻见，由无意（或下意识）之模仿而成为习惯，牢不可改，而品性以立。集人而成国，故一民族一国家之运命，乃视其中各个人所实行模仿者为何等人。”[②] 然而，需要指出的是，吴宓并不是简单地在柏拉图和亚里士多德之间选择了后者的立场；他关于实境、幻境、真境的表述，说明他仍然保留了柏拉图理念论中的重要成分。以“今古不变，到处皆同”为特征的“真境”（“一”的世界），在价值的阶梯上毫无疑问地高于具象和经验的“实境”（“多”的世界），而文学所创造的“幻境”居于两者之间，为触摸和抵达真境提供了一个潜在方式和途径，其成功者（“幻境之高者”）方得以摆脱实境，做到“无殊真境”。吴宓这种以真幻分境界高下的方法以及他关于境界间从低往高攀升的想法，都带着明显的柏拉图印记。在拥护亚里士多德为文学的辩护的同时，

---

① 关于柏拉图和亚里士多德各自的文学理论以及后者对前者的回应，参见 George Alexander Kennedy ed., *The Cambridge History of Literary Criticism, Vol. 1, Classical Criticism*, Cambridge University Press, 1990, Ch. 3 and 4。

② 吴宓：《民族生命与文学》（二），《大公报·文学副刊》1931 年 10 月 5 日。

吴宓固守着柏拉图制定的价值框架和标准。可以说，吴宓在骨子里是柏拉图主义者，其次才是亚里士多德主义者。这一点意味着什么呢？这个问题有很多种回答，在吴宓1933年12月为他即将出版的诗集所写的自序中，我们可以找到其中一个。当时距离《壬申岁暮述怀》和《海伦曲》的发表不过一年或者几个月，吴宓各方面的处境都大致未变，只不过《学衡》已最后寿终正寝，而且他也行将辞去《大公报·文学副刊》主编一职（1934年1月）。《吴宓诗集》的《刊印自序》是这样总结他此阶段的自我规划的：

> 宓平日担任学校教课以尽职资生外，前此曾任《学衡》杂志共出七十九期。总编辑十一年，又兼任《大公报·文学副刊》共出三百一十三期。编辑六年。劳苦已甚，幸皆被止夺。今后决不再任此类为人之职务，而当以余生短暇从事一己之著作。按约十年前，宓早已决定，我今生只作三部书，（1）诗集。（2）长篇章回体小说《新旧因缘》，或改名。（3）《人生要义》或名《道德哲学》，系由直接感觉体验综合而成之人生哲学。取东西古今圣贤之言，触处阐释其确义，而以日常实际公私事物为之例证。按景昌极（幼南）著（一）《哲学新论》，南京书店印行。（二）《道德哲学新论》，钟山书局印行。二书皆精当，愿本集读者取阅。今《诗集》既已出版，即拟专心致力于其余二者。所成如何，殊未敢必。《旧约·传道书》第五章第三第七节。云："多虑多梦，多言多拙。中略。梦寐多属幻境，浮词亦属空虚。"罗马哲王安敦 Marcus Aurelius Antoninus 自祷之辞曰，"哲学之为事简而卑。毋流于多言自炫。"此二语，宓尤当谨记。

> 盖若其生存之目的为明道，即志在维护并实现真善美之理想于人事中。亦即止于至善。亦即宣扬上帝之教。则直当一书不作，方为最上之途径也。[①]

因为事业上的挫折，吴宓决定从此投身著书立说，在他有志完成的三部著作中，两部属于狭义的文学类。关于诗歌和小说的创作，他在 1926 年编订《雨僧诗稿》时所撰的《编辑例言》中说："窃尝谓人之一生，总当作成诗集一册、小说一部。一以存其主观之感情，一以记其客观之阅历。诗所存者，外境对吾心之印象。小说所记者，个人在社会之位置。诗由内而主于精，小说由外而主于博。故若谓小说为提炼之人生，则诗乃提炼之人生又经提炼者耳。"[②] 吴宓此处以人生的"提炼"来对小说和诗歌进行定性，正符合我们上文所讨论的他对实境和文学"幻境"关系的认识。上边我们也已看到，在《壬申岁暮述怀》第四首的注释中，吴宓说他打算像普鲁斯特一样，"得暇亦拟撰小说"。这部名为《新旧因缘》的小说的前前后后，本书将在第三章加以讨论。在诗歌和小说之外，吴宓还想写一部道德哲学方面的著作，并非抽象理论，而是以"直接感觉体验"为基础，引"东西古今圣贤之言"为支撑，取"日常实际公私事物"作例证。吴宓讲授多年的"文学与人生"一课，就是为了这个写作计划所做的准备（我们也将在第三章中讨论），其素材、工具和灵感都来自古今中外狭义和广义的文学。总之，通过诗歌和小说的创作，吴宓企图亲身探索如何创造文学幻境，实现对人生实境的超越，从而到达精

---

① 《吴宓诗集·刊印自序》，第 5 页。

② 《吴宓诗集·编辑例言》，第 2 页。

神真境；在人生哲学著作的撰写中，吴宓所将做的则是对成功创造精神真境的文学作品进行解读和阐发，从而为现实人生提供引导、支持和慰藉。

然而，以上所述，并不是《刊印自序》引文的全部内容；吴宓在剩余的三分之一段中所表达的，至为关键。他说自己虽然打算从此致力于撰写小说和人生哲学，但是“所成如何，殊未敢必”，其原因非关能力，而是出于对著书立说之必要性抱有的疑虑。因为如果人生的根本目的是“维护并实现真善美之理想于人事中。亦即止于至善。亦即宣扬上帝之教”，那么写书显然不是实现这一目标的最佳方式。吴宓引用了《旧约·传道书》（第5章第3节和第7节）和罗马皇帝奥勒留（121—180）的《沉思录》（第9章第29节）来印证自己的疑虑。不管是《圣经》还是古罗马哲王，都劝导信仰和实行而对言辞表示警惕。其中吴宓译作“梦寐多属幻境，浮词亦属空虚”的一句（《圣经》和合本译文为“多梦和多言，其中多有虚幻”），更是直接在用词层面上响应了他的诸多相关思考。[①] 是的，最上乘的文学幻境能够不输真境，但大多数时候，语言所编织的产物，不管是文学还是哲学，都属于空虚的“浮词”，丝毫无助于我们摆脱如梦如幻的实境、向理想完美的真境攀升的努力。鉴于此，著书立说尚不如于信仰中证道，于行动中求真善美。吴宓对自己的这个告诫向我们透露，归根结底，占据吴宓精神世界最深处的既不是文学也不是

① 吴宓对《旧约》中关于“空虚”（vanity）的教训的兴趣，还可见于他在翻译萨克雷的小说《名利场》（*Vanity Fair*）时所作的译者序中（《学衡》1926年第55期）。为了解释小说书名的来历，吴宓从《旧约·诗篇》第62章第9节说起，然后是《旧约·传道书》第1章第2节，最后说到班扬《天路历程》中本于《旧约》而设计的“虚荣城”和“虚荣市”（Vanity Fair）。

哲学，而是宗教。若不朝宗教方向挖掘，则很难真正理解吴宓其人其事，包括其文学研究。

其实，吴宓在诗集《刊印自序》中对《传道书》和《沉思录》的引用，完全是模仿穆尔在《柏拉图的宗教》（1921）一书前言中的做法。在陈述了其五卷本《希腊传统》的写作计划（《柏拉图的宗教》是其中第二卷），并说自己如能在有生之年完成这一计划即应心满意足之后，穆尔部分引用了《传道书》第5章第3节（“事务多，就令人做梦；言语多，就使人愚昧”）和第2章第23节（“因为他日日忧虑，他的劳苦成为愁烦，连夜间心也不安，这也是虚空”），以自嘲的口吻提起了自己有心研究的其他几个有关课题。这一切愿望的实现与否，穆尔说，都取决于神意；此时，他想起了奥勒留《沉思录》第9章第29节的告诫，于是引以作结。[①] 从征引的权威文本到叙述的顺序和方式，吴宓诗集的《刊印自序》都几乎是穆尔《柏拉图的宗教》前言的翻版。这一事实绝非琐屑，而是一个很好的提醒，让我们注意穆尔对吴宓的影响，重视宗教和柏拉图主义在吴宓思想中的核心地位。

小结

尽管吴宓把《壬申岁暮述怀》列为自己的最得意之作，《海伦曲》屈居第二，但若要挑一篇最能全面代表他的学术兴趣、事业追求和人生感思的诗作，则非《海伦曲》莫属。在这首诗中，西方悠久的海伦故事传统得到了来自中国的一个独特演绎，而这

---

① More, *The Religion of Plato*, Princeton University Press, 1921, p. x.

一演绎正是吴宓本着“古意今情，旧瓶新醴”——或曰“以新材料入旧格律”——的文学创作精神进行的一次大胆实践，让他以中国古体长诗的形式讲述一个古老的异域故事，并且从后世众多的版本中选取了“真相和表象之关系”这个充满哲理的角度，抒发自己的人生感悟。通过和《壬申岁暮述怀》的对照阅读，我们看到，《海伦曲》所牵涉的感悟远不止于爱情方面，而是关乎吴宓对文化理想、艺术功能和道德标准的理解。因为以上这些原因，《海伦曲》毫无疑问值得比较文学学者和吴宓研究者共同关注。

吴宓在《海伦曲》中所做的体裁和题材的结合在很大程度上是成功的。用五言古体来叙述古希腊的传说可以说是一个不错的选择，有助于制造古朴和遥远之感。在大多数时候，诗中使用中国文学里的典故和固定表达来指称希腊传统中的事物和概念的做法也是有趣、合适或引人思考的（如将希腊诸雄在斯巴达王廷的聚集称为瑶池之会和玉帛之盟，用晋楚雄来形容从特洛伊城头所见希腊军中的众将，用卓文君的故事来对应海伦与帕里斯的私奔，用息妫反衬出海伦不同的贞洁观，还有通过“蘼芜情”的用典促使读者注意到弃夫而去的海伦对本指弃妇的典故形成的颠覆）。从这些例子中，我们可以看出吴宓企图在中国古代文学传统的框架内融入外来“新材料”的良苦用心和可行之路。作为中国现代旧体诗中罕见的一部作品，《海伦曲》为近年来将旧体诗充分纳入中国现代诗歌史的研究方向提供了一份独特素材，其技巧仍有待更深入地讨论。

然而，《海伦曲》“以新材料入旧格律”的努力也并不是没有问题的。最明显的问题就出现在诗尾的抒怀部分。从字面看来，这一段完全是在阐发吴宓从海伦故事联想到的佛教道理。虽然我们通过和《壬申岁暮述怀》第一首的对照阅读，可以发现吴宓想要表达的应该是（至少最主要是）柏拉图思想，但在两首诗中他所使用的都是典型的佛教语言，我们若非依靠他在《壬申岁暮述怀》中的自注则根本无法探知他的本意。这一事实说明，吴宓在佛教的世界观和柏拉图理念论之间看到了一些基本的相通之处，于是按照他"同化""本土化"的一贯策略，完全使用了佛教语言来表述柏拉图思想。吴盛青在研究吴宓的英诗中译时曾指出，他一味坚持使用中国文学传统里熟悉的语言，结果不但容易出现旧表达和新题材之间的龃龉，而且也失去了通过翻译创造新鲜表达的机会。[①] 吴宓当然知道，历史上佛经的中译就给中国的语言文字和文学带来了广泛而深远的改变（见本章正文关于印度文学的讨论），但是他自己在诗歌的翻译和创作中，却似乎只注重让

① Shengqing Wu, *Modern Archaics: Continuity and Innovation in the Chinese Lyric Tradition, 1900—1937*, pp. 371, 373. 吴宓的"同化""本土化"翻译原则很好地反映在《论今日文学创造之正法》的一句话中："欲求译文之有精采，须先觅本国文章之与原文意趣格律相似者，反复熟读，至能背诵其若干段，然后下笔翻译。"（《学衡》1923 年第 15 期，第 27 页）关于吴宓这一原则的讨论，参见 Liping Bai（白立平），"Wu Mi's Discourse on Translation", *Neohelicon* 44（2017）583-599。白立平认为，吴宓出于对中国语言文字的信心，觉得没有必要通过翻译将西方的语言形式引入中文。另一方面，刘津瑜指出，《学衡》的文字风格是试验性的，使用了不少生造词和从外文的直接音译。在研究了《学衡》对古希腊哲学著作的翻译后，刘津瑜认为，虽然这些译者（景昌极、郭斌龢、向达）习惯于用中国古代哲学里的概念来进行对译，从而事实上在翻译过程中对希腊哲学概念进行了改写，但中国哲学概念也因为被放置于一个新的阐释框架中而获得了新的含义，这种双向转化正是吴宓所追求的。参见 Jinyu Liu, "Translating and Rewriting Western Classics in China（1920s—1930s）: The Case of the *Xueheng* Journal", in Almut-Barbara Renger and Xin Fan eds., *Receptions of Greek and Roman Antiquity in East Asia*, Brill, 2019, pp. 99, 104-105。吴宓和《学衡》的翻译理念与实践都有待进一步研究。

外来事物和概念适应中国现有的表达形式。在《海伦曲》和《壬申岁暮述怀》中，柏拉图思想彻头彻尾地以早已成为中国传统一部分的佛教的面目出现，这种情况难免对两者同时造成了损失。

最后必须提到的是，在有一点上，《海伦曲》和《壬申岁暮述怀》将我们指向了吴宓融合不同传统这一努力所具有的创造性潜力。在以上的讨论中我们看到，在佛教色彩的"水月镜中花，美境由心缔"和来自亚里士多德的"造境从心仿"以及柏拉图模仿说的基础上，吴宓构造了他围绕实境、幻境、真境这些概念而生的对文学本质和功能的理解。吴宓这一认识是他对中国文学理论一个富有特色的贡献。这一话题我们将在第三章中再讨论。在接下来的第二章，我们先以吴宓在诗集《刊印自序》中对穆尔的高度模仿为线索，考察他在宗教方面的观念和实践。

第二章

吴宓与宗教

虽然吴宓多年孜孜不倦地讲他的“四大宗传”，但学界一般只关注他与其中两个传统的关系，并且将注意力集中在哲学方面。关于吴宓与儒家思想以及柏拉图主义的研究不少，强调吴宓在融合不同宗传方面的努力者往往也是以这两家为基础立论。例如，李赋宁明确指出：“吴先生的思想根源是中国的儒家思想和西方的柏拉图哲学思想。”施耐德（Schneider）也认为，吴宓发展出了一种部分是儒家、部分是柏拉图主义的道德哲学。[①]

其实，吴宓很早就认识到宗教的重要性。1914 年 3 月 5 日，还是清华学生的他听了一场题为“美国的伦理标准及其趋势”的讲座。主讲人史密斯先生认为，中国的知识阶层只注重接受西方的物质文明而不关注其宗教方面的发展，殊不知，若无来自宗教

---

① 李赋宁：《学习吴宓先生的〈文学与人生〉课程讲授提纲后的体会》，收入吴宓《文学与人生》，王岷源译，清华大学出版社 1993 年版，第 237 页；Axel Schneider, “The One and the Many: A Classicist Reading of China’s Tradition and Its Role in the Modern World: An Attempt on Modern Chinese Conservatism”, *Procedia Social and Behavioral Sciences* 2（2010）7233。

的动力则无法让人抵制诱惑，远离恶行。吴宓听完讲座后的感想是“余于宗教观念，颇惊其势力之伟大”（以上均据当日日记）。虽然我们没有更多的信息，但主讲人所说的和吴宓所理解的显然应该是以基督教为代表的建制性宗教。

多年以后，在他“文学与人生”课程的讲义中，吴宓给宗教下了一个定义。他将宗教分成“内质”和“外形”两个组成部分。内质即“Religio（Latin 拉丁语）”，“一种尊敬虔诚的心情 = 诚 + 敬”；如果具备这一内心状态，则“一切人，一切事，皆可云具有宗教性”。至于宗教的外形，则包括神学、神话学、教条、礼仪和组织等等。[①] 作这样一个区分显然是因为，对成熟时期的吴宓来说，宗教的伟大势力到底来自哪里和应该来自哪里都是需要考察的重要问题。

看起来，在宗教的内质和外形之间，吴宓对前者要重视得多。在 1939 年 3 月 17 日致旧友郭斌龢的一封长函中，吴宓如是概括自己：“宓之特长，在颇具宗教性。其特点三：（一）向上；（二）主内；（三）重一而轻多。”[②] 这一夫子自道丝毫未涉及宗教的形式方面。曾讨论过吴宓的宗教观的学者一般也都认为，他对宗教的兴趣完全是从道德角度出发，是一种精神、态度和理想而已：

> 吴宓对于宗教，接受的是其中的精神内核，而对于外在的仪式则持否定态度。
>
> 对于吴宓来说，这个宗教或者说上帝与其说是确指的基督教或者是耶稣基督，毋宁说是一种宗教的态度，即不断向

① 吴宓：《文学与人生》，王岷源译，第 127 页。

② 见该日日记。

着真理和光明的顶点进取、努力。之所以对宗教怀有一种特殊的感情，是因为吴宓并不仅仅把宗教看作是精神的皈依之所，而是因为宗教也维持着真、善、美，与其说它是一种信仰，不如说它是一种理想、一种理想的境界，这种境界用一个字来表示就是“上”。

尽管吴宓有一定的宗教意识，但这并不是他主要的关注点。如同他在文化和文学中一再强调道德的重要性一样，在他的哲学思想中，伦理道德占有绝对重要的地位，这不仅因为道德是中国传统文化中的一个关键词，也是因为道德具有世界性，是与人相关的一个核心范畴，因此在吴宓心中占据十分重要的位置。[①]

（吴宓所代表的学衡派）从“宗教性”出发，使宗教走下神坛，使之宽泛化、世俗化、道德化，回到人的精神态度和内在气质之中……把宗教性进行宽泛地理解为人的虔诚、谦卑态度和理想主义精神，也就使宗教过分地世俗化，而失去其终极性，最终也就消融了宗教的特定意义。宗教信仰既要关注现实和现世，更要关怀未来与终极。吴宓似乎消解了宗教信仰的终极关怀，过分强调它的俗世关怀所产生的道德功能……[②]

学衡派所肯定的宗教，不是指基督教、佛教一类社会学意义上的宗教，而是广义的，指一种人类的精神追求，借以

① 蒋书丽:《坚守与开拓：吴宓的文化理想与实践》，社会科学文献出版社 2009 年版，第 118、103 页。

② 王本朝:《宗教作为一种可能的现代价值资源——论吴宓的宗教观》，收入王泉根编《多维视野中的吴宓》，重庆出版社 2001 年版，第 297、300 页。

为道德引入宗教的热情、勇气、精诚信仰和忘我利他，服务人类，超凡入圣的博大情怀。[①]

以上这些看法都很有道理，在吴宓的著作中可以得到不少有力支持。例如，1927年10月28日，在协和医学院的一次英文演讲中，吴宓给宗教下了这样的定义：

我所说的“宗教”，指的是宗教本体，而不是这个或那个特定的宗教体系。我所说的“宗教”，指的是宗教的精神，它的实际功能，以及它的社会作用，而不是任何一个教会或宗派的形式、教条、仪式和体制……我也许可以这么说——宗教就是任何使人真正行善的东西，任何使人奋力实现其更高更好的自我，并抑制其不当欲望和有害冲动的东西，任何引导所有人走向一个共同目标、走向完美人性这一理想的东西，任何使人急于提升自我并爱及人类其他成员，而不是憎恨和损害他们的东西，任何使人严肃认真、通情达理、谦虚善良的东西，任何促使人宁愿因正义而受苦，也不愿作恶而得利的东西，任何使人将责任置于享乐之上、更愿意给予而不是获取的东西，任何使人快乐、满足、智慧、安宁的东西。[②]

但是，我们也将会看到，吴宓其实并非仅提倡宗教内质而完

① 郑师渠：《在欧化与国粹之间：学衡派文化思想研究》，商务印书馆2019年版，第333页。

② 演讲题为“Confucianism, Christianity, and Modern China”（儒教、基督教与现代中国），听众为教会人士及医学院师生（见当天日记），后以同题发表于 *The Chinese Social and Political Science Review*, 1928年第12期。

全弃其外形者。这两者之间的关系将是本章的重要议题之一。本章将在吴宓新人文主义四大宗传的框架内探讨他与宗教的关系，并在指出其一生中宗教思想和实践所具有的一贯性的同时，梳理他在各阶段所经历的一些重大变化。实践和发展角度的引入是本章和现有研究之间的一个显著区别。此外，我们会看到，儒教的宗教性质，以及以儒教为中心而进行的四大宗传融合，也是吴宓宗教思想和实践中最值得关注的主题之一。

一、"宗教必不能废"

从新文化运动开始，中国的进步知识分子就在科学的旗帜下对宗教进行批判。到了1922—1927年间，在反帝国主义的号召下爆发了数波声势浩大的非宗教运动（基督教为主要目标），宗教更是遭到持续的猛烈攻击。[①] 对此吴宓的立场是两方面的。一方面，他非常理解非宗教运动的诉求，毫不含糊地指出西方人对造成这一现状应负的责任。他认为，正因为近代的来华教士远不如利玛窦（1552—1610）那样的早期传教士明智，不懂得尊重中国固有的传统，所以才引起了中国人的激烈抵制，令基督教在中国声名狼藉。另一方面，跟非宗教运动对宗教本身的敌视态度不同，吴宓始终为宗教辩护，强调不能因为特定环境下产生的特定问题而弃绝宗教；相反，他认为，每一个新时

① 关于非基督教运动，参见杨天宏《基督教与民国知识分子—— 1922年—1927年中国非基督教运动研究》，人民出版社2005年版；Jessie G. Lutz, *Chinese Politics and Christian Missions: The Anti-Christian Movements of 1920–28*, Cross Cultural Publications, 1988。

代都应该对宗教的根本信仰和教义进行富有想象力的重新阐释，使之既能保存其普遍性又能适应当代的需要。[①] 吴宓始终为宗教辩护，但他很少从政治的角度回应当时宗教在中国受到的声讨，也许他认为那只是特殊环境下产生的特殊问题，而他的立论一般是从人性和人类对宗教的永恒需求出发，批评由于科学发展、物质繁荣、个人解放而对宗教造成的普遍打击（始于西方，并已影响中国）。在发表于 1922 年 4 月的《论新文化运动》一文中，吴宓定义了分别属于宗教、人文主义和自然主义范畴的天、人、物三界：

> 凡人之立身行事及其存心，约可分为三级：（一）上者为天界 Religious level。立乎此者，以宗教为本，笃信天命，甘守无违，中怀和乐，以上帝为世界之主宰，人类之楷模。凡人皆当实行师法上帝，以求与之日近。为求近上帝之故，虽破除家国，谢绝人事，脱离尘世，亦所不惜者也，如耶教、佛教是也。（二）中者为人界 Humanistic level。立乎此者，以道德为本，准酌人情，尤重中庸与忠恕二义。以为凡人之天性皆有相同之处，以此自别于禽兽，道德仁义、礼乐政刑，皆本此而立者也。人之内心，理欲相争，以理制欲，则人可日趋于高明，而社会得受其福。吾国孔孟之教，西洋苏格拉底、柏拉图、亚力士多德以下之说，皆属此类。近人

① 这两方面很好地体现在吴宓 1927 年 10 月 28 日于协和医学院所作的英文演讲中。关于对利玛窦的赞许和对近代基督教士的批评，见 Mi Wu, "Confucianism, Christianity, and Modern China", *The Chinese Social and Political Science Review* 12（1928）47–48。关于重新阐释的必要和对普遍性的保持，见该文第 46 页和 54—56 页。

或称之为人本主义，又曰人文主义 Humanism 云。（三）下者为物界 Naturalistic level。立乎此者，不信有天理人情之说，只见物象，以为世界乃一机械而已。孟子曰：人之所以异于禽兽者几希。此派之人，则不信有此几希之物，以为人与禽兽实无别。物竞天择，优胜劣败，有欲而动，率性而行，无所谓仁义道德等等，凡此皆伪托以欺人者也。若此可名为物本主义 Naturalism，吾国庄子，即近此派。西洋自近世科学发达以后，此派盛行，故忧世之士，皆思所以救之。吾国受此潮流，亦将染其流毒，然当速筹调和补救之术也。[①]

……

宗教、道德，皆教人向上者也。宗教之功用，欲超度第二第三两级之人，均至第一级。道德之功用，则援引第三级之人至第二级而已。故人群之进步 Progress，匪特前进，抑且上升。若于宗教道德，悉加蔑弃排斥，惟假自然之说，以第三级为立足点，是引人堕落，而下伍禽兽草木也。吾此节所论述者，本与新文化运动无关。惟窃以为凡立说教世者，于此中消息影响，不可不深加注意。统观新文化运动之所主张，及其输入材料，似不无蔑弃宗教道德，而以第三级之物界为立足点之病。今欲造成真正之新文化，而为中国及世界之前途计，则宜补偏救正，不可忽也。[②]

---

① 关于这一三分法，参见张源对白璧德“存在的三个等级”（Three Orders of Being: 宗教的，人文主义的，自然主义的）概念的讨论（《从“人文主义”到“保守主义”：〈学衡〉中的白璧德》，生活·读书·新知三联书店 2009 年版，第 60—63 页）。

② 吴宓：《论新文化运动》，《学衡》1922 年 4 月第 4 期，第 20—22 页。

大约一年之后，吴宓在《论安诺德之诗》一文中对宗教问题进行了大量讨论。他总结了当时在西方盛行已久、在中国亦已颇具影响的科学昌明则宗教自然衰亡的观点。这一观点认为，科学进步使得“全体人民之衣食住，均可丰美如意，无复饥寒枯瘠之人。故科学之造福人群，使之无欲不遂，可预卜也。”[①] 但是吴宓指出，得陇望蜀乃人之常情，人的欲望是永远不可能满足的，科学终究只能为人生提供手段而非目的。[②] 关于人生手段和目的问题，吴宓后来曾说：“各种科学与各‘端’打交道。（人文主义与宗教则是与中心打交道。）”要真正安定人心，仍然离不开宗教：“对人来说没有‘安宁’——‘安宁’即幸福，只有从上帝得来。”[③] 对于宗教的这种功能，吴宓在发表于1926年的《论孔教之价值》一文中作过如下总结：

> 宗教之功用，一言以蔽之，在利用人之理智想象及感情，说明宇宙及人生全体之真象，而使人之生活行为，日进于道德之途者也。以其根据人之想象及感情，故不能以科学批判宗教。以其利用想象，故必有神话迷信。以其为达实用之目的，感化人为善，故其神话迷信乃有益无害之物，不宜一概痛斥。[④]

1926年，正值非基督教运动的第三波高潮，所以吴宓在这

---

① 吴宓：《论安诺德之诗》，《学衡》1923年2月第14期（收入吴学昭整理《吴宓诗话》，商务印书馆2005年版，第79页）。文中吴宓讨论了19世纪欧洲持该观点的一些代表性人物，包括法国的孔德和雷南，英国的约翰·穆勒和赫胥黎。

② 参见同上书，第79页。

③ 吴宓：《文学与人生》，王岷源译，第113页。

④ 吴宓：《论孔教之价值》，《国闻周报》第40期，第6页。

篇文章中为宗教所做的辩护也涉及该运动的反帝诉求，但只是一语带过，“教会教士，造恶亦多”，随即提出：“但每事应分别论之。宗教之本体，至须维护。而基督教之本身，亦不可诋毁也。”① 其实，关于宗教本体和枝叶之区别，吴宓早在《论新文化运动》一文中就已提出，只不过那时更不曾涉及政治因素：

> 夫宗教实基于生人之天性，所以扶善屏恶，博施广济，使信之者得以笃信天命，心境和乐，精神安宁，此固极善之事也。道德之本为忠恕，所以教人以理制欲，正其言，端其行，俾百事各有轨辙，社会得以维持，此亦极美之事也。以上乃宗教道德之根本之内律也，一定而不变，各教各国皆同也，当尊之爱之，而不当攻之非之者也。然风俗、制度、仪节，则宗教道德之枝叶之外形也。故各教不同，各国不同，各时不同，尽可随时制宜、酌量改革，此固无伤乎宗教道德之本体也。②

在吴宓看来，宗教固然离不开组织形态和政治环境，但这些都是外在的、可变的。更根本和不变的是宗教诉诸情感想象的本质和引人向善的功能，吴宓着眼的也正是这个角度，企图由此来捍卫宗教存在的必要性。在《论孔教之价值》一文中，吴宓斩钉截铁地宣布：“宗教乃根于人之天性。故当人类之存，宗教必不能废。”③

① 吴宓：《论孔教之价值》，第 6 页。
② 吴宓：《论新文化运动》，第 18—19 页。
③ 吴宓：《论孔教之价值》，第 6 页。

在认为宗教基于人的天性的同时，吴宓知道，并不是所有人都懂得宗教的重要。事实情况恰恰相反："人皆有饮食男女之欲，仅少数人有知识学问之欲，更少数人有品德完美之欲，极少数人有诚爱笃敬上帝之欲。"① 但正因为如此，就像我们应当努力让所有人都向往知识学问和品德完美一样，宗教更应成为追求目标。他认为，不管是就个人还是全社会而言，宗教都是终极归宿。②科学使人求"真"，道德使人向"善"，艺术使人爱"美"，哲学使人得"全"，而宗教的旨归和目标乃总结为一个"上"字。③上者，上升也，指的就是吴宓《论孔教之价值》一文中所说的"宗教以全力所企图之事"，"即如何而使人性上同于天性是也。此种事业，此种工夫，名之曰天人之接引"。④ 在人类的所有活动中，宗教应居于最高最上层，因为只有通过宗教才能使人性获得本质的升华，以臻天性。

对宗教的这种认识，为吴宓提供了一个重要而持久的文化批评角度。早在哈佛求学时期，他就在日记中发过以下议论：

> 美国毕业典礼，极堂皇郑重。每会之始末，必有牧师，率众祈祷，归功于神。而名人演说，以及学生之演说，均莫不叙述美国立国以来之历史，于创业之艰难，守成之不易，少年之希望，来日之责任，三致意焉。呜呼，人方依古制，履行旧典，着重于道德宗教。而我国中学生，则只知叫嚣破坏，"革命"也，"解放"也，"新潮"也。相形之下，吾之

① 吴宓：《文学与人生》，王岷源译，第 75 页。

② 参见同上书，第 131 页。

③ 同上书，第 128 页。

④ 吴宓：《论孔教之价值》，第 6 页。

伤感为何如乎？（1920年6月21日日记）

在1927年于汉学家桥川时雄（1894—1982）北京家中的一次谈话中，吴宓这样向主人讲述自己的"志业"：

> 中国人今所最缺乏者，为宗教之精神与道德之意志。新派于此二者，直接、间接极力摧残，故吾人反对之。而欲救中国，舍此莫能为功。不以此为根本，则政治之统一终难期。中国受世界影响，科学化、工业化，必不可免。正惟其不可免，吾人乃益感保存宗教精神与道德意志之必要。故提倡人文主义，将以救国，并以救世云。（1927年7月3日日记）[①]

可以说，吴宓从哈佛时期开始奉行的新人文主义，其根本使命便是在科学化和工业化的世界大潮下，维护道德和宗教在涵养和指引人心中的关键作用。在1919年7月24日的日记中，吴宓对物质生活和精神生活的不同性质作了区分："寸心之中，欲常胜理，悔怨疑惧，无或宁息。盖精神之苦，历万世而不减毫厘……进化之说，只限于物质，而精神之苦，不缘于境遇。"[②] 吴宓并不反对科学。他说过："窃以宗教与科学本体并不冲突；古今此二者之争，皆其应用及人事之争。"[③] 在他所理解的宗教与科学之间的关系中，宗教的对象和目标是上帝（神）和灵魂，代表

① 在作于1934年的《吾生一首》后的自注中，吴宓写道："是故宗教精神，实今日中国人民生活及中国文学创造中所最急需之成分，此吾侪所深信不疑者也。"（吴学昭整理：《吴宓诗集》，商务印书馆2004年版，第283页。）

② 这篇日记共8页（38—46），引文在第41页。

③ 吴宓：《文学与人生》，王岷源译，第128页。

的是理想的、“一”的世界，而科学的对象和目标是自然和肉体，代表的是现实的、“多”的世界。“一”与“多”是吴宓得自柏拉图的最重要的哲学概念，其含义可从吴宓以下这段演绎中得以了解：

> 宇宙及人生（兼包感觉理智想象之所召示者）中，有二世界：第一世界为一为真，第二世界为多为幻。第一为理象或观念（Ideas）之世界，第二为事实（Facts）或经验之世界。第一为价值之世界，第二为事物之世界。第一世界永存不改，第二世界息息变换。第一世界为真理之所寄托，灵魂之所安居；第二世界为祸福利钝、成败得失、苦乐喜怒、荣辱尊卑，总之人世万事之所翻滚，所嬗演。[①]

在吴宓如此勾画的“一／真”、“多／幻”的世界层次中，宗教与科学本可以各自占据其应有的位置，而且二者之间孰轻孰重、孰高孰低都毋庸置疑。现代社会的问题是，（1）第一世界和第二世界之间的区别被迷失了，人们忘了“宇宙间之事物，有可知者，有不可知者。可知者有限（Finite），不可知者无穷（Infinite）。故须以信仰及幻想济理智之穷，而不可强求知其所不能知……又须以宗教道德成科学之美，而不可以所已知者为自足而败坏一切”；[②]（2）第一世界和第二世界之间的轻重高低关系被颠倒了，原本代表终极关怀和理想的宗教受到沉重打击甚或毅

① 吴宓：《中华民族在抗敌苦战中所应持之信仰及态度》，《大公报·文学副刊》1932年2月8日。

② 吴宓：《我之人生观》，《学衡》1923年4月第16期，第6页。

然摒弃，而科学（以及着眼于现实物质世界的其他追求）则取而代之，成为主导社会和统治人心的力量。[①] 这种迷失和颠倒的不良后果，吴宓指出如下：

吾人所生息之第二世界中，事事物物，殆皆质（Matter）形（Form）合成而不可分者。而吾人有生之时，既为灵魂与肉体之结合，则亦不能舍弃经济与物质而不问。然如不信有精神与道德而专务物质与经济，则科学变成（或用为）杀人之毒具，技术徒为作恶之助力，金钱财富惟长物欲而增痛苦……今即以御侮及国防论，苟无精神与道德以运用经济与物质，则以民脂民膏重价购来之炮械飞机，亦可私售或轻弃与敌人；战争紧急之际，参谋人员亦可泄露机密，后方土匪亦可拆毁铁路阻碍运输；又或将帅不和，此进彼退，克扣军饷，以饱私囊；操纵金融，制造空气；搬运家私，希图苟全。凡此皆败亡之征，抑亦国民奇辱。[②]

---

① 吴宓《我之人生观》一文发表于“科玄论战”（1923 年 2 月至 1924 年底）初起之时。虽然吴宓一般不被算作这次论战的参与者，但他在此文中表达的对科学局限性和人生观解决方法的理解，都与“玄学派”有很多相近之处，而且文章的标题似乎也展示了他对这场又名“人生观论战”的争论的兴趣。关于玄学派主要人物张君劢（1887—1969）的有关看法，参见潘凤娟、江日新《张君劢与玄学鬼——五四新文化及其献祭》，收入吕妙芬、康豹编《五四运动与中国宗教的调适与发展》，“中研院”近代史研究所 2020 年版，第 95—97 页。王昌伟（Ong Chang Woei）指出，张君劢等“新儒家”学者受柏格森（Henri Bergson, 1859-1941）的影响，将直觉体认视为达到天人合一状态的有效途径，而追随白璧德的学衡派却认为这种观点会导致对本能的放纵，真正需要的是下功夫控制人心中趋恶的一面。参见 Ong, “‘Which West Are you Talking About?’ *Critical Review*: A Unique Model of Conservatism in Modern China”, *Humanitas* 17.1-2（2004）69-82。

② 吴宓：《中华民族在抗敌苦战中所应持之信仰及态度》。

此段话中的“精神与道德”，与前几段引文中的“道德宗教”“宗教精神与道德意志”这些表达同义。吴宓每每将宗教与道德并称，可见其密切相关，但同时二者又属于不同层面。从联系上说，宗教是道德的根据、基础和源泉。[①] 从所属层面上说，宗教高于道德，其目的“在于精神上的确认：即，维护绝对真、善、美，并作为一种模式或理想将人引向另一世界”，而道德的目的则“在于实际智慧；即，在具体环境中，理智为某种天性与性情的个人正确选出的感情与行为”。[②] 同样从目标和方式的角度出发，吴宓还这样阐释了道德和宗教之间的不同与一致：

> 凡百宗教道德皆基于人性二元（善恶或理欲）之观念，而罪恶之认识实一切精神生活道德行事之初步。所异者，人文道德主于适可而止，用相当之克己工夫，调剂均平，无使冲决横溢，便为满足。凡此皆以证明理性成之。而宗教则主于根本铲除罪恶，期上帝之援引，底于绝对之至善，方为完功。凡此乃以丰富之想象及激烈之感情致之。是故宗教与人文道德，虽有如斯之不同，而实成败一致休戚相关者。[③]

总之，吴宓讲道德时离不开宗教，否则道德就是无源之水无根之木，人性无法实现向一个绝对理想世界的上升；也不能脱离

① 吴宓：《文学与人生》，王岷源译，第131页；1940年2月12日日记。
② 同上书，第124页。
③ 吴宓：《英国宗教寓言小说作者彭衍诞生三百年纪念》，《大公报·文学副刊》1928年11月26日。

道德讲宗教，因为宗教精神须得化为个人具体伦理行为的动力和指导，方显其对于人性和人间的改善是如何的不可或缺。

以上我们简单地说明了吴宓关于宗教性质和功能的一些基本观点，从中也得以初步了解他对自己“宗教性”三个特点的总结之含义所在。向上，主内，重一而轻多，指的就是将“一/真”的第一世界置于“多/幻”的第二世界之上，以内心的精神修养作为生活的主导力量，努力实现从第二世界向第一世界的攀升。这一系列的信念都符合白璧德和穆尔对宗教和人文主义之间同盟关系的理解：两者的共同目标，是通过行使一种“更高意志”和“内在节制”，驾驭情感和欲望，实现内在的平衡与安宁。

在此，应该提到的一个重要问题是：宗教和宗教性之间是什么关系，也就是说，作为“内质”的宗教性必须依托于有具体“外形”的某种宗教才能存在吗？对于这个问题，“五四”一代新知识分子往往给予否定的回答。例如，罗家伦（1897—1969）在1920年建议，应该区分“信仰心”和“形式宗教”，前者将永久存在，不可没有，而后者流毒颇多，可以没有。[①] 同一年，陈独秀提出创造一种新宗教来代替现有宗教，但他难以解释两者之间的关系；如郭亚珮所总结的：“陈独秀仍然不能接受宗教以既有形式存在，他认为‘新宗教’必须扬弃既存宗教中最为物质性、仪式性、教条性的部分。其中最为明显的矛盾正在于：一旦扬弃了不符合现代精神的仪式、教规，既存宗教还是宗教吗？它还能够发挥陈独秀所冀望于它的起信功能吗？”[②] 陈独秀关于

---

① 《罗家伦论美育——罗家伦致熊子真》，《新潮》1920年第2卷第4期。

② 郭亚珮：《陈独秀的“新宗教”——现代文明的“精神性”及其求索》，吕妙芬、康豹编：《五四运动与中国宗教的调适与发展》，第67页。

“新宗教”的想法只持续了很短一段时间，1920 年后他即开始趋向马克思主义唯物史观，对宗教的立场转为全面反对。[①] 另一“五四”干将闻一多（1899—1946）则在去世前一年写道：“没有宗教的形式不要紧。只要有产生宗教的那股永不屈服，永远向上追求的精神，换言之，就是那铁的生命意志，有了这个，任凭你向宗教以外任何方向发展都好。”[②] 这句话的最后一部分显示，如果追求脱离形式的宗教精神，其实很容易发展成对宗教的彻底消解。否定形式宗教的不仅仅是新文化运动知识分子。在“科玄论战”中被打为“玄学鬼”的张君劢以宣扬对精神生活的讲求著称，但在途径的选择上，他拒绝任何建制性宗教，而将儒家的内心修养作为通往终极境界之路（他明确指出，儒家思想不是宗教，而是“一套伦理或哲学体系”）。[③]

吴宓是怎样看待这个问题的呢？一方面，仪式等形式方面的东西对他来说是宗教的关键组成部分，他是在承认现有宗教（亦即具体的、有形式的宗教）种种弊病的同时，坚持认为宗教不可废的。在此问题上有一点值得特别注意，即：吴宓本人对某一宗教的认同是与他对该宗教的形式方面的接受程度成正比的。另一方面，我们也要指出，虽然吴宓想要保存的宗教必须同时包括“形式”和“信仰心”，但在两者之间，他确实是更看重后者，对前者则持较为灵活变通的态度。吴宓有关“宗教”和“宗教性”的认识的两个方面，我们将会在下文具体讨论。

---

① 郭亚珮：《陈独秀的“新宗教”——现代文明的“精神性”及其求索》，第 66 页。

② 闻一多：《从宗教论中西风格》，《闻一多全集》第 3 卷，生活·读书·新知三联书店 1982 年版，第 480 页。

③ 参见潘凤娟、江日新《张君劢与玄学鬼——五四新文化及其献祭》，特别是第 88—93 页。

以上我们谈论的只是抽象的“宗教”，接下来，让我们看一看吴宓宗教世界的内部构成。

二、孔子、释迦、耶稣、柏拉图的相遇

在发表于 1949 年的《孔子圣诞感言》一文中，吴宓回顾了自己三十年前师从白璧德的经历：“略识东西学术思想之本原及文明教化之精意，乃知孔子亦为西方有识者所崇敬，而与希腊三哲（苏格拉底、柏拉图、亚里士多德），及释迦我佛、耶稣基督，同为世界之先觉，人类之明灯。”[①]“明灯”的比喻，也曾出现在吴宓 1938 年 10 月 16 日的日记里：“人生如孽海乘筏，惟宗教为一线之光明灯耳。此最真至之人生观也。”在吴宓的宗教世界里，既有释迦和耶稣这样毫无疑问的宗教创始人，也有孔子和希腊三哲这样一般被称为哲学家和思想家的伟人，[②]他们共同为人类的艰难前行提供了光明和指引。后边我们会详细讨论吴宓关于孔子和希腊三哲宗教性的思考。这里我们先来看一看，吴宓是怎样理解他的四大宗传之间的关系的。

首先，吴宓认为，原本只应有一种宗教，世间五花八门的宗教都只是“宗教之浮象”。不幸的是，因为政治以及其他因素的掺杂，再加上信徒的妄为，往往导致诸教之间的相攻相残。这些后果并非宗教本身之过，实际上各教之间“本应和谐，岂特互相

① 吴宓：《孔子圣诞感言》，重庆《大公报》1949 年 8 月 27 日。

② 在“希腊三哲”中，苏格拉底本人不立文字，而仅仅是作为《柏拉图对话录》的主角出现。此外，柏拉图对吴宓的影响又明显超过亚里士多德。所以为了行文方便，我在本章常常用柏拉图指代“希腊三哲”。吴宓本人有时候也采取这种做法（见下文）。

容忍（Tolerance）而已”。[①] 这种理想的和谐状态，从吴宓想象的一个情景可见一斑：

> 设想孔子而与苏格拉底、柏拉图、亚里士多德，相遇于无何有之乡，必能握手言欢，莫逆于心，互相推让，各不敢以圣人自居。而彼此之言论思想，切磋补益，有相得益彰之乐。[②]

尽管吴宓“宗教之浮象”的用词听起来带有贬义，但他其实完全无意祛除这些现世“浮象”，恢复他那本应存在的唯一宗教。他向往的宗教和谐，其基础是各教之间和平共存，人们得以从中作出适合自己的选择。该如何选择呢？吴宓在《论孔教之价值》中的回答是“无妨随缘而自定之”：

> 例如生于西土，则当以苏格拉底为圣人可也。虽为中国人，而自幼即读柏拉图之书，熟诵精研，洞然有悟，终身依之，则此人径以柏拉图为圣人可也。若夫中国人，则能知希腊三哲者甚少，孔子之教化，绵延千载，涵濡至深。中国人自幼所薰习而受益者，无非孔子之德泽，故中国之人，终以尊孔子为圣人为正途。且希腊三哲，偏于主知，孔子则知行并重，于中国人之国民性尤为适合。[③]

这种“随缘”的选择，对个人来说事实上是非常有限的选

① 吴宓:《我之人生观》，第 9 页。
② 吴宓:《论孔教之价值》，第 7 页。
③ 同上。

择，出生成长的环境设定了可能的选项，也很大程度上决定了选择的结果。对吴宓来说，这是很自然的，也是极其合适的（比如中国人之敬奉孔子）。因为宗教之间无高低之分，所以这种随缘而定是没有问题的，不必因各人所依宗教的不同而产生遗憾或歧视。每个人都尽可以坦然地接受自己文化中的宗教传统，通过虔敬的参与来实现涵养提升自己精神和道德的目标。吴宓如此重视本土文化在宗教选择中的决定作用，当然是出于对普遍现实情况的承认；但同时，如果有人出于对异邦宗教真切的兴趣和了解而信奉该教（如上段话中假设的自幼接触柏拉图哲学并有感悟的中国人），他也是欣然赞同的。可以说，他的随缘决定论，以一种平和实用而自由的态度结合了中国文化本位主义和世界主义这两种关怀。

类似的态度，吴宓在 1923 年《我之人生观》一文中已经更详细地表达过了。关于再造中国文明应该汲取的资源，他的建议是："为中国计，为东洋计，似宜以儒教佛教为基本而新造一人生观，比之以耶教希腊罗马文化为基本者，较为势顺而易行，然此犹待决之问题也。"[①] 在该文中，吴宓还将他本人的情况作为分析的案例。当提出在诸教之间应该"何所趋择"的问题之后，吴宓作出了如下回答：

> 由二法：一曰事之偶然。二曰先入为主。例如某人生于英国，而先世皆遵从英国教会，则此人果有信心，径遵用该教会之信条仪式可也。另有人生于日本，其先世奉日莲宗之

① 吴宓：《我之人生观》，第 5 页。

佛教，则此人果有信心，径直遵用佛教之日莲宗之信条仪式可也。其后更与他教如天主教回教等相遇，仍宜坚守原信，不必迟疑，更不必改投他教。此吾所谓真能信教，与真能信教自由者之所应为也。[①]

此处，吴宓给假想的英国人和日本人所提的建议是“宜坚守原信，不必改投他教”。前文中，他认为，一个自幼即读柏拉图的中国人完全可以尊奉柏拉图（而非孔子）为圣人。将吴宓的这两个判断结合起来看，对他来说，择教问题上最重要的是一个人在某教中的根基。与任何一个宗教有关的信条仪式和情感想象，都需要长时间的耳濡目染和学习实践，才能真正进入一个人的心灵，成为塑造此人情操和行为的积极有效力量。这就是他假设那个中国人自幼即诵读柏拉图著作的原因，而虚拟的那位英国人和日本人，也是累世皆奉英国国教和日莲佛教，其本人接触到其他宗教都显然是在成年之后。在文章中，吴宓紧接着讲述了他自己的情况，用以证明长期习惯和陶冶对决定宗教归属的关键作用：

若吾之一身，既生于中国，先世所奉为儒教。吾虽曾略研究耶教之教理，然耶教之历史之环境，与吾之生涯相去太远，若风马牛不相及，且耶教派别如是之多，吾诚不知所择。至若佛教，吾闻人言其教理之高为各教冠。然吾于佛书未尝研读，而自吾有生有知以来，长读儒家之书，行事待人，亦常以儒家之规训自按；故无论世人如何辩论，然吾过去之生涯，固已合于儒教，此所谓事之偶然，此所谓先入为

① 吴宓:《我之人生观》，第9页。

主。吾将终身仍依儒教，而决不作归佛归耶之想矣。由是言之，吾信神之本体，常奉宗教之本体，此吾之真信仰也。而遵依儒教之规条与仪节，则由事境之偶然者也。[①]

由上可见，吴宓的“随缘”“偶然”“先入为主”说，其根本目的是强调宗教之间的殊途同归以及信仰真诚和自然的重要性。宗教“浮象”表现在各教不同的规条与仪节上，这些差异将随机散落于世间的人们在表面上区别开来，但宗教的本体是唯一的，一个有真信仰和相信宗教自由的人，就是在肯定和提倡这种唯一性的同时，努力维护和加深自己因“随缘”“偶然”“先入为主”而奉行的宗教的人。自从接受新人文主义后，吴宓就自视为这种人，他坚信不疑的是，“无论何时何地，孔子（兼孟荀）与希腊三哲、释迦我佛、耶稣基督所言所教之道理，皆未尝废，皆必有用，惟其名有异同，其迹有隐显耳”。[②] 在吴宓看来，如果说科学化和工业化的现代社会给人类文明带来了空前的巨变和挑战，包括对宗教的统治地位的颠覆，那么孔子、释迦、耶稣、柏拉图四大传统的相遇，也为应对巨变和挑战提供了丰富的集体资源。黑暗中，有四束光，会比一盏孤灯照得更亮更远。

在以上所引的最后一段话中，吴宓断言“吾将终身仍依儒教，而决不作归佛归耶之想矣”。确实，按照他当时对信仰“随缘”“偶然”“先入为主”的理解，应当只能如此。对宗教救世和宗教本体唯一性的信念，推动了他从留学时代就开始的对佛、耶、柏的兴趣和研修，但作为可以终身行之的信仰归属，他自认

---

① 吴宓:《我之人生观》，第9—10页。

② 吴宓:《孔子圣诞感言》。

为只能是儒教。他的这个预测并不全对。虽然他的确一生都是孔子的忠实信徒，但后来在不同阶段他考虑过成为天主教神父和佛教僧侣，而且在晚年他是明确声称自己信佛的（详见下文）。

在1940年5月21日的日记中，吴宓写道：“8—9上课。结论。劝诸生于儒、佛、耶、柏拉图之四大宗传，择一而归依，终身研究受用之。顾诸生多未喻信，宓心甚悲郁。”看起来，此时吴宓“先入为主”的观念已经发生了改变，转而认为成年人仍然可以主动选择自己的信仰，并且通过长期认真的研修和奉行，让这一选择成为自己人生的真正归宿。当然，此时，吴宓并未改变之处也许是更重要的。从他当天课堂上对学生的诱导看来，他依旧相信：宗教必不可废；人人都应有宗教归属；儒、佛、耶、柏是名有异同但宗旨一致的，尽管对中国人来说，在这四大传统中儒是自然而然排在首位的。当天课上令吴宓产生悲郁之情的“诸生多未喻信”，应该指的是他们不甚理会他关于人人都应该有宗教并且积极选择宗教的建议。这种不理解，其实是吴宓早已熟悉的，也是他自新文化运动时期以来就一直致力对抗的。在一次次的失望苦闷之后，他依然顽强地在各种阵地上发表自己有关宗教的意见。儒教（吴宓更常使用“孔教”的说法）是这些文字中最显著的关注对象。但是，我们下边将首先讨论他和基督教的关系，因为这是一个没有疑义的“宗教”，而吴宓对儒教宗教性的理解和讨论，其主要参照对象就是基督教。[①]

① 关于以基督教为模式的“宗教”这一概念在19世纪中国的产生，参见陈熙远《“宗教”——一个中国近代文化史上的关键词》，《新史学》2002年12月第13卷第4期，第37—66页；Ya-pei Kuo（郭亚珮），“*Zongjiao* and the Category of Religion in China”, in Richard King ed., *Religion, Theory, Critique: Classic and Contemporary Approaches and Methodologies*, Columbia University Press, 2017, pp. 155-161。

三、“炉火烛光依皎日”

辛亥革命爆发之后不久，清华遣散学生回家。因不知何时才能开课，于是吴宓考入了上海圣约翰大学，1912 年 3 月入学，5 月中旬返回清华复课。在圣约翰这所著名教会大学的短暂时间里，吴宓过得很不愉快。该校学生多为名流富商子弟，在吴宓眼里他们“毫不用功读书，惟事鲜衣美食，在外吃喝嫖赌”，“有种种可厌之处，其罪实不胜记”。[1] 学校的课程设置和管理政策也令吴宓不满：“以余观于此校，殊不见佳，功课既如是，而管理尤无规则，惟严责以礼拜、体操二事，他则置而不问。”（1912 年 3 月 10 日日记）礼拜和体操都给吴宓带来了不小的麻烦，我们这里只看看他对礼拜的痛恨情绪在日记中是如何倾泻而出的：

> 每晨必往祈祷，此层殊觉可憎。吾辈逢场作戏，固自无所不可。然其管理上，颇多舍本逐末之件，如此祈祷是也。（1912 年 3 月 8 日）
>
> 晨十时，至礼拜堂随众祈祷、歌颂圣诗，又忽坐忽立忽跪忽起，直延至二小时之久，至十二时始毕。无论何时不得外出，乃又加以祈祷，且如是之频，如是之久，则真令人难堪！
>
> 午后四时，复至礼拜堂祈祷，逾半小时而毕。一日数次，盖觉可厌。（1912 年 3 月 10 日）
>
> 星期日虽无祈祷上课等事，然每日两次礼拜，合计至三

① 《年谱》，第 109 页。1912 年 4 月 4 日日记。更多更详细的抱怨可见 1912 年 3 月 10 日，3 月 12 日，4 月 1 日日记。

小时之久。(1912年3月11日)

午后祈祷，时则一小时之久，歌唱复活日颂诗。其诗鄙俚可厌、无味实甚。余等方望二十一、二、三日复活节放假，藉可外出，乃此种特别祈祷歌颂已先期见逼，届时之烦琐芜渎，可想而知也。(1912年3月24日)

是日共赴礼拜堂礼拜三次，其上午下午如常时日曜外，晨七时又往，亦约一小时之久。今日除礼拜外，固毫未为他事也。(1912年4月7日)

是日天雨，乃复冒雨赴礼拜堂祈祷，依旧延至二小时之久，照样葫芦，日日为之，其可厌实甚。吾不知西人号称文明，乃为此愚钝痴蒙之举，而必使学生辈费其最有价值之光阴随作跪拜，是诚何心哉！(1912年4月28日)

看起来，吴宓对他不得不参加的这些祈祷和礼拜极其反感，是因为他觉得这些仪式太频繁，太耗时，纯粹是形式主义，缺乏内容方面的有力支撑(圣约翰开设的讲道课显然未能开启吴宓对基督教的兴趣)，[①] 也不承载真正的感情，行礼完全堕落为逢场作戏和依样画葫芦。在吴宓眼里，圣约翰大学对这些烦琐空洞的仪式的重视，正是该校种种问题的缩影。对这些"愚钝痴蒙"的仪式的憎恶，甚至导致吴宓质疑西方何以号称文明了。[②]

① 这当然有可能是因为吴宓在该校的时间太短。对于在圣约翰背诵《圣经》篇章的经历给他带来的益处，吴宓是心存感激的。(《年谱》，第109页)

② 与此同时，当吴宓听说入教学生可免交学费时，也动了入教的心思(1912年3月14日日记)。两天之后他询问了主事者，得知必须入教一年之后才能享受免学费的待遇，而他很可能在圣约翰不会超过一年半，"仅能减半年之费，似又无益。于是余入教之想又暂作罢论矣"(1912年3月16日日记)。这段极短的小插曲从另一个方面说明，吴宓此时完全没把基督教作为一个值得虔信的宗教来对待。

尽管吴宓和基督教之间的关系有一个如此不祥的开端，但后来在哈佛求学，新人文主义的影响让他对基督教的认识和态度发生了巨大的变化。吴宓宣称自己相信上帝，远远早于他开始信佛。在这个新阶段，他所理解的基督教价值何在？他对基督教形式方面的看法是否发生了改变？让我们从 1925 年吴宓对清华留美预备部学生的一次演讲说起。吴宓说：

> 基督教之坏处虽多，但其好处在能使人实行道德。其内容分析起来，约有两端：一是普遍之道德（Universal Morality），一是狭义之宗教形式。前者虽好，但中国之先哲，已言之无余。不必定须采取于基督教。后者乃耶教之糟粕，更无采取之必要。①

看起来，此时吴宓对基督教形式方面的恶感仍挥之不去，毫不客气地贬之为“糟粕”。所谓的“狭义之宗教形式”，应包括组织和礼仪两方面。关于前者，吴宓一向少有评论，他对宗教形式的反感似乎集中于后者。然而，如果我们带着这一印象去读吴宓 1931 年 7 月 16 日的日记，则会有意想不到的发现。那一天，访学欧洲的吴宓在慕尼黑参观圣母大教堂（Frauenkirche），“正值祭祀，乐歌；宓亦随众恭肃立，且以手作十字，但未跪祷”；接着吴宓还记录了以下观察和感慨：“此寺屋顶为青天金星，僧服白色袈裟，乐歌繁丽动人，而女队唱歌尤凄婉，念中国人之缺

① 吴宓讲，贺麟笔述：《希腊罗马之文化与中国》，原载于《清华周刊》1925 年第 364 期，收入吴学昭编《世界文学史大纲》，商务印书馆 2020 年版，第 435 页。贺麟（1902—1992），1919—1926 年就读于清华学校，曾上过吴宓的课，两人关系一直较为亲近。

乏高尚宗教情感，证以贺麟君之言，益觉欧洲之精神文明之高，使宓留恋不忍去，而归后必更嫌中国之不可居也！”[①] 由此观之，则吴宓对基督教宗教仪式的作用极为重视，当天的所见所闻让他感动得大赞欧洲精神文明所达到的高度，甚至从而惋惜中国人在这方面的缺陷。在吴宓的这番感叹中，宗教仪式是“高尚宗教情感”直接而真实的表现，而非空虚的多余文章。时空的不同也许能解释吴宓 1925 年演讲和 1931 年日记这两段话之间的显著差别。1922—1925 年正处于中国非基督教运动的高潮，而且方式和内容越来越激进，这一环境也许放大了吴宓心中固有的对基督教形式方面的不满，使得他在对留学生发表演讲时丝毫不假辞色。而 1931 年这一次的感想，一是反映了吴宓时隔六年之后态度上的转变，另外我们还必须考虑到，他这次的感受完全是基于他在德国一所著名大教堂的一次特别体验。置身于一座四百多年前落成的宏伟教堂之中，加以视觉和听觉的效果（建筑装饰和司仪服饰，以及圣乐合唱队的咏唱），吴宓在身心上受到巨大震撼，产生了深刻的宗教神圣感，并意识到，正是宗教的形式催生了这种不同寻常的高尚情感。[②] 然而，吴宓这次体验到的

① 关于贺麟对宗教和基督教的正面评价，下边这段话可以为证：“宗教有精诚信仰、坚贞不二的精神；宗教有博爱慈悲、服务人类的精神；宗教有襟怀广大、超脱尘世的精神。基督教文明实为西方文明的骨干。其支配西洋人的精神生活，实深刻而周至，但每为浅见者所忽视。若非宗教的知‘天’与科学的知‘物’合力并进，若非宗教精神为体，物质文明为用，绝不会产生如此伟大灿烂的近代西洋文化。”（贺麟：《文化与人生》，商务印书馆 1996 年版，第 8 页。）

② 将吴宓的这次教堂体验和蔡元培的看法对比一下会比较有意思。蔡元培说：“夫宗教之为物，在彼欧西各国，已为过去问题。盖宗教之内容，现皆经学者以科学的研究解决之矣。吾人游历欧洲，虽见教堂棋布，一般人民亦多入堂礼拜，此则一种历史上之习惯。譬如前清时代之袍褂，在民国本不适用，然因其存积甚多，毁之可惜，则定为一种礼服而沿用之，未尝不可。”（《以美育代宗教说》，高平叔编：《蔡元培全集》第 3 卷，中华书局 1984 年版，第 30 页。）

冲击归根结底来说是剧烈而短暂的，他并未从此拥抱形式上的基督教。

在1925年的演讲中，吴宓关于基督教道德方面的评论更是耐人寻味。吴宓指出，基督教的这方面"虽好，但中国之先哲，已言之无余。不必定须采取于基督教"。如果基督教的形式是糟粕，道德上又无新意，那么基督教还能为中国人提供什么呢？吴宓重新认识基督教的突破口在哪里呢？让我们再来看一看吴宓《空轩诗话》第24则（《曾宝荪女士》），这是他对于自己基督教情怀最集中最强烈的抒发。

曾宝荪（1893—1978）是曾国藩（1811—1872）的曾孙女，1916年获伦敦大学理科学士，1918年于长沙创办艺芳女子学校，并担任校长至1949年。吴宓在这则诗话开篇，赞扬曾宝荪"艰苦卓绝"，"校风美善，独立不倚，远近著称"，并称自己"久敬佩女士为理想事业辛勤奋斗，顾素未通问"。1934年寒假，陈寅恪给吴宓看了一册《艺芳杂志》，"中述校务之艰难摧沮，及女士劳愁困顿情形"，而吴宓此时"方自伤《学衡》杂志、《文学副刊》等之咸遭破毁，遂作诗一首空轩诗第八首以寄其同情"。[①]全诗如下：

力绳祖武良图在，秋满人寰淑景移。树蕙滋兰绝代业，握瑜怀瑾百愁资。歧途幸有明灯导，长沙艺芳女校校长曾宝荪女士著小说曰《歧路》。上海全国青年会协会出版。真理遥从上帝窥。炉火烛光依皎日，皎日指上帝，我辈皆炉火烛光耳。相钦并世未相知。[②]

① 吴宓：《空轩诗话·曾宝荪女士》，吴学昭整理：《吴宓诗话》，第214页。

② 吴宓：《空轩十二首》其八，吴学昭整理：《吴宓诗集》，第274页。

诗的前半部分讲的是，曾宝荪继承先祖遗烈，在乾坤巨变的乱世中投身百年树人的教育事业，为了维持学校的运转，这位品德高洁的名门后裔不得不在支左绌右的处境中艰苦奋斗。吴宓没有曾宝荪的显赫出身，但新近先后经历了《学衡》停刊（1922—1933）和从《大公报·文学副刊》主编位置（1928—1934）卸任的他，对她的奋斗和窘境都是心有戚戚焉，所以才有作诗以寄同情之举。然而，从整篇诗话看来，诗的前半部并不是吴宓的重点。他真正的重点在五、六两句和第七句（诗话挑出加以评论的唯一一句）。

“歧途幸有明灯导，真理遥从上帝窥”指向的是曾宝荪的基督教信仰。1911 年的圣诞节，在杭州冯氏女校（英国圣公会主办）求学的曾宝荪受洗入教，此后一直虔信，是民国期间最知名的中国基督徒之一。曾宝荪认为，基督教信仰劝人有爱心，教人力行，在当时中国的“颓风”之中，能有力地唤人奋起，为自救救人而生活。[①] 吴宓可以说完全认同曾宝荪的看法。在诗中，他先是将上帝比作歧途之明灯和认识真理的途径。这些比方很常见，若需要肯定某基督徒的信仰时，可以信手拈来，所以吴宓只是在诗集中以下边加点的方式特别点出曾宝荪基督徒身份的重要性，但在诗话中并未置评。这首诗的“诗眼”，也是曾宝荪其人其事在此时此刻给吴宓带来最大触动之处，在第七句之中。吴宓就该句发表了长篇议论，而且与其说是为曾宝荪而发，不如说是为他自己以及所有与他们有着共同信仰、理想和境遇的中国人而发。一开始他这样写道：

① 《曾宝荪回忆录》，岳麓书社 1986 年版，第 28 页。

> 诗中“炉火烛光依皎日”句，盖喻言，每个人之感情炉火及理智烛光极渺小微弱，但其源皆出于上帝。上帝有如皎日，其光热为无穷大、无穷久。是故人之辛苦致力于理想事业，所谓殉道殉情者，皆不过表扬上帝之精神、执行上帝之意志而已。然沧海不择细流，泰山积自土壤。苟能持此信念，则既不至（1）贪天之功以为己力，因自私虚荣而忮刻争竞。亦可免（2）由于一己之孤危失败，而遂感觉诸种努力为无益无补，前途全成黑暗也。易言之，宓深信宗教与上帝。[①]

这一段中给人印象最深的，是吴宓声称自己“深信宗教与上帝”。从上下文看来，“宗教”一词在这里似乎是特指基督教，但也可理解为兼指广义的宗教。吴宓从未受洗皈依，离开圣约翰大学之后也不上教堂做礼拜，他对自己基督教信仰的声明，是建立在他对基督教宗教本质的认识之上的。吴宓对这种本质紧接着解释如下：

> 所谓宗教，乃融合（一）深彻之理智（二）真挚之感情，信所可信，行所当行，而使实际之人生成为极乐。上帝者，即兼具无上之感情与理智之理想的人格。其光热力命皆为无穷大，如皎日为一切炉火烛光之来源及归宿也。曾女士为坚诚之基督教徒，故有此毅力，有此信心。[②]

从这里的定义可以看到，吴宓对基督徒生活的理解，就是听

① 吴宓:《空轩诗话・曾宝荪女士》，吴学昭整理:《吴宓诗话》，第 214 页。
② 同上。

从和模仿上帝，以上帝为自己行为的动力和标准，追求融合“深彻之理智”与“真挚之感情”的极乐境界。几年前吴宓曾论述过“模仿”在基督教中的重要性：

> 基督教最重模仿（Imitation）之义。以耶稣为理想人格，而共竭力则效之。耶稣合天与人，其人格不但为世中最崇高者，且超诸世外，通乎宇宙。模仿之结果，能使人心胸伟大，志意高洁，卑视物质利欲，而以仁爱及同情施诸全人类。理想之所召示，精神之所驱遣，能使人知所当信，信所当行，虽赴汤蹈火而不辞。[①]

曾宝荪正是因为凭借上帝给予的强大毅力和信心，接受耶稣理想人格的感召，才能够做到在艰难困苦中砥砺前行，以谦卑、奉献、坚韧的精神来从事自己的教育事业（这一精神就是吴宓上文总结的两点：“既不至（1）贪天之功以为己力，因自私虚荣而忮刻争竞。亦可免（2）由于一己之孤危失败，而遂感觉诸种努力为无益无补，前途全成黑暗也。”）有趣的是，吴宓把自己也跟曾宝荪一起列为上帝无上伟大的见证，尽管他并不是基督徒：

> 即宓生平辛勤致力之事，如《学衡》，如《文学副刊》，为碧柳，

① 吴宓：《民族生命与文学》，《大公报 · 文学副刊》1931 年 10 月 5 日第 195 期。“模仿”在西方古典传统和基督教传统中都是一个重要概念，包括文学艺术、伦理道德和宗教范畴内的模仿。白璧德讲得最多的是前两类（对作品、作家、真理和有德之人的模仿），而穆尔则极为重视对耶稣的模仿（参见其《基督之道》一书）。

> 为海伦等。亦由宓内心虽不具形式宗教之观念，上帝之信仰，有以致之。[①]

以此为转折点，吴宓本人和基督教的关系成了本篇诗话下一部分的中心：

> 世之誉宓毁宓者，恒指宓为儒教孔子之徒，以维持中国旧礼为职志；不知宓所资感发及奋斗之力量，实来自西方。质言之，宓爱读《柏拉图语录》及《新约圣经》，宓看明（一）希腊哲学（二）基督教，为西洋文化之二大源泉，及西洋一切理想事业之原动力，而宓亲受教于白璧德师及穆尔先生。亦可云，宓曾间接承继西洋之道统，而吸收其中心精神。宓持此所得之区区以归，故更能了解中国文化之优点与孔子之崇高中正。宓秉此以行，更参以西人之注重效率之办事方法，以及浪漫文学、惟美艺术，遂有为《学衡》、为《文学副刊》，对碧柳、对海伦之诸多事迹。[②]

这段自我陈述对理解吴宓的思想体系至关重要。虽然复兴以孔子和孔教为核心的中国文化是吴宓的不二使命，但是，这一使命从形成到执行都离不开以古希腊哲学和基督教为核心的西方传统。第一，对西洋“道统”的掌握让吴宓得以更深刻地了解“中国文化之优点与孔子之崇高中正”，从而也更清楚自己复兴事业的目的和价值。第二，西方文明的中心精神被吴宓吸收之后，成

① 吴宓：《空轩诗话·曾宝荪女士》，吴学昭整理：《吴宓诗话》，第214页。
② 同上书，第214—215页。

为新的解读资源和手段，为他企图复兴的中国传统注入了新鲜的内容。（以上这两点有助于我们理解吴宓1925年的清华演讲。吴宓当时说，基督教所提供的普遍道德虽好，“但中国之先哲，已言之无余”，该评语与其说是贬低了基督教，毋宁说是称赞儒教在普遍道德方面做得同样好；在《曾宝荪女士》中，吴宓则进一步指出，若非将儒教和基督教并置而观，儒教之高明还不会显得那么清晰。此外，吴宓演讲时说，在道德方面中国人“不必定须采取于基督教”；在《曾宝荪女士》中我们则可看到，他认为，因为基督教有助于理解和发明儒教，所以借鉴基督教就成为必需的了。）第三，希腊哲学和基督教为吴宓的艰苦任务提供了“所资感发及奋斗”的力量。“炉火烛光依皎日”所传达和礼赞的就是这种力量。如吴宓在这则诗话中所极力渲染的，每个人的感情（比作炉火）和理智（比作烛光）都极渺小微弱，只有倚赖皎日般的上帝才能不被暗夜吞没（上帝“光热力命皆无穷大，如皎日为一切炉火烛光之来源及归宿也”）。在诗话中，吴宓随即点明，他和曾宝荪有着共同的力量来源，这种共同点也正是促使他写这首诗的原因：

> 惟然，故友朋中真能了解我者极少。了解者，又未必肯赞助我。故宓于道于情，皆痛感失败与孤危。窃以曾女士理想事业之困顿挫沮，赖有宗教之精神，上帝之信仰，有以慰之扶之，予实亦同是，故作此诗。“炉火烛光依皎日”所言乃公理，非关私谊。今夫炉火恒散其热，烛光难掩其明，故凡事功道德皆缘于人之本性。又千百房室之内，各有其炉火烛光，则可喻，理想事业之合作在于无形，理想感情之表现

在于无迹。此予作诗之本意也。[①]

从这段话可以看出，在一个令他备感失败和孤危的世界里，吴宓把素昧平生的曾宝荪视为自己的同道。他们都为了自己的理想事业而奔波奋斗，都经受了巨大的挫折困顿，也都在上帝无穷的光热力命中得到了抚慰和继续前行的勇气。在追求自己的理想事业上，曾宝荪和吴宓有两个显著的共同点。

第一，两人的目标都是救国救世。在英国留学期间（1914年寒假），曾宝荪就和堂弟曾约农（1893—1986）一起，“立志贡献自己为国家，为世界致用，约定互相努力，互相帮助，以求达到这目的”。[②] 姐弟二人后来齐心协力办艺芳女校，就是对这个约定的遵守。艺芳之于曾氏，正如《学衡》之于吴宓。

第二，和吴宓类似，曾宝荪也致力于实现东西方文化的融合。因为曾家世代皆为“孔门弟子”和“儒教的信徒”，所以曾宝荪深知，她如若皈依基督教，将会是如何地“贻笑乡里”。在十八岁受洗之前，她写信向祖母和父亲请求许可，给出的理由就是：“耶教与儒教并不冲突，而且可以振兴我国的颓风。”[③] 后来，即将从英国学成归国前，曾宝荪立志要办“一个纯粹中国人主持的基督教学校”，因为“若不纯粹中国化，则中国人总不能接受

① 吴宓：《空轩诗话·曾宝荪女士》，吴学昭整理：《吴宓诗话》，第215页。

② 《曾宝荪回忆录》，第53页。孙尚扬曾提出，以曾宝荪为代表的曾氏后裔皈依基督教的主要动机不是个体的救赎，而是民族国家的救赎：“他们的目的是统摄西方之知识、科学与宗教，服务于自己的民族国家。”参见孙尚扬《曾国藩家族与基督教》，《中国农业大学学报》（社会科学版）2009年第1期，第114—124页。

③ 《曾宝荪回忆录》，第28页。

它，使它成为自己的宗教，如佛教一样”。[①] 她给学校起名“艺芳”，一是为了纪念祖母（其书斋名艺芳），另外则是“取孔子所主张游于六艺的思想”。[②] 很容易想象，曾宝荪这种融合不同宗传的视野和努力，是让吴宓感到深相契合的。

因为在理想上有这些相通之处，所以吴宓在几年前接待曾约农的一次来访之后，在日记中写道：“谈甚洽述艺芳女学之宗旨及经过”（1930 年 3 月 23 日）。五个月之后，长沙动乱，吴宓又在日记里写下了：“为曾宝荪女士及曾约农君忧。”（1930 年 8 月 17 日）虽然从未见过曾宝荪，与曾约农也只有一面之缘，但吴宓俨然已把他们视为同道中人来牵挂。[③] 对于他自己的这种情愫，吴宓在诗话中特意辨明：“‘炉火烛光依皎日’所言乃公理，非关私谊……又千百房室之内，各有其炉火烛光，则可喻，理想事业之合作在于无形，理想感情之表现在于无迹。”[④] 在他和曾氏姐弟各自充满逆境的理想事业中，上帝的无限光热给了他们奋斗的动力和坚持的毅力，必也能照亮和温暖无数其他理想主义者之间无形无迹的合作、欣赏与同情。这是此时自称“深信宗教与上帝”的吴宓必须持有的信念，他也在诗话中热情洋溢地表达了这一信念，尽管与此同时，他也禁不住为自己多年所经历的孤独和失败而黯然神伤。这两种不同情绪的交织，再一次反映在诗话最后对曾宝荪和他本人的评论里：

① 《曾宝荪回忆录》，第 53 页。

② 《曾宝荪回忆录》，第 70 页。学校的六班学生“以礼、乐、射、御、书、数六个字，依序命为礼字第一班，御字第一班等等”（出处同上）。

③ 因为此次动乱，艺芳的校园被毁（《曾宝荪回忆录》，第 102—103 页）。

④ 吴宓：《空轩诗话·曾宝荪女士》，吴学昭整理：《吴宓诗话》，第 215 页。

鸣呼，使无西洋文化之陶熔、宗教精神之鼓舞，则曾女士生平或仅如李易安，宓亦但为黄仲则而已。顾即有之，而理想事业所成亦仅此区区，宁不大可伤哉！①

才女如李易安，诗人如黄仲则，只能吟出“生当作人杰，死亦为鬼雄”和“十有九人堪白眼，百无一用是书生”这样的诗句来抒发闺中空想或愤世悲怀。让吴宓感到自豪和振奋的是，得益于西洋文化和基督教精神，使他和曾宝荪不仅仅成为苦吟悲歌的诗人和才女而已，更得以力行追求自己救世报国的理想事业。②然而，他的自豪和振奋未能持久，因为他随即想起了自己经营《学衡》和《文学副刊》的失败，以及《艺芳杂志》中所述“校务之艰难摧沮，及女士劳愁困顿情形”。毕竟，他们这些共同的不幸遭遇才是他“炉火烛光依皎日”一诗和本篇诗话的缘起。想到这里，他的豪情不由转为“宁不大可伤”的哀叹。

的确，我们以后会看到，吴宓热情讴歌的基督教上帝不足以支撑他，从1940年左右开始，他对佛教的兴趣显著上升。这并不意味着他从此放弃了基督教。如我们早先所指出过的，四大宗传的共存与融合是他留学之后坚持终生的，只不过在不同时候

① 吴宓:《空轩诗话·曾宝荪女士》，吴学昭整理:《吴宓诗话》，第215页。

② 曾宝荪曾作诗三首，对吴宓“炉火烛光依皎日”一诗进行回应，其中第一首（《奉答吴宓先生》）是这样写的:“萧瑟金风客未眠，挑灯夜起读新篇。方愁秋色恼人意，忽睹珠玑在眼前。自愧微光难拟日，且从帝子学登天。相钦何必曾相识，浊世同来即是缘。原注：宝荪客津门，于友人案头，得读吴宓先生诗集。辱承奖掖，惭感之至。不揣谫陋，作俚语奉答。”（作于1935年十月初四，收入吴学昭整理《吴宓诗集》，第304页。）

得到的注意程度和表现方式会有所不同。下边我们简单勾勒一下1921—1949期间吴宓对基督教态度的发展变化。

(一)《学衡》时期

首先，在《学衡》时期，[①] 吴宓是以基督教使徒和圣僧为榜样来从事自己的理想事业的。根据吴宓1925年5月25日的日记，友人张歆海“谓宓办《学衡》为‘吃力不讨好’，不如不办……又谓宓为‘中世之圣僧’云。噫！”一个“噫”字，也许包含了两重感慨。一方面是感叹自己事业的艰难，鞠躬尽瘁却成效甚微应者甚寡，也就是张歆海所说的“吃力不讨好”。而另一方面，张歆海将他形容为“中世之圣僧”，则可能让吴宓深以为然，并且因为被人说破而产生一丝欣慰甚至兴奋，进而更加坚定了自己效法基督教圣徒的决心。[②]

有意思的是，吴宓《学衡》时期的这种决心，在他1937年3月30日的日记中表现得最为激昂。那天，吴宓收到钱锺书从牛津大学寄来的一篇文章，题为“Mr. Wu Mi and His Poetry”（吴宓先生及其诗），请他过目之后转给温源宁主编的英文《天下》月刊发表。吴宓看过之后极为愤恚，在遵嘱将钱文转发给温源宁之后，随即在日记中发泄了自己的情绪，指责钱锺书对他“备致讥诋，极尖酸刻薄之致”，尤其是钱“谓宓生性浪漫，而中白璧

① 为行文方便起见，我将这一时期定为从1921年11月学衡社成立起至1934年1月吴宓卸任《大公报·文学副刊》主编一职止。《学衡》本身于1933年7月停刊。

② 在1929年3月27日的日记中，吴宓倾诉了他的苦恼：“世无上帝，孰能为宓裁判？宓又不信宗教，遇事安得准绳？宓只有辛苦自审度耳。”显然，这里吴宓指的是具有形式的宗教信仰。

德师人文道德学说之毒，致束缚拘牵，左右不知所可云云”这一评判，令他最不可忍受。[①] 其实，钱锺书所指出吴宓身上存在的矛盾，吴宓自己也是承认的，只不过他不但不认为自己中了白璧德的毒害，而且恰恰将自己处理这种矛盾的能力归功于新人文主义为他提供的学养。他的这种想法可见于1933年8月18日的日记中：“宓行为中虽有人文主义道德与浪漫诗情之矛盾，然以遇名师益友，读书较多，故思想见解却能贯彻崇高而不矛盾。此学之功也。”钱锺书的评论令吴宓愤怒的原因，在事发当天（1937年3月30日）的日记中揭示得很清楚：

> 按此言宓最恨；盖宓服膺白璧德师甚至，以为白师乃今世之苏格拉底、孔子、耶稣、释迦。我得遇白师，受其教诲，既于精神资所感发，复于学术窥其全真，此乃吾生最幸之遭遇。虽谓宓今略具价值，悉由白师所赐予者可也。尝诵耶稣训别门徒之言，谓汝等从吾之教，入世传道，必受世人之凌践荼毒，备罹惨痛。但当勇往直前，坚信不渝云云。白师生前，已身受世人之讥侮。宓从白师受学之日，已极为愤悒，而私心自誓，必当以耶稣所望于门徒者，躬行于吾身，

① 钱锺书：“A Note on Mr. Wu Mi and His Poetry”，《钱锺书英文文集》，外语教学与研究出版社2005年版，第72—81页。钱锺书的批评风格从以下这句话可见一斑：“这（指新人文主义）也许可以是自我修养的一个理想，但不管怎么说，它的好处在吴宓先生身上可看不出来。一个原因，是这个复合而成的面具含有太多异质与不和谐的特征，不可能真的很漂亮。另一个原因，是它下边那张脸的材质太顽固，难以真正接受它的塑造。结果就是惨不忍睹。”（第75页）直接说吴宓中毒的是这句：“吴宓先生自己也许都没意识到，白璧德学说对他的影响总体来说是有害的。”（第74页）

以报本师，以殉真道。

新人文主义对吴宓来说是救世救人的宗教，白璧德和穆尔是宗师教主，而他本人则是耶稣的门徒，在自己得救之后又毅然承担起了传教的使命。确实，如果不是带着“必受世人之凌践荼毒，备罹惨痛，但当勇往直前，坚信不渝”的这种使徒精神，他是不可能逆流而动，一意孤行地投入一场旷日持久、毫无胜算的反新文化运动的战斗的。吴宓以宗教看待新人文主义事业这一点，在他 1937 年 4 月 20 日的日记中也有明确表述。那天，他从贺麟处得知穆尔于 3 月 9 日辞世的消息（白璧德已于 1933 年去世），随后在日记中写道：

鸣呼，自穆尔先生之逝，西洋贤哲中，无足动宓等之热诚皈依崇拜者矣。虽有之，则学者与哲师耳。未能兼具苏格拉底与耶稣基督之性行，悲天悯人，以化民救世为志业者也。宓之崇拜白师与穆尔先生，只以是故，非世俗攻诋我者之所能知能解也。

这里，吴宓道出了为什么他视新人文主义为宗教的原因。在他看来，当世可能不乏优秀的学者与哲师，但没有人像白璧德和穆尔那样，是“兼具苏格拉底与耶稣基督之性行，悲天悯人，以化民救世为志业者”。只有这样的人才能赢得他的“热诚皈依崇拜”，他的崇拜方式就是模仿他们的性行和继承他们的志业（正如基督徒之于耶稣），他作为门徒的代价就是必须面对世人的诋毁和攻击，做好“以报本师，以殉真道”的准备。

事实上，吴宓的这种准备，也体现了他对浪漫精神的理解。他曾说："所谓浪漫者，非仅儿女艳情。举凡奇伟之思想，仁侠之行事，超乎平凡、迥异庸俗，而绝去功利自私之见者，皆属于浪漫之范围。中国旧日之文学中，缺乏近世西洋文学中之所谓浪漫特质。然中国古人以身殉道之义，及历代慷慨激昂忠孝节烈之行，悉是浪漫。"[①] 如果吴宓确实需要新人文主义来对自己"儿女艳情"的浪漫进行调节和控制，那么，中国传统里本已令他向往的节烈殉道之浪漫，则因接触新人文主义而得到进一步激发。[②]

可以说，在《学衡》时期，基督教为吴宓提供了一种新的战斗精神和支持力量，他在西方文学的教学中也必然一直密切接触基督教思想、历史和文学，但他尚不曾真正从一个实践的基督徒的角度去对待这个信仰。上面我们看到，在写于1934年年初（也就是《学衡》时期刚刚正式结束时）的《曾宝荪女士》诗话中，吴宓在声称自己"深信宗教与上帝"的同时特意注明道，自己的宗教观念和上帝信仰是"不具形式"的。这种情况在《学衡》时期过去之后发生了改变。

（二）后《学衡》时期

遗憾的是，对这种改变的细节我们几乎一无所知。吴宓1933

---

① 吴宓:《评顾随〈无病词〉〈味辛词〉》（节录），吴学昭整理:《吴宓诗话》，第153页。

② 如果采用对浪漫的这一定义，那么钱锺书在书评中的一句话会令吴宓感到无上荣光："事实上，他是中国这一代人中唯一货真价实的浪漫主义者，不可救药且绝无悔意。"（"A Note on Mr. Wu Mi and His Poetry"，第74页）不过，从上下文看，钱锺书所说的浪漫，最主要指的是"儿女艳情"。

年残留的日记只保留下了 8 月 11 日至 23 日南游杭州上海时的一段，1934—1935 年的日记全部无存，而 1936 年所存日记则从 7 月 1 日开始。在 1933 年残留的日记中我们能找到少许蛛丝马迹。其中一天（8 月 20 日），吴宓表示他打算“潜心学业，研究哲理，归依宗教，虔事上帝，不再追求人间浪漫之爱”。第二天（8 月 21 日），在他投宿的上海基督教青年会旅社，吴宓“枯坐一室，意极悲苦；乃敬取案头特放之白话译本《圣经》读之，颇有所悟”。这里，“敬取”的举动和“颇有所悟”的感受值得注意。结合前一天的日记，我们似乎可以看出，此时他对待《圣经》，已不仅仅是以一个饱学的西洋文学教授加上一个热忱的（宗教式的）新人文主义者的态度，而是带有虔诚的基督徒姿态，在理性认知和道德关怀之外还必须要讲究仪式和灵感。

日记的时间迅速推进到 1936 年的下半年，此时吴宓对皈依“有形式”的基督教似乎已经产生了严肃的兴趣。在 7 月 25 日，我们发现了以下记录：

> 午饭后，忽不乐。读《石头记》凤姐托巧姐于刘老老，及宝玉出家等段，大悲泣，泪如流泉。盖宓多年经历，伤心实太深矣。于是极有意出家，为天主教僧侣，对世中之人与事，一切均极厌鄙。今与宓言救国益世，如对宝玉言科第功名。盖恋爱乃宗教之初步与过程。必极聪明而又多情之人，始足语于斯二者也。

与《曾宝荪女士》诗话相比，从这一段话里看到的基督教，可能会让读者产生“何其不同也”的感觉。上帝作为“皎日”仍在，但其无穷光热已不再能让吴宓的“炉火”和“烛光”保持其烈焰和明辉，给予他追求理想事业与爱情的动力和勇气。此时吴宓向上帝祈求的，只是抚慰和解脱。直接导致他写下以上这段日记的，是《红楼梦》中贾府的败落，特别是贾宝玉的出家，只不过宝玉皈依的是佛门，而吴宓当时仍未对佛教产生切身的兴趣，在寻找“有形式的”宗教解脱途径时，他选择了多年来一直给自己提供精神力量的基督教。

从吴宓1937年9月的两则日记可以看到，此时他仍然在继续亲近基督教。“七七”事变之后，时局极为动荡，北平人心惶惶，高校亦乱无头绪。在这种情况下，吴宓感到“吾侪不能慷慨激烈，为国效力，已属可耻……日日虑祸变之来，而终无所动作，无所预备。因循抑郁，坐待事机运变之支配，呜呼，精神之颓丧不乐，可知矣”（1937年7月20日日记）。有学者注意到吴宓在这段时间连续阅读顾炎武（1613—1682）的诗集，认为其动机是“在国难当头的背景下，从文化救亡的目的出发，试图寻求一种立身行事的准则”[①]。与此同时，也许正是为了摆脱自己空怀“天下兴亡，匹夫有责”之心却无所作为的惶惑和愧疚，吴宓沉浸于对基督教的探索：

> 下午读*Christ the Word*二章。古云“嗜欲深者天机浅”。宓殆属于“天机深而嗜欲浅”一流。宓前此求爱办事，虽热烈激急，皆由理想之奔赴，绝不同于一般人之求利纵欲而为之者。自经国难，宓益觉道味浓而世缘衰，不但欲望尽绝，

① 周绚隆：《中国文化的殉道者：吴宓与顾亭林》，《吴宓评注〈顾亭林诗集〉》，人民文学出版社2012年版，第6页。

> 淡泊无营，即爱国忧民之心，亦不敌守真乐道之意。隐居北平城中，而每日所读者，乃为宗教及道德哲学书籍，不及政治时局，非为全身远祸，实以本性如斯，行其所好所乐而已！（1937年9月3日）
>
> 上午读*Shelburne Essays* Ⅵ，至八十八页，正逢St. Augustine读《圣经》而顿悟皈依，决弃尘事，舍肉欲，而专礼上帝之一段，深契宓心。（1937年9月11日）

吴宓这里提到的两本书都是穆尔的著作。可见，他基本上仍然是在新人文主义的框架内进行他对基督教的探索。我们无法判断此时吴宓是否还有“出家”做天主教教士的念头，只能说他似乎还没有完全放弃。否则，圣奥古斯丁（354—430）顿悟皈依的经历就不会给他带来特别深的感触，[①]他可能也不会有意要证明自己属于“天机深而嗜欲浅”之人。一个有宗教灵性的人皈依基督，是不辜负自己的天赋，是在作出一个让自己人生圆满的选择，而不是因为走投无路才入此门。因此，吴宓说自己天机深，也许可以看作他仍持有“出家”想法的暗示。当然，也有另外一个可能，即他并不一定有意“出家”，而只是因为痛恨自己在国家危难之际的无能为力，于是下意识地把自己沉潜宗教的行为解释为“非为全身远祸，实以本性如斯，行其所好所乐而已”。也就是说，他心底里认为自己实际上是在基督教里寻求无奈地暂时逃避，但安慰自己只不过是在履行天性，

① 圣奥古斯丁在他的《忏悔录》第八章中详细描述了这段经历。后来，这成了基督教历史上最著名的几个皈依故事之一（更早的有保罗和君士坦丁大帝的皈依）。

做一件命中注定的事而已。[①]

不管怎样，吴宓没有做神父。他在北平又待了约两个月，在这段时间里吴宓对基督教的亲近感不同一般，从 1937 年 10 月 7 日日记中的一段可见一斑。那天，“木匠来，制箱盖。见其人（少年）敦厚而勤敏，既觉中国此等人极可爱，且忆木匠为耶稣基督所操之业也”。见到一个可爱的木匠尚且要联想到耶稣当年也曾操此业，只有一个心思常常在基督教里盘桓的人才会如此。然而，即便是这样，吴宓始终没有在仪式和组织方面做任何入基督教的准备。

吴宓在 1937 年 10 月 27 日决定离开北平。11 月 7 日，他启程南下，奔赴长沙，加入清华、北大、南开三校组建的临时大学。他于 11 月 19 日到达长沙，十天后（29 日）他前往艺芳女校，拜访了曾宝荪和曾约农。在日记中吴宓写道：“与约农谈尤久，契合无间。约农出示郭嵩焘先生手批之《新旧约全书》，甚多精到卓绝之语。”虽然我们没有更多的细节，但是基督教信仰显然是这次会谈中的重要话题，而且可以看到，尽管吴宓宣称自己已经“欲望尽绝，淡泊无营”（1937 年 9 月 3 日日记），但他对仍在艰苦奋斗的曾氏姐弟的赞许和钦佩未变，他们仍然是他心

① 1935 年 1 月，吴宓拜访黄节，听他“阐述亭林事迹，谓其既绝望于恢复，乃矢志于学术。三百年后，中华民族，由其所教，卒能颠覆异族，成革命自主之业。今外祸日亟，覆亡恐将不免，吾国士子之自待自策当如亭林。是日，师言时，极矜重热诚。宓深感动，觉其甚似耶稣临终告语门弟子‘天地可废，吾言不可废’见《新约·马太福音》第二十四章第三十五节。之情景”（吴学昭整理：《吴宓诗话》，第 190 页）。不知这是否可以作为佐证证明，到了 1937 年，基督教对吴宓的作用，从原来以激励为主转为以抚慰为主。在《阅读教育界人物志之反思与说明》（1936 年底），吴宓说：“宗教，只不过是在恋爱与实际成就方面遭到失败后的庇护所。”（吴宓：《文学与人生》，王岷源译，第 72 页。）

目中理想的基督徒。

（三）西南联大时期

吴宓1938年到了西南联大后，我们对他基督教方面的思想和活动所知甚少。他作于1939年4月5日的《怀父》最后两句是："浮生仅此微丝系，上帝微灵与父慈。"可见，此时基督教仍然在吴宓的宗教世界里占据中心位置，是他最重要的感情依托之一。另外，吴宓的日记显示，从1939至1940年，任燕京大学宗教学院院长、基督教神学家赵紫宸（1888—1979）在昆明圣公会文林堂讲道期间，两人过从甚密。除了私人来往，吴宓还常去听赵紫宸的演讲，读赵的著作，参加在赵宅举办的"心社"小型讲学聚会（该社发起人为吴宓，并非以基督教为主题）。[①] 吴宓对赵紫宸的为人和诗作评价很高，还称赞其"不愧为基督教徒"。[②] 除了其作为教徒的品德和修为，赵紫宸能赢得吴宓的尊重和欣赏，更重要的无疑还与他的神学主张和宗教实践有关。与个人救赎相比，赵紫宸更注重以基督教为基础来再造中国人的精神，以达到重建中国社会和拯救中国的目的。[③] 而且，作为基督

---

① 例如，1939年12月14日听赵讲《宗教与人生》，12月28日讲《诗与宗教》，1940年1月11日讲《陶渊明的哲学》，1月18日讲《诗人王维的宗教》；1940年3月1日读赵著《巴德（Karl Barth, born 1886, Swiss）的宗教思想》；1940年1月17日心社集会，吴宓讲《〈石头记〉一书对我之影响》，3月20日贺麟讲《道德标准之进化》，4月3日朱宝昌（1909—1991）讲《释悲》。关于心社的发起，见1939年11月20、21、22、28日日记。

② 1940年1月25日日记；吴宓：《艺术修养与宗教精神》，《武汉日报·文学副刊》1947年11月10日。

③ 参见孙尚扬《社会重建：赵紫宸的基督教社会哲学之旨趣探析》，李灵、曾庆豹主编《中国现代化视野下的教会与社会》，上海人民出版社2011年版，第148—165页。

教中国本色化运动的主要提倡者之一，赵紫宸致力于使基督教真正成为中国人的宗教，在教义的诠释和教会的仪式上都进行了很多将基督教与中国传统（尤其是儒家传统）结合的尝试，以至于有人批评他笔下的耶稣更像孔子而非来自《新约圣经》。[①] 与曾宝荪一样，赵紫宸因为投身于救国淑世的理想事业，努力探寻中西文化融合之路，所以能够引起吴宓的共鸣。[②]

吴宓在1940年6月23日的日记中写道："8：30—10：30文林堂参加晨祷。宸演讲《临别赠言》，众感动。朱友渔则俗鄙不堪。无学无文，相形大异。"这则日记让我们再一次确认了吴宓对赵紫宸的赞赏；不幸成为反面陪衬的朱友渔（1885—1986）并非无名之辈，他持有哥伦比亚大学神学博士学位，时任中华圣公会维多利亚教区云贵分教区主教。除此之外，这篇日记还有一点值得注意。离开圣约翰大学之后，吴宓极少有参加教堂祷告的记录。哈佛毕业典礼是一个例外（1920年6月22、24日日记）；后来，1943年3月14日在文林堂举行的大斋节（Lent）圣餐仪式是另一次（从当日的日记看来，吴宓前往似乎主要是为了聆听

① 在《本色基督教与儒学传统——以1920年代、1930年代为主的讨论》一文中，吕妙芬着重讨论了赵紫宸在对家庭和人伦的态度上、对耶稣人性和人格的理解上，以及对人与上帝关系的看法上是如何向传统儒家思想靠近的。（吕妙芬、康豹编：《五四运动与中国宗教的调适与发展》，第429—439页。）关于赵紫宸在儒家框架内阐释基督教这一做法所受到的批评，以及他本人后来所做的改正，参见 Winfried Glüer, "The Legacy of T. C. Chao", *International Bulletin of Missionary Research* 6.4（1982）165-168；许开明：《论赵紫宸先生的脉络化基督论的神学意义》，唐晓峰、熊晓红主编：《夜鹰之志——"赵紫宸与中西思想交流"学术研讨会论文集》，宗教文化出版社2010年版，第95—148页。赵紫宸出版于1935年的《耶稣传》是吴宓1930至1940年代所授《文学与人生》课程的必读书目之一（吴宓：《文学与人生》，王岷源译，第5页）。

② 曾宝荪和赵紫宸都作为中国代表，出席了1928年和1938年的世界基督教协进会会议。参见《曾宝荪回忆录》，第87—88页。

剑桥大学教授李约瑟的演讲“科学与宗教”）。[1]而 1940 年 6 月 23 日这一次的破例，显然是因为在昆明讲道期满的赵紫宸将在此场合发表临别演讲。所以，吴宓到场，是为了送别友人，而不是为了表现自己的基督教信仰。我们也许可以说，吴宓对基督教在仪式上的疏远和拒绝，昭示了他真正走进基督教的一大障碍。正因为对吴宓来说，仪式是宗教不可分割的一部分，是内心宗教情感的真诚外现，所以他不会随意参加宗教仪式；同理，只要他还不能欣然参与这些仪式，他就很清楚自己尚未具备成为一个信徒的心理资格。

事实上，这时候（1940 年 6、7 月间），吴宓已经开始明显向佛教靠近。可证明此一发展的大量证据我们在下一节再讨论。此处只引两则较短的日记来说明。6 月，在给郭斌龢的信中，吴宓谈到自己打算不接受西北大学的聘请（文学院院长之职；见 1 月 12 日日记），主要原因是“宓倾心宗教，欲潜读佛书。视一切为不足为，而求功骛名尤甚愚也”（1940 年 6 月 22 日日记）。7 月，吴宓考虑前往嘉定（四川乐山），“助马一浮先生办理复性书院，并从受业。一年中，于儒学佛学必有所得，且可享山水之清美之趣。宓之精神，当可充实贞固矣”（1940 年 7 月 29 日日记）。大概从这段时间开始，吴宓对佛教的兴趣一发而不可收，但这是后话。这里，我们可通过郭斌龢 1940 年 8 月 9 日致吴宓的一封信，来看看他的友人是如何看待基督教和佛教精神在吴宓身上的此消彼长的。郭斌龢写这封信，是因为他和梅光迪、缪钺（1904—1995）、竺可桢（1890—1974）等当时任教于浙江大学

① 吴宓在日记中对李约瑟（Joseph Needham, 1900—1995）演讲的评价是：“殊浅劣，大异其所著书。”

的吴宓友人，频频来电来函敦请吴宓接受浙大外文系主任一职，但吴宓屡次婉拒了。郭在信中说：

> 弟等盼兄来此，其最大目的，在创办刊物，负起指导学术思想之重任。兄一生光荣在办《学衡》。自入清华，即渐消沉。清华生活，于兄害多而利少……兄之性格，应为基督式之斗士，而不应为印度式之和尚。（1940年8月9日日记）

郭斌龢的批评让我们想起了，同为友人的张歆海在1925年曾将吴宓比作“中世纪的圣僧”。我们同时想到的，还有曾宝荪皈依基督教的一大原因，即为了“振兴我国的颓风”。其实，视基督教为一股能够破除国人萎靡、消极、冷漠、麻木精神的有生力量，乃民国时期不同阵营知识分子的普遍看法。例如，陈独秀曾呼吁过，“要把耶稣崇高的、伟大的人格和热烈的、深厚的情感，培养在我们的血里，将我们从堕落在冷酷、黑暗、污浊坑中救起”。[①] 张东荪（1886—1973）也认为，“佛教的性质诚如梁漱溟君所说，是向后的。而孔子的思想太缺乏奋斗的精神。所以比较起来，耶教或有可以矫正现在中国的地方”。[②] 与陈独秀和张东荪不同，吴宓并不认为中国完全缺乏在他们眼里只有基督教才

① 陈独秀：《基督教与中国人》，《新青年》1920年第7卷第3号。

② 张东荪：《我对于基督教的感想》，《生命》1922年第2卷第7期，第2页。关于胡适对耶稣人格的推崇，参见林正三《胡适与基督教的互动——以〈说儒〉借用基督教的观念为例》，欧阳哲生、宋广波编《胡适研究论丛》，黑龙江教育出版社2009年版，第92—93、97—98、111页。关于20世纪中国文学家对耶稣人格的崇敬，参见王本朝《20世纪中国文学与基督教文化》，安徽教育出版社2000年版，第102—105、124、317—329页。

能带来的新精神。在吴宓看来，“殉道殉情”的理想主义者（从以孔孟为首的圣贤，到岳飞、袁崇焕等英雄，以及屈原、贾谊甚至林黛玉之类的诗人、情人）本来代表着真正的儒家精神，而佛教也早已为中国贡献了建立于坚实信仰之上的仁爱和力行，只不过因为讲求权术和享乐的精英的阳奉阴违，这些宝贵传统在历史上惨遭压制和牺牲。[①]我们也许可以说，在吴宓看来，基督教对中国最大的价值，在于重新激荡起中国传统里被压迫已久的殉道殉情的理想主义精神。对于基督教，吴宓最看重的从来都不是其神学教义，而是其“生活及行事中之理想主义，恒能见之明而勇于行者”。[②]他曾说：“夫西洋文明之真精神，在其积极之理想主义。盖合柏拉图之知与耶稣基督之行而一之。”[③]吴宓所称赞过的中国基督徒，也无一不属于为理想而切实奋斗者。除了曾氏姐弟，吴宓还曾见过另外一位致力办学的基督徒，重庆广益中学校长杨芳龄（1894—1960）。在1937年5月1日的日记中，吴宓这样写道：“杨君乃一理想的实行家，本其Quaker派之宗派信仰及精神，办学治事，甚精勤而有恒。谈甚洽。”还有小提琴家张舍之，也被吴宓称许为“‘积极的理想主义’一流”，“亦如吾知友赵紫宸先生，方不愧为基督教徒”。[④]

不管是从郭斌龢的批评看来，还是以《学衡》时期吴宓的行事为标准（郭斌龢说吴宓自从1925年赴清华任教即已开始消极，也许是为了行激将法），毫无疑问的是，时至1940年，吴宓已

---

① 吴宓：《改造民族精神之管见》，《大公报·战国副刊》1941年12月10日第2期。
② 吴宓：《改造民族精神之管见》。
③ “吴宓自识”，吴学昭整理：《吴宓诗集》卷首。
④ 吴宓：《艺术修养与宗教精神》。

经经历了巨大的变化，其标志之一就是他在宗教兴趣方面的明显转移。郭斌龢想要阻止的，是吴宓从基督教斗士到印度式和尚的彻底蜕变。从吴宓终于未就浙大之聘，而是留在西南联大潜心钻研佛教看来，似乎可以说，郭斌龢的担心成为现实了。然而，吴宓的佛教转向到底意味着什么，对我们理解他的整体思想有何影响，这些都是我们需要考察的。在进行这项考察之前，我们先来看一看吴宓和柏拉图主义之间的关系，因为他常常把基督教和柏拉图主义并举，视之为西方积极理想主义的两大源泉。

四、柏拉图主义者吴宓

通过新柏拉图主义者和基督教早期思想家的阐释，柏拉图主义对基督教神学产生了重要影响。最关键的是，根据柏拉图的理念论，在纷繁变化的现象世界和现实世界（也即“多”的世界）之上，存在一个永恒不变、绝对真实和完美的理念世界和理想世界（也即“一”的世界），前者只是后者的劣等仿制品。这一理论后来被基督教吸收，为解释上帝（“一”）的永恒、超验本质做出了贡献。[1]

柏拉图主义和基督教之间的密切关系反映在穆尔的研究兴趣和精神之旅上。他说自己是一个天生而不自知的柏拉图主义者，在经历过包括浪漫主义和印度教的各种探索后，他发现了柏拉图，成了一个有意识的柏拉图主义者，并坚信自己到死都会是一个柏拉图主义者，但是他的灵魂仍然不能得到最后的安顿，直到

---

① 关于基督教和柏拉图主义之间的关系，参见 Alexander J. B. Hampton and John Peter Kenney, *Christian Platonism: A History*, Cambridge University Press, 2021。

他信仰了上帝。[①]穆尔认为，柏拉图主义者距基督教只有一步之遥，他们有着“天然的基督徒灵魂”。[②]

当吴宓在1937年4月20日的日记中说穆尔对他的影响大于白璧德时，就是宣布他自己和穆尔一样，也是个宗教性很强的柏拉图主义者（见本书前言）。吴宓这一身份认同的一个体现就是他在“宗教性”和“理想主义”（Idealism）之间所画的等号（柏拉图的理念论是西方传统中理想主义的最早代表，也是吴宓所接受的特定种类的理想主义）。[③]穆尔的《柏拉图主义》（*Platonism*, 1917）是吴宓反复阅读和揣摩之书。在1919年9月5日的日记中他写道：“现读穆氏 Paul E. More 巴师之知友，其学德与巴师齐名之 *Platonism* 一书，述释柏氏之学说，获益至深。至其精理名言，移详推阐，当俟诸异日，学问略成之后也。”1928年4月17日又有如下记录：“读 More 先生之 *Platonism* 一书，已第三次。较前理解有进，多所启发。”

柏拉图的理念论是吴宓世界观的一个重要基石。在本章开头我们已经看到，他将“重一而轻多”定为自己宗教性特点的一个方面。在教学中，“一”“多”之别是吴宓希望学生掌握的一个关键分析工具。比如，1945年吴宓在成都燕京大学讲授“文学与人生”这门课，在他制定的评分标准中，第六条即为：“所

① More, *Pages from an Oxford Diary*, Princeton University Press, V, VI, XV, 1937; Arthur Hazard Dakin, *Paul Elmer More*, Princeton University Press, 1960, ch. 11; Francis X. Duggan, *Paul Elmer More*, Twayne Publishers, 1966, ch. 4.

② More, “The Doctrine of the *Logos*”, in Byron C. Lambert ed., *The Essential Paul Elmer More*, Arlington House, 1972, p. 71.

③ “宗教性（指出此点甚是）= 理想主义（Idealism）”（吴宓：《文学与人生》，王岷源译，第72页）。

述见解或疑问，皆聆本科堂上所讲而得启发，于是推衍之、勘证之。——尤以能应用一多 One in Many 之原理而得当者。”（1945 年 6 月 9 日日记）他的日记、讲义和发表的文章中提到“一”“多”问题之处比比皆是。[①] 在这里，我想特别指出的是，吴宓并不只是孤立地使用柏拉图的理念论，而是将其和儒、佛思想进行比附与结合。他认为，“一”相当于佛教中的“真如”（智慧或真理），而“多”对应于佛教中的“幻”（魔）。[②] 他还将儒家的中庸理解为“一与多之间居中（执中）”。“执两用中”就是“一 + 多”，避免了一偏（唯心论只有一，没有多，唯物论只有多，没有一），又做到了将原理（“一”）“正确运用于很多不同情况之每一具体情况”，而非“建立一种情况作为所有情况之模范与标准”，可谓真正掌握了“知识之准则”和“人生之正路”。[③] 一 / 多和真 / 幻之间的比附有助于中国读者领会柏拉图的理论，而将中庸之道视为对一多关系的最完美处理，则昭示了吴宓儒家本位的终极立场。正如他在《曾宝荪女士》诗话中所说，对西方古典传统的了解，使他更加看清了孔子的伟大之处。

柏拉图将人的灵魂一分为三的理论也为吴宓所借重。在 1952 年 3 月 4 日日记中，吴宓说：“往昔孔、佛、耶及希腊三哲之人生哲学，皆极精到圆满，且根本不异。然其说法最简明而切

① 吴宓关于一多问题比较集中的论述可见于《立论之标准》（《国闻周报》1926 年第 3 卷第 38 期）、《宇宙与人构成之基本公式》《以上公式之推广及应用》《万物品级图》《我之根本信条》《婚姻与爱情问题》和《哲学之进步与方向（由情入道）》（见《文学与人生》，王岷源译，第 82—90 页、150—162 页、169—172 页、176—188 页）。

② 吴宓：《文学与人生》，王岷源译，第 177 页。

③ 同上书，第 121、177 页。

实者，莫如柏拉图人为（上）理识解衡断（中）情爱憎苦乐（下）欲饮食男女三者合一之说。”根据柏拉图的理论，只有当情和欲接受理的统帅，三个部分做到各司其职的时候，灵魂才能达到一种均衡状态。吴宓向往这种均衡，给自己定的人生态度之一就是“情智双修”（另一条是“一多并在”）。[1] 我们在下文将会看到，吴宓认为，与世界上其他传统相比，儒家在“情智双融，不畸偏，不过度”上是做得最好的。

在吴宓《论孔教之价值》一文中，我们可以看到他让柏拉图为孔子服务的另一个方式。在 1926 年 10 月 4 日（星期一）的日记中，吴宓记录了《论孔教之价值》的撰写过程：“撰《孔圣诞日谈话记》一篇。（仿 Plato’s Dialogues）约万言。明日晚，稿已成，更撮录《学衡》各期中关于孔子之名论。因少人代我抄写，故至星期六正午，始能将稿寄出焉（备登《国闻周报》）。”[2] 嗣后在《国闻周报》第 40 期和第 41 期刊出时，该文的标题更改为《论孔教之价值》，正文前的小序这样写道：

> 十月三日，即阴历八月二十七日，为孔子圣诞，适值星期。是日上午，予独游北海。忽遇李君克成，遂共绕湖而行，且行且谈，互抒其孔圣诞日之感想。归后仿《柏拉图语录》（*The Dialogues of Plato*）之体，拈笔记之，以志鸿爪。

---

① 吴宓：《文学与人生》，王岷源译，第 12 页。

② 次日（10 月 5 日）日记：“是日宓本无课，因将诸种杂事一概搁置，专心撰《孔圣诞日谈话记》，至晚告成。”又三日后（10 月 8 日）日记：“晚在室中，抄整所撰文稿。”最后，10 月 9 日日记：“上午编校文稿，直至正午十二时，始得寄出。”显然，10 月 4 日所记录的全过程，是吴宓在将文稿寄出后综合补记的。

后此谈话，如成系统而有关系者，当续记也。[①]

查10月3日日记，可知吴宓当天的主要活动。下午两点半至五点是参加徐志摩（1897—1931）和陆小曼（1903—1965）在北海公园的盛大婚礼（“晤相识人士极多”）；[②] 此前，上午九点访黄节（1873—1935），十一点半访张鹏翘（即张友鹤，1895—1940，著名古琴家）不遇，于是返回家吃中午饭（而文章末尾称，吴李二人于北海谈至下午一点零五分，然后吴邀李前往公园内漪澜堂便餐）。由此可知，《论孔教之价值》一文中对谈话人物、时间、地点等貌似翔实的交代其实都是煞有介事的虚构，一如吴宓所模仿的柏拉图对话惯常使用的手法。和柏拉图一样，吴宓意欲通过文学的形式，借助叙事的趣味性和对话的戏剧性，来增强对作品中哲学思想的表达效果。[③]

如果再考虑到这篇文章的内容，那么吴宓采用柏拉图对话体来撰写的决定可以说是再合适不过了。他10月3日的日记，在按时间顺序记录了自己当天的活动和见闻之后，以“是日为孔子圣诞”这句话结束。也就是说，这个被访友贺问占据的星期天，其实是一个对中国文化有重要意义的日子，是一个应该借机对中国文化命运进行深刻思考和讨论的日子。这种思考和讨论，吴宓

---

① 吴宓:《论孔教之价值》，第1页。

② 事后，这场名人云集的婚礼因主婚人梁启超对新人发表的严厉祝词而著称。吴宓日记中只有简单一语“梁任公主婚，致训辞”。

③ 吴宓对模仿柏拉图对话的兴趣，还见于1927年10月18日的日记中：“拟仿Addison之Spectator Essays之例，或参以《柏拉图语录》之式，假设数人，而寓宓及宓之朋友，记其所谈话。力求明显简短，而切中时弊，亦可成为佳篇，而免材料之丧失可惜也。”

用心安排进了他此后两天内写成的谈话录。文中的吴宓“独游北海”，做一个安静的思考者；偶遇一位相识的青年后学，遂与之结伴而游，在交谈中抒发和提炼自己的观点，也启迪和促进年轻人的思索；借用柏拉图对话体将这场关于孔教的交流记录下来，是通过思想内容和表达形式的结合，同时向中国和古希腊的圣贤致敬。

吴宓柏拉图主义者的身份也在他和知友萧公权之间的一些文字往还中得到了颇为有趣的体现。1934 年 7 月，《吴宓诗集》即将问世，萧公权赋诗二首作为题词，诗前的短序这样交代：“希腊先哲柏拉图（Plato）有心灵不朽之论。略依其旨，率成二章。奉题雨生兄诗集。”① 柏拉图认为，有形、可灭的肉体阻碍我们认识和追求只存在于理念世界的真理，而无形、不朽的灵魂是我们掌握这些真理的渠道；正是因为灵魂的不朽，所以我们才能借助“回忆”，找回我们前生曾经接触过的属于理念世界的知识和智慧，并且凭借修炼，得以在死后挣脱肉体的束缚，重返理念世界。② 柏拉图的灵魂不朽论后来进入了基督教思想，为后者追求对肉体和物质世界的超脱以及对天国的向往贡献了重要的思维和表达方式。③ 萧公权的两首题词是这样写的：

青宫簿录未曾忘，认得前身号玉郎。绮语廿年修慧业，尘心万劫恋仙乡。　荷声孤馆秋宵雨，梅影空轩梦境香。

① 萧公权：《题吴宓诗集》，收入吴学昭整理《吴宓诗集》，第 17 页。

② 灵魂不朽是《斐多篇》的中心论题。《斐德罗篇》和《美诺篇》中也有关于灵魂的记忆的讨论。

③ Alexander J. B. Hampton and John Peter Kenney, *Christian Platonism: A History*, 2.1, 2.2, 2.5.

满眼灵山飞不去，人间无计免清狂。

不到蓬莱不买山，依然扰扰驻尘寰。吟余花月心如水，历尽风霜鬓始斑。　欲遣情弥天地外，何妨品列圣凡间。诗囊自有千秋意，未要丹台候九还。[①]

在这两首诗中，萧公权用佛道的语言演绎了柏拉图的灵魂不灭论，为诗集出版在即的友人作一写照，向他致意。第一首除了点明吴宓身份的第5—6句，[②] 处处紧扣灵魂对前世的记忆和对重返理念世界的渴望来写。“尘心万劫恋仙乡”传达了这种情怀不可遏止的程度，而最后两句则说的是，因为一心专注于上界却暂时未能飞升而去，这颗不得不滞留人间的饥渴灵魂的主人在世人眼中难免显得痴狂不羁。[③]

第二首题词转而揭示，在寄身尘世的期间，诗歌是安顿这颗灵魂的重要方式，使他虽然情系仙乡，却得以暂时在“圣凡间”

---

① 萧公权:《题吴宓诗集》，收入吴学昭整理《吴宓诗集》，第17页。

② 藤影荷声馆是吴宓1925—1937年在清华园居所的名称，他作于1934年寒假的《空轩十二首》“即谓此室，兼寓个人心境”，其中第一首的头两句为“空轩冷月对梅花，往事回环梦影斜”（《吴宓诗集》，第191页;《吴宓诗话》，第174页;《吴宓诗集》，第273页）。

③ 萧公权为《吴宓诗集》所撰的两首题词收入他自己的《迹园诗稿》卷二（《小桐阴馆诗词》,《萧公权文集》第二卷，中国人民大学出版社2014年版，第40—41页），有若干处与《吴宓诗集》中的版本不同。两者相较，似以《吴宓诗集》版为佳。如第一首第六句,《迹园诗稿》作“满眼灵山归不去”，而《吴宓诗集》改动一字，变成“满眼灵山飞不去”，“飞”字更确切生动地反映了柏拉图《斐德罗篇》中关于带翅的灵魂的一个颇为复杂的寓言故事。极简单地说来就是，当这些本来在天界飞翔的灵魂来到人间，它们失去了翅膀，但真善美的召唤能够让它们回忆起前世在天界所见，再生双翼，重返神明之境。在《迹园诗稿》中，这两首诗的写作日期标为1934年春，而在《吴宓诗集》中则为1934年7月，有可能后者为修改稿。关于这首题词的最后两句，萧公权自注云：“末联即Phaedrus篇中所谓‘Divine Madness’也。”（《小桐阴馆诗词》，第41页）下文我们很快将会提到Divine Madness（神狂）的所指。

找到自己的位置。根据萧公权的自注，“何妨品列圣凡间”一句典出柏拉图《会饮篇》第202节中对爱神厄洛斯属性的讨论（虽号称“神”，但厄洛斯其实既非神明也非凡人，而是处于两界之间的一个精灵，永远为一股强烈的欲望所驱使，企图上升至真善美的神明之境）。[①] 除了《会饮篇》之外，“圣凡间”的说法恐怕还会令人想到吴宓在《贾宝玉之性格》一文中提出的，贾宝玉性格的第一个特点是“狂（介乎圣凡之间）”。[②] 如《红楼梦》第二回中所说，具有这一特质的人“使男女偶秉此气而生者，在上则不能成仁人君子，下亦不能为大凶大恶。置之于万万人中，其聪俊灵秀之气，则在万万人之上；其乖僻邪谬不近人情之态，又在万万人之下。若生于公侯富贵之家，则为情痴情种；若生于诗书清贫之族，则为逸士高人；纵再偶生于薄祚寒门，断不能为走卒健仆，甘遭庸人驱制驾驭，必为奇优名倡”。[③] 在吴宓眼里，这些诗人情种名优的狂，怕不正是柏拉图在《斐德罗篇》中所说的“神狂”（*theia mania*, divine madness，四个主要来源为主管预言的太阳神阿波罗、酒神狄俄尼索斯、诗神缪斯、爱神阿芙洛狄忒），是一种能让凡人通往神明之境的力量？因为是为吴宓的诗集题词，所以在这首诗的最后两句，萧公权歌颂了诗歌的通神之力，宣称“诗囊自有千秋意，未要丹台候九还”，即不必通过宗教修炼，诗歌即足以带来不朽。当然，萧公权和吴宓都明白，

① 萧公权原注：“按 Symposium, 202: ‘He is a great spirit, and like all spirits, he is intermediate between the divine and the mortal’ 次章六句所本。”（《小桐阴馆诗词》，第41页）

② 吴宓：《贾宝玉之性格》，原载于《流星月刊》1945年第1卷第2期，转引自吕启祥、林东海主编《红楼梦研究稀见资料汇编》下册，人民文学出版社2001年版，第1077页。

③ 《红楼梦》第2回，人民文学出版社1982年版，第29—30页。

这只是说给即将出版诗集的友人听的，更何况，“千秋”这种以短暂的人类历史来衡量的永垂不朽并不是终极意义上的不朽。对于柏拉图主义者来说，真正的不朽，只存在于那绝对完美、尘寰之外的理念世界，只有当渴慕的灵魂经过一生孜孜不倦地努力，并且在终于脱离肉体的羁绊之后，才能重新进入。

关于他和萧公权的交情，吴宓曾在《空轩诗话》中说：“予交公权最晚。近一年中，始偶相过从。然论学、论道、论文、论事，皆极深契合。盖皆有取于西洋之积极的理想主义，持此返观中国文化学艺，乃见其深厚之价值焉。”[①] 萧公权为《吴宓诗集》所作的两首题词，即已很好地说明了两人之间的独特契合。能看到和欣赏吴宓身上浓厚的柏拉图精神，并且用旧诗的形式、佛道的词汇，围绕柏拉图的灵魂说，对吴宓的柏拉图主义情怀进行歌咏，萧公权可以算得上绝无仅有的知音。在吴宓的《评萧公权反五苦诗》一文中，我们能够更详细地了解柏拉图主义、宗教和诗歌在二人友情中所扮演的角色。吴宓写道：

> 按吾人论诗，主以新材料入旧格律。夫格律变化无端，纵作者才性之所如，孰能制限？今曰旧者，谓必合乎中国文字之特性，不强以英法德日文之末节办法施于汉文而已。至于新材料，则谓前此未曾见于中国诗中，而今始取用之者。易言之，即今时之种种事境情态，及西洋古今之学术道艺思想文物，皆是也。夫西洋文明之精神，在其积极的理想主义。盖以明确之理智，高夐之想像，热烈之情感，坚苦之事

① 吴宓：《空轩诗话 · 萧公权彩云曲》，吴学昭整理：《吴宓诗话》，第 249 页。据此文所叙推算，这里指的是从 1933 年起。萧公权 1932 年开始在清华任教。

> 功，合而为一。柏拉图哲学与基督教，乃此精神最高最大之表现，余波且成为（1）英雄崇拜（2）浪漫之爱（3）艺术的人生观等。总之，凡得此精神者，皆崇奉真理，自诩神狂。其施于日常行事，则极认真且极热心，能明察又能刚毅，愈高尚乃愈进取。窃谓此种精神，正吾虚伪怯懦之中国人所应了解、所应效法，而在今创作诗文所应尽量写入者也。愚意立身行事能表见此“积极的理想主义”之精神者，可称为真正西洋化之人物。创作诗文能涵育发挥此“积极的理想主义”之精神者，即不愧为崭新之创作，格律虽旧，无伤也。由是推求，思过半矣。今萧君《反五苦诗》，即合于兹所言之标准，故似旧而实新，其新又在神而不在貌，读者细味自知。①

在吴宓看来，柏拉图主义和与之联系紧密的基督教在将终极价值置于世外的同时，以最完美的理想作为追求目标，激发人的奋斗和献身精神，在这个意义上成了“积极的理想主义”——亦即西方文明之精神——“最高最大之表现”。吴宓此处所说“凡得此精神者，皆崇奉真理，自诩神狂”，正对应于萧公权在第一首题词中所描绘的那位暂留尘世的柏拉图主义者：“满眼灵山飞不去，人间无计免清狂。”按照吴宓的诊断，柏拉图主义和基督教所代表的“积极的理想主义”是中国人最需要从西方学习的新精神，因此也就是中国诗歌在现代所需要的最重要“新材料”之一。萧公权的《反五苦诗》受到吴宓称赞，正因为其通过“以新材料入

---

① 吴宓：《评萧公权反五苦诗》，《大公报·文学副刊》1933年10月16日第302期，收入吴学昭整理《吴宓诗话》，第172页。

旧格律”的方式，实现了“涵育发挥此‘积极的理想主义’之精神”的目标。《五苦诗》为北周时期无名僧人的作品，五首诗分咏生、老、病、死、爱别离之痛苦，而萧公权则作诗五首一一反驳。我们看一看第一首，即可明白萧公权的新作和原作之间的差异：

五苦诗	反五苦诗
（一）生苦	（一）生不苦
可患身为患，	我生既已生，
生将忧共生。	此身必致用。
心神恒独苦，	天行健不息，
宠辱横相惊。	自强我与共。
朝光非久照，	老农值凶荒，
夜烛几时明？	终不辍耕种。
终成一聚土，	人生不求乐，
强觅千年名。	讵觉忧苦重。[①]

《五苦诗》的虚无、悲观和消极，为《反五苦诗》的通达、坚诚和进取所取代。从表面上看起来，《反五苦诗》在观念和语言上都并未直接向西方借鉴，其“积极的理想主义”完全来自中国旧有的传统（最明显的如“致用”观念和出自《易经》的“天行健，君子以自强不息”）。按照吴宓的看法，《反五苦诗》“似旧而实新，其新又在神而不在貌”。要理解这句评语，应该联系到吴宓所说的他和萧公权之所以志同道合的原因：两人“皆有取

① 吴宓：《空轩诗话・萧公权彩云曲》，吴学昭整理：《吴宓诗话》，第249—250页。

于西洋之积极的理想主义，持此返观中国文化学艺，乃见其深厚之价值焉”。综合起来看，吴宓似乎是说，在西方积极理想主义的烛照下，重新审视中国传统，会引导我们更大力标举和弘扬其中重要的积极理想主义成分，防止其遭到同样影响巨大的消极悲观一面的牵制和遮蔽；在这种眼光指导下所呈现出来的中国精神，虽然表达方式依旧，但因为表达情境和参考对象的变化，所以仍然得以在实质上焕然一新。

不管是在郭斌龢对吴宓的批评中，还是在吴宓自己对萧公权的赞许中，佛教都以基督教的对立面出现。在下一节中，我们将进一步看到佛教和基督教在他人生中扮演的不同角色。

五、“自许高僧传里人”

浏览吴宓 1940 年 6 月之后的日记，恐怕很难不注意到其中大量关于佛教的议论和阅读记录。我们先列一下当年与阅读有关的条目：

6 月 11 日：晚，读《慈恩传》，略慰心忧。[①]

6 月 13 日：读《慈恩传》。访彤，借得佛书数种，决拟潜心佛理，离世绝缘。视世乱国亡，皆为事理之所当然，道德因果所致。

6 月 22 日：翻读“Dialogues of the Buddha”。[②]

7 月 19 日：读《高僧传》。

① 同时（6 月 10、11、12 日），吴宓还在读玄奘法师的《西域记》。
② 即《佛陀对话录》。

7月27日：续读《高僧传》。

8月4日：读《高僧传》完。

8月20日：读《中国佛教史》。黄忏华著。

8月21日：读《妙法莲华经》。中夜，大雨，醒。细思，颇有所悟得。盖万物与人皆具佛性，或曰宗教心。即宓《大纲》中之God或One之本质。特多少有差。而宓天与佛性原不为少，有启即发。况生活恋爱之失败愤激，更有以刺激逼迫之耶。今后当勉力用功，必求能读通佛书，能取得佛意。

9月4日：读《原始佛教思想论》。

9月5日：续读《佛教思想论》，益佩佛教之崇伟中正……只欲自由读书，不问一切人事，因循过日。

9月6日：请彤开示应读佛学书目。

9月7日：读《佛教思想论》完。

9月20日：读英译《梵网经》。

9月21日：读英译《圣果经》。……读英译《阿波昼经》。

10月3日：读英译佛经……宓如此爱彦，而彦之对宓如彼决绝，能不感伤？幸宓力读佛书，日趋超旷。且厌世之心益深。

10月5日：再翻阅《高僧传初集》。

10月6日：点校《原始佛教思想概论》。

10月7日：读英译《佛经》第一册完。

10月19日：读《法华经》。

10月27日：读《维摩诘经》。

11月27日：读《大藏经》(《优填王经》etc.)。

12月2—3日：读《涅槃经》。

12月6日：读《涅槃经》。

12月10—11日：读《楞严经》。

12月15日：读《法华经》。

12月17日：读《涅槃经》。

吴宓从前当然也会时不时地阅读与佛教有关的书籍，从哈佛时代即是如此，而且那时汤用彤也是他的重要指导人（见上一章）。[①] 就是近在1939年12月19日，吴宓也曾“访彤，以读佛书笔记求政”。然后，在1940年1月20日，吴宓又“夕读《大般泥洹经》南本”。但是，这些都是零散的记录。像1940年6月到12月那般密集地阅读佛学方面的书籍，从佛经到高僧传记和现代学术研究，这在吴宓来说是从未有过的事情，而且尤其重要的是，吴宓开始直接并且频繁地接触佛经本身。这标志着他对佛教的兴趣发生了本质的变化，已不再只是从一个文学教授兼新人文主义者理性的学术动机和道德动机出发，而是在探索他自己成为一个信徒的门径。[②]

① 吴宓从儿时就开始接触佛经。1915年1月24日，他读了《无量寿经》后，在日记中写道：“儿时观佛经，不识其义，只觉得中含无限妙理……余感于事变，方深愤郁之情，读此如冷水浇背。此后誓愿本佛理以行事……佛理本极合世用，大可采为教育方针，以养成深厚高远之人格。”尽管早年即有这些感触，直到中年吴宓才真正开始向佛。

② 在《年谱》1923年5月一条，吴宓提到：“陕西省同乡吴希真君亦从欧阳竟无（讳渐）大师在复成桥街名支那学院修佛学，屡捧佛经来宓处，苦劝宓读。宓亦极欲读之，而以忙，未能也。至1940年，始读。”这一条所说的和日记所记录的情况吻合。在作于1923年的《病中书况》一诗中，吴宓有一自注曰：“乡友吴君希真，苦劝读佛经。以书见假。一年于兹，无暇研诵。每见必询，深愧无以对吴君也。”（吴学昭整理：《吴宓诗集》，第110页）在发表于1933年的《海伦曲》中，结尾的抒怀说明，佛教概念和语言已是吴宓思考和文学表达中的重要有机成分（见上一章附录），但那时他还未对佛教产生个人信仰方面的兴趣。

以上日记也明白揭示了吴宓此时向佛的两大原因。一是爱情上的失败。在昔日恋人毛彦文于1937年丧偶之后，吴宓又展开了对她的持续追求，但遭到了坚决的拒绝。佛教的作用是帮助吴宓摆脱他长期失恋的痛苦，正如我们在上文所引10月3日日记中看到的："宓如此爱彦，而彦之对宓如彼决绝，能不感伤？幸宓力读佛书，日趋超旷。"另外一个原因则是国势日益加深的危殆。佛教的作用是让吴宓相信万事皆有因果，从而减轻自己难以承受的无力感，正如上文所引6月13日日记中所说的："视世乱国亡，皆为事理之所当然，道德因果所致。"导致吴宓在1940年急切向佛的以上两大因素，在他当年10月19日的日记中有一个很好的总结：

> 枕上续思，颇悟人生之浮幻，自觉渐能解脱。盖1935彦嫁熊公使宓得一解脱。最近国难更使宓得一解脱。而1937至今，国难三年中犹多系恋。直至今1940秋，始获第二步之解脱，而勉可离世超然焉。

在这段时间里，和吴宓同病相怜也在修佛的一位同事兼友人是林文铮（1903—1989）。林文铮在巴黎大学学习西洋美术史，1927年回国后任教于杭州艺术专科学校，1928年与同校教师、蔡元培之女蔡威廉（1904—1939）结婚。不幸的是，自1937年11月杭州陷落后的一年多时间里，林文铮先是因人事纷争失去了杭州艺专的教职，然后，在谋得西南联大外文系讲师一职后不久，蔡威廉又于1939年6月死于产褥热，留下几个年幼的孩子。在1940年3月20日，林文铮曾和吴宓有一次长谈。吴宓在日记中写道："下午3—6林文铮来，谈宗教之不能磨灭，尤深仰佛教之宏大，信其必兴。”显然，林文铮于彼时已经开始向佛，他关于佛教的看法给当时还未打算修佛的吴宓留下了很深的印象，所以吴宓在日记中简要地记了一笔。五个月之后，1940 年 8 月 17 日，两人又有一次长谈。这次，因为吴宓本人对佛教的兴趣已经突飞猛进，所以他当天的日记对两人的谈话进行了详细得多的记录：

> 铮述近一年余，悼亡后，研读佛书，笃信佛教，所获之实益及受用。宓亦述一己事业理想婚姻恋爱著作之过程。知铮与宓生活皆已至第三段，专以宗教为归宿。深相契合。铮谓自抗战以来，彼杭州家产破毁，朋友乖忤，爱妻夭亡。彼以夙有信心，归依佛教，恒读佛经。结果，明乎世事皆幻，人我皆假相，贪嗔痴皆空，于是尽除执着，脱离烦恼，而心广体胖，获得净乐。诚所谓一切尽失之后，反得生活之真乐。按此如耶稣所说，失者必得之，得者必失之。云云。云云。若宓则尚未能至此境界，然可心向往之也。

这段话清楚地说明了，此时的吴宓希望从佛教里得到什么，而林文铮则用自己的体验告诉他，佛教正是帮助他们这样的伤心人获得解脱的门径。其要旨在于“明乎世事皆幻，人我皆假相，贪嗔痴皆空”。爱情失败和家国危难都不过是虚幻的世事，爱人和国家都不外乎“假相”而已，因彼而起的各种情绪都是凭空而生也将归于空虚，至于其他人其他事就更是如此了。这就是吴宓在与郭斌龢通信讨论应聘浙大一事时所心向往之的状态，难怪失望的旧友会指出他从一个基督式之斗士到一个印度式之和尚的变化。

但是，向往归向往，成为“印度式之和尚”并不意味着弃世。从吴宓1940年7月25日的日记中，我们可以看到，向佛之后他对自己事业的规划：

> 7—10王维诚来，邀宓至师院小图书室儒学会演讲。宓综述世界文化之四大宗传，儒教对今后世界之价值。以今世比战国时代，而揭示白璧德师以及顾亭林、黄晦闻师之学说教旨。并力陈文言之不可废，古书之必当诵读云云。沈有鼎继讲中国文字之功用及儒教之必昌盛等。宓即自署为儒学会会员。偕石峻归舍。自思王、石、任诸君，皆渊和沉笃之少年英俊。留居联大，与此诸君切磋学术，讲明义理。并从彤学读佛典，共麟述论理想，不但我确有所得，内心恬适，且可感化一部分学生，使之倾向仁德。若此者，宁非高僧之正行，西北、浙大均不必劳碌跋涉前往矣！①

如果撇开最后一句，从以上这段话几乎看不出来吴宓和从前有何不同。他依旧笃信以儒教为中心的四大宗传对世界的价值，依旧崇拜以白璧德为首的一批榜样人物，依旧坚持他对文言和古书的一贯看法，依旧热心于招聚同道，为共同理想而奋斗。② 从

① 据吴宓1940年1月12日日记，西北大学欲聘他为文学院院长。本年此后很长的一段时间里，吴宓都在反复考虑是否应聘。

② 据吴学昭对1940年7月25日日记的注释，“儒学会为一纯学术团体，由王维诚发起，曾不定时请当代前辈著名学者小范围作专题演讲，有西南联合大学学生参加，自由讨论。”王维诚（1904—1964）时为西南联大教育系副教授。石峻（1916—1999）为西南联大哲学系研究助教和专任讲师。任继愈（1916—2009）在西南联大师从汤用彤和贺麟，攻读研究生学位。1940年9月19日日记记录：“宓至王维诚室中读书。写儒学会规约。”由此可见，吴宓虽非发起人，但他在儒学会的组织和规划方面扮演了重要角色。

行文看，“从形学读佛典”只不过是与“共麟述论理想”并列的活动，是“与此诸君切磋学术，讲明义理”的一部分，似乎与吴宓一向的志趣在本质上并无二致。的确，吴宓的精神追求和心理状态在向佛之前与之后有很强的一致性，这一点我们下边会继续证明。但是，同时我们也要指出，即使在以上这段话中，也能看到吴宓身上所发生的变化。现在，他给自己定的目标是“不但我确有所得，内心恬适，且可感化一部分学生，使之倾向仁德”，他所最迫切向往的是自我的内心安宁，然后才是对社会的贡献。这就是吴宓希望通过学佛给自己生活带来的改造，而在这段话的结尾，他也不无满意地认为，自己如今的行止可算得上是“高僧之正行”了。这种“正行”，可以说就是指以出世的态度入世，既认真扎实地履行自己对社会和国家的责任，但又时时不忘世界的虚幻本质，不让任何成败得失干扰自己的清净心和欢喜心。

当然，这只是吴宓在乐观心情下所向往的高僧姿态，而事实上，吴宓身上充满着和“高僧”这一新的自我期许之间的强烈反差。有时候，这种反差是他自己清楚地意识到的。就在赴 1940 年 7 月 25 日儒学会的几天前（7 月 19 日），吴宓才刚读了《高僧传》，并在日记中写下了：

> 晚，读《高僧传》。作一联自况（或自挽）云：
>
> 终为污渎池中物，自许高僧传里人。
>
> 上句言宓之宁甘困辱，留居清华。非如蛟龙而为池中物。污渎盖袭用黄晦闻师挽王静安先生诗“寻常溪径多污渎”。原出贾谊《鹏鸟赋》“彼寻常之污渎兮，岂能容吞舟漏网之鱼”。总之，自伤生死皆为平凡庸俗之人也。

在这个自况兼自挽中，吴宓看到的和哀悼的是自己作为一个“平凡庸俗”的“污渎池中物”和那些卓拔的“高僧传里人”之间的天壤之别。但是，对我们来说，最有意思的反差在于别处。让我们回想一下，在吴宓早年，以耶稣的门徒和中世纪的圣僧为榜样，是决心和他们一样，不惧“凌践荼毒，备罹惨痛”，为了自己的信念坚贞不渝，勇往直前。而如今，在超然无碍的佛教高僧的榜样面前，吴宓为自己深陷污浊凡俗、了无希望而伤感，情绪可谓极其低落。看起来，对吴宓来说，效法基督教圣僧本来可能要比效法佛教高僧更符合他的天性，更能让他实现自己人生的圆满，[①] 但时乖运蹇，在前一条路上他似乎已经走到了尽头，而在后一条路上，他行进得磕磕绊绊，经常出现耐人寻味的、他本人都不一定意识到的偏差和反复。

先拿吴宓对待事业的态度来说。他 1941 年 1 月 7 日的日记提供了一个很有说明意义的例子。那天：

> 7—10 工校今为师院。赴儒学会聆彤演讲。大意谓（一）中国文化即是儒教、儒学。若释若道，均非中心及正宗。（二）中国与印度之历史情境及思想，甚为近似。而中国与西洋无论古希腊或近今之西洋。则相差甚远。今世西洋文明以科学为基本。中国今兹接受西洋文明，教育学术思想行事，一切以西洋为本位。则其轻视或不能了解中国文化也固宜。今应如何改途易辙，方可发挥光大中国文化（即儒教），以救中

① 在 1940 年 7 月 6 日的日记中吴宓这样写道：“晚，悲甚。函龢诉苦，以宓生性原系阳刚积极，热心而乐有所作为。今诸友生惟以消极保守，谨让安居勖我。我之恋爱生活事功经验一概放弃，生世何乐？不如速自杀之为愈也，云云。”

国且裨益世界。此为甚重要之事，亦极艰难之事，愿会众熟思之，云云。论极渊邃。宓随所感而发言，语多激愤。

吴宓称赞汤用彤的演讲“论极渊邃”，并详细记录其主要内容，是因为他高度认同汤在演讲中表达的观点。虽然汤用彤是佛教史和印度哲学专家，吴宓是西洋文学专家，但他们的终极关怀都是中国文化的命运。他们都反对五四以后一切以西洋为本位的做法，都认为必须发扬光大作为中国文化的核心的儒学/儒教，方可拯救中国进而有益于全世界。值得注意的是，汤用彤的主要论点中，包括“中国与印度之历史情境及思想，甚为近似。而中国与西洋无论古希腊或近今之西洋。则相差甚远”这一观点，而吴宓显然也是高度赞成的。可见，尽管西方传统是吴宓的专业研究对象，也在他再造中国文化的构想中扮演了关键角色，但他仍然认为，其角色应该次于与中国有着长远深刻历史联系的印度文明（主要是佛教传统）。

这种思想我们早在吴宓1923年《我之人生观》一文中就见到了。我们在前边一节中引用过他文中的这句话：“为中国计，为东洋计，似宜以儒教佛教为基本而新造一人生观，比之以耶教希腊罗马文化为基本者，较为势顺而易行，然此犹待决之问题也。”在那时，如吴宓在同一篇文章中所承认的，他对佛教其实还是很陌生的（“吾于佛书未尝研读”），所以在提倡儒佛为本耶柏为辅时，他在很大程度上只是表达一种理论立场而缺乏个人体验的支撑（这种缺乏也许可以解释他使用的揣测语气：“似宜以”，“然此犹待决之问题也”）。到了1941年，随着吴宓的佛学转向，他已经不复存疑了，所以在听了汤用彤的演讲之后感触良多，深表赞同。

以上的分析，说明了吴宓个人经历和他思想体系内部演变之间的重要关系，展示了佛教在他的生活和事业里同时获得的新地位。但我引用1941年1月7日的这段日记，还有另外一个目的。在日记中，吴宓总结了汤用彤的演讲后，说了他自己的当场反应："宓随所感而发言，语多激愤。"吴宓"激愤"的原因根据这段日记很容易判断，就是："中国今兹接受西洋文明，教育学术思想行事，一切以西洋为本位。则其轻视或不能了解中国文化也固宜。"让吴宓深深痛心、为之奋斗多年以求改弦易辙而无果的，正是这同一个原因，而他学佛的目的，本来是消弭这种痛苦，获取"内心恬适"。但是，如我们所看到的，当他参与一场有关的讨论时，他仍然控制不住自己的情绪，忘了自己已经是"日趋超旷"和"勉可离世超然"的人了（1940年10月3日、10月19日日记）。我们注意到，吴宓在1940年3月20日（向佛之前）的日记中有这样的记录："晚7—10……心社聚会。麟讲《道德标准之进化》，甚精密。讨论时，宓甚愤激。"我们不知道贺麟具体讲了些什么，但除此之外，这则日记和1941年1月7日吴宓听完汤用彤演讲之后所写的日记在结构和内容上都一模一样。前者贺麟讲得"甚精密"，吴宓在讨论时"甚愤激"；后者汤用彤"论极渊邃"，吴宓在发言时"语多激愤"。

可见，在与中国文化命运有关的问题上，不管学佛与否，吴宓似乎还是那个吴宓。也许可以这么认为：吴宓既变了也没变。没变的是他对中国文化命运的深切关怀，他永远都不会在这个问题上变得无动于衷。至于变化，则从前是基督使徒的精神激励和支持着吴宓为自己的文化理想而奋斗，而现在，在他已不复拥有跟旧时一样的斗志时，则是靠佛教信仰来帮助自己接受失败和获得心理安慰。从前，痛心疾首的情绪在发泄之余，是直接转化为战斗的动力。现在，同样的情绪发泄出来，更多的是成为有待佛家智慧破解的对象。

在爱情方面，吴宓学佛前后的异同也可作一番类似分说，虽然情况并不完全一样。在1940—1941年期间，吴宓追求的是西南联大生物系助教张尔琼（1915—？，英文名Bella）。在1940年10月30日的日记中，吴宓记录了两人关系中的一个微妙状态：

> 逃避空袭出郊野终日，实为少年男女缔造爱情绝佳之机会。其事且极自然。宓二十六日偕琼同避止之后，对琼未免"旧病复发"，略有系恋。琼对宓似亦有倾向之意。近知爱情婚姻，苟以世俗礼教方法行之，且不存必成必得之心，则其成功极易，且自然而无痛苦。宓与他人之往事，只缘太认真、太热情，乃反得恶果耳。然今已洞明个中底蕴，乃翻觉其事乏味，无急起直追之热诚与勇气矣！况今正在一志学佛耶！苟不自加禁戒，将来恐又多负一人矣。

从这段话看起来，和他对待事业的态度有些类似，吴宓认识到自己从前在爱情上"太认真、太热情，乃反得恶果"，而现在"已洞明个中底蕴"，所以不再能找回从前"急起直追之热诚与勇气"。这种心态上的变化，既是导致他向佛的起因，也是他希望通过学佛来强化加固的结果。可是，就像他舍弃不了对中国文化命运的关心，每每谈及仍然一如既往的难以控制自己的激愤之情一样，吴宓对爱情也无法真正地因为"看透"而灰心。在以上日记中号称“一志学佛”的他，七个月后，在1941年5月27日写下了这样一段日记：

> 读《华严经》一段，甚觉惬心。宓于去年七月始读佛经。约半载，觉心情畅适。阴历新年前后，以爱Bella之故，废止佛经不读，已数月矣。Bella不能慰我，来函反以爱读佛经为宓罪状。冤哉！

是吴宓学佛的决心不坚固，向爱情让步了吗？我们来看看他自己是怎样理解的。两天之后（1941年5月29日），吴宓有一封长函致张尔琼，在信中，他称自己的性情“热烈而真诚”，并且作了以下一段表白：

> 我一生最倾心的是爱情与宗教。（宗教为爱情之最后归宿。爱情中之高尚真挚热烈，无异宗教。）即是敬爱女人与敬爱上帝或佛。在未死以前，爱情必至完全无望之后，乃静心皈依宗教。我的文学，我的生活，皆不外爱情、宗教二者之表现。此外一切，都不深系我心。

在这里，吴宓将爱情与宗教的性质都定为“高尚真挚热烈”，将佛、上帝与爱人都视为倾注这些炽热情感的对象。在西方文学里，确实有着将上帝之爱与恋人之爱相提并论（作为象征或类比）的悠久传统，但是这种思维方式与佛教是完全不合的。“敬爱女人与敬爱上帝或佛”这句话读起来令人颇有错位之感，也与吴宓此前一贯表述的学佛以求解脱的目的相左，让人不由得猜测，他在爱情的冲击力下，为了寻求自洽，将佛教套入了基督教的模式，使两者成了同一种促人追求热烈感情的宗教。而且，如吴宓所说，他此生要直到爱情“完全无望之后，乃静心皈依宗教”。这其实是在告诉我们，他会继续追求爱情，在他彻底死心之前，佛教的作用是帮助他减轻追求中所遭遇的痛苦，使他能够坚持下去。

与事业理想相比，吴宓对爱情理想的坚持看似更为顽固。原因可能比较简单。要实现他事业上的理想，必须以扭转乾坤之力改变现代中国文化的走向，这绝非一个人甚至一小部分人可以做到的，而且在新文化运动过去二十年之后，在国家深陷各种紧迫危机之时，吴宓也明白自己的主张是不可能实现了。相对而言，爱情至少理论上仍然是在个人努力的范围之内，而且在事业无望的时候，他可能更希望能抓住爱情，在其中为自己热烈而真诚的性情寻找一个出口。

吴宓内心围绕事业、爱情和出家所经历的频繁挣扎，从他1941年12月11日和1942年1月1日的两则日记中可以看出来。在前一篇中，吴宓写道：“知英巨舰 Prince of Wales 等二艘被击沉。颇忧。宓思，倘时局国运益坏，则明年1942值宓7x7岁之关，宓决削发出家为僧矣！”在时隔三个星期的后一篇日记里，吴宓又下了一次决心：“本年1942内，宓必（一）完成爱情而实行结婚……或（二）完全出世，皈依宗教。以上（一）（二）必择一而行之。”当1942年结束时，吴宓没有完成两件事中的任何一件，而是继续他的挣扎。

接下来，在1943—1944年间，吴宓在事业上振作过一番，投入到《世界文学史大纲》的撰写中（见上一章）。在这之后，随着他所有的理想和希望都不断破灭，他出家的想法似乎确实日益坚决起来。“痛感大局崩坏，余生苟幸不死，决当为僧，不复更有所主张与计划布署矣。”（1944 年 12 月 5 日日记）“今已观之真，知之明，悲凉之余，只有出世依佛之一途而已。”（1946 年 3 月 2 日日记）“宓已决志为僧。”（1947 年 3 月 27 日日记）在 1948 年秋，“即决意辞卸武汉大学外文系主任的职务，到成都任教，目的是要在王恩洋先生主办的东方文教学院（以佛为主，以儒为辅）研修佛学佛教，慢慢地出家为僧”。[①] 虽然这个计划在 1949 年的乱局中没有实现，但吴宓后来继续努力。在 1952 年 8 月 2 日的日记中，吴宓说他收到王恩洋 7 月 27 日的来函，“谓去年曾为宓备办僧服，寄江津，后不果往”。既已备办僧服，可见吴宓的意愿是很强烈的了，但是这次他仍然未能成行。

再接下来，随着政治形势的进一步变化，出家就更不可能了，吴宓也没有再提起。但是，在此后的多年里，尽管信佛（作为“迷信”的一种）受到的阻力越来越大，[②] 但是吴宓仍然称自己信佛，如：“我信佛教，但决不劝人信佛教。”（1955 年 1 月 7 日日记）“素仰佛教，更不思肉食。”（1960 年 8 月 22 日致李赋宁函）“宓信佛教不杀生。”（1973 年 8 月 30 日日记）并且，吴宓和其他佛教信徒保持密切往来，其中有一位净土宗印光法师（1860—1940）的弟子还劝导吴宓每晚念诵“阿弥陀佛”，而他不但真诚地有心遵从，也确实照做过，尽管看起来他并未能够很好地坚

---

① 吴学昭：《吴宓日记续编》1949 年日记整理者按，第 10—11 页。吴宓 1947 年暑假《无题》诗中末两句为：“明岁翩然从我志，为僧大隐向峨岷。”（吴学昭整理：《吴宓诗集》，第 433 页）

② 吴宓 1958 年 10 月 9 日日记提到有人“所供佛像及佛经悉被派出所没收，且加强其学习，饬令交代‘迷信’之原因”。

持。[①] 吴宓甚至曾经希望，自己死后能以僧服入殓，并且使用佛教丧葬仪式（1954 年 11 月 28 日日记）。与吴宓当年似乎始终很抵触基督教的种种仪式相比，他对佛教形式方面的东西至少表现出了很不一样的态度。这说明在基督教和佛教之间，还是佛教让他感到更亲近，也更能全方位接受。

如果考虑到吴宓是直到 1940 年才开始真正地探索他的佛教信仰，但一旦开始，就在余生一直坚持，并且愿意接受其不少外在形式，那么这是很值得思索的。吴宓对他自己貌似突然的佛教转向是有解释的。在 1940 年 8 月 21 日的日记中（上文已引用），他写道：“盖万物与人皆具佛性，或曰宗教心。即宓《大纲》中之 God 或 One 之本质。特多少有差。而宓天与佛性原不为少，有启即发。况生活恋爱之失败愤激，更有以刺激逼迫之耶。”在第一句话中，吴宓将佛性视为宗教心的多种表现之一（在其他宗教传统的信徒身上是其他表现）。在此之前（1937 年 7 月 20 日），吴宓在日记中说到自己有意出家为天主教神父时，也曾认为自己是富有“天机”之流。现在他说的是同样的意思：“宓天与佛性原不为少，有启即发。”只不过，虽然吴宓接近基督教在先佛教在后，但他在佛教方面的天机也许确实要更强一些，再加上他后半生人生际遇和精神状态经历了重大改变（“况生活恋爱之失败愤激，

① 1962 年 1 月 9 日日记（接受吴适均的念佛劝告），2 月 4 日（念佛记录）。在 1965 年 12 月 20 日的日记中，吴宓记录了吴适均对他的又一次劝告：“适老紧握宓手，泪随声下，苦劝宓实行念佛，尤其每夜就寝时，不断念阿弥陀佛，虽可‘默念’，但必使自己能闻其声，口耳身心相应，遵依净土宗教义，以念佛求往生西土，庶能永断轮回，脱离苦劫。此事最要，盼切实奉行，云云。宓素尊崇中西之宗教，敬爱虔修笃信之人，尤感激适老对宓之盛情与渴望，惟自惭俗缘未断，心思浊乱，恐难做到适老之所教示，且试勉行之而已。”

更有以刺激逼迫之耶”)，并且与基督教相比，佛教早已是中国文化的重要一部分，诸多原因共同导致了佛教在他的生活中后来居上。

吴宓“佛性”最突出的表现可能在于他自幼即对生灵苦难具有敏锐的感受。在《年谱》中，他极其细致地描写了自己在1905年（时年11岁）和1906年（12岁）两次乘骡车出行时，如何目睹驾车之骡长途跋涉、忍饥挨饿、颠仆不起还要遭受车夫暴虐无情的鞭打。年幼的吴宓当时“心为惨伤”，并为未能帮助减轻骡子的痛苦而“惭感交并”。第二次的经历可以说在吴宓心中留下了创伤，以至于到了1950年他还专门为那匹可怜的骡子作了一首悯骡诗。[①]

当然，人类的痛苦也一样会对吴宓造成强烈的刺激，使他因自己的无力相助而苦闷。比如，在1926年10月3日的日记中，他记录了当天的一段见闻：

> 宓步行至西单牌楼。途中见一貌似商人者，欲挤上电车，台上立一兵，挥手令其由车之他端上。此人不省，兵大怒，以皮腰带为鞭，追而痛击之。其同在车上之后约五六人，皆随此兵下车，追击此人。此人忍痛无言，几遭拘缚以去，卒乃逃逸。兵始汹汹上车而去。宓观之殊痛愤，顾亦未敢出为排解。通国中横暴残忍之事，视此何啻千百之多且甚，但皆非宓所亲见，故亦径漠然不觉。乃知能为国民谋幸福而解危难者，必己身久在水深火热中之人，若宓者固无望也。

① 《年谱》，第55—56、59—60页。

不难理解，一个人对生灵苦难有着这样敏锐细腻的感受，而且面对这些苦难除了痛感自己的无用别无他法，可能比较容易被佛教吸引，在其救苦救难的教义中寻找抚慰和解脱。在吴宓开始学佛之后，他遭遇的痛苦景象有时会直接在他心中触发皈依佛法的强烈念头。比如，1946 年 7 月 14 日，在李公朴（1902—1946）遇刺后三天，吴宓写下了这篇日记：“宓思国事世事若此，袖手默居，实非君子与正士所宜出，于是深觉郁苦。行至骡马市街，见一黑马，驾马车，久行未得息，疲不欲行，迎头痛遭鞭打。……宓念人性凶残，人类物类遭受暴虐如此马者，其痛苦将无终止之时，于是深悲，又欲即依佛求庇。”又如，在 1953 年 4 月 14 日的日记中，他写道：“昨日下午，见曳车之小白骡，蹄陷入虚堆泥路之石罅中，石尖如刃，斫削骡二前蹄，伤口极巨，出血，竦立树侧。宓方忧骡何能步归，安得医药，且须卧息几日，是否得食？……乃今日下午回舍，则见此骡已如恒曳车矣。念万物及生人之苦，惟思依佛。”吴宓自认为“天与佛性原不为少”是不错的，因为他对于众生皆苦这一真谛具有天然而深刻的领悟。吴宓 1943 年在昆明结识的远峰法师，在答吴宓的一首诗中，就有一句特意提到他的这种慈悲心：“风望鸿儒何磊落，泽加雀马的慈仁先生见弹雀者，必诃止之。遇马负重难前者，辄徘徊不忍去。”①

除了天生即较为深厚的佛性，吴宓的“佛缘”也不浅。《年

① 释远峰：《次韵敬答雨僧先生》，吴学昭整理：《吴宓诗集》，第 381 页。吴宓在日记和《年谱》中经常记录目睹鸟兽受虐给他带来的痛苦和愤懑，以及他有时奋不顾身的施救企图（如 1944 年 1 月 14 日、2 月 8 日、7 月 31 日，1947 年 4 月 5 日，1956 年 1 月 10 日的日记，以及《年谱》1907 年元旦和 1923 年 2 月的条目）。

谱》中有这样一段：

> 乡俗，子生三日，由家中人抱至大门外，值街中有人走过，即延请其人入，厚予款待，尊为此婴儿之义父俗云“干爹，干达”。礼敬终身。名曰“撞周”。藉此以卜此儿一生之福命。宓“撞周”适值一和尚。佛僧。因祖母杨太淑人家规不许僧道入门……故未从俗。仅将其延入，款以素食，并厚予“布施”，僧道募化所得之银钱。谢遣之而去。[①]

虽然吴宓并未说明他如何看待自己的“撞周”遭遇，但是，他在《年谱》中的自述使我们不难相信，当日后吴宓决定学佛和出家为僧的时候，这段遭遇也许给了他一定的心理暗示，让他觉得自己此刻选择的道路其实早在那个占卜新生儿一生福命的仪式中就已定下了。因此，虽然他学佛很晚，但如果追溯到“撞周”，那么他与佛教结缘远远早于基督教。此外，吴宓七岁时姑丈为他取的名字“陀曼”，以及十四岁时父亲为他取的号“雨生”（“雨僧”）也都与佛教有关系。[②] 与当时大多数中国人一样，不管他们信不信佛，佛教都以种种形式存在于他们生活之中，也很有可能在某个时机对他们的心理和精神产生未曾预见的重大影响，而基督教对他们来说则是一个毫无疑问的外来宗教，是在特殊情况

① 《年谱》，第 19—20 页。

② 吴宓七岁时（当时名玉衡），姑丈陈伯澜（1866—1923）受吴宓祖母之托为他改名，以祓除不祥，使他身体强健。陈伯澜本意是为吴宓取名“曼陀”（来自“曼陀罗”），但因醉酒，误写成“陀曼”。据吴宓 1952 年 4 月 2 日日记：1908 年，吴宓之父用唐代卢仝诗句“天雨曼陀罗”之意，为其取字雨僧（本作雨生），“云出佛经，仝盖袭用之。”

下才会接触到的，其真正影响和改变他们生活的机会也与佛教不可同日而语。这种区别，也是我们在讨论吴宓与佛教和基督教的不同关系时应当考虑的。

在 1961 年，吴宓的晚辈友人段德樟（卒于 1963 年）想放弃佛教改信基督教，为此请教吴宓。[①] 吴宓在日记中记录了他的回应："宓……为述说佛教胜于基督教之处，尤其关于中国之孝道者，教樟去佛归耶勿太严急也云云。"（1961 年 2 月 14 日日记）两个星期之后，我们从日记中得知，段德樟决定"又返依佛"（3 月 1 日日记）。从吴宓的劝告可以看出，他是以儒教的价值为本位来看待其他宗传的。孝道在中国传统文化里的核心地位，是任何外来宗教进入中国都要面对的强大挑战，对中古时期的佛教和近现代的基督教来说都是这样，只不过佛教经过了漫长的磨合，在理论和实践上已经发展出了一套策略，极大地削减了其对孝道的威胁，甚至为实现孝道提供了更丰富的手段，从而得以在中国长盛不衰，成为中国人精神世界里有机的一部分。吴宓向段德樟指出佛教胜于基督教之处，建议他不要急于改宗，考虑的正是基督教还未经过像佛教那样与中国文化的长期磨合（不管是在孝道还是在其他问题上），[②] 中国人本来就应该慎重选择，而对于一

① 段德樟是重庆大学数学系教授段调元（1890—1969，字子燮）之子，其母为法国人。吴宓 1958 年 12 月 6 日的日记称："燮、樟父子皆笃信佛教之温厚人也。" 在吴宓与段德樟的交往中，宗教是他们最重要的谈话内容，日记中有很多记录（如 1957 年 2 月 5 日，1958 年 3 月 23 日、12 月 21 日，1961 年 2 月 6 日、2 月 12 日）。

② 赵紫宸认为，基督教在中国若要有前途，处理好孝道问题是当务之急："从今以后若基督教对于中国文化要有贡献，基督徒必须一方面推广孝义，使人仰见天父上帝，在深邃的宗教经验中奠巩固的伦理基础，一方面解放个人使得为上帝的子女，既脱出旧制度的束缚而伸展个性，复保持民族的精神，而同时恢宏新社会中平等的弟兄主义。"（《基督教与中国文化》，《赵紫宸文集》第 3 卷，商务印书馆 2007 年版，第 275 页。）

个信佛已久的中国人来说，就更不要轻言弃佛归耶。这种态度，和吴宓在《我之人生观》（1923）和《论孔教之价值》（1926）中提出的“随缘”“偶然”“先入为主”的择教原则是高度一致的。基督教应该成为再造中国文化的重要资源，但其重要性无疑居于儒佛之后，而在儒佛之间，核心无疑是儒。这是吴宓秉持多年的信念，他本人由耶入佛的经历为这个信念提供了实证，而他给段德樟的劝告可以说是同时建立在他自己的信念和经历之上的。

六、孔子·孔教：千载声光

《论孔教之价值》讨论的核心问题就是孔子和孔教的宗教性。上文已提到这篇柏拉图对话体文章写于1926年孔子诞辰之后的一两天，对话人为吴宓和一位据说名叫李克成的青年学子。因为谈话发生于孔诞日当天，所以一开头的话题就是，在当代孔子是否仍然值得崇敬，以及是否有必要放假和举行礼仪来表达对孔子的敬意。按照李克成的看法，随着孔家店的捣毁，孔子作为偶像的时代已经过去，想要恢复其势力和影响是徒劳的，放假只不过为学生提供了外出玩耍的机会，而且，即使孔子仍然有受人尊敬的资格，行礼的做法也不可取，因为“崇敬之诚，藏之中心可矣。何必著之仪文，流于作伪？”李克成甚至引用吴宓自己的理论来反对为孔子行礼：

> 吾常闻先生一多之论，谓当重精神而忽形式。又谓礼教之所贵，惟在其中含之精义。今乃亟亟而于末节胡为者，岂

以孔子为宗教家，虽欲效法基督教徒之所为，藉此诞日，以行礼拜祈祷说教之事乎？[1]

对于李克成的第一个问题（孔子在当代应有的地位），吴宓的回答是，孔子“不但为代表中国国民性及中国文化最高之人物，且为世界古今三数圣贤之一。其学说至平实而至精微，不特为中国之人所宜保守奉行而勿失，且为凡欲以人文主义救今日世界物质精神之病者最良之导师……若孔子而不足受吾人崇拜，则世界古今竟无可崇拜之人”。[2] 这是关于孔子地位不容置疑、无以复加的至高评价。

吴宓所说的“崇拜”，是崇和拜兼而有之，即通过礼节仪式表达出来的敬仰之情。他从三个角度来说明感情和仪式不可分割的道理。

第一，是因为心中的真实感情会自然流露，形成外在表现。吴宓说：“爱孔子而不动于中情，而不至足之蹈之手之舞之，则其爱孔子亦非真也。故使吾人对于孔子爱敬之心极诚，则非藉祀典仪式等，无由表现。有此心必有此事，无此事亦遂无此心。”[3]

第二，因为人不仅具有理性，也有想象和感情，所以应当利用诉诸想象和感情的礼仪，来引导和塑造人们的见解、行为和理想。“孔子诞日之祀典及礼节，正如真正教育家绝妙之机会耳。”[4]

---

① 吴宓：《论孔教之价值》，第1—2页。
② 同上书，第1页。
③ 同上书，第3页。
④ 同上。

吴宓指出，鉴于孔子并非只是少数读书人应该效法崇敬的对象，而又不可能让全体国民通过研读六经来了解孔子，所以就更应该借用孔诞日的祀典、礼节来起到面向大众的教育作用。

第三，关于李克成所质疑的吴宓一多理论和他提倡谒圣祭祀之间的矛盾，吴宓解释说，是因为世人只知有多，所以他才大力强调一，以济其偏，但实际上“一多并存，方为正道”。也就是说，“精神之当注重而形式亦不可全废”；“宗教虽专重精神之感化，基于个人之信仰，而种种仪式祀典礼节繁文之终不可缺、不可废也。改之固可，绝之则不能也”。[①]

在向李克成说明“保存形式，亦即所以保存其中所寓之精神及意旨也”的道理时，吴宓引用了《论语·八佾》中孔子对弟子子贡所说的一句话：“赐，尔爱其羊，我爱其礼。”[②]如果将这句话和《论语·阳货》中孔子所云：“礼云礼云，玉帛云乎哉？乐云乐云，钟鼓云乎哉？”的感叹连在一起看，可以说我们就得到了吴宓所持立场的完整说明。真正的“礼”，是精神和形式的结合，前者是核心和目的，后者是载体和手段，两者缺一不可。

当李克诚追问到底该用何种礼仪祭孔时，吴宓先是回答：“今兹祀孔，为致诚敬，确有此心，而能表达，则任何仪式皆可。何用拘泥？”然后，他提出，孔诞日的文庙祭祀仍可全用古礼，“俾可留历史之纪念，且资后人及外宾之考证”。至于学校祭孔，则尽可按照现代通用的礼制，而且不必划一，由各团

---

① 吴宓：《论孔教之价值》，第 2 页。
② 同上书，第 3 页。

体各个人自定即可。[1]对吴宓来说，仪式必须有，但其根本目的是传达礼教之精义，如果满足这个前提，那么具体操作尽可以是灵活的。

吴宓 1938 年夏在云南蒙自（当时西南联大文学院所在地）参加了一次祭孔典礼，他日记中的有关记录有助于说明他在仪式操作上的灵活态度：

> 八月二十七日，晨 5：00 即起，肃衣冠。中国长袍，单马褂。偕朱自清、姚从吾君，6：00 至城内文庙外院为蒙自民众教育馆参加圣诞恭祀孔子典礼。县长李宝钤主祭。音乐乃民间婚丧俗乐，而学生唱歌则似中国耶教徒唱颂之声调，三牲则缺太牢等。然比之“打孔家店”者，则胜过天渊矣。宓初到云南，处处见有“天地君亲师”之神位，金字朱牌，宓甚喜乐。盖斯数者，匪特代表价值之等级，抑且显示生活或人生之各方面，即宗教、科学或经济。政治、社会、哲理是也。

在一个边陲小城里举行的这次祭孔典礼，其仪式杂糅且不全，可指摘之处吴宓都看在眼里，但他仍然对活动非常满意，因为他透过这些不完美的仪式看到的是当地人对孔子和儒家价值观的尊崇，“比之‘打孔家店’者，则胜过天渊矣”。

这里我们也可以回想一下，1912 年在圣约翰大学时，吴宓对学校要求的祈祷活动深恶痛绝，其原因有两个层面。就仪式本身来说，是因为吴宓觉得过于频繁，耗时过长，以至于行礼者只

---

① 吴宓：《论孔教之价值》，第 8 页。

求走过场，完成任务而已。另外一个原因则是，吴宓认为这些仪式在学校的活动设置和管理政策中具有不成比例的重要性，是舍本逐末之举。吴宓有关祭孔礼仪的意见表明，他对待仪式的态度是一以贯之的。仪式不可以没有，但如果将时间和精力都投入到仪式上，或者纠结死板的形式胜过关注内在的精神的话，那么仪式就会成为累赘和有害宗教本体的东西。

方才，在列举吴宓论述尊孔和祀孔之间紧密联系的三个角度时，我们看到，他明确使用了“宗教”这个字眼（“宗教虽专重精神之感化，基于个人之信仰，而种种仪式祀典礼节繁文之终不可缺、不可废也”）。吴宓关于这个大问题的一番演说给李克成的印象也是:“先生之言，殆近为宗教之仪式作辩护者。”[1] 可见，两人都是按照宗教模式来理解与孔子相关的祀典礼仪的。李克成所提出的吴宓是否“欲效法基督教徒之所为，藉此诞日，以行礼拜祈祷说教之事乎”的问题，可以说得到了肯定的回答。接下来，吴宓必须回答与此紧密相连的另一个问题，即孔子是否可与释迦牟尼和耶稣基督一样被视为宗教家。

吴宓承认，这个问题极难回答。如根据以基督教为中心的宗教和宗教家的通常定义，那么孔子从未创立任何教派，因此并非教主、牧师神父、先知一类的宗教家。但同时吴宓又认为，“孔子学无所不包，能洞见宇宙全部之至理与事物之关系，则宗教自亦在其中。故孔子并以宗教之真理教人，特所教人者，不专限于宗教，宗教仅其所教人之全部真理中之一部耳”。也就是说，可以不将孔子视作宗教家，但那只是因为这个称号不足

① 吴宓:《论孔教之价值》，第 3 页。

以涵盖其教诲的所有内容。在这点上，孔子可与希腊三哲归为同类。但是，若论其在中国历史上的地位以及历代享受的奉祀，则孔子又明显超出三哲，而实与释迦、耶稣同等，“亦当以宗教家称之矣”。[①]

在另外一个问题上，孔子也和耶稣类似。受启蒙运动影响，西方在18、19世纪兴起了用科学的眼光和方法（历史学、考古学、训诂学等等）来考察耶稣生平、检验《圣经》真实性的潮流。在吴宓看来，这些做法“可谓毫无意识，心劳日拙。盖即证明耶稣乃一生人，不具神性，或耶稣本无其人，亦复何所裨益？宗教原本想象，新旧约所记，所谓信则有，不信则无。欲摧残基督教，径谓吾自不信书中所记者可耳，何必如此费力哉”。[②]吴宓也反对以科学的名义和方法质疑孔子生平者。他的论点从两个不同的角度出发，其中第一个是在我们正在讨论的《论孔教之价值》这篇文章中提出的。吴宓指出，被“今之偏激无知者流”引以证明“孔子之生平多由虚造”的材料多来自荒诞不经的谶纬小说，何况退一步说，西方传统里也常常围绕伟人编织一些神奇的故事，但大家并不会因为故事的虚妄而否定那些伟人的真实存在。[③]另外一个，也是更重要的原因，见于吴宓一年之后发表的

---

① 吴宓:《论孔教之价值》，第4页。

② 同上书，第6页。关于西方圣经批判学1920年代在中国造成的冲击，以及中国一些基督教思想家的积极回应，参见曾庆豹《革命的基督教——五四以后激进的汉语基督教思想之形成》，吕妙芬、康豹主编《五四运动与中国宗教的调适与发展》，第385—392页。吴宓的思路与这些回应者有着重要的共同之处，即都认为不论耶稣和《圣经》的历史真实性如何，皆无损耶稣的人格意义和基督教的真理性。

③ 吴宓:《论孔教之价值》，第5页。

《孔子之价值及孔教之精义》。在文中，吴宓慷慨激昂地指出，为什么对中国人来说孔子必须存在：

人格之成，实由模仿；必取法乎上，乃可免堕落。即使孔子本无其人，其言行悉属伪造，又或其人本无足取，然以有此理想标准之故，千载声光，人所同钦。一般人之行事，尚不敢显背道德，且常自勉勉人企图效法孔子之为人。虽不能至，心向往之。冥冥之中，收效何限。今中国人而不尊仰孔子，是不啻根本上不承认道德之存在。而事实上但相率为卑污贪横、纵欲快心之行为。人类无所团结，进步何由企至？当前景象，已足痛哭。后此所极，宁堪设想。呜呼！孔子之生久矣，尊之毁之，于孔子何益何损？惟其实际之关系如是，用特申明。彼假科学考证之奇术，或平等进化之概念，以推倒偶像、攻诋孔子者，其亦思及此乎？[①]

吴宓并不是完全反对用科学考证的方法研究孔子。在《孔诞小言》一文中，吴宓提到两本学术著作，张昌圻（1903—？）的《洙泗考信录评误》和美国学者顾立雅（H. G. Creel, 1905—1994）的《中国人之宇宙观》。吴宓肯定了张昌圻对深受疑古派推崇的崔述（1740—1816）《洙泗考信录》一书的批评，对张的批评目的也表示赞同（“崔氏书中主观武断，感情用事，凭空臆测，违反事实之处极多。崔书考证之不精确如此，则据崔书以诋毁孔子者其为冤诬可知。张君非欲为孔子辩护，但希望真正之科

① 吴宓：《孔子之价值及孔教之精义》，天津《大公报》1927年9月22日。

学精神考证方法能实现于中国学术界而已”）。至于顾立雅，吴宓则称赞他“不废考证而进于批评，能以了解与同情获得孔子为人立教之真象者，实不易数觏也”。[①] 综合起来看，吴宓接受两种对待孔子的态度：一是以“了解与同情”为出发点的学术研究，其中能揭示“孔子为人立教之真象”者又为最上乘；一是完全摒弃科学考证的眼光，只把孔子视为中国人数千年来的道德与精神宗师，他在历史上到底是一个什么样的人，甚至历史上是否真有其人，都属于无谓的问题。正如吴宓在《孔子之价值及孔教之精义》中所说，即便“孔子”的言行纯属伪造，也无损于他对中国人的价值，因为他们需要这样一个提供理想标准的符号，否则他们就将丧失道德的根基和文明的凝聚力。这里所说的第二种态度，和吴宓看待“耶稣是否真有其人，其言行是否真如《新约》所说”等问题的态度是一样的。

尽管吴宓眼中的孔子和耶稣有着关键的相似之处，但在《论孔教之价值》中，吴宓最终没有宣布孔子也是宗教家，而是说：“其实吾侪苟能洞明孔子之真性质与其地位，则孔子之为宗教家与否，此问题正可不必发，亦不必求答也。”[②] 吴宓在此问题上的结论有两层意思。一方面，如李克成所总结的：“先生既不以宗教家尊孔子，又谓孔子兼备宗教家之性质与地位。”[③] 另一方面，吴宓又认为没有必要太过纠结这个问题，因为最重要的是真正理解历史上孔子对中国文化所做的贡献，并在世界各种不同文明发

① 吴宓：《孔诞小言》，《学衡》1933 年第 79 期，第 11、12 页。

② 吴宓：《论孔教之价值》，第 4 页。

③ 同上。

生碰撞的今天继续发扬其思想。不管是否称孔子为宗教家，吴宓坚信，“无论何时何地，孔子（兼荀孟）与希腊三哲、释迦我佛、耶稣基督所言所教之道理，皆未尝废，皆必有用，惟其名有异同，其迹有隐显耳”。[①] 吴宓的这一精神，也反映在他1927年10月于协和医学院所作的题为《儒教、基督教与现代中国》的演讲中。面对多为基督徒的听众，吴宓一开始就表明，他将儒教视为宗教，然后他又说道：

> 我知道，你们中有些人会反对将儒教算作宗教。你也许会说，儒教只是一个哲学体系而非宗教。我能够回应你的论点，但不打算在这里进行。对我来说，一个宗教的力量可以来自神的启示，也可以来自人的智慧；可以来自神话寓言，也可以来自纯粹的哲学；可以来自一个全知全能的上帝，也可以来自一个伟大的生平和人格。没有人能够否认，诸多事实证明了，在中国历史上，直到晚近，在使人真正向善这件事上，儒教建立过多大的功劳，是多么强大的一股力量。但是，我认为，名称并不重要。我们就别斤斤计较名称了吧。如果你不承认儒教为宗教，那么，如果你愿意，你可以暂时将其视为“相当于宗教者”。[②]

也就是说，四大宗传或以宗教为名，或以人文道德为名，但根本道理只有“轻重先后之差”，[③] 相互之间的关系是错综相通

① 吴宓：《孔子圣诞感言》。

② Mi Wu, “Confucianism, Christianity, and Modern China”, 45, 47.

③ 吴宓：《孔子圣诞感言》。

的，如下图所示：

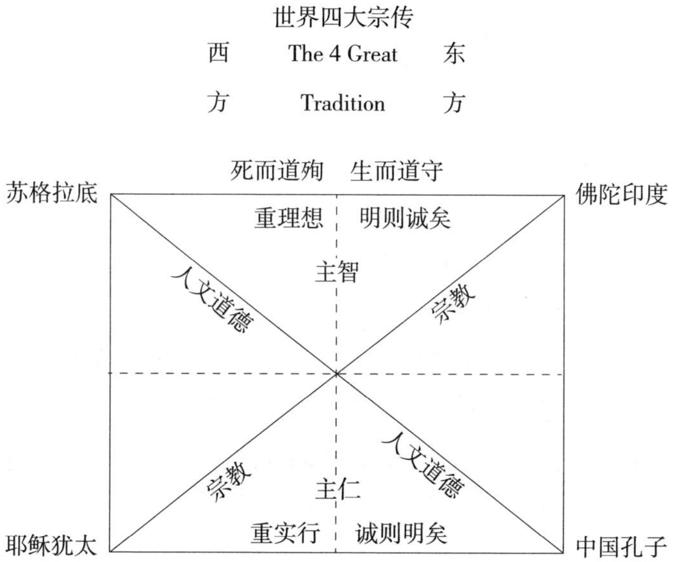

吴宓所绘“四大宗传关系图”[①]

吴宓《孔子圣诞感言》中的一段话可以帮助理解这张图：

诸圣哲教人之目的与方法，皆主仁智合一，情理兼到。然（一）东方之佛教主由智以得仁；而（二）东方之孔子儒教主由仁以成智；（三）西方之基督教主由仁以成智；而（四）希腊三哲主由智以得仁。其间又如此互相错综。由仁以成智，即《中庸》所云“诚则明矣”；由智以得仁，即《中庸》所云“明则诚矣”。二途虽分，同达一地。譬如石磴路分成两半圆，

① 此图取自徐葆耕编选《会通派如是说：吴宓集》，上海文艺出版社1998年版，第10页。图中“Tradition”应为“Traditions”，疑为编排错误。

或左或右，苟拾级以登，均可到厅堂之门而会合。以上乃宓所了解孔子立教之大旨，与其在世界文化史中之地位。①

类似的双重态度（孔子确实具有宗教家的特征和地位，但是否给他宗教家的名义并不重要），也体现在吴宓对孔教会的看法上。孔教会是康有为（1858—1927）弟子陈焕章（1880—1933）1912年10月7日在上海成立的，其目的是按照基督教的模式将孔教宗教化和组织化，通过发展会员、讲经讲教、祭祀行礼，乃至推动孔教为国教的方式，为保存中国文化提供一个制度化的基础和阵地。这样一个“不合时宜”的组织，可想而知自诞生起其根本理念就受到了来自各方的批评。② 创刊于1922年1月，

① 吴宓：《孔子圣诞感言》。韩星这样总结吴宓在孔教宗教性上的立场：“一方面，他在本质上把孔子的学说或儒教定为儒家人文主义，另一方面，他也肯定孔教或儒教的宗教性。实际上，这两方面在历史上几乎是分不清的，吴宓也不是要分清，而正是要在新的历史条件下赋予新的内容，进行新的融合——这与新文化派正好相反。”（《儒教的现代传承与复兴》第5章《新文化运动中学衡派的孔教观》，福建教育出版社2015年版，第119页。）在这个问题上吴宓并不代表学衡派的看法。如韩星所指出的，梅光迪和柳诒徵虽然也提倡复兴孔教，但他们都将孔教视为人文道德，不赞成将其宗教化。吴宓在《论孔教之价值》正文后附了一些近人关于孔子的言论，其中包括引自柳诒徵《中国文化史》的这句话：“孔子不假宗教以惑世，而卓然立人之极，故为生民以来所未有。”吴宓对这些师友的不同看法显然是完全可以接受的。我们早已提到，白璧德就是将孔子视为与释迦牟尼相对的人文大师的。《论孔教之价值》附录中的白璧德言论包括他在《民治与领袖》第5章中所说的：“孔子以人文化世，而不以宗教为务也。”事实上，如上所述，在写于1922年的《论新文化运动》中，当他将世界分为天（宗教）、人（人文主义）、物（自然主义）三界时，吴宓自己也是把孔孟之道划入第二界的。与那些明确肯定或否定儒教的宗教性的人不同，吴宓在充分承认这一问题的模糊性的同时，认为将儒教视为宗教非常有利于现代中国的文化重建。

② 关于孔教会的理念渊源、组织设计以及社会反响，参见干春松《康有为、陈焕章与孔教会》，《兰州大学学报》2008年第2期；《保教立国：康有为的现代方略》第1章，生活·读书·新知三联书店2015年版。

由陈焕章任总编辑的《昌明孔教经世报》不时转载《学衡》的文章，俨然引为同道，[①]但吴宓对孔教会的态度却是比较复杂的。

当李克成问及对孔教会的看法时，吴宓首先从信仰自由的角度对该组织加以维护："窃谓处今信教自由、法律平等之世，凡百团体，皆可组织成立，岂孔教独不可。况孔教存在之理由及根据为甚深耶！不以孔为教者，正不必对他人之以孔为教者而非之也。"[②]和康有为、陈焕章一样，吴宓认为孔教有很强的宗教性，径将其视为宗教也无不可，而且他这种看法的动机也和康、陈有着重要的共同之处，即希望通过肯定和弘扬孔教的宗教性，来捍卫传统中国文明的核心价值。但是，在承认孔教会存在的合理性之后，吴宓话锋一转：

> 然会即以孔教为名，其在今日最重要之事业，厥为讲明孔子学说礼教之真意，而谋其实施与普及。至于会务之经营，章程之编订，诸多有形之动作，热烈之宣传，以及社会服务等等，不特非关重要，抑且易生疵累。夫宗教之本意，惟在各人之自救，且救之必于精神之途。[③]

虽然吴宓强调自己不了解孔教会实际办理情形如何，所以不敢妄评，而且对于国内当时一切努力谋求发展的宗教组织，他都佩服其"热心苦志"，[④]但他无疑是在表达自己和康、陈在践行和

① 陈熙远：《"孔""教"联名的最后一搏——逆航在五四运动的风口浪尖上》，吕妙芬、康豹主编：《五四运动与中国宗教的调适与发展》，第135页。

② 吴宓：《论孔教之价值》，第8页。

③ 同上。

④ 同上书，第8—9页。

弘扬孔教的方式上的不同价值取向。吴宓对李克成说，他本人超脱于所有组织和宗派，“除自用其思想，或间亦发抒为言论，以就正于通人外，决不为功利之计划，决不为事实之经营。即有所谓同志，惟取学问精神之切磋，而不为形式之团结。旁观孤处，优游自得”。[①]“不为形式之团结”是对前引文中的“诸多有形之动作”的直接回应，而注重于学问精神，正符合前文所说的“宗教之本意，惟在各人之自救，且救之必于精神之途”。吴宓虽不曾点破，但孔教会从成立之初即具有的强烈政治抱负，特别是与先后寻求复辟的袁世凯和张勋之间的瓜葛，其带来的负面影响恐怕是一切“有形动作”所生“疵累”中之大者。[②]

理解和说明孔子学说的真正价值，而不是举办徒具形式的活动和谋求往往别有用心的有力者的支持，才是尊孔和推行孔教者的第一要务：这一立场在吴宓《孔子之价值及孔教之精义》一文（发表于1927年孔诞日）中得到了鲜明的表达。当时的北京政府对孔子的态度似乎颇为积极，然而吴宓却这样写道：

至于学校读经，礼教立国，并已腾于口说，见之功令，似孔圣之教不至灭绝矣。或且更有复兴之望乎？虽然，吾人

① 吴宓：《论孔教之价值》，第8—9页。

② 关于孔教会的兴衰与政治时局之间的关系，参见张颂之《孔教会始末汇考》，《文史哲》2008年第1期，第55—72页。在1927年于协和医学院的那次英文演讲中，吴宓对孔教会的做法进行了更直截了当的批评：“那些企图通过机械手段（如在宪法中确立儒教的国教地位，成立孔教会，组织公开宣讲等等）来推进儒教事业的儒者，其收效甚微，且不论他们将外在工作等同于精神努力和内心信仰的做法是否已经损害了其事业。”（Mi Wu, “Confucianism, Christianity, and Modern China”, 55）

所亟欲申明者，即形式之尊毁，礼仪之隆杀，固可转移一时之视听，影响少年之心理，然究无关孔子之本身与孔教之真义。历代帝王，对于祀典之兴废，陪享人物之增减，率以一时之好恶为之（其于释道二教尤甚）。降至今日，众说纷纭，人心混乱。但致尊崇，立意虽佳，决不能维持孔子之道于不敝。[①]

这番话，算得上十足的冷眼旁观了。吴宓看到，即便是在帝制时代，孔子所享受的尊荣程度也取决于帝王的政治需要乃至个人好恶，背后到底有几分对孔子的真正尊崇是不得而知的。至于今日之当权者，他们对于孔子的兴趣，恐怕更是流于形式，各种活动和仪式的一时喧嚣，也许能为倡导者带来政治效益，却终究“无关孔子之本身与孔教之真义”，因此也就无助于复兴孔子之道。吴宓接着说：

今日之要务，厥在认识孔子之价值，发明孔教之义理。使知孔子之为人，如何而当尊；其教人之学说，如何而可信。由于我之良心，我当尊孔。本于我之智慧思考，我坚信孔子之学说。故今虽举世皆侮孔辱孔谩孔，虽以白刃手枪加于我身，我仍尊孔信孔，毫无迟惑之情、游移之态。必使世人对孔子及孔教之态度能至如此，则孔子方得为尊，而我对于孔教之责任，乃为已尽。[②]

这段话所辐射的热度，与前一段的冷眼形成强烈对比。其之

① 吴宓：《孔子之价值及孔教之精义》。
② 同上。

所以热，是因为这里吴宓从徒动试听的形式转到了来源于良心和智慧思考的敬仰和坚信。以这种敬仰和坚信为武装的人，才敢于为了捍卫孔子而冒天下之大不韪，甚至不惜献出自己的生命。不管孔教在世人眼里算不算宗教，这种白刃手枪加诸身而不惧的姿态完全是属于殉道者的。[①] 此时（1927），吴宓已经因为他的尊孔立场而得谤多年；[②] 今后，他殉道的勇气也将有机会受到真正的考验。

那么，值得他为之殉身的孔教之精义和价值到底何在？吴宓曾经作过概括。他认为：

> 简括言之，则孔子确认人性为二元（善恶，理欲）。揭橥执两用中为宇宙及人生之正道，以孝为诸种德行之本，而以（1）克己复礼（2）行忠恕（3）守中庸为实行道德之方法。[③]
>
> 凡颠扑不破、行久无弊之学说，必兼具（一）全（二）通（三）宜之标准。（一）全者，谓宇宙间之事物义理皆有两方面，皆为二元，而非一元。此二者相互对待，同时存

① 在1931年10月19日题为《孔学》的一个演讲中，郭斌龢表达了以下观点：“自中国过去历史言之，孔学为知识阶级之普遍之信仰。此阶级之优秀者每愿为孔学牺牲生命与一切物质上之享受，则孔学实含宗教性，谓之为广义的宗教，亦无不可。”吴宓将郭的演讲大意总结后发表在1931年11月2日的《大公报·文学副刊》。

② 陈熙远讨论了“在五四新文化运动浪潮的席卷与冲蚀下，被妖魔化的‘孔教’一词逐渐销声匿迹于学术讨论与日常语汇之中”这一过程。孔教会的《昌明孔教经世报》于1926年停刊。陈熙远将其视为一个标志性的事件：从此“‘孔教’的诉求逐渐失去号召力，不仅从思想学术的舞台上逐渐消音，也不再于政治法律的殿堂中发声”。引文见陈熙远《“孔”“教”联名的最后一搏》，第153、147页。

③ 吴宓：《孔子之价值及孔教之精义》。

在，不得抹杀其一。而应用于人事，则二者实相反相成，须兼容并蓄，斟酌损益而善用之，以致中道。中也者，调和一多，而得其宜之谓也。此全之说也。又宇宙之大，人之知识所及，可别为天界、人界、物界，而论事立说者，于此三界之位置，断不可颠倒错乱，此亦全之说也。又论人事者，须于人之知觉思考想像情感记忆直觉等，兼筹并顾。非是，则陷于一偏，此亦全之说也。（二）通者，谓洞悉诸多事物间实在之关系，明其因果，辨其同异，不事比附，不妄绾合。凡所察比较，应探源觅底，舍其末而求其本，透过浮象而究其实在。此通之谓也。（三）宜者，谓针对现实此地之实际情形而立言，故切中利病而不致拘泥，此宜之谓也。孔子于（一）全（二）通（三）宜之标准，实兼具之。[①]

吴宓在《我之人生观》一文的第六、七小节（“人性二元为道德之基本”和“实践道德之法”）中对以上想法进行了详细得多的阐述，但若要一言以蔽之的话，则吴宓1940年所总结的一句话庶几近之：“中国文化之特质，厥为纳理想于实际之中之中道（Ideal in the Real）”（1940年7月18日日记）。不管是对人性的认识，还是对天、人、物三界关系的理解，孔教都避免了走极端，而是将人生理想落实在人伦日用中，达到吴宓在《论孔教之价值》中所说的“至平实而至精微的境界”。

关于孔子之教是如何貌似平淡却踏实而深刻地影响了中国人的生活的，吴宓在发表于1949年8月27日的《孔子圣诞感言》

---

① 吴宓：《孔子之价值及孔教之精义》。

中，以他自己的人生作了一个说明。先说他的前半生（自幼年至抗战爆发）：

> 宓昔幼时，即闻普通社会，不读书不识字之一般人口中辄道“孔圣人”云云。及入塾，恭肃跪拜，每次背书亦必再揖。尔时心目想象中，实觉“至圣先师”常监临我之上，在我之左右。而经中之语意文字皆圣贤之所口述笔书，于是尊圣而亲师。由亲师而好学，由好学而昵书，由昵书而觉读书为唯一乐事。又由尊圣而时时自律自责，重以家教，谨慎诚实，忠厚宽仁，早成习惯。迨年长自觉，通习世事，益复兢兢业业，事业分明，不敢苟且。对公私小大义务职责，一一黾勉履行。又不敢骄妄自是，效古今文士为快意之论，作武断之言。生平为文必字句斟酌，惟恐其中引据之事实不确，评断之语意过重。虽尝与人辩论，不免急激，但从不为嫚骂或刻薄之言。数十年中所行之事，亦固多悔，然绝不怨天尤人，嫉时愤世。对人恒为恕辞，论事不作深文周纳，不敢先意他人之不善，广座之有骂人者，己惟力守缄默。

然后是自抗战开始至 1949 年的第二阶段：

> 自廿六年对日抗战以来，流离各地，更得习劳苦，涉贫困，安居斗室，有案有床，蔬食饮水，便为至乐。不忮不求，一切惟心自足，不假外物，深信眼前即是幸福，儒佛一理。而功名富贵、事业斗争，甚至男女爱情、天伦乐事，在我观之皆为痛苦、为义务。但期他人努力从事，而我则避去

> 不遑，自乐自适于书卷之中，宁为伯夷叔齐之清，愧少披发缨冠之救。至于寿命修短，明知早已注定，到时便死，无可逃避，但必日日修身以俟之。日正己，日善生，他非所知所论。兹仅举宓为例，非敢自夸。宓之性行，大略如此。若宓不生中国，未尝读孔子之书，及今当必不同。以上乃孔子之教对宓个人之影响也。[①]

在以上两段文字中，不管涉及吴宓的哪个人生阶段，孔子和孔教对他的影响似乎都只有关日常的习惯和德性而已，但这是一种不离“宗教性”的日常。就“向上”（吴宓对“宗教性”定义的第一要素）而言，孔子是圣人，为吴宓以及其他受益于孔子的中国人提供了“向上之鹄的，模仿之标准”，他们自幼所受的教育和成年后的修行都是为了“企图效法孔子之为人”。[②] 从吴宓的以上自述可见，孔子之教给他带来的是内心的节制、坚定和安乐（这就是“宗教性”的第二要素：“主内”）。至于宗教性的第三要素（“重一而轻多”），吴宓认为君子和小人之别在于“君子重一，小人重多”，而中庸的本义即为“调和或折衷于一多之间”，可谓一多兼具、但重一而轻多的最佳典范（1939年4月6日日记）。总之，孔子之教的宗教性是来自于日常中的神圣。[③] 吴宓所热爱和捍卫的，正是这种执两用中、兼具“全通

---

① 吴宓：《孔子圣诞感言》。

② 吴宓：《论孔教之价值》，第7页；吴宓：《孔子之价值及孔教之精义》。

③ 美国学者赫伯特·芬格莱特（Herbert Fingarette, 1921—2018）1972年出版的 *Confucius: The Secular as Sacred*（《孔子：即凡而圣》，彭国翔、张华译，江苏人民出版社2002年版）就是围绕这一角度展开讨论的。

宜”的“中道”。我们记得，在《曾宝荪女士》诗话中，吴宓说过:“宓曾间接承继西洋之道统，而吸收其中心精神。宓持此所得之区区以归，故更能了解中国文化之优点与孔子之崇高中正。”同样，在得识佛教的高明之后，他信奉的是以儒统佛的“儒佛一理”，在有限的生命中所从事的是“日正己，日善生，他非所知所论”。

还在 1927 年的协和医学院演讲中，吴宓就曾提出，正因为其日常属性，儒教比基督教更符合以实证性和批判性为特征的现代精神，在经过调适之后，将比基督教更符合现代生活的要求。他说:“作为一种人文的道德哲学体系，以经验和观察为基础，带有不止一点宗教情感，并在实际应用中具有足够的宗教力量，儒教本身就是实证性和批判性的。如果能加以富有想象力的理解、正确的阐释和令人信服的呈现，那么儒教将会为人类世界的现代继承者提供恰当的指引和可靠的支撑。”① 吴宓对孔教优于他教之认识，在 1949 年以后，经过更全面的比较，变得越发清楚和坚定了。在 1955 年 11 月 6 日的日记中，他写道：

> 宓近数年之思想，终信吾中国之文化基本精神，即孔孟之儒教，实为政教之圭臬、万世之良药。盖中国古人之宇宙、人生观，皆实事求是，凭经验、重实行，与唯物论相近。但又“极高明而道中庸”，上达于至高之理想，有唯物论之长而无其短。且唯心唯物，是一是二，并无矛盾，亦不分割。又中国人之道德法律风俗教育，皆情智双融，不畸

① Mi Wu, “Confucianism, Christianity, and Modern China”, pp. 56–57.

偏，不过度，而厘然有当于人心。若希腊与印度佛教之过重理智，[①]一方竟事分析，流于繁琐；一方专务诡辩，脱离人事，即马列主义与西洋近世哲学，同犯此病者，在中国固无之。而若西洋近世浪漫主义以下，以感情为煽动，以主观自私为公理定则者，在中国古昔亦无之也。

这种认识，给了吴宓在巨变之后的环境中坚持他的信念的勇气。在1961年8月30日的日记中，他表示了这样的决心："在我辈个人如寅恪者，则仍确信中国孔子儒道之正大，有裨于全世界，而佛教亦纯正。我辈本此信仰，故虽危行言殆，但屹立不动，决不从时俗为转移；彼民主党派及趋时之先进人士，其逢迎贪鄙之情态，殊可鄙也云云。"

在信念之外，吴宓需要坚持的还有仪式。在除夕、元旦、亲友忌日以及自己生日等场合，吴宓都会以繁简不同的形式焚香祭祀和叩拜行礼。他1962年除夕和大年初一的日记在这方面记得比平常更为详细，就让我们来看看他是如何做的：

夕晚作本室清洁，整理书案，拭洗玻璃窗及桌椅等。晚7：30设父及碧柳、兰芳像位，瀹茗焚香，供糖，祭祀。辞岁，行四跪十二叩礼……宓侍坐像位侧，朗诵《阿弥陀经》，甫半，而党委生产生活办公室杨章才同志来，宓接待，进茗糖，8：20辞去……杨去后，宓低诵《阿弥陀经》完，乃

① 在以上所引的《孔子圣诞感言》中，吴宓认为佛教和希腊三哲走的都是"由智以得仁"的道路。

行一跪三叩礼，撤像位。（1962年2月4日日记）

我们在前一节提到过，1962年1月9日印光法师某弟子建议吴宓每晚默念《阿弥陀经》，而吴宓当时表示“深感，当勉行之”。这里，吴宓在对亲友的祭祀中第一次采取了朗诵/低诵《阿弥陀经》的做法，让我们看到了，在中国传统社会里，佛教是如何常常为人们的家庭礼仪活动增加新的工具和元素的。次日晚（1962年2月5日），吴宓的日记有如下记录：

草草祭献后，遂行三跪九叩礼，而撤去像位。因悟孔子儒家之徒，好习礼，在当时亦仅保存一般中国人之旧风俗而未改，非创新立制，好为繁琐者，正与吾辈今日同也。

吴宓这里的感想，仍然符合我们之前所讨论过的，即他很看重仪式，但对他来说，仪式的根本性质就是一种习惯性的、用以表达感情的行为而已，不可因为刻意追求形式而损害实质目的。他的新感悟，似乎只在于他意识到了，儒家礼仪的起源本身就是古代中国人对表达感情的习惯行为的需求，这种需求是亘古不变的，中国人之所以为中国人，一个重要的外在标志就是，一代一代，他们都自然而然地通过同样的仪式满足这一需求。

然而，历史行进到了大裂变的时刻。在1964年底，吴宓因为祭拜亡故亲友的做法而遭到揭发和公开批评。对此，吴宓向组织表示，他这样做只是“由于旧习惯、旧礼节，只是表示祭祀者（宓）本人之感情（非谓所祭祀者犹生存、犹能知之也）——既认为不合，宓今后当不再为此即是”（12月26日日记）。他照做了没有呢？吴宓 1964 年最后一天的日记是这样结束的：

> 今岁不敢拈香祭祀。亦无香可买夜 10：30 熄舍内电灯，宓于黑暗中，叩呼父及碧柳、兰芳之灵，而恭肃祭拜，行四跪十二叩礼。又分别祈求护佑，诉说心情。礼毕，乃复开灯，续完日记。11 时寝。1964 年终。

此后，吴宓就顶着学校对“封建迷信”的批判，[①] 坚持以简化的方式偷偷祭拜亲友。他 1965 年的第一天是这样开始的：“晨 7：20 起。未设像位，仅望空叩呼父及碧柳、兰芳，在内室恭肃拜新年，行四跪十二叩礼。亦未焚香。”（1965 年 1 月 1 日日记）在 1969 年，他遭到多次批斗，左腿严重受伤，留下终身残疾，这一年 6 月 21 日之后的日记以及 1970 年整年的日记也都全部丢失。[②] 但是，在 1971 年正月初一的早上，洗漱后，吴宓做的就是“敬对祖先及亲长拜年，行一跪三叩礼。腰脚起伏，甚感困难”（1971 年 1 月 27 日日记）。有的时候，比如 1971 和 1972 年他被劳教的期间，他连简化的祭礼也不得不放弃了：“10 时寝。房中人多，未能跪拜辞岁！”（1971 年 12 月 31 日日记）“今年不能向天地神佛、祖宗慈亲行礼辞岁拜年！晚 9：30 寝。”（1972 年 2 月 14 日日记）在 1973 年，也就是吴宓留有日记的最后一年，我们看到了这样

---

① 见吴宓 1965 年 2 月 25 日日记（工作组某成员找吴宓谈话）。

② 吴宓第一次被批斗是在 1969 年 5 月 9 日。其惨状可见当日及五、六两月剩下的日记。详细伤情记录于 5 月 19 日日记。根据吴宓 1970 年所写的交代材料，他于 12 月又受到两次批斗，“两次均给宓（因伤腿）以极大之肉体痛苦”（《日记续编》，第 9 册，第 129 页。）

两段记录：

> （阴历七月二十日）晴，云，风。今日为宓八十岁生日。（a fatal day！）昨夜11时入寐，今晨4时醒，即起，开电灯整备。旋复关灯，黑暗黎明前之黑暗。中，在地板上，问西北方向，祝告天地神佛，安吴堡崇厚堂吴氏祖宗，祖父母大人，爹爹与李、雷、胡、汪氏母亲，父亲与胡、王、刘氏母亲，陈家姑父、姑母，暨诸姑母，兼及兰芳之灵，行四跪十二叩十五揖之敬礼。……于是再寝。（1973年8月18日日记）
>
> 临寝前，向西北方，对：天地神祇、祖宗、祖母，本生继嗣父亲、母亲，辞岁，行三跪九叩之礼。宓左腿三关节风湿痛，致跌倒在地上。具见宓之体衰矣！（1973年12月31日日记）

对这种不假外物、然而虔诚至极的仪式的顽强坚持，表达的不仅仅是吴宓对亲人慎终追远的怀念，也是他对古老中国文化传统的坚守。他深知，他在斗室中私自举行的这些仪式在当时的中国社会已被全新的仪式——及其背后全新的价值观——轰轰烈烈地取代。在日记中，吴宓记录了他1968和1969年参加工宣队领导的学习时随众履行的一整套仪式。最详细的一次是这样的："8时，工人宣传队本班领导人万启水（锅炉工人）、王昌明来，宣布：今日本班开学。先行礼：万、王命众起立，率众对毛主席像深深一鞠躬。各出'红彤彤的'《语录》，以右手高擎举之，而齐三呼'敬祝伟大的领袖毛主席万寿无疆！万寿无疆！！万寿无疆！！！’领众同背诵《毛主席语录》及最新指示与我辈有关者各数条。齐唱《东方红》歌（二首）一遍。礼毕，就座……既毕，复由万、王二君领导，行礼如仪（同今晨，惟改唱《大海航行靠舵手》歌），然后宣布散会。”（1968 年 11 月 6 日日记）。第二天，他又记道：“8 时，万、王二君来，领导众对毛主席像行礼如仪（同昨，以后省书）……每夕下班时，皆由万、王二君领导行礼如仪，然后散归。以后省书。”有意思的是，在同一个时间段，吴宓有时也用同样的省略措辞来记录自己对亲人的祭拜仪式，“乃行礼如仪（辞岁）而寝”（1968 年 12 月 31 日日记）；“晨 6∶20 起，行礼如仪（拜年）”（1969 年 1 月 1 日日记）。两种大不相同的礼仪程式，既说明了仪式的存在对于人类社会的普遍重要性，也标志着吴宓同时生活在两个平行对立的世界。

当然，因为其对立性质，这种平行状态不会被允许自由存在。在 1966 年作为“资产阶级反动学术权威”被剔除出教师队伍之后，吴宓又在 1969 年清理阶级队伍和 1970 年打击“反革命分子”的运动中备受迫害。待到 1974 年春的“批林批孔”运动中，人人都必须对运动表态，而“吴宓明确表示：批林，我没意见；批孔，把我杀了，我也不批。为此，再次作为‘现行反革命分子’被批斗”。[①] 这里，我们想起了吴宓 1927 年在《孔子之价值及孔教之精义》一文中的那句话：“我坚信孔子之学说，故今虽举世皆侮孔谩孔，虽以白刃手枪加于我身，我仍尊孔信孔，毫无迟惑之情、游移之态。”虽然最后吴宓幸免于难，但他在面临

① 吴学昭：《吴宓与陈寅恪》（增补本），生活·读书·新知三联书店 2014 年版，第 496 页。

“批林批孔”的政治高压时表现出的勇气是无愧于他将近半个世纪前许下的殉道誓言的。前边我们已看到过，在《学衡》时期，耶稣使徒给了吴宓为真理殉身的勇气。在他日益推崇孔子之道的晚年，不知激励他更多的是不是“杀身成仁”“舍生取义”和“天下无道，以身殉道”这些教训？①

七、对信徒的批评

吴宓对基督教、佛教、孔教的信徒都提出过批评。通过这些批评，我们可以更好地理解他对宗教的看法。

1937 年 11 月 26 日，吴宓抵达长沙（清华、北大、南开三校临时联合大学所在地）一个星期后的晚上，他为了替友人求助，前往拜访时任湖南省财政厅厅长的尹任先（1887—1964）。尹任先 1913—1919 年留美学习经济，1919 年秋受表兄聂云台（1880—1953，曾纪芬之子，曾宝荪之表叔）邀请，回国共同办厂，但惨淡经营十年后以失败告终，1931 年后开始从政，历任河南省印花烟酒税局长、河南省财政厅长等职。吴宓此行并非去谒见一位素不相识的官僚。其实，他在哈佛期间和尹任先为室友，②两人都积极参与中国留学生爱国组织“国防会”的活动（尹为该会副会长），在尹回国后两人还为了尹在上海经营的办报事务保持频繁联系。在吴宓 1921 年 8 月从美国回到上海时，尹任先到码头迎接；半个月后，在吴宓的婚礼上，尹任先担任证

① 根据吴宓日记，1972 年 11 月 20 日至 24 日，他将《孟子》通读了一遍。在 1972 年 10 月 4 日和 1973 年 9 月 23 日的日记中，吴宓都提到，当天为孔子圣诞。

② 参见吴宓《空轩诗话·吴芳吉日记》，吴学昭整理《吴宓诗话》，第 179 页。

婚人。[1]关于当晚他和尹任先在长沙的见面，吴宓在日记中留下了较为详细、也非常生动的记录，尽管从中我们丝毫看不出这是两个多年旧识之间的重逢：

尹君布衣、布鞋，室客厅中并悬基督教箴与总理遗训。备述其入耶教始末。略谓1928年以前，事事失败，徒费心力。1928年受洗入教之后，根本悔悟，身心强健，事事成功。即从事财政要职，亦能不畏强御，剔除积弊。有清廉之名，行刚断之事，而不为人所忌嫉伤害；谓非信仰上帝，皈依正教之效果哉？（Pragmatic argument for Religion！）又力劝宓信基督教。而不赞成赵紫宸、曾宝荪等之说教，谓其人本甚好，无需宗教，宗教只为其文学及人格之装饰品耳。……宓静聆尹君之论。别时，呈纸条，请助湘潭黎宅事。

吴宓这里所描写的"为宗教所做的实用主义的辩护"，在《圣光指引——尹任先蒙恩三十年的见证》一书中可找到丰富的证据来证实和补充。比如，在该书第三章（《在政界工作中的见证》），尹任先谈到自己担任河南省印花烟酒税局局长时发生的事："每日工作时心中有主赐的平安喜乐，所遇到的各种困难均能迎刃而解。以前，每年税收仅有十五万元，我任职后，年税收达六十万元，受到上级的重视与好评。"升任河南省财政厅厅长后，神赐给的力量使他在极其困难和复杂的情况下取得了意想不

① 参见吴宓1919年10月29日、11月20日、11月30日、12月2日、12月27日，1920年1月2日、1月26日、1月31日、5月1日、10月20日，1921年8月5日日记；《年谱》，第218页。

到的巨大成就："任期不到一年，便将财政厅以前所欠三百万元的债务全部偿清，在全国财政界中，引起轰动。并因此受到中央政府的明令嘉奖。"①

尹任先对基督教的这种实用主义理解（信教前"事事失败，徒费心力"，信教后"身心强健，事事成功"），以及他衡量失败与成功的标准，和曾宝荪出于振兴中国的颓风而皈依基督教，三十年如一日在艰难困苦中坚持教育救国的理想是判然两分的。尹任先本人非常清楚这种区别。他一方面现身说法，按照自己对基督教的理解力劝吴宓信教；②另一方面，他也不掩饰自己对曾宝荪和赵紫宸这类基督徒的"说教"不以为然。在他看来，他们"本甚好，无需宗教，宗教只为其文学及人格之装饰品耳"，也就是说，在这些本不需要借助宗教来将自己从失败困窘中解救出来的人身上，宗教真正应起到的功能浪费了，信教只不过提供了自我装点和标榜的一种工具。

吴宓没有直说，但种种迹象告诉我们，他是完全不赞同尹任先对基督教的态度的。首先，在会面期间与尹谈到这个话题时，吴宓只是"静聆尹君之论"，显然是既不同意而又出于礼貌不愿

① 尹任先：《圣光指引——尹任先蒙恩三十年的见证》，香港天道书楼有限公司2001年版，第16、19页。文中全文引用了国民政府1935年12月14日颁布的嘉奖令，根据尹任先的几篇自述，他早在1924年就在聂云台和其他基督徒的影响下受洗入教，但仅仅是一个名义上的基督徒，直到1931年才真正重生得救，走上人生新道路（尹任先：《我信主之经过》，《布道杂志》1934年第7卷第6期，第45—48页；《我信救主耶稣基督之经过》，《圣经报》1936年第25卷第17期，第85—90页；《圣光指引》第一章）。这里他不知为何告诉吴宓说1928年是他宗教之路的转折点。

② 尹任先积极传道，成功地引导了很多人入教，其中最著名的例子是张治中（1890—1969）（《圣光指引》第三章）。1942年，尹任先还创办了圣光学校。

争论。其次，回头写日记记录这次见面时，吴宓一开始特意提到，尹任先的客厅中“并悬基督教箴与总理遗训”；结合此后尹的言论，很容易让人觉得，吴宓在尹的客厅布置中已经看到了令他生疑的信教动机。最后，在与尹任先见面之后的第三天（1937年11月29日上午），吴宓前往艺芳女子中学，走访了曾宝荪和曾约农，而且谈得很投机。这说明，在尹任先和曾氏姐弟的两种不同宗教理念之间，吴宓毫不犹豫地支持后一种。

吴宓也对某些佛教信徒表示过批评。这在1942年2月6日的日记中可以看到。那天晚上，吴宓和林文铮一起前往拜访胡兆焕（1880—1955）。胡兆焕是浙江的知名教育家，抗战时期在西南联大总务处担任行政工作（1941年4月13日日记）。吴宓写道：

> 晚7—9同访胡老，玉龙堆四号宅。并见其次女亚龙，亦笃信佛教密宗者……旋杂谈佛教各事，及火葬等。亚龙谓宓具罗汉相。又手书咒符藏文。赠宓。嘱纳于帽中，可避兵灾云。按宓始终遵依Babbitt师之教训及宗旨，虽笃信佛理，乃视为人生修养精神真理，而研究受用之。纵具虔诚，不堕迷信。若铮等所归依之密宗，不免末流妖妄，近于左道魔术，有类西洋之cult of Dionysus，实宓所厌弃者。况宗教之通义，为（一）制欲（二）谦卑（三）仁慈诸端。今信奉密宗如铮、昌等，则纵恣食色烟酒，我执极强，凌傲他人。又全蔑视西洋之文化及科学。又喜用霸术及权术政治手腕。处世方法。对人，于爱情且然。绝少恻怛和厚、忠诚恳挚之意。大异乎宓心目中之宗教修养功夫途径者也。故宓虽恒与铮游，内心深处，

不受其密宗之影响，固可自信矣。

这段话反映了吴宓关于宗教的一个最根本观点：宗教必须关乎“人生修养精神真理”，否则即非宗教正途。从他这里的批评可以看到，脱离或违反宗教的道德属性的行为有两类。第一是某些迷信，如胡亚龙（1915—1981）为他手书据称可以避免兵灾的符咒。[①]第二，也是更重要的，就是在为人上自我放纵，并且缺乏谦卑和真诚。虽然吴宓这里的批评看起来像是针对密宗，但是对这段话最好的理解方式，可能是将其视为吴宓基本一贯的宗教观的一次具体应用。早在发表于1923年的《我之人生观》一文中，吴宓就说过：“宗教之主旨为谦卑自牧。”[②]显然，这适用于任何宗派中人，而且既为“主旨”，那么其缺失对宗教精神造成的损害自然更甚于迷信。所以，吴宓一方面留有余地地说密宗在仪式上“不免末流妖妄，近于左道魔术”（着重号为笔者所加），而另一方面他对密宗信徒林文铮和袁昌（1910—？，云南大学文史系教授）的为人处世做了激烈的评论。[③]林、袁为人到底如何我们不判断也没必要判断，对我们来说，最重要的是从吴宓对二人的批评中我们可以看到，在他心目中一个好的佛教徒应

① 在云南期间，胡亚龙曾随数位喇嘛学习藏文和密宗教义，后来又皈依了贡噶上师（1893—1957）。参见王德生《贡噶活佛》第17回“胡亚龙受戒妙高寺 黄蘅秋问法大观楼”，云南民族出版社2006年版。

② 吴宓：《我之人生观》，第10页。

③ 根据吴宓1940年9月27日的日记，那天他随林文铮前往云南大学教授宿舍，第一次见到了袁昌。“于是谈佛教之伟大。袁君盖依密宗而曾获传授者，劝宓先读《楞伽经》，后读《华严经》。袁能诗词，且工书法篆刻。风流自赏之名士也。”

该具有何种品质。[①] 有意思的是，吴宓在抨击林、袁“我执极强，凌傲他人”的时候，顺便加了一句，“又全蔑视西洋之文化及科学”。吴宓似乎在两种傲慢自大——不管是对待他人还是对待他种文化——之间，看到了共同点。

由于吴宓视道德为宗教的核心维度，他也对禅宗持保留态度。1940 年 5 月 2 日晚，吴宓听了朱宝昌（1937 年燕大哲学系研究生毕业后，南下任教于云南大学）“佛学与文学”的演讲。在日记中，吴宓表示，朱宝昌“尊崇禅宗智慧机锋，解脱超虚之境界，则宓以为甚似 Goethe 及晚近欧西少年智识界之性行，窃以为尚非正途”。

吴宓对禅宗的这种态度一直维持到他晚年。在 1956 年 11 月 3 日的日记中，他曾写道：

> 为赖公检取雍正帝自号圆明居士《御选禅宗语录》，翻阅一过，殊无道理，徒斗机锋而矜口慧，是文人之末技，非宗教之正业。其中亦有名德大师而见录者，则又另有可传之著作，不在此录中也。宓友生中，恒诵或多引禅宗语录者三

① 关于林文铮的处世（包括对待爱情的态度），吴宓多次在日记中表示过遗憾（如 1943 年 7 月 22 日，1944 年 3 月 8 日、8 月 9 日、8 月 10 日、8 月 19 日）。袁昌曾为吴宓设计如何打动毛彦文，令其回心转意。他建议吴宓宣布将出家为僧，并且到西山去住一两个星期，好让人看起来确实有此打算，而毛彦文若得知吴宓真的为她出家，必定不会无动于衷（1940 年 12 月 30 日日记）。吴宓虽未对这一计策进行评论，但他的态度从他为自己 1939 年《昆明赋赠雪梅》一诗所作的注中可以推知。卢葆华（号雪梅，卒于 1945 年）离家出走后，其同居男友刘健群（1902—1972）辞去政府各职，入鸡足山为僧。刘的行动当时令吴宓感到佩服（“弃世入山真勇猛”），但后来当他得知真相时，对刘颇有微词：“知彼之一切皆伪，其暂时为僧，由政海之波澜耳，其待雪梅亦薄。”（吴学昭整理：《吴宓诗集》，第 344 页。）

人，（1）钱锺书（2）朱宝昌（3）赖以庄肃而三人皆无道德之毅力与宗教之热诚。或博识穷搜，自矜才学；或风流辩慧，信义毫无；或老于世故，圆滑自私。

吴宓对钱锺书的学问和才华是极其钦佩和欣赏的。在1947年10月19日的日记中，吴宓大发感慨，自愧不如："宓细读钱锺书作《围城》小说，殊佩。自恨此生无一真实成就。《新旧因缘》既未动笔，即论才力，亦谢钱君，焉得如《围城》之成绩也者？"[①] 在1952年1月20日的日记，他又说："读《谈艺录》，极佩其论断识解，不止其博学与详征也。"然而，在毫无保留地赞扬钱锺书在文学研究和创作上的造诣的同时，吴宓坚持他自己对宗教和道德之间紧密关系的认识。从这一视角看去，《围城》充满了犀利有趣的智慧机锋，《谈艺录》（以及后来的《管锥编》）是"博识穷搜，自矜才学"的杰作，但在作者的人生追求背后"无道德之毅力与宗教之热诚"，禅宗的浸淫所带来的，是给他孤冷超脱的处世态度加上了几分俏皮和优雅。这种处世态度，吴宓在极端痛苦和失望时也曾试图采纳。如在1931年7月24日的日记中，他反思了自己的种种惨痛失败，并针对性地提出了改正方法：

由种种痛苦之经验（如碧柳之款项及彦之恋爱），知宓前此情理甚高，用力亦苦，然结果惟余失望，几丧身心。今后由痛苦而得觉悟，不得不修正我之态度如下：

1. 我今后当以 self-cultivation 及 self-perfection 为方针

---

① 《新旧因缘》是吴宓一直想写的一部小说（见本书第三章）。

及目标。[1]

2. 我当以解脱（disillusion）虚空（inchont attachunt）[2]及适当之怀疑（scepticism）冷嘲（cynicism）对世对人。

……

6. 以Artist（literary artist）自命；[3]不以救世救人之热心志士为吾之本职。重视吾之特殊责任及工作，而轻视普通之义务及道理。

吴宓可以说是非常了解自己，也很清楚为了摆脱痛苦应该怎样改造自己。然而，跟世界上多数人一样，吴宓没能跨越自我认知和自我改变之间的差距。从他1940年和1956年对钱、朱等禅宗爱好者的指摘看来，他始终都未能做到以“解脱虚空及适当之怀疑冷嘲”对世对人，或仅仅以自我修养自我完善为目标。即使在已经根本不可能做一个救世救人之热心志士的时代，他仍然坚持认为，宗教的正途是为造就这种志士——而非纯粹的文学家和艺术家——提供原动力。

以下我们来看看吴宓对孔教徒的一些批评。这些可见于他关于自己曾参加过的一个读经团的记录。1926年10月的最后一天，也就是吴宓发表《论孔教之价值》（《孔圣诞日谈话记》）之后不久，他参加了该团的第一次活动。根据他当天的日记，这是个讲学之会，由梁家义等人发起，每周一聚。梁家义经常在章士钊（1881—1973）主办的《甲寅》周刊（1925—1927）上发表文章，

① self-cultivation及self-perfection，自我修养，自我完善。

② 出版的《吴宓日记》原文如此，英文有误，疑为without attachment。

③ Artist（literary artist），艺术家（文学艺术家）。

算是提倡尊孔读经和文言文的“后甲寅派”的主要成员之一。[1]读经团开始有六人，此后略有发展，其中的刘异（1883—1943，农商部部员，11月14日加入）也是《甲寅》撰稿人，而陆懋德（1888—约1961，北京大学教授）则有若干作品发表在《学衡》[2]。至于其他成员，李郁为交通部科长，曾留美；王文豹（1873—？）为前司法次长，曾留日；“以经师自命”的孙雄（1866—1935），1894年进士，曾参与编辑《国学萃编》；还有最年轻的尹国镛（1903—1963），刚从南洋大学毕业不久，为交通部部员。

吴宓日记记录了头四次聚会的讲学内容。第一次（10月31日），梁家义讲研究经书的标准和方法。第二次（11月7日），王文豹所讲的大意是“中国立国根本在五伦，而主张保存中国之家庭制度”。第三次（11月14日），李郁讲经学的各种问题。第四次（11月21日），是由吴宓介绍白璧德的人文主义思想。此次在场的有一新会员程伯葭（1870—1940）。在当天的日记中，吴宓这样描写程伯葭：

> 极热心孔教，力主读经，并拟借张宗昌等武人之力，以推行此举。若此君者，于读经固热心，然终嫌迂拘锢闭，于其他之文化思想问题，则掩耳不欲闻。甚矣，真正通人之难得也。

---

① 关于“甲寅派”在月刊（1914—1915）、日刊（1917）和周刊时期取向的不同，参见郭双林《前后“甲寅派”考》，《近代史研究》2008年第3期，第149—155页（梁家义在《甲寅》周刊发表文章的情况，见第153和154页）。吴学昭整理《吴宓诗集》收有梁家义的一首和作（1926年），吴宓加按语曰：“梁君于民国二十二年夏殁于北平。”（第137页）

② 陆懋德在《学衡》所发表的文章：《尚书〈尧典〉篇时代之研究》（1925年第43期），《中国文化史》（1925年第41期，1926年第55期）。另外，《学衡》1924年第29期登载了柳诒徵的《评陆懋德〈周秦哲学史〉》。

看起来，程伯葭这位“康南海之门徒”（吴宓1926年12月12日日记中介绍了这一身份）可能不仅对吴宓当天所讲的白璧德人文主义不感兴趣，而且对吴宓眼中读经真正所关系到的文化思想问题也全不关心，其属意的反而是借助张宗昌（1881—1932）这样的军阀来倡导尊孔。难怪，虽然吴宓承认程伯葭“极热心孔教”，但从他“甚矣”的感叹可见，他心里是很失望的。

但是，不管吴宓怎么想，程伯葭似乎在读经团中颇具影响力。在一星期后的聚会中，与会者决定要做的一件事，很有可能是出于程伯葭的推动：

> 议决以张文襄《奏定学堂章程》读经一章抄出，送达各大军阀，请其颁行遵办云。但送达之函，均不列名。（1926年11月28日日记）

《奏定学堂章程》是张百熙（1847—1907）、荣庆（1859—1917）、张之洞（1837—1909）拟定的，于1904年1月13日由清政府颁布，在全国范围内施行，标志着中国近代新式学制系统的开始。这一章程规定了从初等教育和中等教育到高等教育的目标、组织管理和课程设置等等，由张之洞主掌制定，体现的也是他“中体西用”的精神。[①] 其中有关读经的一章，以“中小学堂，宜注重读经，以存圣教”为题目，共含两段。第二段讲的是所读

① 三大臣在其《重订学堂章程折》中说：“至于立学宗旨，无论何等学堂，均以忠孝为本，以中国经史之学为基。俾学生心术壹归于纯正，而后以西学瀹其智识，练其艺能，务期他日成材，各适实用，以仰副国家造就通才、慎防流弊之意。”（朱有瓛主编：《中国近代学制史料》，华东师范大学出版社1987年版，第2辑上册，第77页。）

经书的选择和各阶段学习中分配给读经的时间，而第一段对整个读经课程的宗旨作了如下表述：

> 外国学堂有宗教一门。中国之经书，即是中国之宗教。[①]若学堂不读经书，则是尧舜禹汤文武周公孔子之道，所谓三纲五常者，尽行废绝，中国必不能立国矣。学失其本则无学，政失其本则无政。其本既失，则爱国爱类之心亦随之改易矣，安有富强之望乎？故无论学生将来所执何业，在学堂时，经书必宜诵读讲解。各学堂所读有多少，所讲有浅深，并非强归一致。极之由小学改业者，亦必须曾诵经书之要言，略闻圣教之要义，方足以定其心性，正其本源。[②]

吴宓不会热心拥护“中体西用”的方向；他极其反对国人动辄将西洋文明视为物质文明而中国文明为精神文明的看法，他看到的是中西文明精粹之间的共通之处。[③]但是，仅就上段中所阐述的核心观点而言，我认为是与吴宓对孔教宗教性质的理解一致的，因此他是可以表示赞同的。他没有记载当天读经会是如何达成将《奏定学堂章程》中读经一段抄送各大军阀的决议的，但从他日记中紧接下来所发的牢骚来看，他对该决议是很不以为然的。他写道：“读经团中人，其见解只如此。若《学衡》之用意及吾侪所持之道理，彼等固决不能了解也。”令吴宓不满的，大

① 这一表述很容易让人想起吴宓曾说过的一句话：“今研究西洋文化而不致力于《圣经》，是犹研究中国文化而置四书五经于不读也。”（吴宓著，吴学昭编：《世界文学史大纲》，第326页）

② 朱有瓛主编：《中国近代学制史料》，第78页。

③ 吴宓：《立论之标准》，《国闻周报》1926年第3卷第38期，第3页。

概有三：一是读经团的人仍固守着“中体西用”的立场来推行孔教，而不理会他提倡的融合四大宗传的途径；二是他们寄希望于张宗昌之流的“武人”，而他则对北洋当权者尊孔读经之举持怀疑和疏远态度；三是他们既想利用军阀来达到自己的目的，却又怕出头露面惹麻烦，所以选择了“送达之函，均不列名”的做法，可谓缺乏勇气，甚至近于儿戏。[①] 这个决议后来究竟执行了没有，我们不得而知。吴宓对读经团路线和企图的不满，在他 11 月 28 日聚会（也即作出抄送《奏定学堂章程》决议的那一次）之后所作的一首诗中有所流露：

十一月二十八日星期过金鳌玉蝀桥时方自中央公园读经团散归

太液初冰薄雾霏，琼林瑶岛对斜晖。
湖山已共斯民乐，规制犹崇旧帝畿。
乱世沉酣成妙策，衰时货利汩心机。
深思孤抱凭谁语，十里寒郊独自归。[②]

---

① 日后，鲁迅将这样挖苦尊孔的北洋军阀：“从二十世纪的开始以来，孔夫子的运气是很坏的，但到袁世凯时代，却又被从新记得，不但恢复了祭典，还新做了古怪的祭服，使奉祀的人们穿起来。跟着这事而出现的便是帝制。然而那一道门终于没有敲开，袁氏在门外死掉了。余剩的是北洋军阀，当觉得渐近末路时，也用它来敲过另外的幸福之门。盘据着江苏和浙江，在路上随便砍杀百姓的孙传芳将军，一面复兴了投壶之礼；钻进山东，连自己也数不清金钱和兵丁和姨太太的数目了的张宗昌将军，则重刻了《十三经》，而且把圣道看作可以由肉体关系来传染的花柳病一样的东西，拿一个孔子后裔的谁来做了自己的女婿。然而幸福之门，却仍然对谁也没有开。”（《鲁迅:《在现代中国的孔夫子》,《鲁迅全集》第六卷，人民文学出版社 1981 年版，第 317 页。）虽然吴宓自己也因其反新文化运动的立场而没逃过鲁迅的辛辣讽刺，但在对军阀尊孔行为的怀疑态度上，他们恐怕并无本质不同。

② 吴学昭整理:《吴宓诗集》，第 145 页。

吴宓就是在这种失望心态下，继续参加了几次读经团的活动。从11月28日开始，吴宓的日记就再也没有记录每次的讲学内容。有可能该团的活动性质已发生改变，不再以讲学切磋为中心，所以无可记者，也可能是吴宓因为兴趣索然而疏于记录（从他事无巨细都记的特点看来，前一种可能性更大）。他仍坚持赴会的一个动力，可能是他视之为社交机会，希望通过这个关系网为财政上岌岌可危、面临停办的《学衡》寻找资助。[①] 这可以从他12月5日的日记窥见消息：

> 十一时，至西城屯绢胡同西口二十五号尹国墉（字仲容，湖南宝庆人，交通部部员，南洋毕业生）宅，赴读经团之会，并在其处午餐。李郁谓已询前途，愿按月捐助《学衡》款项数十元至百元，以为中华津贴之用。[②] 但宁愿少出现款（例如50元）不得杂志，而不愿多出现款（例如70元）而换得数百份之杂志云云。李君不肯告宓此捐款之人为谁，但谓此人亦两榜出身，非武人。平日捐资印书，为数颇巨云云。

从这则记录可见，读经团本身的活动可能已沦为形式，所以并无一言涉及。聚会期间发生的最重要的事，是团友李郁向吴宓汇报的为《学衡》募捐情况。可注意的是，李郁特别说明，匿名捐款人“两榜出身，非武人”。看来，即使在自己辛苦操持五年的事业即将承受灭顶之灾的关头，吴宓仍然尽力坚持原则，不愿

① 吴宓1926年11月30日、12月1日、12月4日的日记中都记录了这场危机给他带来的巨大压力。

② 《学衡》由中华书局出版。

因为沾惹上动机和行事方法都成问题的军阀力量而丧失自己在对孔、释、耶、柏的尊崇中所追求的独立和真诚。

此后，吴宓总共又参加了四次读经团的聚会（1926年12月12日、12月19日，1927年1月2日、3月6日）。[①] 前两次看起来无事可记，第三次“议办经学讲习所事，无结果”。到了最后一次，到会者总共三人。在得知最年轻的团员尹国镛（24岁）已赴南昌，在该地党政府任职时，吴宓发出了“甚矣，变迁之速，士夫之趋利而无宗旨也”的感慨。尹国镛此后在民国政府的从政道路很顺利，在经济管理领域颇有建树，1954—1955年期间官至台湾地区经济事务主管部门负责人，可谓人尽其才。吴宓的感慨，完全是以读经团成立的初衷为中心，以尊孔为头等文化大业乃至头等国家大事而发的。

归根结底，像无数其他团体一样，吴宓参加的这个读经团由不同背景、不同目标、不同性格、不同境遇的人组成，在维持一段时间之后寿终正寝了。将吴宓在其中的经历和他对团友的批评讲述出来，最大的价值也许在于，我们从中能看到尊孔事业在民国时期的一些普遍困境，以及这些困境给奉行特殊尊孔途径的吴宓所带来的特别问题。所谓的普遍困境，在于（1）尊孔太容易吸附一些在文化上极端故步自封者和对西方文明持强烈排斥态度的人士，（2）尊孔太容易被政治利用，而且因为在社会上欠缺组织制度方面的支撑，也自然而然会向政府和政治人物寻求支持和庇护。程伯葭给吴宓带来的失望，和读经团乞灵于张之洞并打算假力于军阀的决定让他感到的灰心，正是源于这两点。不幸的

① 吴宓1927年1月10日启程回陕西省亲，2月19日返京。

是，虽然吴宓在这两点上跟一般的尊孔人士可谓截然不同，但在世人眼里，他们恐怕都属于同类。这就是吴宓面对的特别问题。

读经团的十次活动看起来并未耗费吴宓多少时间和心力，也没给他带来太多烦恼，他的加入和退出都很平淡，但这一番经历也许让他真切地认识到了在尊孔活动方面寻找组织依托的不易和不宜，此后他再也没有类似的尝试（他在西南联大期间参加的儒学会是一个纯学术团体）。

八、从吴宓1962年的一段随想说起

在1962年8月28日的日记里，吴宓有这样一段随想：

> 上午，至文史图书馆，读《中国近代思想资料汇编》，觉维新时期，梁任公等甚似法之百科全书派，而康南海反似卢梭；至五四运动时期，胡适等又似百科全书派，而宓反似卢梭。此处指卢梭之（1）用感情，想像；（2）重宗教、道德；（3）复古，保守；（4）独行，毅然自行所是，与时人反背；诸点。今日读康先生之《大同书》，如1913读《不忍杂志》，深有取焉。

本来，受白璧德和穆尔的影响，吴宓一直将卢梭和他开启的浪漫主义传统视为导致西方现代文明堕落的罪魁祸首。[1] 现在，当他采取一个不同的角度，将卢梭和百科全书派的启蒙思想家

[1] 白璧德和穆尔对卢梭的批判，分别集中于《卢梭和浪漫主义》（*Rousseau and Romanticism*）一书和《谢尔本文集》第六册中的《卢梭》（“Rousseau”）一文。

对比时，他发现，自己竟然跟卢梭更相似。吴宓列举的四个相似方面，其实可以归结为对宗教的重视。宗教诉诸感情和想象，宗教与道德密不可分，宗教多具有较重的保守倾向，宗教容易滋生强大的使命感和坚持己见的毅力。在宗教问题上，伏尔泰这位百科全书派的支持者与卢梭之间有着明显的差别。基于对宗教的批判，伏尔泰猛烈抨击宗教的非理性和不宽容性质。相反地，卢梭虽然也对历史上和现实中的基督教有不少批评，但他仍然大力肯定宗教，认为宗教的教义和仪式有助于培养人的美德，他还是第一个倡导在现代国家中创建“公民宗教”的人。[①]

吴宓的这一发现并不意味着他终于认识到，自己反对了一辈子卢梭，其实原来和卢梭是一路人。虽然他们都重视情感，但卢梭提倡天然情感的发挥，控诉各种人为桎梏对情感的压抑和扭曲，而吴宓则追求情感和理性之间的平衡与和谐，以节制和责任为美德，视自恋和放纵为大敌。此一根本出发点不同，两人想建立的宗教和道德自然不同。应当一提的是，白璧德和穆尔将卢梭视为以人道主义为中心的现代宗教精神的始作俑者，并因此对其进行了不遗余力的批判，白璧德斥之为“伪宗教”，而穆尔则称之为“国家的宗教而非上帝的宗教”。[②] 在 1962 年秋天的这个上

---

① 卢梭是在《社会契约论》中提出这一概念的。公民宗教的主要组成部分包括神祇、信条、符号和仪式，通过培养公民相互间的情感以及他们对公民共同体的义务感，达到建立一个稳定、有序、有活力的国家的目的。

② Babbitt, “What I Believe: Rousseau and Religion”, in *Character and Culture*, p. 231; More, “Rousseau”, *Shelburne Essays* Ⅵ, G. P. Putnam’s Sons 1909, p. 234. 在文章中，白璧德引用了法国作家尤伯尔（Joseph Joubert, 1754—1824）犀利的评论：“只有卢梭能让你脱离宗教，也只有真正的宗教能治愈卢梭对你的影响。”（第 240 页）

午，吴宓突然意识到的只是，18世纪启蒙运动思想家之间的重大分歧，为他看待20世纪中国思想界的不同阵营，尤其是他本人和胡适之间的尖锐冲突，提供了一个新的视角。

胡适在《四十自述》中，讲述了他少小时“从拜神到无神”的过程，称自己在读到了司马光和范缜的一些言论之后，打消了心里对地狱和轮回的恐惧，也就丧失了对神佛的虔诚，“在十一二岁时便已变成了一个无神论者”[①]。但此时他的无神论针对的还只是中国传统文化中的神佛。后来留学美国，他又经历了一个对基督教从信仰到放弃的过程。

在康奈尔大学的第一个暑假，胡适参加了“中国基督教学生会”组织的一次夏令会（1911年6月14—19日）。当时，胡适的一位好友刚去世不久，给他打击很大：“自是以后，日益无聊，又兼课毕，终日无事，每一静坐，辄念人生如是，亦复何乐？此次出门，大半为此，盖欲借彼中宗教之力，稍杀吾悲怀耳。”在这次活动中的一个集会上，有一名教徒现身说法，极其感人，令胡适和其他听众都“无不堕泪”。结果，“会终有七人（此是中国学生会会员，大抵皆教中人，惟八九人未为教徒耳）。起立愿为耶教信徒，其一人即我也”。在夏令营结束后给友人的信中，胡适对自己的皈依做了这样的解释：“弟愁苦之中处此胜境，日聆妙论，颇足杀吾悲怀。连日身所经历，受感益甚，昨日之夜，弟遂为耶氏之徒矣。”[②] 八年后，胡适追记道：“此书所云‘遂为耶氏之徒’一语，后竟不成事实。然此书所记他们用‘感情的’手

---

① 胡适：《四十自述》，岳麓书社1998年版，第30页。

② 《胡适留学日记》1911年6月18日，海南出版社1994年版，第25、27、26页。

段来捉人，实是真情。后来我细想此事，深恨其玩这种‘把戏’，故起一种反动。”[①]

当然，除了因为觉得自己在感情脆弱的关头不幸被“捕捉”住了而恼恨反弹，胡适在尝试一两年之后放弃了基督教还有其他原因。一是基督教和西方帝国主义之间的紧密联系。宗教作为政治和军事的帮衬，在西方对华的攫取中做下了诸多与其美好教义相悖之事，这种两面性使胡适感到愤怒。[②]另外一个和基督教本身有关的原因是，基督教的迷信和仪式令胡适反感，这两者都让他想起了中国的传统宗教。他接触过一位卫理公会的讲经人员，“其言荒谬迷惑，大似我国村妪说地狱事”。[③]在日记中，胡适详细记录了他在1912年圣诞夜观摩的一次天主教弥撒：

> 坐定审视，堂上有塑像甚多，中列十字架，上刻耶稣裸体钉死之像……此等偶像，与吾国神像何异？虽有识之士初不以偶像祷祀之，然蚩蚩之氓，则固有尊敬顶礼迷信为具体之神明者矣……坛上牧师合十行礼，俨如佛教僧徒，跪拜起立，沓沓可厌。其所用经文及颂祷之词，都不可解，久之，始辨为拉丁文也。吾敢言座中男女十人中无二之能解其词者。此与佛教中之经咒何异乎？……始行礼时，已十一时，礼毕，则已一点半矣。子夜风雪中坐此庄严之土，闻肃穆之乐歌，感人特深，宗教之魔力正在此耳，正在此耳。[④]

---

① 《胡适留学日记》1911年6月18日（附1919年10月追记），第27—28页。

② 曹伯言整理：《胡适日记全编》，安徽教育出版社2001年版，第2册，第104—105页。

③ 《胡适留学日记》1912年10月12日。

④ 《胡适留学日记》1912年12月24日。

胡适在这段话中流露的情绪有点复杂。一方面他对自己的所见所闻感到排斥，另一方面他又不得不承认这些偶像、仪式和乐歌的巨大感染力，而这种不可否认的感染力可能又加重了他的排斥感，甚至进而在他心中触发了进行抵制的自卫本能。这种反感加震撼和疑惧的混合情绪，集中地表现在日记末尾的一句喃喃自语："宗教之魔力正在此耳，正在此耳。"胡适1912年圣诞夜的弥撒观感，和他几年后反思自己的皈依经历时所说的"他们用'感情的'手段来捉人……后来我细想此事，深恨其玩这种'把戏'，故起一种反动"，两者之间有明显的连贯性。

在1914年，虽然胡适本人已经可以说是不信任何宗教了，但他还在思考以下这些问题："（一）立国究须宗教否？（二）中国究须宗教否？（三）如须有宗教，则以何教为宜？一、孔教耶？二、佛教耶？三、耶教耶？"[①] 到了1919年，胡适不但对这些问题有了明确的答案，而且推出了替代宗教的一个观念——"社会的不朽论"。在《不朽（我的宗教）》一文中，胡适宣布：

> 中国儒家的宗教提出一个父母的观念和一个祖先的观念，来做人生一切行为的裁制力……这都是"神道设教"，见神见鬼的手段。这种宗教的手段在今日是不中用了。还有那种"默示"的宗教，神权的宗教，崇拜偶像的宗教，在我们心里也不能发生效力，不能裁制我们一生的行为。

至于可以取宗教而代之的"社会的不朽论"，其大旨胡适解

① 《胡适留学日记》1914年1月23日，第90页。

释如下：

> 我这个“小我”不是独立存在的，是和无量数小我有直接或间接的交互关系的；是和社会的全体和世界的全体都有互为影响的关系的；是和社会世界的过去和未来都有因果关系的。种种从前的因，种种现在无数“小我”和无数他种势力所造成的因，都成了我这个“小我”的一部分。我这个“小我”，加上了种种从前的因，又加上了种种现在的因，传递下去，又要造成无数将来的“小我”。这种种过去的“小我”，和种种现在的“小我”，和种种将来无穷的“小我”，一代传一代，一点加一滴；一线相传，连绵不断；一水奔流，滔滔不绝——这便是一个“大我”。“小我”是会消灭的，“大我”是永远不灭的。
>
> 我这个现在的“小我”，对于那永远不朽的“大我”的无穷过去，须负重大的责任；对于那永远不朽的“大我”的无穷未来，也须负重大的责任。我须要时时想着，我应该如何努力利用现在的“小我”，方才可以不辜负了那“大我”的无穷过去，方才可以不遗害那“大我”的无穷未来？①

“不朽”的概念对吴宓也是很有吸引力的。在1931年5月31日（当时吴宓在巴黎休学术假），他和一位美国友人谈论到

---

① 胡适：《不朽（我的宗教）》，原载1919年2月15日《新青年》第6卷第2号，引自欧阳哲生主编：《胡适文集》，北京大学出版社1998年版，第2册，第529、532页。

宗教问题，“宓述对于‘不朽’之见解，深信精神价值不灭；薪尽火传，四水归海，但个人既死则灭，不足云不朽”。然后，在1940年1月2日的日记中，吴宓又抒发了类似但详细得多的想法：

> 宓深信薪尽火传之理。宇宙恒存，至情真理长在。然亿万之人，则倏生倏死，接续递代。物质方面，无时不在破坏中，而能力不减，光热不息。同是，精神方面，亿万之小我（个人）虽生死一瞬，渺小无成。甚至国家、种族、文明、典籍，全归澌灭，而影响终不可掩。至情真理变换其形式而且生且现。此吾最后之乐观信仰而不杂以宗教中之神话迷信者也。

吴宓在这里表达的不朽观无法不让人想起胡适的论点，其中最后一句话更是好像在宣示，他的“不朽”信仰归根结底是不依赖于任何含有神话迷信的现有宗教形式的。但是，考虑到吴宓在别处所说的“宗教乃根于人之天性。故当人类之存，宗教必不能废”，“合一切人言之，则宗教为其公共之归宿”，[①] 我们似乎可以认为，吴宓比胡适更能看到人类社会作为一个整体的需求，对宗教与感情/想象之间的关系也有着更透彻的认识。一般的良好道德也许足以让社会顺利运转，但与宇宙共存的“至情真理”，则只有某些人或许无须仰仗宗教就能够抵达和展现，但对于大

① 吴宓：《论孔教之价值》，第6页；《论宗教》，《文学与人生》，王岷源译，第131页。

多数人来说并非如此。[①] 吴宓在深信他独立于宗教之外的不朽观的同时，不但坚决地捍卫宗教的存在，而且自己多年都维持着宗教信仰。[②]

其实，胡适对基督教和一般宗教的非议，吴宓是有很强同感的。他在圣约翰大学期间对基督教的祷告礼拜可以说是深恶痛绝，而且似乎终生都敬而远之。吴宓 1931 年 5 月 31 日在巴黎和美国友人谈论宗教和不朽问题，也是起因于该女士说到她上午赴当地美国教堂，“谓场中说教者将宗教讲得俗鄙可笑，难起信心”。除了对仪式和神职人员修养的批评之外，吴宓还承认过，“各教之衰，弊端迭见。教会教士，造恶亦多”。虽然吴宓未具体

① 吴宓说过一句很有意思的话：“大率‘上智与下愚’之人，宜用宗教；中庸之人，宜用道德。”（《文学与人生》，王岷源译，第 131 页）。“中庸之人，宜用道德”，可能仅从社会顺利运转这一目的而言。“下愚”宜用宗教，是着眼于宗教的巨大约束和诱导功能：“如遇个人欲盛气张，顽梗不化，怙恶不悛，或遇时世大乱，风俗久偷，则道德节制劝诱之力遂穷。于此，必需宗教，以更高更大之力量，施行感化；即打破其人之精神而全部改造，毁灭其人之生活而另行创立，是曰皈依 Conversion。”（同上书，第 130 页）至于“上智”之人也宜用宗教，则应当是就宗教的高尚境界和“上智”之间的匹配而言。如果是这样，那么我们难以判断的是，有多少人能够不依靠宗教即获得长存的至情真理？

② 在这个问题上具有参考价值的还有蒋梦麟（1886—1964）的情况。在其自传《西潮》中，蒋梦麟讲述了他少年时期在杭州一所教会学校中的经历：“在这所教会学校里，学生们每天早晨必须参加礼拜。我们唱的是中文赞美诗，有些顽皮的学生就把赞美诗改编为打油诗，结果在学校里传诵一时。虽然我也参加主日学校和每天早晨的礼拜，我心灵却似禁闭双扉的河蚌，严拒一切精神上的舶来品。我既然已经摆脱了神仙鬼怪这一套，自然不愿意再接受类似的东西。而且从那时起，我在宗教方面一直是个‘不可知’论者，我认为与其求死后灵魂的永恒，不如在今世奠立不朽根基。这与儒家的基本观念刚好符合。”（《西潮》，辽宁教育出版社 1997 年版，第 41 页。）蒋梦麟的教会学校体验和吴宓的圣约翰经历有很多共同点，但吴宓后来没有在宗教上成为一个不可知论者，在对“不朽”的理解上他也不像蒋梦麟那样将儒家观念和宗教观念对立起来。此外，作为一个柏拉图主义者，吴宓恐怕从未摆脱过柏拉图灵魂不朽论的魅力（参见上文关于萧公权为《吴宓诗集》题词的讨论）。

列举哪些弊端和造恶，但在国人中激起强烈的反基督教情绪的那些行为想必尽在其中。然而，尽管吴宓清楚基督教以及其他宗教的种种问题，但他却仍然坚持认为，“每事应分别论之，宗教之本体，至须维护。而基督教之本身，亦不可诋毁也”。对于神话迷信，吴宓也主张“可自内改良而不可自外铲灭”。[①]针对佛教迷信所受到的批评，吴宓特别做了辩护，指出迷信是佛教固有的一部分，不可强行剥离：

> 佛教固为理智最发达之宗教，然绝不废想象及感情。佛教自有其哲学，有其神话及迷信。无之，则不成为佛教。今之学人，志在阐扬佛教，而因时代思潮，重科学而鄙迷信，有所顾忌，遂专以哲理言佛教，藉示尊崇。呜呼！此其意固佳而行则未善……试一读佛经全藏，即或偶一翻阅，亦可见其中神话之繁多，想象之富丽，诸佛之转生，轮回之定程，诸天之奇景宝光，地狱之恶苦惨毒，我佛说法之奇效巨功，圣灵异迹。凡此皆佛教本身之一部，去之而空谈之中所含之一二哲理，非佛教也。[②]

精深的哲理无法支撑起佛教；如若彻底丧失了迷信，佛教的效力就会大受损伤。这背后的根本原因，就是人是感情和想象的动物，会永远渴望满足这些方面的需求。所以，虽然吴宓自己不宣扬宗教迷信（而且反对某些迷信，见上文关于他和几位密宗信徒的交往的讨论），对宗教仪式的态度也不无暧昧，但他不主

① 上引皆出自吴宓《论孔教之价值》，第6页。
② 吴宓:《论孔教之价值》，第7页。

张以科学的名义废除迷信，并用自己的行动捍卫宗教仪式的必要性。在这一点上，吴宓和胡适的立场差别巨大。

吴宓和胡适在对待孔子和孔教的态度上也有本质的不同。在1919年的《不朽（我的宗教）》一文中，胡适已经宣称儒家那种“神道设教”的“宗教的手段在今日是不中用了”。十五年后，在《说儒》的长文中，胡适又用考证的方法论证了，其实在历史上，孔子和他的儒教就不曾十分“中用”过。这篇文章的核心论点通过以下引文可见：（1）儒是“殷民族的祖先教的教士，这是儒的本业”，后来儒渐渐地“成了殷周民族共同需要的教师了”，“孔子只是那个职业里出来的一个有远见的领袖，而他的弟子仍多是那个治丧相礼的职业中人”；（2）“这一班知礼的圣贤很像基督教《福音书》里耶稣所攻击的犹太‘文士’（Scribes）和法利赛人（Pharisees）”，他们都“熟于典礼条文，而没有真挚的宗教情感”，“这种智识与职业的冲突，这种理智生活与传统习俗的矛盾，就使这一班圣贤显露出一种很像不忠实的俳优意味”，“所以他（孔子）和他的门徒虽然做了那些丧祭典礼的传人，他们始终不能做民间的宗教领袖”，“这个五百年应运而兴的中国‘弥赛亚’的使命是要做中国的‘文士’阶级的领导者，而不能直接做那多数民众的宗教领袖”，“民众还得等候几十年，方才有个伟大的宗教领袖出现。那就是墨子”。[①]

胡适在《说儒》中所做的考证，与吴宓希冀的“不废考证而进于批评，能以了解与同情获得孔子为人立教之真象”的研究[②]，

---

① 胡适：《说儒》，原载1934年《国立中央研究院历史语言研究所集刊》第4本第3分，引自欧阳哲生主编《胡适文集》，第5册，第23、27—28、64—65页。

② 吴宓：《孔诞小言》，第12页。

可谓背道而驰。胡适用科学方法挖掘出来的孔子，是个带着“俳优意味”、仅仅受到中国少数“文士”阶层追捧的宗教领袖。[①]这和吴宓心目中的孔子形象相去万里：“孔子为吾国人所崇敬者二千余年。吾国之文化精神，寄托于孔子一身。”“孔子为中华民族之真正代表人物，为中国文化集大成、造极峰、继往开来，天与人归之圣哲，且为世界古今最伟大真实之四五教主哲人之一。”[②]如我们上边所说，吴宓认为，要维持中国传统，就必须维护孔子的这种崇高形象，对中国文化的命运来说，与真伪有关的“历史上的孔子”远远不如与信仰有关的“教主孔子”重要。

唯其如此，在1962年的那篇日记里，吴宓从卢梭和百科全书派的对立想到自己和胡适的对立，同时也有感于自己和康有为之间的共同之处。按照康有为的“保国、保种、保教”方案，为了在西方霸权下维系中华文明的生存，必须确立孔教的宗教地位和孔子的教主身份，“通过宗教化的方式来守住其（指儒家）教化的领地”。[③]吴宓对孔子和孔教的看法（以《论孔教之价值》为代表），在很大程度上是符合康有为这一思路的。在我们讨论

① 在《胡适之〈说儒〉内外：学术史和思想史的研究》（北京大学出版社2018年版）一书中，尤小立认为《说儒》并非考证之作，胡适的本意是以基督教创教史和耶稣的经历为模板来将孔子塑造成一个救世的教主和救度全人类的大圣人的形象，借此“表达一种文化观念、一种宗教理想和一种民族文化、民族精神重建的愿望”（第10页），但是最终因为胡适在根本上对宗教所持的怀疑态度，他的这一努力以一个“吊诡”的形式结束。尤小立是这样解读《说儒》的收场的：“胡适以自己的文字建构的这个‘儒教教主’神话，到《说儒》的结尾，又以自己的文字解构了这个神话。从这一点看，胡适内心里终究还是理性大于一切的。他不可能成为宗教的信徒，自然也无法拥有真正地建构出一个‘神’的力量和决心，哪怕是在国难当头的特殊年代和非常处境下也一样。他终究是一个现代知识人。”（第515页）

② 吴宓：《孔诞小言》，第10页；《孔子圣诞感言》。

③ 干春松：《保教立国》，第24页。

的日记中，吴宓将梁启超与康有为对立起来，可能指的是梁在1902年发表了《保教非所以尊孔论》，在文中他抛弃了自己从前接受的康有为有关孔教的思想，不再将孔教和孔子视为宗教和教主，也不再认为通过保教可以达到保国的目的。[①] 与梁启超的多变和“太无成见”形成对照的是康有为的执着和“太有成见”（梁启超语），也就是吴宓所说的“独行，毅然自行所是，与时人反背”（卢梭、吴宓本人以及康有为共同拥有的特点之一）。不用说，在康有为作古已三十五年之时，尊孔比任何时候都与时人反背，需要比任何时候都强大的自行所是的决心。

应当指出的是，在孔教问题上，吴宓也和康有为有着重要的差别。第一，康有为提倡孔教宗教化，有一大动机是创建一个和基督教组织完全对等的团体，以方便与基督教的抗争，遏制基督教在中国的传播，而吴宓的孔教观点一直都在他四大宗传的框架之内，强调的是以中国本位为前提的各教共存与融合。第二，康有为开始时想把孔教立为国教，在不成功之后也没有放弃政治上的追求，受其影响的门人在经营孔教会时也仍用各种方式积极维持着和当权者的联系，而吴宓则一直对政治和权力保持距离，除了通过办刊和讲学的方式寻求社会影响之外，只注重个人修养。

这里我们可以适时地比较一下吴宓和周作人。周作人也一直非常重视宗教问题，有时还在宗教资源（以及一般思想资源）问题上采取一种极其开放的态度，以至于“托尔斯泰的无我爱与尼

① 关于梁启超的观念变化，参见张雪松《太无成见——梁启超的宗教观》，《中国民族报》2019年2月26日；赵天《孔与佛之间的抉择：论梁启超的变与不变》，《原道》第36辑，湖南大学出版社2019年出版。

采的超人，共产主义与善种学，耶佛孔老的教训与科学的例证，我都一样的喜欢尊重”。[①] 然而，周作人其实不信仰任何宗教，甚至还曾声称“鄙人固素抱有宗教之恐怖”。[②] 尽管如此，出于各种原因，周作人是宗教的捍卫者。一是实用的考虑。1921 年 6 月，周作人在给孙伏园（1894—1966）的一封信中写道：“觉得要一新中国的人心，基督教实在是很适宜的。极少数的人能够以科学艺术或社会的运动去替代他宗教的要求，但在大多数是不可能的。我想最好便以能容受科学的一神教把中国现在的野蛮残忍的多神——其实是拜物——教打倒，民智的发达才有点希望。”[③] 周作人维护宗教的另一出发点是信仰自由。1922 年 3 月，在第一波非基督教运动爆发之际，周作人站在了支持运动的蔡元培、陈独秀、胡适等人的对立面，通过一系列宣言和文章，从信教自由的角度对运动进行了批评。1927 年 2 月，在运动的最后一个阶段，周作人再一次表达了这样的看法：“因为我不是任何宗教家，所以并不提倡宗教，但同时也相信要取消宗教是不可能的；我的意思是只想把信仰当作个人的行动之一，与别的行动一样地同受政治法律的保障与制裁，使他能满足个人而不妨害别人。”[④] 总之，尽管他本人对宗教敬而远之，但将个人自由和社会需要（尤

① 周作人：《山中杂信（一）》，《雨天的书》，止庵校订：《周作人自编文集》第 4 卷，河北教育出版社 2002 年版，第 133 页。

② 周作人：《关于祭神迎会》，《药堂杂文》，止庵校订：《周作人自编文集》第 26 卷，第 111 页。

③ 周作人：《山中杂信（六）》，《雨天的书》，止庵校订：《周作人自编文集》第 4 卷，第 143—144 页。

④ 周作人：《关于非宗教》，《谈虎集》，止庵校订：《周作人自编文集》第 8 卷，第 247—248 页。

其是中国社会的特别需要）作为赞成宗教的理由，周作人的态度可以说是高度理性和实用的，[1] 完全不像吴宓那样，将宗教视为人类终极归宿和最高理想来提倡。

周作人和吴宓的另一重要区别，在于他们对儒家的认识。周作人曾这样尖刻地讽刺儒教提倡者："儒本非宗教，其此思想者正当应称儒家，今呼为儒教徒者，乃谓未必有儒家思想而挂此招牌之吃教者流也。"[2] 用哈迎飞的话来说，周作人看到了儒家"不具宗教之名而有宗教之实"这一特性，因而他针对性地"力求解构儒家思想的宗教性光环，使原始儒家思想中的富于理性和人道的思想精华发挥出来"，"试图通过对传统儒学中的理性、中庸传统的创造性阐释来重新建构中国精神文化"。[3] 吴宓所要做的，却是在世界宗教的框架内重构儒教的宗教性，并证明儒教是最适合中国人的宗教。

要说明周作人和吴宓在宗教问题上的差别，最有意思的方式可能是比较一下他们对待《圣经》的态度。在《圣书与中国文学》（1921）一文中，周作人提出，近世以来西方对《圣经》的考据研究，"有许多地方可作中国整理国故的方法的参考"。周作人接着说：

我刚才提及新旧约的内容正和中国的经书相似：《新

① 这种态度，也许能解释许正林所观察到的："在中国现代作家中，极少有像周作人这样，十分崇敬基督教而又绝对拒绝基督教的。"（《周作人与基督教文化》，《道风》1998年第9期，第230页。）

② 周作人：《谈儒家》，《秉烛谈》，止庵校订：《周作人自编文集》第21卷，第149页。

③ 哈迎飞：《论周作人的儒释观》，《文学评论》2009年第5期，第15—20页。

约》是《四书》,《旧约》是《五经》——《创世纪》等纪事书类与《书经》、《春秋》,《利未记》与《易经》及《礼记》的一部分,《申命记》与《书经》的一部分,《诗篇》《哀歌》《雅歌》与《诗经》,都很有类似的地方;但欧洲对于《圣书》,不仅是神学的,还有史学与文学的研究,成了实证的有统系的批评,不像是中国的经学不大能够离开了微言大义的。[①]

以《雅歌》的阐释为例,周作人提出,正如西方学者已拨开蒙在《雅歌》之上的宗教神秘主义面纱,揭示出其"民间歌谣"和"恋爱歌集"的本来面目,在对《诗经》里表现男女恋爱诗歌的研究中,也应该抛弃"美刺"一类的道德说教:"倘若离开了正经古说训这些观念,用纯粹的历史批评的方法,将他当作国民文学去研究,一定可以得到更为满足的结果。这是圣书研究可以给予中国治理旧文学的一个极大的教训与帮助。"[②]《诗经》在1920—1930年代经历了一场"去经学化",以胡适和顾颉刚的研究为代表,发扬大胆疑古的精神,高举科学考据的旗帜,企图破除两千年来强加于《诗三百》的曲解,恢复其文学本质。[③]周作人在《圣书与中国文学》中的呼吁,其性质和目的是与胡适和顾

① 周作人:《圣书与中国文学》,《小说月报》1921年第12卷第1期,收入钟叔河编《周作人文类编》第8卷,湖南文艺出版社1998年版,第445页。

② 周作人:《圣书与中国文学》,第447页。

③ 参见夏传才《从传统诗经学到现代诗经学》,《河北师范大学学报》(哲社版)2003年第4期;汪大白《胡适:现代诗经学的开山人》,《江淮论坛》2011年第5期;祁雁蓉《重塑经典:古史辨派与〈诗经〉文学本体性之发现》,《中原文化研究》2021年第2期。

颉刚一致的；[①] 我们应当注意的是，周作人不但最早公开发出这种声音，而且他关于如何革新《诗经》学的认识，其关键灵感来自他对西方《圣经》研究发展的了解。[②]

关于《圣经》的读法，吴宓的意见和周作人形成鲜明对比。在吴宓为李查生和渥温《世界文学史》选译所做的评注中，有一个长长的注是关于《圣经》的。开头吴宓这样写道：

> 按《圣经》新旧约为人人所必当读之书，其重要可不待繁言而喻。夫西洋之文化，由（一）希腊罗马之哲理文艺与（二）耶教之两大宗传，构合而成。而耶教之所本，厥惟《圣经》。今研究西洋文化而不致力于《圣经》，是犹研究中国文化而置四书五经于不读也。此乌可哉？又，西洋中古及近世文学，在在征引及于《圣经》。不熟读《圣经》，则莫明出处，莫解词意，而扞格异常。于以知虽研近今文学者，亦不可舍弃《圣经》也。虽然，为了解文化研究文学而须读《圣经》，此已为众人所共许。惟吾之意，则谓为身心修养、

① 胡适和顾颉刚在《诗经》研究方面带有宣言性质的两篇文章，《〈国学季刊〉发刊宣言》和《〈诗经〉的厄运与幸运》，都发表于1923年。与周、胡、顾三人对待《诗经》的共同态度相关的，是他们在1920至1930年代由北大发起的歌谣征集和研究运动中（其主要标志为1918年的全国近世歌谣征集活动、1920年歌谣研究会的成立和1922年《歌谣》杂志的创刊）所扮演的重要角色。《诗经》从圣书蜕变成“歌谣总集”的过程，也就是白话文学和民间文学登上大雅之堂的过程。参见刘锡诚《歌谣研究会与启蒙运动》，《民间文化论坛》2004年第3期；陈泳超《周作人的民歌研究及其民众立场》，《鲁迅研究月刊》2000年第9期。

② 顾钧称周作人为“最早强调《圣经》文学性的现代中国学者”（《周作人与〈圣经〉》，《中华读书报》2012年1月18日）。在王本朝关于周作人与基督教的讨论中，第一个主题即为《圣经》的文学性（《20世纪中国文学与基督教》，第77—83页）。

培植道德计，尤不可不常读《圣经》也。[①]

和周作人一样，吴宓也将《圣经》与四书五经相提并论。然而，周作人的着眼点是西方《圣经》研究中文学和历史角度的兴起，因为他的目的是借此将《诗经》从经学的桎梏下解放出来，作为文学和历史来读。吴宓的立场与此针锋相对。他首先肯定《圣经》的重大文学和文化价值，称之为“已为众人所共许”的观点，[②]在同一个长注中就辟了一节“《旧约》与欧洲文学之关系表”，择要列举了十五个出自《旧约》的文学典故（以《创世记》的亚当夏娃故事始，至所罗门的雅歌止）。[③]但是，吴宓不赞成因此而将《圣经》的精神和道德意义置于次要地位，明确提出，“为身心修养、培植道德计，尤不可不常读《圣经》”。[④]吴宓这一立场，当然也和周作人特别褒扬《圣经》的文学价值一样，是有言外之意的，即：在当今，中国的四书五经不能只作为史学文学材料来读，而仍然应当视为中国人的道德根基和精神源泉来对待。

吴宓不无惋惜地承认，《圣经》的精神价值在现代社会遭遇

---

① 吴宓著，吴学昭编：《世界文学史大纲》，第326—327页。

② 在1928年的一篇文章中，吴宓说“《圣经》文章之美，世所熟知，纯粹简洁，如浑金璞玉”，同样是在极度赞美《圣经》文学性的同时，认为这一点已不需要特别强调（《英国宗教寓言小说作者彭衍诞生三百年纪念》，《大公报·文学副刊》1928年11月26日第47期）。在《20世纪中国文学与基督教文化》中，王本朝指出，“当作为宗教的、文化的和文学的《圣经》进入到中国作家的阅读视野，成为他们寻求知识、情感和信念的读物对象时，《圣经》就在教会和教徒之外有了自己的阅读者，现代知识分子和作家在熟悉传统‘四书五经’和西方现代思想文化之外也有了个人的《圣经》知识，主要是《圣经》的文学知识”（第28页）。

③ 参见吴宓著，吴学昭编《世界文学史大纲》，第329—331页。

④ 同上书，第327页。

严重衰退，连基督徒都无法正确对待这本圣书：

年来宗教已为国内之少年时流所诟病。而耶教中人，类多拘泥偏狭，学识毫无，徒尚礼文，或涉迷信；虽日诵《圣经》中之词句，而不解其意。即在西洋亦然。其所以遭人唾弃者，亦自有道。[1]

在这种不利情况下，吴宓坚持将《圣经》的宗教和道德价值放在首位，而且针对中国读者，他提出了应该如何阅读《圣经》的建议：

顾吾则以为我辈之读《圣经》，不当视为某某教会之书，甚至全部耶教历史亦可暂时忘却，而当视为我之书而读之，随我之意自由读之，且可与四书五经及佛经并读之。读之既得其一二精义，则当内省默察，身体力行。夫宗教有其精华，亦有其糟粕。终极言之，宗教乃至美至上之事，未可漫无分别，妄肆攻诋。吾人生于今日，本身承受孔教、佛教、耶教之文明，而不克取得孔教、佛教、耶教之精华而享用之，则吾为自暴自弃矣。而宗教之精华，厥为其培植道德，养成人格之能力。故凡百宗教，其目的皆主实行，玄想神秘，仍皆为助成实行地耳。个人能取得宗教之精华，则其人必高尚安乐，果毅有为。国民能不失宗教之精华，则其国必富且强，文化昌明，纪纲整饬，风俗淳厚。此一定不易之

① 参见吴宓著，吴学昭编《世界文学史大纲》，第327页。

理。吾于各种高尚之宗教，皆爱敬其精神。兹所言初非偏袒耶教，惟吾以为对于《圣经》，应如斯研读受用。至于考订字句，比拟篇章，探索器物，抉发史事，苟以此法研究《圣经》，则犹不免为伪科学派之书匠。有之无之，非吾之所暇计也。[①]

确实，如果依照吴宓的理解，宗教“乃至美至上之事”，得其精华则个人、社会、国家、文化皆将获得最佳发展，那么自然应当将《圣经》的宗教价值摆在第一位，保护其不遭受文学研究、史学研究或从任何其他角度出发的阅读方法的僭越。所有其他角度都难以避免的危险，是《圣经》将落入“伪科学派之书匠”手中，在理性学习和专业分析之下，丧失其最有价值的教训（亦即其在培养道德和塑造人格方面的功能）。在吴宓看来，“内省默察，身体力行”才是对待《圣经》——以及四书五经和佛经——的正法。和周作人一样，吴宓也通过与《圣经》的类比来论述应当如何看待中国经书，只不过两人的出发点很不一样，所以得出的结论也大相径庭。

作为西洋文学教授，吴宓将《圣经》的宗教性置于其文学性之上这种态度也许有些出人意料，但本书的读者应该早已不会觉得奇怪了。我们不要忘了，吴宓以上关于《圣经》正确读法的论述是出现在他为一本英文《世界文学史》所做的注释中的。如果考虑到该书作为文学史的性质，而且在开始讨论《圣经》前，作者又声明了本章是将《圣经》“视为文学而研究”的，[②] 那么吴宓

① 参见吴宓著，吴学昭编《世界文学史大纲》，第327页。

② 吴宓著，吴学昭编：《世界文学史大纲》，第302页。

特地加一长注来捍卫《圣经》宗教价值的做法就显得格外引人注目了。他之所以这么做，显然是因为他急迫地感到，在当代中国，知识分子对《圣经》文学性的重视压倒了其宗教性，而且这种局面不仅仅关乎《圣经》，更与人们对四书五经和佛经的态度紧密相关。虽然吴宓不曾提及任何人名，但周作人应该是他在写下这一大段话时暗指的重要对话人之一。

关于《圣经》的价值，吴宓和周作人的认识还有一个显著的不同之处。周作人重视《圣经》的原因之一，是因为他将《圣经》看作西方现代文学中人道主义思想和博爱精神的最重要源泉。[①]而吴宓则认为，一味推崇其人道主义思想和博爱精神是对《圣经》的误读。这从他对《路加福音》第9章第25节的点评可以看出来。该段经文的和合本译文为："人若赚得全世界，却丧失了自己，赔上自己，有什么益处呢？"吴宓从中读出了三层含义：

> （一）即孟子所谓"行一不义，杀一不辜，而得天下，所不为也。"（二）精神道德，最为重要。物质荣利，所不当计。（三）人首须克己，而救人次之，断不可舍己芸人。故今之不事修身养性，而终日孳孳扰扰于社会服务者，皆为耶稣所不许者也。[②]

以上的第一、二层解读都比较直接，易于理解，与《孟子》的联想再一次说明了吴宓在中西经典之间横向跨越的思考习惯。第三层则需要做一些解释。要理解吴宓在这里所表达的意思，我

① 周作人:《圣书与中国文学》。

② 吴宓著，吴学昭编:《世界文学史大纲》，第333页。

们可以看一看白璧德为伊略脱（G. R. Elliott）《近世诗之循环》（*The Cycle of Modern Poetry*）一书所撰写的评论。这篇书评由吴宓翻译，刊载于1929年11月出版的《学衡》第72期；和吴宓通常的做法一样，在译文中他加了不少按语和注释。[①] 白璧德高度赞扬伊略脱的著作，因为其精辟地指出了两点：第一，"今日之诗，仍走十九世纪思想艺术之绝路"，另辟蹊径的关键是对人性的二元性质有一清醒认识（关于"二元"，吴宓注曰："其一为人性中卑下之部分，其二为人性中高上之部分。东西古今凡创立宗教及提倡人文道德者，皆洞见此二者之分别，而主张以其二宰割其一。各家之说，名不同而实则无异也。"）；第二，诗歌改良和复兴的一大障碍就是"人道主义（Humanitarianism）之伪宗教"。吴宓在此加注道："人道主义主张兼爱，与人文主义Humanism之主张别择而注重修身克己者截然不同。"人文主义和人道主义之根本区别，就在于是否承认和强调人性的二元：是则必然注重修身克己和个人的选择，否则自然提倡同情博爱和社会的责任。白璧德说："人道主义之伪宗教，以社会服务及爱人利群相号召相欺炫者，其势力犹大，而在美国为尤甚也。"他又引用了伊略脱在书中的呼吁："今后诗人之想像中，'必须将彼人道主义之迷信之余毒铲除净尽'。其说以为感情之虚爱与物质之互助能使人类团结巩固。又以为凭科学之魔力，能使人之自私自利之心造成物与民胞之大同世界。此皆伪言，此皆譬说，而当摧辟之无余者也。"总之，白璧德猛烈抨击人道主义和深受其影响的西方当代宗教（尤其是基督教新教），是因为他认为，随着对同

① 以下引文出自吴宓《译白璧德论今后诗之趋势》，吴学昭整理《吴宓诗话》，第113—115页。

情兼爱和社会服务的鼓吹日盛，针对个人的标准、责任、自律在日益丧失；“伪宗教”之所以为伪，在于其导致了对“内心生活真理”的追求被众多外部活动所取代，其必然结果就是整个社会精神生活的空虚和混乱。[①]吴宓对《路加福音》第九章第二十五节的三重解读之一，正是采纳了白璧德的这一观点。他在耶稣的教训中看到的是克己和修身的重要性，将其置于博爱精神之上，[②]这可以说是借助《圣经》肯定了儒家思想。

通过以上比较，我们可以看到，吴宓和周作人都重视宗教问题，都关注文学和宗教的关系，也都注重《圣经》能给中国新文化带来的启发，但他们的立场实在相距甚远。

在本节最后，我们再把吴宓和与他有交集的几位同龄人简单比较一下：梁漱溟（1893 年生）、林语堂（1895 年生）、王恩洋（1897年生）。与周作人（1885年生）和胡适（1891年生）不同，梁、林、王都是有宗教信仰的，吴宓和他们之间的关系也是合作的或者至少是友好的。

林语堂出生于基督教家庭，所以从小信奉基督教，接受的正式教育也都是在基督教教育机构。从上海圣约翰大学毕业后，林语堂进入清华大学任教，接触到了“真正的中国社会”，从此开始了他信仰上的“大旅行”。[③]在接下来的很多年里，他离开了基督教，徜徉于儒家、佛教以及道家的世界，但在晚年，身处海外的他又回归了基督教。

---

① 关于白璧德的这一批判，参见 George A. Panichas, *The Critical Legacy of Irving Babbitt*, p. 93。

② 关于穆尔的类似见解及吴宓从中得到的重要启示，见本章小结。

③ 林语堂：《从异教徒到基督徒》（*From Pagan to Christian*），谢绮霞、工爻、张振玉译，湖南文艺出版社 2016 年版，第 17 页。

林语堂的情况可以用来作为吴宓“偶然”“随缘”“先入为主”择教理论的一个案例。按照该理论，林语堂信仰基督教是自然而然的，长大后没必要改信他教，最后回到基督教应该也是很容易理解的（吴宓并未讨论回归的问题，所以我们在这一点上只是猜测和推理）。林语堂这样比较他探索过的信仰：“在耶稣的世界中包含着力量与某些其他的东西——绝对明朗的光，没有孔子的自制、佛的心智的分析或庄子的神秘主义。”用更诗意的语言表达出来就是：“我曾住在孔子人文主义的堂室，[①] 曾攀登道山的高峰看见它的崇伟；我曾瞥见过佛教的迷雾悬挂在可怕的空虚之上。而也只有经历这些之后，我才降在基督教信仰的瑞士少女峰，到达云上有阳光的世界。”同样的比喻也出现在他《从异教徒到基督徒》一书中题为《大光的威严》的一章里：“耶稣的世界和任何国家的圣人、哲学家及一切学者比较起来，是阳光下的世界。像在积雪世界的冰河之上，且似乎已接触到天本身的瑞士少女峰，耶稣的教训直接、清楚，又简易，使想认识上帝或寻求上帝者一切其他的努力感到羞愧。”[②] 在这些文字中，林语堂用各种与“光”有关的语言来形容基督教这个简单直接但最后打动和照亮了他心灵的宗教。这让我们想起了吴宓对孔子和孔教的赞美：“千载声光，人所同钦。”“情智双融。”“至平实而至精微。”看来，两人对宗教力量所在的理解是类似的，只不过，对林语堂来说，孔子的教义只是人文主义学说，而吴宓在其中看到了宗教的光辉。

---

① 中译本写作“人道主义”（该词对应英文当为 humanitarianism）。此处据英文原文“humanism”（*From Pagan to Christian*, p. 64）改译为“人文主义”。

② 林语堂：《从异教徒到基督徒》，第 177、44、175 页。

梁漱溟同时有着“最后的儒家”和“最后的佛家”之称。[①] 他抗战后在重庆北碚创办的勉仁文学院（原名勉仁国学专科学校）也是儒佛兼顾的。吴宓于1949年5月来到勉仁任教，是因为他“多年中抱着‘保存、发扬中国文化’之目的，到处寻求同道”，更兼因为“嫌国立大学只教授学术、知识而不讲道德、精神、理想（此必求之于私立学院）”。[②] 可惜，因为吴宓1949年日记已不存，梁漱溟同期的日记也很简略（梁1950年初即离蜀入京参政议政），所以我们无法得知两人在短暂共事期间的情形。不过，从现有资料看，已可判断吴宓和梁漱溟之间其实在观念上和处世上都存在重大差别。

首先，如梁漱溟在他早年的《东西文化及其哲学》（1921）中所提出的，他认为中国、西方和印度的文化传统属于三种完全不同的态度和道路，想要通过融合来获得一个新的好文化根本就是谬误。梁漱溟预测，“世界未来文化就是中国文化的复兴”，而这一复兴有三个条件：“第一，要排斥印度的态度，丝毫不能容留；[③] 第二，对于西方文化是全盘承受，而根本改过，就是对其态度要改一改；第三，批评的把中国原来态度重新拿出来。”[④] 梁漱溟的认识显然和提倡四大宗传合力救世的吴宓大不合拍，而且

---

① Guy Alitto（艾恺）, *The Last Confucian: Liang Shu-ming and the Chinese Dilemma of Modernity*; John J. Hanafin, “The ‘Last Buddhist’: The Philosophy of Liang Shuming”, in John Makeham ed., *New Confucianism: A Critical Examination*, Palgrave, 2003, pp. 187–218.

② 《日记续编》1949年“整理者按”，第10页。在1967年1月22日的日记中，吴宓提到自己“崇仰孔子，宣扬孔子之道，且为此来渝碚”。

③ 梁漱溟声明，他的这一建议不是为个人着想，而是为中国整个国家在现代的发展着想（《东西文化及其哲学》，商务印书馆2006年版，第209页）。

④ 梁漱溟：《东西文化及其哲学》，第202、204页。

梁漱溟明确反对过“把孔子、墨子、释伽、耶稣、西洋道理，乱讲一气；结果始终没有认清那个是那个”的做法（虽然他说这话时指的是康有为和梁启超）。[①] 如果说吴宓“世界文化必为融合众流”（1940 年 7 月 18 日日记）的预期带有强烈的乌托邦色彩，那么梁漱溟的方案则充满了不易捉摸和化解的内部矛盾（最大的问题在于，在中西文化根本不同的前提下，其方案中的第二和第三条各自意味着什么，又如何同时成立）。

第二，在《东西文化及其哲学》中梁漱溟还认为“孔子的那种精神生活，似宗教非宗教”，“孔子也没有别的意思，不过他要让人作他那种富情感的生活，自然要从情感发端的地方下手罢了”。[②] 但等到 1949 年出版《中国文化要义》时，他就明确提出孔子“是宗教最有力的敌人，因他专从启发人类的理性作功夫”，中国文化因为孔子的影响也就此走上了“以道德代宗教”的道路。[③] 在梁漱溟本人的生活实践中，他可能也如陈来所说，“在人的层面，即政治、社会、文化、伦理方面是儒家，是中国文化的价值，而在生死信仰和宗教经验上，则服膺于佛家”。[④] 这和吴宓尽量凸显和维护孔教的宗教性及其“情智双融”的特点的努力也是不一样的。第三，梁漱溟积极参加社会活动和政治事务，为了实现自己的理想抱负，愿意并且也有能力与包括韩复榘这样的军

① 梁漱溟：《东西文化及其哲学》，第 155 页。

② 同上书，第 157—158、145 页。

③ 梁漱溟：《中国文化要义》，上海人民出版社 2003 年版，第 123 页。在《东西文化及其哲学》中，梁漱溟也有“孔子实在是很反对宗教”这样的话，但总体上他的态度是暧昧的。

④ 陈来：《梁漱溟与密宗》，《河北学刊》2009 年第 6 期，第 38 页。梁漱溟于 1949 年皈依了贡噶大师。

阀在内的当权者长期周旋。[1]这也与吴宓一贯避免与权力发生牵扯形成了鲜明对照。[2]鉴于以上几点，梁漱溟和吴宓两人在骨子里恐怕是并不十分相投的，但因为对孔子的共同尊崇和对中国传统文化共有的使命感，他们可以共事，似乎也不曾公开批评过对方。[3]

在与他有交往的提倡儒佛的当代人中，吴宓更为欣赏的是曾受学于梁漱溟的王恩洋。这在吴宓1965年8月15日的日记中有明确表示：

> 晚8—11重读王恩洋君（1897—1964）《儒学中兴论》一过，极佩。盖主张以中国文化道德至上，天下一家。为西洋文化人人有衣穿饭吃，人人得自由平等。与印度文化共成共觉，得大转依（指佛教）。之中介，融合三者，以救济、再造今日之世界人类。其识解之精正，愿力之宏大，比昔年梁漱溟《东西文化及其哲学》之说，有过之，无不及矣。

“融合”二字，透露出吴宓将王恩洋置于梁漱溟之上的一大原因。此外，王恩洋实现其理想的方式一直是著书讲学，在这点上他也更与吴宓接近。王恩洋作于1946年的《五十自述》是吴宓晚年最爱读的书之一，他不但自己不时重读（有时甚至读得

---

① 梁漱溟的“乡村建设运动”是在韩复榘主政山东期间进行的。根据韩复榘之子韩子华的回忆，梁漱溟认为韩复榘“对儒家哲学极为赞赏，且读过一些孔孟理学之作，并非完全一介武夫”。见韩子华口述，周海滨整理：《父亲韩复榘并非一介武夫》，《河北青年报》2013年5月21日。

② 这并不说明吴宓没有政治立场。参见Ong Chang Woei（王昌伟），“On Wu Mi's Conservatism”, *Humanitas* 12.1（1999）42-55（相关讨论在第54—55页）。

③ 在“批林批孔”运动中，梁漱溟也拒绝批判孔子。

“感激流泪”），还常常向他人推荐。[①]《五十自述》的结尾可以传达王恩洋的总体精神：

> 方今科学工艺、物质文明，已臻空前未有之盛。正足以造福人群，拯救贫困。然国人既浮慕虚声，尽弃其固有，一味盲从，而未能消化。西方人又无力控制，但为个人主义、帝国主义、求生竞存之思想，利用之以事斗争，为杀人自杀之具而已。是故有欲拨乱反正，去危就安，以为生民立命、为万世开太平者，必将发展克己求仁，慈悲智慧，礼让为国，普济有情，重德轻利，超世无往之儒佛学说东方文教，始足以胜残去杀，息贪嗔痴，洗涤人心，治理国家，奠安世界。斯足以利用物质文明、以兴人类之福。斯足以控制物质文明、使不为人类之灾。如是则汇萃中西古今之文化学说德智才能于一炉，而重新更造。合同五洲列国五色人种为一体，而共享升平。前途光明，真无穷极。如非然者，则西方文化物质文明之偏倚发展，亦足以毁灭宇宙，为全人类之自杀。斯二者，一安一危，唯由人之自由选择。吾深信人类前途，虽不无甚多荆棘，要以人类之本能与智慧，终当避痛苦、就安乐，以趣正道而出险途。则吾人所学所志，终亦必有其发展而实现之日。此吾人所当极大乐观，而努力以赴者也。嗟吾同志，能不勉乎！能不勉乎！[②]

① 1958年12月3日，1959年8月29日，1961年2月28日，1965年8月15日、11月14日、11月15日日记。

② 王恩洋：《五十自述》，《王恩洋先生论著集》，四川人民出版社2001年版，第十册，第613页。

这段感情充沛的话，既让我们看到为什么王恩洋在吴宓眼里是一个“虔依宗教，阐扬儒佛，艰苦力行，热心救世”的人（1959年12月27日日记），也证实了吴宓从前因为“不为贤者讳”而对王恩洋进行的批评：“佩王之识力，而惜其不知西洋文明之优点。不免拘囿。”（1945年3月10日日记）“对西洋文化不深知，每以近世唯物功利概括西洋文化。”但这只是“瑜不掩瑕”而已（1946年10月7日日记），王恩洋“汇萃中西古今之文化学说德智才能于一炉，而重新更造。合同五洲列国五色人种为一体，而共享升平”的理想，和他坚持热忱的身体力行，仍然使他成为吴宓晚年最推崇的人之一。在作于1964年8月27日的《七十一岁生日》这首诗的附注中，吴宓列举了一些他的“特爱之书”：“白璧德师人文主义之著述、黄晦闻师及碧柳之诗集、王恩洋《五十自述》、《学衡》全套（皆今世所不取者）。”[①] 从这份简短书单看来，尽管吴宓一生中在信仰上经历了一些不可谓不重要的变化，但就他的信仰整体构成而言，到最后他都毫无疑问依旧是一个新人文主义者。自永久居留西南之后，王恩洋可以说是吴宓亲身接触过的最后一个让他觉得可以分享新人文主义理想之人。书单上的其他人和物，都早已在1932到1935年之间逝去；就连王恩洋本人，也刚刚在1964年的二月作古。本就是独行者的吴宓从此更孤独了。

九、小结

在“文学与人生”一课的讲义中，吴宓说：“人文主义需要

① 吴学昭整理：《吴宓诗集》，第519页。

宗教。”[①] 这一是因为宗教满足人类的某种深层而永久的感情需要，所以不会随物质条件进步而消失；二是因为宗教为人类道德设立标准，并且使有限人生的意义得以延展和提升，所以也不能任之式微。通过主张四大宗传融合，新人文主义为满足此一感情需要、确立这些道德标准和定义各种人生意义提供了更为广阔和深厚的资源。在《孔诞小言》中，吴宓描述了这种扩展效果："世间万事成于模仿，而每人一生之功业成就亦视其平日所倾心模仿者为何等人。所模仿者或中或西、或左或右、或新或旧、或圣或狂，虽各不同，然其不能自脱于模仿则一。当今中西交通，文明合汇，在精神及物质上，毫无国种之界，但有选择之殊。是故中国少年尽可模仿释迦、耶稣、苏格拉底、葛德、白璧德，以及马克思、列宁等等，而欧美人士亦不少模仿孔子、孟子、司马光、朱熹、王守仁、曾国藩者。”[②] 在吴宓看来，归根结底，模仿是人类获得道德行为规范的基本机制，而宗教的成功，就来源于其所提供的高尚楷模，其进入人心的强大方式。现代社会虽然不幸见证了宗教的衰落，但这个时代文明之间的空前交通也大大地拓展了可供选择的楷模范围。吴宓上列的名单就反映了这个变化。当然，不管如何拓展，从这两份名单也可以看到，在吴宓心目中，居于首位、具有最大影响的楷模仍然应该是其四大宗传的代表人物：孔子、释迦、耶稣、苏格拉底。

吴宓虽然提倡四大宗传之间的并存融合，但四者之间并不是完全不分轩轾的。吴宓很早就将自己定位为“以国粹为心、遵奉孔教”者（1920 年 4 月 18 日日记），晚年也申明“宓乃一国粹

① 吴宓：《文学与人生》，王岷源译，第 123 页。
② 吴宓：《孔诞小言》，第 10 页。

主义者”（1952年5月9日日记）。终其一生，吴宓都是以孔教为中心来看待其他传统的。比较的视野让他更清楚地认识到孔子的伟大之处，他判断某一传统在中国新文化中应有的地位也取决于该传统和孔教之间的兼容程度。

在吴宓看来，中国历史上的儒佛汇流，就好比西方历史上古希腊哲学和基督教之间的合二为一。[①]其结果就是，佛教已经深深嵌入中国文化，这一精神遗产在中国现代化的过程中是无法忽视的，也决定了佛教在吴宓四大宗传的格局中永远紧随儒教之后。同时，可能部分由于受到陈寅恪的影响，吴宓很早就认识到基督教和中国文化之间的重大歧异以及基督教强烈的排他性。[②]因此，虽然吴宓认为西方人在道德上有诸多胜过中国人之处（尤其是在真诚、急公好义方面），有时还会直接将这些优点归功于基督教的影响，而且他也乐于承认自己得益于基督教精神之处，[③]但是他很清楚，对基督教的借鉴和吸收必须在以中国文化为本的前提下进行，否则就会堕入“反客为主，背理逆情”的“谬误”（陈寅恪语）。[④]吴宓内心对基督教的这种保留态度，也许有助于

---

① 1919年12月14日日记，第102—103页（因此篇日记长达六页，故注明相关页码）。

② 1919年12月14日日记，第103—104页。这篇日记记录的是吴宓和陈寅恪当天一次长谈的要点，其中主要为陈的观点，但吴宓加了不少按语，对陈说加以补充和支持（有一个较长按语即是关于儒佛融合与希腊哲学-基督教融合这两大历史进程之间的可比性）。陈寅恪关于基督教的言论如下：“今夫耶教不祀祖，又诸多行事，均与中国之礼俗文化相悖，耶教若专行于中国，则中国立国之精神亡。且他教尽可容耶教，而耶教尤以基督新教为甚决不能容他教。谓佛、回、道及儒（儒虽非教，然此处之意，谓凡不入耶教之人，耶教皆不容之，不问其信教与否耳）。必至牵入政治，则中国之统一愈难，而召亡愈速。此至可虑之事。今之留学生，动以‘耶教救国’为言，实属谬误……又皆反客为主，背理逆情之见也。”

③ 参见《曾宝荪女士》诗话，以及1920年3月24日，1921年2月7—12日，1931年5月13日，1944年7月31日、8月12日日记。

④ 引文出自1919年12月14日日记。

解释他为什么一度（1930年代）被基督教深深吸引，以至于产生了要做神父的想法，但其兴趣后来证明远远不如他对佛教的虔诚和持久。在上文我们看到，1961年初，吴宓劝段德樟不要急于弃佛归耶，举孝道为例为段分析了佛教优于基督教之处。在1951年4月15日的日记中，吴宓说："宓乃一极悲观之人，然宓自有其信仰，如儒教、佛教、希腊哲学人文主义，以及耶教之本旨是。"特别强调"本旨"，也许正是因为，有一些别的因素导致他对基督教有所保留。1952年的中秋，吴宓在一首诗中这样形容自己的思想现状："恋旧从新法，逢人效鬼辞。儒宗与佛教，深信自不疑。"[①] 同样地，在1960年4月26日的日记中，吴宓苦恼于自己"思想既不能且不愿改造仍坚信儒佛之教及西洋人文主义。"在1963年9月26日，吴宓又写道："惟有佛、耶之教，是真正提倡和平者。而以孔子之学说为中心基础之人文主义，实为救世化民之惟一正确法门。"从吴宓晚年的这些思想点滴可以看到，不管他如何列举和讲述他的信仰，儒教永远处于绝对首位和中心，佛教次之，而基督教和希腊哲学则有时被有条件地提到（"本旨"），有时并不单列出来，而只用人文主义概括言之。同时提倡四大宗传的他确实是一个别样的国粹主义者。[②]

吴宓曾说自己是一"带有浪漫诗情的道德现实主义者"（Moral Realist, with poetic or romantic temperament）（1930年3月2日日记）。从本章所讨论的一些主要问题看来，他的这个自我描述还是相当有道理的。在盛行多时之后，"宗教在现代世界

---

① 吴学昭整理：《吴宓诗集》，第471页。

② 在讨论陈寅恪的佛教研究时，陈怀宇指出："他的视野视为世界体系下关注中华文化的命运。"（《在西方发现陈寅恪》，香港三联书店2015年版，第243页。）这一定位亦有助于理解吴宓的宗教立场。

必将逐渐消亡"的预言已经被最近三十年的实际经验证明是大错特错的，这一出人意料的发展不但产生了广泛而重大的社会和政治效应，也在学术界引发了深刻反思和理论上的激烈转向。著名社会学家彼得·伯格（Peter Berger, 1929—2017）就是一个引人注目的例子。在 20 世纪 60、70 年代，伯格和大多数的同时代人一样持宗教消亡论，但到了 90 年代，他不但坦承了自己的误判，而且提出，宗教在当代世界强劲回归，我们正在经历一个"去世俗化"的过程。[①] 吴宓 1926 年"宗教乃根于人之天性，故当人类之存，必不能废"[②] 的论断，可谓是洞察人性，对人类在情感和精神上的需求有着非常现实的了解和判断。

同样的，吴宓认为，现代中国文化的再造必须保持孔子和儒家传统的核心地位，这种立场近年来也吸引了越来越多的关注、思考和实践上的探索，也是因为该立场包含了对中国文化的传统和未来之间的关系，以及对中国文化和西方文化之间的关系等问题极其现实主义的理解。如果中国想在西方主导的今日世界保留其文明大国的身份，恐怕不得不重新审视孔子和儒家传统的遗产。近年来对儒教/孔教问题的热烈讨论，[③] 更是说明了宗教这

① Peter Berger, *The Desecularization of the World: Resurgent Religion and World Politics*, Eerdmans, 1999. 关于宗教的复兴以及其前景的西方研究，可参见 Rodney Stark and William Sims Bainbridge, *The Future of Religion: Secularization, Revival, and Cult Formation*, University of California Press, 1985; Stark, *The Triumph of Faith: Why the World is More Religious Than Ever*, Intercollegiate Study Press, 2015。

② 吴宓：《论孔教之价值》，第 6 页。

③ 这方面的讨论很多，这里仅提及两个标题一样但内容性质差别很大的辑刊：陈明主编：《激辩儒教》，贵州人民出版社 2010 年版；曹新宇主编：《激辩儒教：近世中国的宗教认同》，中华书局 2019 版。西方学界近年的研究可参见 John Makeham, *Lost Soul: "Confucianism" in Contemperary Chinese Academic Oiscourse*, Harvard University Press, 2008, ch. 13; Anna Sun, *Confucianism as a World Religion: Contested Histories and Contemporary Realities*, Princeton University Press, 2013。

一角度在这个从头检讨中的特殊重要性。至今为止，吴宓关于孔教宗教性的大量思索尚很少受到有关学者的注意。和同时代人相比，吴宓在这方面的思想既有共性也有独特性。他认为儒教比基督教更具现代性，他呼吁“富有想象力的理解和新诠”，他对宗教仪式既重视又变通，他在宗教和政治之间的关系上对权力保持怀疑和距离，他在坚持中国文化本位的前提下追求不同宗传的并存融合与合作，他对孔教情智双融特点的认定和极力推崇：这些可能都会给当今的儒教研究提供启示或挑战。

至于吴宓所说的“浪漫诗情”，在本章讨论的语境中，我们首先可以想到他关于“西洋之浪漫时代早已过去”的观点。[①]他是这样说的：

> 西洋现代知识阶级人士之心理，大都枯索悲苦。理智太过澄明，感情无所发泄。缺乏信仰而偏于怀疑，无复热诚而徒工嘲讽。思想复杂，矛盾冲突。见闻繁多，迷离惝恍。想像力既沉湮，意志亦僵萎……斯乃衰世之特征，亦人生之绝境。稍读西洋现代文学作品及其评论者，皆当知之。惟是此种不幸之精神、悲凉之心理，业已传入中国。岂缘今日世界密迩，一切流布迅速乎？抑人心自然之机，感于此，发于彼，不期然而偶合乎？[②]

吴宓的浪漫诗情，就体现在他拒绝极端理性导致的枯索悲

① 吴宓：《评顾随无病词味辛词（节录）》，《大公报·文学副刊》1929 年 6 月 3 日第 73 期，收入吴学昭整理《吴宓诗话》，第 154 页。

② 同上。

苦和怀疑嘲讽，企图通过宗教的力量在衰世和绝境中为中国和世界找回信仰、热诚、意志和想象力。吴宓对于不同宗传他日必将合流的信念，也许可以视为他浪漫诗情的另一表现。在《孔诞小言》中，他说：“中国西洋，固同其休戚，而孔子之更为人认识崇敬，亦文化昌明学术进步必然之结果矣。”① 休戚与共这一点固然不错，但全世界真正拥有共同的圣哲和宗教家的那一天恐怕遥遥无期，孔子要真正成为“世界的人物”仍然面临艰巨的挑战。然而，吴宓持有这种乌托邦式信念也许并不奇怪，因为他向往的大融合已经在他自己身上实现。② 在他的一生中，四大宗传为他提供了知识的来源、感情的支柱和精神的寄托，他在其中可以自由游弋和撷取，在不同的时期、不同的处境下和不同的问题上，有不同的偏重和组合。从这样的一己经验出发，他也许比较容易认为，融合不仅可行，而且大为有益，应当付出巨大努力去推而广之，以救助世人。③

1919 年夏，吴宓读毕穆尔的《谢尔本文集》（当时共有九册），在日记中写下了长篇读后感，其中有很多关于宗教和精神

① 吴宓：《孔诞小言》，第 12 页。

② 沙培德（Peter Zarrow）在其近作《废除边界——中国现代政治思想形成过程中的全球乌托邦，1880—1940》（*Abolishing Boundaries: Global Utopias in the Formation of Modern Chinese Political Thought, 1880–1940*, State University of New York Press, 2021）中，以康有为、蔡元培、陈独秀、胡适为个案，研究了近现代中国政治思想中的“乌托邦冲动”。虽然吴宓和以上四者（尤其是蔡、陈、胡）的总体立场可谓天差地别，但至少在两点上，吴宓的乌托邦信念和他们是类似的：其思想源头都综合了中西传统，其愿望都是打破国别和文化界限，为中国以及全人类寻找一个共同的美好未来。

③ 对吴宓这种想法不以为然的当然大有人在。本章提到的就有梁漱溟和钱锺书。1922 年 7 月 13 日，欧阳竟无在接待吴宓时也对他表示，“佛教决不能各种哲学宗教牵混为一，或言调和选择，或事融会比附，悉大误也”（当日日记）。

生活的想法，可以印证我们以上所做的一些结论和推测。现在，让我们引用其中一些段落来结束本章：

知忧患之必不能逃，则当奋力学道，以求内心之安乐，是谓精神上自救之术。欲救人者，须先自救；未能自救，乌能救人？使人人各能自救，则人人皆得救，而更无需救人矣。故古今之大宗教，若佛若耶，孔子之教亦然。其本旨皆重自救而非为救人者也。忧患之来，如病袭身，不就医服药，则己身将死尚何有于人？故宓现今亦惟当力行自救之术。但宗教自救之术，皆须弃世，佛、耶皆然。亦知世界不能听其灭绝，则仅择有数上智之人，而教以自救之术，超度之，脱离尘世。佛之于僧徒，耶之于十二门徒，是也。其余众生，则令其沉沦，异日或待他人来救之，佛之于善男信女、十方居士，耶之于普通教民 the Laity; the Secular people 是也。今吾诚欲自救，则非弃绝尘世不可，然世中之快乐羁绊，虽可割舍，而于国家社会，种种责任，则目前似尚有不能放弃者存，故不得不求折衷两全之术。如何可以自救而不弃世，摆脱忧患之桎梏，而尽吾对人之责任，以高明之理想，与当前之时境相调和，而施于实在之事功。此古今宗教家不能解答之难题，宓彷徨疑虑，经年而不知所措手者，今读 *Shelburne Essays*（Ⅵ）而竟得其术，宓之惊喜可知已！

其术维何？盖述印度某教派 The Bhagavad Gītā 之规训。该教派本非正宗，其陈义亦非至高至上，但平正通实，教人以自救而不弃世之术，则具特长，为他家所不及。其规训可以一语概括之曰：" Work without Attachment." 直译之，则为“日日做事，但须无所附丽”。

……

按此规训，盖即“不问收获，但问耕耘”之旨。今若推及吾身，则（一）谚云：“人不可一日无事。”《论语》云：“不有博奕者乎？为之犹贤乎已。”……（二）吾今者，勉自躬行道德，日夕劳忙，奉公助友，非为沽贤名，尤不较报施。……（三）语云：“谋事在人，成事在天。”《左传》云：“况贪天之功，以为己力乎？”……盖惟执中有主，以至静御至动。Plato’s the One and the Many。外界形形色色，兔起鹘落，光怪陆离，瞬息万变，苦乐顺逆，得失利钝，罔然一无所知觉，始能专心致志以从事，惟奕秋之为听，而不图弯弓以射鸿鹄。虽身处局中，一体劳忙，而神游象外，旁观者清，每着方可见之明了，有发始能望中。总之，凡事只求自尽吾心，而结果如何，则不问焉。（四）“无所附丽”，又即“君子群而不党”之义。记云“君子不凝滞于物”。吾自抱定宗旨，无论何人，皆可与周旋共事，然吾决不能为一党派一潮流所溺附、所牵绊。彼一党之人，其得失非吾之得失，其恩仇非吾之恩仇，故可望游泳自如，脱然绝累。此就行事言之也。若论精神理想一方，吾自笃信天人定论、学道一贯之义，而后兼收并蓄，旁征博览，执中权衡，合覆分核，而决不为一学派、一教宗、一科门、一时代所束缚、所迷惑；庶几学能得其真理，撷其菁华，而为致用。吾年来受学于巴师，又与陈、梅诸君追从请益，乃于学问稍窥门径，方知中西古今，皆可一贯。天理人情，更无异样也。此“无所附丽”之又一解也。……总之，吾但求吾心之安，逃于忧患。凡此种种，皆暂不弃世而图自救之术耳。勗哉！[①]

可以说，吴宓此后的一生，要么是“暂不弃世而图自救”的积极努力，要么就是在低沉痛苦中作弃世的打算。他所渴求的内心安乐，只能在独立和自由——“无所附丽”——的状况下获得，而新人文主义的兼收并采、不限一家正符合他的追求。这一学说使他能够同时为自己设立两个看似高度矛盾的目标：一方面，“决不为一学派、一教宗、一科门、一时代所束缚、所迷惑”；另一方面，以宗教式的热诚坚守他的新人文主义信念。宗教是贯穿他一生思想最重要的问题之一，“颇具宗教性”是他的特长，但同时宗教又并不仅仅是不具形式的精神而已。

① 1919年7月24日日记，第41—46页。

第三章

吴宓与《红楼梦》

吴宓是西洋文学专家，但若说他一生最喜爱的文学作品是《红楼梦》应该问题不大。在专业的学术圈外，吴宓恐怕是以《红楼梦》研究和演讲最为知名，而在比较文学领域，他最有代表性的研究，几乎人人必提的就是他发表于1920年的《〈红楼梦〉新谈》。[①]

吴宓以文学看待《红楼梦》，在这一点上他迥异于当时影响巨大的索隐派和考证派。这种出发点的不同，以及吴宓对这两派

---

① 在北京大学比较文学研究所选编的《中国比较文学研究资料（1919—1949）》中，吴宓入选的就是这篇文章。在关于吴宓对中国比较文学的贡献的讨论中，他的《红楼梦》研究受到的关注也较多。例如，杨周翰:《吴宓——中国比较文学的拓荒者》（黄世坦:《回忆吴宓先生》，陕西人民出版社1990年版，第15—19页），完全以《〈红楼梦〉新谈》为中心；徐志啸:《中国比较文学简史》（湖北教育出版社1996年版，第53—54页），主要介绍《〈红楼梦〉新谈》；徐扬尚:《中国比较文学源流》（中州古籍出版社1999年版，第104页），在讲到新文化运动期间中国学者借鉴西方文学批评方法来进行的“阐发研究”时，举的唯一例子就是吴宓的《〈红楼梦〉新谈》；蒋书丽:《坚守与开拓——吴宓的文化理想与实践》（社会科学文献出版社2009年版，第120—141页），专辟一节讨论吴宓的《红楼梦》比较研究。

的主要批评，可见于他 1928 年的一篇书评：

> 以吾人之见，《石头记》一书乃中国第一部大小说，其艺术工夫实臻完善。其作成之历史及版本之源流，固应详为考定，然此乃专门学者之业。普通人士，只应当原书作小说读，而批评之者亦应以艺术之眼光从事。即使《红楼梦》作者对于种族、国家心中偶有感慨，其描写人物亦有蓝本，间参一己之经验，然写入书中，必已脱胎换骨，造成一完密透明之幻境，而不留渣滓。寻根觅底，终无所益。是故蔡元培氏之《石头记索隐》以及类此之书，实由受排满革命思想之影响，而比附太过，近于穿凿。胡适氏之《红楼梦考证》，则又受浪漫派表现自我及写实派注重描写实迹之影响，认为曹雪芹之自传，殊属武断。其他近今之考证论辩，优劣互见，然皆未尝以艺术之眼光评此大书。（王国维氏之评论较佳，然专以叔本华一家哲学之论点临之，亦嫌一偏，有所未尽。）是诚可惜。①

除了破译密电式的索隐派解读和完全将《红楼梦》视为曹雪芹自传的做法，吴宓还反对一切仅仅关注作品外部问题的阅读方法。在为李查生和渥温《世界文学史》所作的译补评注中，吴宓写道：

---

① 吴宓：《〈红楼梦〉本事辩证》，《大公报·文学副刊》1928 年 1 月 9 日。《〈红楼梦〉本事辩证》的作者是寿鹏飞（1873—1961），1927 年初版，1928 年再版，蔡元培为之作序。蔡元培本人于 1917 年出版了《〈石头记〉索隐》一书，将《红楼梦》视为政治小说，着力于考证小说人物、情节和康熙朝政治之间的“影射”关系，因此成为“索隐派”的代表人物之一。

> 又按诗文名篇，乃为得其本身之趣味、之益处，而非为求知其历史背景、社会环境等也。易言之，为文学而读文学，非为科学、史学、社会学、政治学、经济学、文字学等而读文学也。故如谓读《诗经》可知周代之风俗政教，读《石头记》藉以研究清初之衣饰礼节者，皆极悖谬之论也。文学虽亦可为科学、史学等之材料，然文学家研究文学，不当如此。[①]

吴宓如此坚决地捍卫文学的独立性，乍看简直像是在声明“为艺术而艺术”（引文中也确实有“为文学而读文学”的字样），但这当然不是他的立场。吴宓反对将文学研究变成文学的外围研究，但因为对他来说，道德和宗教并非存在于文学作品外部，而是与之有着天然不可分割关系的内在因素，所以他完全不会同意“为艺术而艺术”这一口号背后最根本的诉求，即：艺术和道德无干，艺术必须用纯审美的标准来评判。我们在第一章已经讨论过，吴宓在文学中追求真善美的合一，对美的坚持使他反复批驳主义说教和政治宣传，但同时他又将美视为三位一体中的一位，不得离开真和善而独在。要在中国文学传统中寻找实现了吴宓这一理想的作品，自然离不开被他视为“中国第一部大小说”的《红楼梦》。

本章将围绕“中国文学与世界文学”“文学与宗教”“文学与人生”三个角度，来分析吴宓对《红楼梦》的看法以及《红楼梦》对他的意义。读者将会看到，这三个角度其实是紧密相连、互相交叉的，权且划分开来仅仅是为了讨论的方便。读者还

① 吴宓著，吴学昭编：《世界文学史大纲》，商务印书馆 2020 年版，第 248 页。

将看到，吴宓不仅与索隐派、考证派殊途，而且和《红楼梦》文学批评派第一人王国维之间也存在着重大差异。本书企图展示的文学、道德、宗教三者之间的密切关联，以及吴宓的比较视野在塑造这一联系中所扮演的重要角色，在本章将得到更为集中的体现。

一、中国文学与世界文学

吴宓对于《红楼梦》伟大之处的认识和欣赏，是建立在他的世界文学视野上的。他这样高度评价《红楼梦》的艺术技巧：

> 夫《石头记》为中国小说登峰造极之作，决无能与之比并者，此已为世所公认。吾人尝以西洋小说之技术法程按之《石头记》，无不合拍。因叹曹雪芹艺术之精，才力之大，实堪惊服。又尝本西洋文学批评之原理及一切文学创造之定法，以探《石头记》，觉其书精妙无上，义蕴靡穷。简言之，《石头记》描写人生之全体而处处无不合于真理。兹即不论内容，但观技术，《石头记》亦非他书所可及者矣。①

在内容层面（主题和人生观），吴宓对《红楼梦》有以下热情洋溢的描述：

① 吴宓：《评〈歧路灯〉》，《大公报·文学副刊》1928年4月23日。在《〈石头记〉评赞》中，吴宓提供了一些具体例子说明《红楼梦》在结构布局上的精致以及和西洋小说之间的暗合之处。参见吴宓《〈石头记〉评赞》，原载《旅行杂志》1942年第16卷第11期，收入吕启祥、林东海主编《〈红楼梦〉研究稀见资料汇编》下册，人民文学出版社2001年版，第848—849页。

《石头记》为一史诗式（非抒情诗式）之小说，描写人生全部（a complete Book of Life），包罗万象。但其主题为爱情，故《石头记》又可称为“爱情大全”（a complete Book of Love），盖其描写高下优劣各类各级之爱情，无不具备（例如，上有宝、黛之爱，下有贾琏及多姑娘等），而能以哲学理想与艺术之写实熔于一炉（可与柏拉图《筵话篇》、加斯蒂里辽《廷臣论》、斯当达尔《爱情论》等书比较）。其全体之结构，甚似欧洲中世之峨特式教堂，宏丽、整严、细密、精巧，无一小处非匠心布置，而全体则能引读者之精神上至于崇高之域，窥见人生之真象与其中无穷之奇美。

《石头记》具有亚理斯多德所云之庄严性（High-Seriousness），可于其人生观见之。《石头记》之主角贾宝玉，在人生社会中，涉历爱情之海，积得种种经验，由是遂获宗教之善果，即:（1）真理、（2）智慧、（3）安和、（4）幸福、（5）精神之自由等是。又可云:《石头记》乃叙述某一灵魂向上进步之历史，经过生活及爱情之海，卒达灵魂完成自己之目的（可与柏拉图《筵话篇》、[1]圣奥古斯丁《忏悔录》，但丁《新生》及《神曲》，歌德《威廉麦斯特传》比较。又可与卢梭《忏悔录》及《富兰克林自传》反比）。此《石头记》之人生观也。世界文学名著，莫不指示人生全部真理，教人于现实中求解脱，《石头记》亦然。[2]

吴宓之所以处处将《红楼梦》与西方文学比较，是因为他

① 《筵话篇》，今又译作《会饮篇》《飨宴篇》。

② 吴宓:《〈石头记〉评赞》，第851、852—853页。

相信文学的普世规律和价值。前一段引文的结尾就体现了这种观念，“世界文学名著，莫不指示人生全部真理，教人于现实中求解脱，《石头记》亦然”。在《〈红楼梦〉新谈》中，吴宓说：“自吾读西国小说，而益重《石头记》。若以西国文学之格律衡《石头记》，处处合拍，且尚觉佳胜。盖文章美术之优劣短长，本只一理，中西无异。”[①] 正如对西方哲学和宗教传统的了解让吴宓更加清楚地认识到孔子的伟大（见上章），借助比较的视野，吴宓得出了《红楼梦》不仅是中国文学里的杰作，而且与西方最优秀的小说相比亦“罕见其匹”的结论。[②] 出于对《红楼梦》普遍性质的深信不疑，吴宓宣称：“《石头记》之价值，可以其能感动（或吸引）大多数读者证明之，所谓 universal appeal 是也。异时异世，中国男女老少之人，其爱读《石头记》者，仍必不减；若全书译成西文，西人之爱读《石头记》者亦必与日俱增，可断言也。”[③]

与吴宓形成鲜明对照的是，胡适对《红楼梦》的艺术和思想评价都不高。在 1960 年 11 月 20 日致苏雪林（1897—1999）的

① 吴宓：《〈红楼梦〉新谈》，原载《民心周报》1920 年 3 月 27 日，收入吕启祥、林东海主编《红楼梦研究稀见资料汇编》上册，第 20 页。

② 吴宓：《〈红楼梦〉新谈》，第 20 页。

③ 吴宓：《〈石头记〉评赞》，第 849 页。吴宓列出了当时存在的三个西文译本（英文和德文），皆为节译或缩写。以下是主要西文全译本的出版时间：英文（David Hawkes and John Minford 译，1973—1980），英文（杨宪益、戴乃迭译，1978—1979）；法文（1981）；西班牙文（1988）；德文（2007—2009）。值得一提的是，1921 年 2 月 28 日，波士顿中国留学生为华北水灾募捐义演，表演了哑剧《红楼梦》，吴宓负责这次活动的对外宣传。《波士顿星期日邮报》1921 年 2 月 27 日登载了吴宓对《红楼梦》所做的简介以及他节译的一小段（晴雯临终时与宝玉的会面）。参见吴学昭《中国文学里的“罗密欧与朱丽叶”——吴宓对〈红楼梦〉故事的英译》，《新文学史料》2020 年第 4 期，第 141—145 页。

信中，胡适写道："我写了几万字考证《红楼梦》，差不多没有说一句赞颂《红楼梦》的文学价值的话……在那样一个浅陋而人人自命风流才士的背景里，《红楼梦》的见解与文学技术当然都不会高明到那儿去。"[①] 在几天后致高阳的信中，胡适表达了同样的意见，在某些地方还稍多做了一些发挥，比如信中的这一段："我常说，《红楼梦》在思想见地上比不上《儒林外史》，在文学技术上比不上《海上花》（韩子云），也比不上《儒林外史》，也可以说，还比不上《老残游记》。（那些破落户的旧王孙与满汉旗人，人人自命风流才子，在那个环境里，雪芹的成就总算是特出的了。）"[②] 受胡适影响，俞平伯（1900—1990）早年也持几乎一样的观点。在《红楼梦辨》（1923）中俞平伯写道：

> 平心看来，《红楼梦》在世界文学中底位置是不很高的。这一类小说，和一切中国底文学——诗、词、曲，在一个平面上。这类文学底特色，至多不过是个人身世性格底反映。《红楼梦》底态度虽有上说的三层，但总不过是身世之感，牢愁之语。即后来底忏悔了悟，以我从楔子里推想，亦并不能脱去东方思想底窠臼；不过因为旧欢难拾，身世飘零，悔恨无从，付诸一哭，于是发而为文章，以自怨自解。其用亦不过破闷醒目，避世消愁而已。故《红楼梦》性质亦与中国式的闲书相似，不得入于近代文学之林……作者天分是极高的，如生于此刻可以为我们文艺界吐气了；但不幸他生得太早，在他底环境时会里面，能有这样的成就，已足使

① 严云受选编：《胡适论红学》，安徽教育出版社 2006 年版，第 266—267 页。
② 同上书，第 269 页。

> 我们惊诧赞叹不能自已。《红楼梦》在世界文学中，我虽以为应列第二等，但雪芹却不失为第一等的天才。[①]

后来俞平伯对自己的观点不断反思，到了20世纪50年代，他已经将考证派的自传说视为“错误”和“迷惘的见解”，[②] 与此同时他对《红楼梦》的文学成就也做了很高评价：

> 近年考证《红楼梦》的改从作者的生平家世等等客观方面来研究，自比以前所谓“红学”着实得多，无奈又犯了一点过于拘滞的毛病，我从前也犯过的。他们把假的贾府跟真的曹氏并了家，把书中主角宝玉和作者合为一人；这样，贾氏的世系等于曹氏的家谱，而《石头记》便等于雪芹的自传了。这很明显，有三种的不妥当：第一，失却小说所以为小说的意义。第二，像这样处处粘合真人真事，小说恐怕不好写，更不能写得这样好。第三，作者明说真事隐去，若处处都是真的，即无所谓“真事隐”，不过把真事搬了个家，而把真人给换上姓名罢了……贾宝玉不等于曹雪芹，曹雪芹也不等于贾宝玉。[③]
>
> （《红楼梦》）只八十回没有写完，却不失为中国第一流长篇小说。它综合了古典文学，特别是古小说的特长，加上作者独特的才华，创辟的见解，发为沈博绝丽的文章。用口

---

① 俞平伯:《红楼梦辨》,《俞平伯全集》第五卷，花山文艺出版社1997年版，第161—162页。

② 俞平伯:《曹雪芹自比林黛玉》,《俞平伯全集》第六卷，第96页。

③ 俞平伯:《著书的情况》,《俞平伯全集》第六卷，第15—16页。

语来写小说到这样高的境界，可以说是空前的。[1]

(《红楼梦》) 彗星似的出现于中国文坛，谓为前无古人殆非虚誉。这残存的八十回书比之屈赋、太史公书、杜甫诗等也毫无愧色。[2]

与俞平伯和胡适不同，吴宓一向认为《红楼梦》完全可以入得世界文学之林。而且，对世界文学的了解，使吴宓对中国文学的优缺点都获得了更清醒的认识。在《世界文学史大纲》中，吴宓认为，中国文学总体来说在四个方面存在欠缺：(1) 宗教精神 (2) 浪漫爱情 (3) 英雄崇拜 (4) 展现严肃而高贵的人生观的悲剧。[3] 吴宓特爱《红楼梦》，其中很重要的原因就是，他心目中的“中国第一部大小说”在 (1)(2)(4) 三个方面都构成中国传统里重要的例外。这从我们以上引用过的两段话中就可以看出来：吴宓将《红楼梦》称为“爱情大全”，称赞其人生观的“庄严性”，将男主角贾宝玉的经历概括为“在人生社会中，涉历爱情之海，积得种种经验，由是遂获宗教之善果”。吴宓对《红楼梦》的宗教精神的理解我们将在下一节重点讨论。本节我们先来考察一下他如何从比较文学的角度看待《红楼梦》的爱情观和悲剧性。

吴宓认为，《红楼梦》对爱情的描写在中国文学史上具有里

---

① 俞平伯：《读〈红楼梦〉随笔》前言，《俞平伯全集》第六卷，第 3 页。

② 俞平伯：《〈红楼梦〉中关于“十二钗”的描写》，《俞平伯全集》第六卷，第 327 页。关于俞平伯对自己观点一系列修正的详细讨论，参见宋广波《胡适与俞平伯》，《河南教育学院学报》2005 年第 3 期，第 40—50 页。

③ 吴宓著，吴学昭编：《世界文学史大纲》，第 151 页。

程碑式的意义。他说："曹雪芹先生的巨大成就不仅在于（i）写了一部具有完美艺术与技巧的伟大小说，还在于（ii）把一种新的、较高级的、对人生和爱情的概念引入中国文学与社会。"① 在另一段更为详细的评论中，吴宓说：

> 在中国文学与社会中，缺乏（i）对上帝之爱（ii）对妇女的爱与尊敬；因此，也缺乏理想主义与浪漫主义……我们的传统的对于妇女的尊敬是社会性的，而不是个人的；如贤母良妻，而不是作为才女、智媛、美人、巧匠、交际家（因此"女子无才便是德"）。参阅林语堂：《吾国与吾民》。在近代中国（自1600以后）我们看到这种对于妇女的新理想之逐步发展（道德上的，西方骑士传统对于妇女的尊敬）：始于唐，而再起于明末，大盛于清——如《石头记》中所表现。②

因为浪漫爱情是建立在对女性作为个体而具有的各种特点和品质——而非女性完成其指定社会角色的出色程度——的爱慕与敬意之上的，所以在以贤妻良母为唯一理想女性角色的中国传统社会，这种浪漫的爱情观是欠缺的。但欠缺不等于完全不存在。吴宓说《红楼梦》"把一种新的、较高级的、对人生和爱情的概念引入中国文学与社会"，并不是一个无中生有的全新创造，而是标志着一个逐渐发展的过程到达了一个前所未有的高峰（滥觞于唐，复兴于明末，集大成于《红楼梦》）。在从世界文学的视角观照中国文学的不足之处时，吴宓拒绝将他的批评上升为对整个中国古

① 吴宓：《文学与人生》，王岷源译，清华大学出版社1993年版，第53页。
② 吴宓：《文学与人生》，王岷源译，第49—50页，英文部分的译文略有改动。

代传统的抨击，而是倾向于在传统内部寻找连续性。而且，和郑振铎等人通过对俗文学和“小传统”的发掘和颂扬来为再造中国文化提供古代资源不同，吴宓坚信，最重要的资源中不能没有以儒家为核心的“大传统”。在爱情这个问题上也是如此。虽然目前没有材料能让我们看到吴宓对唐——晚明——《红楼梦》这条爱情文学发展线索的讨论，但是我们可以通过他对贾宝玉性格的分析，看一看他是如何融合中西方的古典传统，来对这位中国“爱情大全”的男主角进行解读的。根据吴宓的概括，宝玉的性格具有八大特点：

一、性情真挚。

宝玉之性情，即孟子所谓“赤子之心”。孟子又曰“此之谓失其本心”，宝玉未曾失却。《书经》“惟精惟一”为古圣贤所传之心法：盖即灵明不昧之良知，不诱于物欲，不汩于世俗者，《石头记》中通灵宝玉指此。

二、爱自然，喜自由，而恶礼法形式。

三、爱美。

参考：柏拉图《筵话篇》说灵之上升。又柏拉图《斐德罗斯篇》白马黑马曳车一人为御之比喻人生。[①]

四、富于“想象的同情”。

1. 忠恕之德（视人如我）。

2. 设身处地（以我心入他身）。

3. 一多明识（得真）。

五、好色，多欲，贪恋，然见解超佚流俗。

宝玉尊重道德之根本，而厌恨礼法之形式。其对于女子

① 《斐德罗斯篇》，今又译为《斐德罗篇》。

及婚姻恋爱之见解，在中国为极新之卓识……

六、了解女子心理，能乐为诸多女子忠实服务。

七、悲剧的人生观。

参考：已故西班牙人乌那牟那氏所著《悲剧的人生观》一书（1931 年英译本）六章。

八、秉性仁慈，具有佛心，故卒能解脱。[①]

以上八点中，看似只有两点和爱情直接有关（五和六），但因为其他各条也都关系到宝玉对“情”的态度，而爱情是情的一部分，所以吴宓总结的宝玉性格的每一方面其实都密切相连，并且有助于我们理解其爱情观。如吴宓所说，“宝玉之于黛玉，固属情深。此外无时无地，不用其情”[②]。所以，吴宓将“性情真挚”列为宝玉性格中具有统摄地位的第一条，其后的各项在本质上都是这一条在生活各方面的具体表现及其后果：爱自然，喜自由，爱美，富有同情心，好色，乐于为女子服务，悲剧的人生观，具有佛心而终得解脱。这里我想强调指出的是，在对宝玉最根本的性格进行解说时，吴宓诉诸的是孟子“赤子之心”的概念。宝玉表面上是个“混世魔王”（《红楼梦》第三回王夫人语），其爱好、行为和志向都大大违背家庭和主流社会的期待，但在吴宓看来，宝玉所有的乖张都只是对礼法形式的厌恶而已，而事实上他“尊重道德之根本”，在世俗中葆有其“灵明不昧之良知”，可以算是一个得到“古圣贤所传之心法”者。同样，在说到宝玉“富

① 吴宓：《贾宝玉之性格》，《流星月刊》1945 年第 1 卷第 2 期，收入吕启祥、林东海主编《红楼梦研究稀见资料汇编》下册，第 1078 页。

② 吴宓：《〈红楼梦〉新谈》，第 24 页。

于‘想象的同情’”的性格时，吴宓首先将其解释为“忠恕之德（视人如我）”。在《论语·里仁》中，孔子声称“吾道一以贯之”，而曾子对此的理解是：“夫子之道，忠恕而已矣。”[①] 吴宓眼里的宝玉，因为他以一颗纯真的赤子之心去爱他生活中的女子，所以他才能做到“好色，多欲，贪恋，然见解超佚流俗”，不堕淫欲之道；因为他以“视人如我”“以我心入他身”的忠恕之德去对待这些女子，所以他才能在一个对女性个体缺乏爱慕和尊敬的社会里极其难得地做到“了解女子心理，能乐为诸多女子忠实服务”。

在第一章我们曾提到，郑振铎也从比较的角度（中俄）批评过中国旧文学，并称赞《红楼梦》是中国历史上少有的展现真性情的文学作品，但对郑来说，造成中国文学“虚伪的积习”的正是孔孟之道的禁锢，所以只有在正统之外才能找到在现代中国仍然值得保留和发扬的俗文学传统。吴宓的立场恰恰相反。按照他的解读，贾宝玉真挚性情的源头正是孔孟之道，他的形象所展示的是：礼法形式之外自有孔孟之道的根本和真髓；一个不失赤子之心、能行忠恕之道的人，也必然是一个爱美、爱自然、爱自由、同情女性、追求真正爱情的人。也就是说，《红楼梦》之所以伟大，不是因为其主人公对儒家正统的叛逆，而是因为他超越了礼法形式，恢复了儒家正统的真正精神，而中国文学也因此走上一个辉煌的高峰。

除了儒家经典中的思想，吴宓在解读贾宝玉的性格时还频

---

① 在《孔子之价值及孔教之精义》一文中，吴宓将“克己复礼”“行忠恕”“守中庸”列为孔教中实行道德的方法（见本书第二章）。

频引用柏拉图。在“爱美”这一项下边，吴宓提请读者参考“柏拉图《筵话篇》说灵之上升。又柏拉图《斐德罗斯篇》白马黑马曳车一人为御之比喻人生”。在以“爱”为主题的《筵话篇》中，苏格拉底提出，[①]爱是对美的追求和创造，而人对美的认识和欲望有各种层次，爱的教育就是为了引领人们从低到高不断攀升，从醉心于形体之美到欣赏心灵之美，一直到捕捉住终极的理念之美。和之前形形色色的美不同，最后这种美单一、绝对、永恒，爱所经历的“灵之上升”也就是从“多”的物质世界进入到“一”的理想世界的过程。这当然不是一个轻松容易、人人皆可成功完成的历程，其困难的根源可以在《斐德罗篇》对爱的论述中找到解释。苏格拉底说，人的灵魂就像是由一个车夫驾驭着两匹马，一良一劣，良者听从指挥，劣者桀骜不驯，此人之爱（以及对真善美的追求）最终能够到达何种境界，就取决于车夫对劣马的控制能力。吴宓赞扬贾宝玉“一多明识（得真）”，也就是说，在爱情的世界里，宝玉已抵达最高层次。他所爱的林黛玉乃“美与爱情之结晶”[②]，“天仙化身，美善无双”[③]，而他与林黛玉之间的木石前盟虽然在现实中遭到残酷的破坏，却无损于其代表的“理想、真实之关系”以及这种关系的“真价值（天爵）”。相反，宝玉和宝钗之间的金玉良缘虽成为现实，却只是一种“人为、偶然之关系”，只具有“社会中之地位（人爵）”。[④]如果说吴宓在古典儒家理想里为赞扬

---

① 苏格拉底声称，自己只是转述从别人那里听来的一个说法。

② 吴宓：《论紫鹃》，《成都周刊》1945 年 3 月 11 日。

③ 吴宓：《贾宝玉之性格》，第 1079 页。

④ 吴宓：《〈石头记〉评赞》，第 853 页。

贾宝玉的性格找到了依据，那么柏拉图的理念论则为吴宓理解《红楼梦》中爱情世界的高低分层和不同价值提供了关键的哲学框架。

在柏拉图之外，吴宓还常用西方传统中其他一些作品来说明《红楼梦》的爱情观念。吴宓作这种比较的最主要目的是证明，中西名家都对爱情类别作了近似的区分。在《〈石头记〉评赞》一文中，吴宓说："细察《石头记》中所着重描写之爱情，乃富于理想之爱，乃浪漫或骑士式之爱（即斯当达尔《爱情论》中所主张，又即费尔丁及沙克雷等人小说中所表现之爱），而非肉欲之爱（登徒子与《金瓶梅》即是：西书若 Frank Harris 之自传亦是）。"[①] 吴宓认为，这两种爱情之间的区别，也就是《红楼梦》里所说的"意淫（想象中的爱；审美或艺术的爱）"和"体淫（肉体的爱；感观上的满足）"的区别。[②] 在我们上边曾引用的《〈石头记〉评赞》中的另一段话中，吴宓提出，贾宝玉在爱情和社会中的经历可与柏拉图《筵话篇》、圣奥古斯丁《忏悔录》、但丁《新生》和《神曲》、歌德《威廉·迈斯特传》进行正面比较，而卢梭的《忏悔录》和《富兰克林自传》则可提供反面比较。作为"爱情大全"，《红楼梦》"描写高下优劣各类各级之爱情，无不具备（例如，上有宝、黛之爱，下有贾琏及多姑娘等）"，幅度宽广而错落有致。就对爱情丰富表象的摹写和对其复杂本质的分析而言，这种"以哲学理想与艺术之写实熔于一炉"的能力是小说家又胜过哲学家之处：

① 吴宓：《〈石头记〉评赞》，第 857 页。
② 吴宓：《文学与人生》，王岷源译，第 50 页。

> 广泛的经验及富有想象力的理解，为吾人揭示出“人的法则”（爱默生）或人生的真理。这些法则与真理不能归结为少数几个简单的教条式的命题和箴言。也不能用某一个人或某一群人来体现与诠释人生的全部真理。此真理只能在人生的丰富多彩、千差万别的表现形式的综合整体中去发现，去展示出来。
>
> 有各种不同类型不同程度的爱；即在男女之间的爱，也有很多种类——真的，假的；高尚的，卑鄙的；纯洁的，从利害关系考虑的，等等。（参阅司汤达《论爱》，第1—4页）。小说家试图显示体现在不同人物身上的、不同性质和不同生活环境的各种爱。这样可使读者爱上“真诚的爱”。在这一意义上，萨克雷被称为“一个精神的现实主义者”（克罗斯：《英国小说发展史》，第208页）。曹雪芹亦然。[1]

这里，“现实主义”指的是小说家洞悉生活本质、帮助读者理解“书中所有事件与人物的真实性质”的能力。[2] 若写爱情，则能让读者真切了解并“爱上‘真正的爱’”。当然，爱情仅仅是生活的一部分。在爱情主题之外，小说家同样也“能通观天人之变，洞明物理之原。夫然后以中正平和之心，观察世事，无所蔽而不陷一偏，使轻重大小，各如其分，权衡至当，褒贬咸宜”。吴宓宣布，“《石头记》之特长，正即在此”；“其书乃真正中国之文化、生活、社会，各部各类之整全的缩影，既美

① 吴宓：《文学与人生》，王岷源译，第32—33、34页。
② 同上书，第33页。

且富，既真且详”。[1] 吴宓关于小说具有揭示生活真相的独特能力这一看法，明显受到亚里士多德的影响。在《诗学》第九章，亚里士多德提出，诗（泛指我们今天所说的文学）比历史更富有哲理，也更为严肃，因为诗表现的是具有普遍性的事物，而历史记录的是个别性的事实。在《文学与人生》中，吴宓说："小说又高于历史（因为小说更具有普遍性，更有代表性）。"[2] 这显然是在引述亚里士多德的说法。吴宓对《红楼梦》以及一切优秀小说"现实主义"性质的理解（即"以哲学理想与艺术之写实熔于一炉"）也在很大程度上反映了亚里士多德的影响。但亚氏的理论只是吴宓认识文学与真理关系的根据之一。我们在下一节将会看到，宗教是吴宓透视文学与人生真相之间关系的关键视角，而《红楼梦》则是他用来说明自己在这一问题上的观点的示范性文本。

在进入文学和宗教这个话题之前，让我们在"中国文学与世界文学"这个主题上再稍作停留，看一看吴宓是怎样理解《红楼梦》的悲剧性质的。王国维是第一个借鉴西方文艺理论，从而提出这个问题的人。在发表于1904年的《〈红楼梦〉评论》一文中，王国维指出，中国传统文学的精神是"乐天的"——"始于悲者终于欢，始于离者终于合，始于困者终于亨，非是而欲餍阅者之心，难矣！"——而《红楼梦》却与这种喜剧精神相反，是一个"彻头彻尾之悲剧"。王国维认为《红楼梦》的悲剧性在于：（1）这部小说表现的是由生活欲望带来的痛苦以及对解脱之道的

① 吴宓:《〈红楼梦〉新谈》，第29页;《〈石头记〉评赞》，第851页。
② 吴宓:《文学与人生》，王岷源译，第32页。

追求，[1]（2）这部小说不遵从传统中国文学作品里普遍存在的“诗歌的正义”原则（即“善人必令其终，而恶人必离其罚”）。[2]西方理论对王国维的悲剧观的影响是显而易见的：生活本质是欲望所造成的痛苦这一观点来自叔本华哲学；[3]叔本华对悲剧的理解的出发点之一就是对“诗歌的正义”的拒斥；而最基本的一点可能是，王国维是因为有了西方文学传统作参照，才开始从悲喜剧的角度审视中国文学传统的特点的。在《〈红楼梦〉评论》第三章中，王国维引用了亚里士多德和叔本华的理论来说明悲剧的严肃和高尚性质。亚里士多德认为，悲剧通过感发观众的恐惧与怜悯来产生净化心灵的效果，而叔本华将悲剧视作诗歌艺术的最高形式。[4]悲剧在西方文学传统里的崇高地位引发了王国维对传统中国文学“乐天”精神的注意和思考，从而也使他看到了《红楼梦》的特殊之处。

王国维称《红楼梦》为悲剧中之悲剧，依据的标准也是叔本华对悲剧所做的三种区分。第一种悲剧的造成是由于极恶之人的陷害，第二种纯粹是命运弄人的结果，而第三种则是“由于剧中

---

① 参见俞晓红《王国维〈红楼梦评论〉笺说》第二、四章，中华书局2004年版。

② 参见俞晓红《王国维〈红楼梦评论〉笺说》，第86—87、92—93页。

③ 根据王国维自己所说，《〈红楼梦〉评论》的立论“全在叔氏之立脚地”（俞晓红《王国维〈红楼梦评论〉笺说》，第1页）。生硬套用叔本华理论是《〈红楼梦〉评论》常常受到的批评，但近来学者也已指出，王国维其实并非完全依赖叔本华，而是在佛、道、叔本华之间找到了契合点，而且不应忽视的是，叔本华本身就接受过佛教思想的影响。（参见俞晓红《王国维〈红楼梦评论〉笺说》，第3—4、13—14页；钟明奇《王国维〈红楼梦评论〉的佛家底蕴》，《安徽大学学报》（哲学社科版）2010年第34卷第2期，第44—49页。）有西方学者称叔本华为“欧洲的第一个佛教徒”（Julian Young, “Schopenhauer: The First European Buddhist”, *Times Literary Supplement*, August 24, 2017）。

④ 俞晓红：《王国维〈红楼梦评论〉笺说》，第105页。

之人物之位置及关系，而不得不然者，非必有蛇蝎之性质，与意外之变故也，但由普通之人物，普通之境遇，逼之不得不如是。彼等明知其害，交施之而交受之，各加以力而各不任其咎”。叔本华认为最后一种悲剧是最残酷和最高级的，正因为其造成原因之普通、常见和难免。王国维以宝黛的爱情为例，将《红楼梦》定为叔本华所说的第三种悲剧，因为按照他的分析，贾府上下，从贾母、王夫人、凤姐至袭人，都是出于很好理解的原因选择了站在宝钗的一边，而宝玉黛玉本人也因为当时的道德规范而无法为自己抗争。“由此种种原因，而金玉以之合，木石以之离，又岂有蛇蝎之人物，非常之变故，行于其间哉？不过通常之道德，通常之人情，通常之境遇为之而已。由此观之，《红楼梦》者，可谓悲剧中之悲剧也。”①

在王国维之后，胡适和郑振铎也从比较文学的角度出发肯定了《红楼梦》的悲剧性质。郑振铎在抨击中国古代文学里千篇一律的“团圆主义”，呼吁通过学习外国文学来创造“悲剧化”的新文学时，赞扬《红楼梦》是中国文学传统里少有的例外。② 胡适批评中国人的“团圆迷信”创造出“说谎的文学”，“决不能叫人有深沉的感动，决不能引人到澈底的觉悟，决不能使人起根本上的思量反省”，而西方文学从古希腊开始“即有极深密的悲剧观念……故能发生各种思力深沉，意味深长，感人最烈，发人猛省的文学”。胡适认为，这种悲剧观念“乃是医治我们中国那种说谎作伪思想浅薄的文学的绝妙圣药。这便是比较的文学研究的一种大益处”。从根本上来说，这种大益处就是推动对传统中

---

① 上引自俞晓红《王国维〈红楼梦评论〉笺说》，第96—97页。

② 郑振铎：《俄国文学发达的原因与影响》，《改造》1920年第3卷第4号，第93页。

国家庭制度的批判性思考:“《红楼梦》写林黛玉与贾宝玉一个死了，一个出家做和尚去了，这种不满意的结果方才可以使人伤心感叹，使人觉悟家庭专制的罪恶，使人对于人生问题和家庭社会问题发生一种反省。”[①]

吴宓也对《红楼梦》的悲剧性质进行了高度评价。在《〈石头记〉评赞》中，他说:“《石头记》力求‘得真’、‘如实’，既不以感情为道德（所谓 Sentimentalism），又不故意使善人获福，恶人受祸，以强示道德之训诲（所谓 Didacticism），而居中取全，以理想纳于现实之中，造出奇美之悲剧。”[②] 在拒绝“善人获福，恶人受祸”式的道德说教、认为《红楼梦》这样的优秀悲剧反映的是生活真相这一点上，吴宓和王国维是一致的。吴宓也和王国维一样，借鉴了亚里士多德的悲剧理论，不过他引用的是其中关于悲剧主人公的定义的部分（“不必其才德甚为卓越，其遭祸也，非由罪恶，而由一时之错误，或天性中之缺陷；又其人必生贵家，席丰履厚，而有声于时云云”）。吴宓认为:“宝玉正合此资格。”[③]

影响吴宓对悲剧理解的另一位西方理论家是西班牙哲学家乌那牟那（Miguel de Unamuno, 1864—1936）。在《贾宝玉之性格》一文中，第七条“悲剧的人生观”下边有吴宓的一个注解:“参考:已故西班牙人乌那牟那氏所著《悲剧的人生观》一书（1931 年英译本）六章。”乌那牟那在 20 世纪上半叶蜚声于西方

① 胡适:《文学进化观念与戏剧改良》,《新青年》1918 年 10 月第 5 卷第 4 号，收入严云受选编《胡适论红学》，第 185 页。

② 吴宓:《〈石头记〉评赞》，第 857—858 页。

③ 吴宓:《〈红楼梦〉新谈》，第 22 页。

世界，《悲剧的人生观》（英译名 *The Tragic Sense of Life*）是他最广为人知的著作。[1] 在该书第六章中，乌那牟那提出，悲剧的人生观源于理智和情感之间不可调和的矛盾，但这种矛盾在令人绝望的同时，也给人提供了奋力拼搏和创造英雄业绩的动力源泉。吴宓没有阐述他是如何理解乌那牟那的观点的，也没有解释这一观点如何帮助我们理解贾宝玉“悲剧的人生观”，但我们可以进行推测。我认为，吴宓所取于乌那牟那的，是他关于绝望和奋斗之间关系的论说。《〈红楼梦〉新谈》中有一段话是这样分析宝黛失败的爱情的：

> 宝黛深情。黛玉亦一诗人，与宝玉性情根本契合，应为匹配，而黛玉卒不得为宝玉妇。作者不特为黛玉伤，亦借黛玉以写人在社会中成败之实况也。夫婚姻以爱情为本。黛玉本有其完美资格，此席断不容他人攫占，然黛玉直道而行，不屈不枉，终归失败。彼宝钗等，以术干，以智取，随时随地，无不自显其才识，以固宠于贾母、王夫人，虽点戏小事，亦必细心揣摩。又纳交袭人，甚至使黛玉推心置腹，认为知己。权变至此，宜有大方家之号，而卒得成功。盖理想与实事，常相径庭，欲成事而遂欲者，每不得不趋就卑下，以俗道驭俗人，乘机施术，甚至昧心灭理，此世事之大可伤者。又天道报施，常无公道，有其德者无其名，有其才者无其位，有其事者无其功，几成为人间定例。而圣智热诚之人，真欲行道，救世或自救者，则不得不先看透此等情形，

---

① 在 1942 年 8 月 27 日的日记中，吴宓写道：“读 Unamuno ‘The Tragic Sense of life’ 英译本 1931。第六章，论 Love 甚透彻，与宓之经验感觉契合。”

明知其无益而尽心为之，明知其苦恼而欣趋之。宝玉之出家成佛，即寓此等境界也。[①]

吴宓在黛玉失败的原因中看到了人在社会中成败的普遍实况，也就是他总结的“天道报施，常无公道，有其德者无其名，有其才者无其位，有其事者无其功，几成为人间定例”。这种情况不得不说是令人绝望的，也可以说是悲剧性的、完全缺乏“诗歌的正义”的。然而，这并非吴宓悲剧人生观的全部，其关键部分还在后头。吴宓紧接着发表的意见，是面向所有“圣智热诚之人”的。这些人，如果他们“真欲行道，救世或自救”，则必须首先洞悉以上所说的令人绝望的情形，做好准备“明知其无益而尽心为之，明知其苦恼而欣趋之”。即使知晓他们最后会遭受惨败，这些人也将义无反顾，以“知其不可为而为之”的姿态奉行他们的理想。在绝望中坚持和奋斗，虽痛苦而无怨无悔：这才是吴宓悲剧人生观的全部。黛玉和宝玉便是这样的悲剧人生观中的主人公。黛玉“直道而行，不屈不枉”，直至凄惨殉情；宝玉怀赤子之心，行超佚流俗之事，直至遁入空门。与王国维的悲剧观比起来，吴宓的观点最值得注意的是其中鲜明的积极和乐观色彩。王国维关注的是由生活之欲带来的痛苦以及这种痛苦的消极解脱，而吴宓最看重的是在对抗绝望和痛苦的过程中所产生的力量、决心乃至快乐（“明知其无益而尽心为之，明知其苦恼而欣趋之”）。在叔本华理论的帮助下，王国维首次对《红楼梦》的悲剧性作出了表述，而吴宓通过乌那牟那的哲学，形成了与王国

---

① 吴宓:《〈红楼梦〉新谈》，第 25 页。

维颇为不同的解读。

对吴宓来说,《红楼梦》对抗的不只是绝望和痛苦，还有一切使人向下沉沦的力量。关于《红楼梦》这一“奇美之悲剧”所具有的“积极”性质，吴宓有过一些直接而明确的陈述。在提到宝玉的浪漫性格时，吴宓说:“彼醒悟（觉）之后，感情升华，更为庄严高尚，而并未下降以屈服于肉欲或堕于悲观。故《石头记》一书非‘消极’。”[①]在《〈红楼梦〉之教训》中，吴宓指出:“《石头记》教人解脱，是教一切读者随时随地须重一而轻多。”重一轻多自然不可能消极处世即可做到，而必须以极严肃的态度，进行极认真的追求。所以，吴宓有以下结论:

> 《石头记》之作者并非悲观而是乐观，其态度并非消极而是积极（正如孔子、苏格拉底、释迦牟尼佛、耶稣基督，乃是真正乐观而积极之人）。故彼社会中之巧宦、贪商、华士、荡女皆不读《石头记》。而爱读《石头记》最有心得者，乃正即平日好读《论语》、《孟子》、《史记》、杜诗、《水浒传》、《桃花扇》以及《涅槃经》、《路加福音》、柏拉图《理想国》、弥尔顿《失乐园》、卜思威《约翰生行述》、萨克雷《浮华世界》等书之一类人。[②]

在肯定《红楼梦》的乐观和积极性质时，吴宓指出，这是四大宗传代表人物和许多代表著作所具有的共性。和王国维、胡适、郑振铎不一样，吴宓在从比较视野思考中国文学欠缺悲剧精

① 吴宓:《贾宝玉之性格》，第 1077 页。
② 吴宓:《〈红楼梦〉之教训》,《成都周刊》1945 年 3 月 25 日。

神这个问题时，没有进而对整个中国传统进行批判，而是以他的悲剧观中“积极奋力向上、对抗痛苦和绝望”这一精神为出发点，去发现中国与其他传统的共同之处。正如吴宓在贾宝玉身上看到的一些最宝贵品质来源于孔孟之道，[①] 在他关于悲剧精神的思索中，和《红楼梦》一起出现在书单上的中国作品赫然包括《论语》和《孟子》，而被用来注解曹雪芹乐观积极态度的是孔子、苏格拉底、释迦牟尼、耶稣基督。

随着以上这些名字的出现，我们的讨论也水到渠成，可以进入下一节了。

二、文学与宗教

在讨论吴宓之前，我们应当先提一下曾对文学与宗教之间的关系发表过看法的另两位名家：蔡元培和周作人。

在其“以美育代宗教”理论中，蔡元培认为，在科学未发达的时代，宗教统治了人的整个精神世界，为他们提供了智识、意志和感情方面一切问题的解答和依靠，但在科学兴盛之后，人们在这些领域要么已经脱离宗教（智识、意志），要么脱离的趋势已经很明显（感情）。在这种大势之下，他提出，“专尚陶养感情之术，则莫如舍宗教而易以纯粹之美育”，“又何取乎侈言阴

---

① 在《改造民族精神之管见》一文中（《大公报·战国副刊》1941 年 12 月 10 日第 2 期），吴宓提出，中国传统里的殉道殉情者（圣贤如孔孟，英雄如岳飞、熊廷弼，诗人艺术家情人如屈原、贾谊、林黛玉），皆为真正代表儒家精神者，但这些“理想的人物”在受道家精神支配的社会中都成了牺牲品。他特意点出，“薛宝钗即道家精神”。可见，吴宓对贾宝玉和林黛玉的欣赏，都建立在他对儒家精神的理解和尊崇之上。

詈、攻击异派之宗教，以激刺人心，而使之渐丧其纯粹之美感为耶？”[①]总之，在蔡元培看来，宗教是落后的产物，如今已到了以美育（即文学艺术的教育）取代宗教在陶冶和塑造感情方面作用的新时代。

周作人的态度与蔡元培有很大不同。在《圣书与中国文学》一文中，周作人引用了克鲁泡特金（1842—1921）的观点，来论证宗教与文学的密切关系："艺术家的目的，是将他见了自然或人生的时候所经验的感情，传给别人，因这传染的力量的薄厚合这感情的好坏，可以判断这艺术的高下。人类所有最高的感情便是宗教的感情；所以艺术必须是宗教的，才是最高上的艺术。"在作于同一年的《宗教问题》一文中，周作人又提出：文学与宗教在本质上是一致的，都是"情感的产物"，都是要表现"全人类的感情"；宗教的本体思想和文学的最高境界都是"神人合一""物我无间"；"即便所有的教会都倒了，文艺方面一定还是有这种宗教的本质的情感。"[②]

吴宓无疑是坚决不会同意蔡元培"以美育代宗教"的看法的。周作人关于文学与宗教密切联系的思想乍一看可能会引起吴宓的共鸣，但他们之间的差别其实是巨大的。周作人从感情的传达、分享和贯通着眼来理解文学和宗教的共性：正如天人之间的

---

① 蔡元培在多篇文章中发挥过这个观点，但最有代表性的是刊载于《新青年》1917年8月第3卷第6期的《以美育代宗教说》。引文出自蔡元培《以美育代宗教说》，收入高平叔编《蔡元培全集》第3卷，中华书局1984年版，第33、34页。

② 周作人：《圣书与中国文学》，收入钟叔河编《周作人文类编》第8卷，湖南文艺出版社1998年版，第444页；《宗教与文学》，收入钟叔河编《周作人文类编》第3卷，第54—59页。

极致境界是“神人合一”“物我无间”，创造人与人之间理想世界的是同情和博爱，而最好的文学则是以人道主义为本的“人的文学”。[①] 与此相对的是，吴宓从感情的节制、引导和超拔来理解文学和宗教的共性，强调的是文学和宗教对摇摆于神性兽性之间的人性所起的修炼和提升作用。此外，吴宓对文学的宗教性的理解，是同时混合了来自柏拉图、亚里士多德、基督教、佛教、和儒教的各种成分的，其中尤以他在结合各传统基础上对“真境”“幻境”这对概念——亦即文学的虚构性和真理性之间的关系——最为有趣，这也是吴宓在文学与宗教关系问题上有别于周作人的独特之处。

关于文学与宗教之间的关系，吴宓在《艺术修养与宗教精神》这篇短文中做了最集中的理论阐述，文中“艺术”一词的内涵包括文学：

> 世间最重要而不可缺之二事：一曰宗教，二曰艺术。二者皆能使人离痛苦而得安乐，超出世俗与物质之束缚，而进入精神理想境界。论其关系与功用，则宗教精神为目的，而艺术修养为方法。宗教譬如结果，艺术譬如开花。宗教树立全真至爱，使人戒定慧齐修，智仁勇兼备，成为真实有益于世之人。世间万事，若政治教育实业社交等，苟非以宗教精神充盈贯注其中，则皆不免偏私争夺虚伪残酷。而艺术者，藉幻以显真，由美以生善，诱导人于不知不觉中进步向上，更于无所为而为之之隙，吸引一切人，亦使之进步向上。人

① 周作人1918年12月在《新青年》发表了《人的文学》一文。

> 在日常生活中，若无艺术之补救与洗涤，则直如黑狱中囚犯，热锅上蚂蚁，劳乏奔走，忧急煎熬，气愤愁苦，自觉可怜亦复可恨，几禽兽之不若。是故宗教精神与艺术修养，实互相为用，缺一不可。古今东西最伟大之艺术，其时代，其人物，莫不以宗教精神为基础。而欲上达宗教之灵境，由艺术之修养进身，实为最便利之途径。①

宗教和文学都“使人离痛苦而得安乐，超出世俗与物质之束缚，而进入精神理想境界”，但宗教的超越是一个“离幻趋真”（世俗与物质为幻）的过程，而文学包含两个过程：一方面，作家的文学创作是“藉幻显真”（艺术的虚构为幻）；另一方面，文学的阅读引导读者“由幻识真”（艺术的虚构为幻）和“离幻趋真”（世俗与物质为幻）。文学和宗教虽“互相为用，缺一不可”，其终极结果也都是上达“真”的世界，但二者之间有一个重大区别：宗教直接教人以全真全德（“使人戒定慧齐修，智仁勇兼备”），而文学则通过创造美的幻境来诱导人向善求真。虽然吴宓强调，宗教精神是艺术修养的基础和目的，艺术修养是宗教精神的方法和途径，但从他对艺术修养的功能的描述看来，他对艺术绝不仅仅以工具视之。“人在日常生活中，若无艺术之补救与洗涤，则直如黑狱中囚犯，热锅上蚂蚁，劳乏奔走，忧急煎熬，气愤愁苦，自觉可怜亦复可恨，几禽兽之不若”——这明明是在宣布：就是因为有了艺术所培养的美感，人生才得以脱离禽兽或囚徒的生存状态，成为真正的人生。

---

① 吴宓：《艺术修养与宗教精神》，《武汉日报·文学副刊》1947 年 11 月 10 日。

在吴宓心目中，《红楼梦》是可以用来展示文学与宗教关系的完美典范。他每每围绕这一关系，赞扬《红楼梦》在“离幻趋真”“藉幻显真”“由幻识真”方面的卓越成就，并将这些成就视为《红楼梦》和其他世界名著之间的共性（我们不要忘记，吴宓认为宗教精神在中国文学传统里是比较缺乏的）。着眼于作品的内容和宗旨，吴宓这样评论《红楼梦》的“离幻趋真”：

> 《石头记》指示人生，乃由幻象以得解脱（from Illusion to Disillusion），即脱离（逃避）世间之种种虚荣及痛苦，以求得出世间之真理与至爱（Truth and Love）也。佛经所教者如此，世间伟大文学作品亦莫不如此。
>
> 《石头记》既教人舍幻以求真（见第陆节），[①] 与古希腊悲剧，与莎士比亚悲剧，甚至与《新约》及佛经，同其宗旨。

因为宗教性是所有伟大作品之间的共性，所以虽然贾宝玉皈依的是佛门，但吴宓反对纯粹从佛教的角度来理解《红楼梦》所提供的脱幻求真的启示：

> 《石头记》乃叙述某一灵魂向上进步之历史，经过生活及爱情之海，率达灵魂完成自己之目的……此《石头记》之人生观也。世界文学名著，莫不指示人生全部真理，教人于现实中求解脱，《石头记》亦然。谓《石头记》为佛教之人生观，尤嫌未尽也。[②]

---

① 即上一段引文（“《石头记》指示人生”）。

② 吴宓：《〈石头记〉评赞》，第852—853页。

至于《红楼梦》“藉幻显真”的性质，吴宓曾在评论寿鹏飞的《〈红楼梦〉本事辩证》时指出：“即使《红楼梦》作者对于种族、国家心中偶有感慨，其描写人物亦有蓝本，间参一己之经验，然写入书中，必已脱胎换骨，造成一完密透明之幻境，而不留渣滓。”[①] 在1919年7月29日的日记中，吴宓更为详细地阐述了真幻二境各为何物，其中的“幻境”兼指“离幻趋真”中的世俗虚妄（即第一种 Illusion, 是须舍弃超越的）和“藉幻显真”/“由幻识真”中的艺术虚构（能够将读者引向 Disillusion 的另一种 Illusion, 是须欣赏和培养的）。这段日记中他的重点是作为艺术虚构的幻境，他得出的最重要的结论是“Illusion is the higher reality”（幻境为更高的现实）：

> 宓三月间，作《〈红楼梦〉新谈》，兹觉其意有未尽。因读 *Shelburne Essays* 中论小说巨擘应有之数事，《红楼梦》似皆具有之。益符吾推崇此书之心也……天下有真幻二境，俗人所见眼前形形色色，纷拿扰攘，谓之真境；而不知此等物象，毫无固着，转变不息，一刹那间，尽已消灭散逝，踪影无存。故其实乃幻境 Illusion 也。至天理人情中之事，一时代一地方之精神，动因为果，不附丽于外体，而能自存。物象虽消，而此等真理至美，依旧存住。内观反省，无论何时皆可见之。此等陶熔锻炼而成之境界，随生人之灵机而长在，虽似幻境，其实乃惟一之真境 Disillusion 也。凡文学巨制，均须显示出此二种境界，及其相互之关系。Aristotle

① 吴宓：《〈红楼梦〉本事辩证》。

谓诗文中所写之幻境，实乃真境之最上者。Illusion is the higher reality. [①]《红楼梦》之甄、贾云云，即写此二境。又身在局中，所见虽幻，而处处自以为真，大观园及宝、黛、晴、袭所遭遇者是也。若自居局外，旁观清晰，表里洞见，则其所见乃无不真，太虚幻境及警幻所谈、读者所识者是也。

虽然所有优秀文学作品都具有"藉幻显真"的能力，但是《红楼梦》在这个方面更有其特出之处。在以上这篇日记和《〈石头记〉评赞》中，吴宓都指出，《红楼梦》的作者将他对真与幻的理解具体转化为太虚幻境和贾府两个世界之间的关系，以及贾宝玉和甄宝玉之间的关系。[②] 在日记中，吴宓将"太虚幻境及警幻所谈、读者所识者"相提并论：《红楼梦》带读者进入太虚幻境，分享警幻仙姑的视角，使他们做到"旁观清晰，表里洞见"，"其所见乃无不真"，这正是伟大文学作品通过"藉幻显真"而在读者身上产生"由幻识真"效果的有力展示。

在形容《红楼梦》所创造的美的幻境时，吴宓使用了以下这

---

① 在《卢梭与浪漫主义》一书中，白璧德说："歌德说过一句符合地道的亚里士多德精神的话：'最优秀的艺术给予我们的，是一个作为更高现实的幻境'"（*Rousseau and Romanticism*, Houghton Mifflin, 1919, p. 19）。

② 在《空轩诗十二首》的跋（1934年3月21日）中，吴宓再一次就"真""幻"关系指出了《红楼梦》和亚里士多德《诗学》之间的共同道理："艺术之径路，不外（1）入实以求幻（2）写幻以成真。即先（1）涉历深广繁复之生活经验，涵泳吟味。由此摄取人生之智慧，生活之精义。（2）再将此所得虚空普遍之思理，赋形造象。藉新构之事实人物，表现之，说明之。以上二步骤，亚里士多德《诗学》*Poetics* 中即已发明。而《石头记》之太虚幻境、贾假甄真，亦言此理。固艺术之通则也。"（吴学昭整理：《吴宓诗集》，商务印书馆2004年版，第275页。）

个比喻：

> 其全体之结构，甚似欧洲中世之峨特式教堂，宏丽、整严、细密、精巧，无一小处非匠心布置，而全体则能引读者之精神上至于崇高之域，窥见人生之真象与其中无穷之奇美。[①]

这一比喻有三点值得注意。第一，选择教堂的形象来作比方，非常贴切地表明了吴宓真幻概念的宗教性内核。哥特式教堂高低错落有致、尖顶直入云霄的建筑特点，直观生动地传递了吴宓对文学之宗教性的关键理解：就像置身教堂者的心灵随着视线的不断上升而与天国相接，《红楼梦》"能引读者之精神上至于崇高之域，窥见人生之真象与其中无穷之奇美"，也就是《艺术修养与宗教精神》中所说的"藉幻以显真，由美以生善，诱导人于不知不觉中进步向上"。

第二，哥特式教堂的比方还告诉我们，伟大文学作品的宗教性在于由物质和形式的美诞生精神的真和善。这可以让我们联想到，普鲁斯特（吴宓曾经说"Proust= 贾宝玉；曹雪芹"，见 1937 年 4 月 2 日日记）本来打算以教堂建筑的各个部分来命名《追忆似水年华》的诸卷，而且批评家们在谈及这部巨著时也每每使用"大教堂"（cathedral）这一比喻。[②]我们还会想

---

① 吴宓：《〈石头记〉评赞》，第 851 页。

② 莫洛亚认为《追忆似水年华》具有一座大教堂的简单和庄严，另一位普鲁斯特研究权威塔迭（Jean-Yves Tadié）著有《普鲁斯特：时间的大教堂》（*Proust, La cathédrale du temps*）一书。关于这些例子以及普鲁斯特对自己作品的命名设想，参见 Patrick Alexander, *Marcel Proust's Search for Lost Time: A Reader's Guide to The Remembrance of Things Past*, Vintage Books, 2007, pp. 323–324。

到，吴宓在《哈代评传》中，将哈代青年时期学习教堂建筑的经历与其后来小说写作中高超的文字功夫和远离尘嚣的心境联系起来：

> 一八五六年从 John Hicks 学教堂建筑。哈代学建筑亦近六年，用心甚专。日测量 Dorset 郊野之古教堂，欲重建之。论者谓哈代虽其后弃建筑而习文艺，因享盛名，然其文学上之成就，受其少时所习建筑艺术之赐者实多。试读哈氏之小说，其结构之严紧，布局之缜密，宛如一闳大之建筑物，雕栏飞甍，各得其所。昔日之一砖一石，今日之一字一句，质料虽不同，而运用此质料以成极高之艺术则一也。读哈氏之书，觉现代英国文学中以彼用字最简洁。倘知其少时曾专攻建筑学者，则亦可恍然悟矣。哈氏为尽心建筑故，渐培养眷怀往古之心。对于良好之风景，酷爱慕之。对于自然，渐有深刻之了解。同时对人类及尘嚣之社会，渐觉冷淡。凡此影响于其文学作品均至巨且深。①

我们在前边已屡次指出，吴宓对文学的道德性的重视必须从他对真善美的一体追求的角度来理解。换成宗教性也是如此。美好的道德和宗教，通过美妙的文字载体所创造的幻境来得到体

---

① 吴宓：《最近逝世之英国大小说家兼诗人哈代评传》，《大公报·文学副刊》1928 年 2 月 6 日第 5 期。在该文中，吴宓接着将哈代的这段经历讲述完毕："一八六二年至伦敦，为 Sin Arthur Bloomfield 之助手，专注意峨特派（Gothic）之建筑。翌年以'Coloured Brick and Terra-Cotta Architecture'一论文，得'英国皇家建筑学会'之奖，同年又得'建筑协会'之奖。"

现、来影响人心:“凡幻境之造成,必有其媒质(Medium)以为接引之具。幻境只能在此媒质中出现,不能舍此而独存。”[①] 吴宓对《红楼梦》所表现的“真境”之赞赏,丝毫离不开其文章之美。

最后,这个哥特式教堂的比喻也提醒我们,吴宓在谈论《红楼梦》的宗教精神时,佛教并不是他参考的唯一宗教传统。上边我们已经提到过,吴宓明确表示:“谓《石头记》为佛教之人生观,尤嫌未尽也。”其实,就跟上一章的讨论所展示的那样,吴宓在理解《红楼梦》的宗教精神时,也是同时参照儒、佛、耶、柏四大宗传的。

在四大宗传里,柏拉图的理念论为吴宓解读《红楼梦》提供了一个最重要的框架,他“藉幻显真”“由幻识真”“离幻趋真”等概念都明显来源于柏拉图的“一 / 多”“真 / 幻”两世界理论。在《〈石头记〉评赞》中,吴宓说:

> 《石头记》之义理,可以一切哲学根本之“一多”(One and Many)观念解之。列简表如左:
>
> 一、太虚幻境——理想(价值)之世界。人世:贾府,大观园——物质(感官、经验)之世界。
>
> 二、木石——理想、真实之关系;真价值(天爵)。金玉——人为、偶然之关系;社会中之地位(人爵)。
>
> 三、贾(假)——实在(真理、知识),惟哲学家知之。

① 吴宓:《诗学总论》,吴学昭整理:《吴宓诗话》,商务印书馆 2005 年版,第 67 页。

甄（真）——外表（幻象、意见），世俗一般人所见者。

四、贾宝玉——理想之我，人皆当如是。甄宝玉——实际（世俗）之我，人恒为如是。[①]

在《〈红楼梦〉之教训》中，吴宓又说：

《石头记》并无“教训”。如其有之，只可云:《石头记》作者洞明“一多”之关系，善能写人生“全体如真”，逐渐引人精神向上，离弃此肉欲货财争夺变乱之红尘浊世，而进入彼宁静光明美丽之理想价值世界中。

在“一多”理论的框架内，吴宓将其他几大传统一一纳入，试图证明《红楼梦》的教训是各家的共同旨归，是可以用任何一家的话语来传递的：

《石头记》作者之观点，为“如实，观其全体”；以“一多”驭万有，而融会贯通之——此即佛家所谓“华严境界”也。[②]

宇宙人生，本有一与多之二方面。然一即具于多中，而一比多更为重要。故凡人当洞识一多之关系，而处处为一尽力。观念为一，物体为多。价值为一，事实为多。余不具列。《大学》云:“物有本（一）末（多），事有终（一）始（多），知所先（本与终更重要）后（末与始不足重），则近

① 吴宓:《〈石头记〉评赞》，第853页。
② 同上。

道（宇宙人生全部之真理）矣。"即谓此也。《石头记》中，木石为一，金玉为多。世俗趋多，独情知卓越之人（仁且智者）归宿于一。黛玉之殉情，宝玉之出家，皆守一而离多者。与佛之出世，耶稣之上十字架，苏格拉底之饮鸩，虽有大小之差，实同一精神、同一方向也。

宇宙人生之两方面，分言之，可名曰"一之世界"与"多之世界"。基督教称前者为天国，后者为人间。佛教名前者曰出世间，后者曰世间。盖一之世界为永久不变之观念与价值，而多之世界为纷纭变灭之事物形态。前者为至理与真爱，为大道与能仁；后者为名利场，为浮华世界。《石头记》书中，以太虚幻境示一之世界，以大观园与贾府示多之世界。如贾宝玉、林黛玉，以及惜春、紫鹃、芳官、鸳鸯等人，逐渐离弃多之世界而归入一之世界，是曰真仁，是曰猛慧，是为归宿，是为解脱。[①]

四大宗传殊途同归这一点，充分反映在吴宓对《红楼梦》中一些主要人物的解读上。在上面我们已经看到，吴宓眼里的贾宝玉不但具有佛心，而且怀有孟子所说的"赤子之心"；他富于忠

① 吴宓:《〈红楼梦〉之教训》。吴宓就《红楼梦》而发的这些议论，反映了他对文学根本性质的总体看法。在《中西诗比较》中，吴宓这样归纳诗歌的"自然程序"："（1）由现实世界渐进至理想世界。（2）由多渐进于一。（3）由浅思入深思，由浅感入深感。（4）由普通、平凡、庸俗，渐进于特殊、超异、奇美。（5）由小我之自私自利及虚荣偏见，以进至大我真我之大公无私、博爱真理。（6）由人生社会日常生活于此中以进至上帝或佛之天国极乐世界（庄严净土）。"（吴学昭整理:《吴宓诗话》，第266—267页）其中（1）（2）（6）条也是吴宓通过《红楼梦》而反复阐发的。

恕之德，并且“一多明识”。笔者在以上的讨论中曾提出，按照吴宓的理解，赤子之心使得贾宝玉爱美、爱自由、好色而能不违道德之根本，而忠恕之德（“想象的同情”）使他能做到真正了解和尊重他生活中的少女。我现在想指出的是，吴宓也曾从佛教的角度来解释宝玉对他所爱恋的女性的态度：“贾宝玉之于爱情，纯是佛心：无我，为人，忘私，共乐；处处为女子打算，毫无自私之意存。故自《石头记》出，而中国人对爱情之见解始达其最高点。”[1] 吴宓的贾宝玉说明了，赤子之心、忠恕之心、佛心都能引人守一而离多，追求至爱和真理。

当然，基督教也有同样的指引作用。我们先来看看基督教在吴宓对林黛玉的形象解读中所扮演的重要角色。在《论紫鹃》一文中，吴宓写道：

> 今夫《石头记》一书所写之理想精神，为“美”与“爱情”。而此理想与此精神实完全表现寄托于林黛玉之一身。林黛玉者，美与爱情之结晶也。黛玉既为此理想与精神之代表，故不得不终生忧伤憔悴痛苦呼吟，而卒至“苦绛珠魂归离恨天”，以身殉美殉情；而“美”之理想与“爱”之精神乃皎然卓立于天地之间，正如耶稣基督负荷人类之罪恶而上十字架也者（予另有详论）。[2]

遗憾的是，吴宓的黛玉论（即上段引文中所说的“另有详

---

① 吴宓：《〈石头记〉评赞》，第857页；《论紫鹃》。

② 吴宓：《论紫鹃》。

论”）今天已难以查到。这一段文字只告诉我们吴宓在黛玉和耶稣之间看到何种共性，但我们无法得知他是如何进行申论的。关于这种共性，吴宓在与《论紫鹃》同作于1945年春的《〈红楼梦〉之教训》中也说过：“黛玉之殉情，宝玉之出家，皆守一而离多者。与佛之出世，耶稣之上十字架，苏格拉底之饮鸩，虽有大小之差，实同一精神、同一方向也。”只不过，在《论紫鹃》中，黛玉所殉的对象除了“爱”还有“美”，“皎然卓立于天地之间”一语鲜明地勾勒出了她所代表的“‘美’之理想与‘爱’之精神”；此外，更重要的是，吴宓对黛玉“终生忧伤憔悴痛苦呼吟”的形容指明了，在“佛之出世”“耶稣之上十字架”和“苏格拉底之饮鸩”三者之间，她的殉美殉情与哪一个最为类似。在菩提树下冥想悟道的佛陀是安详宁静的。被判处服毒自尽的苏格拉底在从容饮鸩之前，愉快地安抚前来告别的人们，让他们不要为他难过，并和他们进行了一场关于灵魂不灭性的深入谈话，告诉他们哲学是每一个人照料自己灵魂的最好方法。[1] 与赴死前仍然在雅典狱中泰然讨论哲学的苏格拉底不同，耶稣在十字架上的最后时光是充满痛苦和焦虑的。根据《马可福音》（15：34）和《马太福音》（27：46），耶稣气绝之前的话是大声喊叫出来的：“我的神！我的神！为什么离弃我？”在《王熙凤之性格》一文中，吴宓将凤姐所设的洞房调包计比作“魔害神圣”，因为这一计策给黛玉造成致命打击：“黛玉之焚稿与其死，正同耶稣之被钉于十字架也。”[2] 如果说孤女黛玉“一年三百六十日，风刀霜剑

① 关于苏格拉底临死前的表现，参见柏拉图的《斐多篇》。

② 吴宓：《王熙凤之性格——〈红楼梦〉人物评论之一》，《流星月刊》1945年4月第1卷第3、4期合刊，第16页。

严相逼”的境遇和耶稣短短一生中在各处所受到的讥嘲和排斥有相似之处，那么黛玉在病榻上留下的最后一句话，“宝玉，宝玉，你好……”也可以令人想到耶稣临终对上帝发出的呼号。[①] 苏格拉底和耶稣都是殉道者，但前者的形象更多地展示出一种大智大勇的沉毅，而后者更多地因其高贵无辜却承担了大苦大难而激发崇敬。黛玉的殉美殉情和耶稣的殉难固有大小之别，但如吴宓所说，二者“实同一精神，同一方向也”。

吴宓常将《红楼梦》和但丁的作品相提并论。在《贾宝玉之性格》中，吴宓提出可在四个方面对《红楼梦》和但丁的《新生》《神曲》进行比较：

1.《石头记》极似《神曲》，写人生全体如真。

2.《石头记》之“太虚幻境”，即《神曲》第三部之《天国》。

3. 正册副册，如地狱、炼场、天国三界之各层。

---

① 吴宓认为《红楼梦》120 回皆为同一人所作：“欲明此说，须看本书全体之结构及气势情韵之逐渐变化，决非截然两手所能为。若其小处舛误，及矛盾遗漏之处，则寻常小书、史乘所不免，况此虚构之巨制哉？且愚意后四十回（81—120）并不劣于前八十回（1—80），但盛衰悲欢之变迁甚巨，书中情事自能使读者所感不同，即世中人实际之经验亦如此，岂必定属另一人所撰作乎？”有意思的是，在这个问题上，吴宓也从比较文学的角度为自己的立场找到了支持：“按如西国古希腊荷马之史诗，十九世纪中，一时新奇风气，竞疑为伪，或谓集多人之作而成。迨 1873 年特罗城（Troy）发见，考古学者证明荷马诗篇多传历史实迹，于是风气顿改，而今共信‘荷马史诗’为真矣。吾不能为考证，但亦不畏考证，私信考据学者如更用力，或可发见较多之事实与材料，于以证明《石头记》全书果系曹雪芹一手作成者焉。”（《〈石头记〉评赞》，第 856—857 页）

4. 宝玉与但丁，二人精神同向上，而皆得宗教之善果。[1]

在吴宓的这个比较框架中，《红楼梦》和《神曲》都是通过描写一个人的宗教历程展现人生的终极真理。在时间维度上，这是一个从迷失到悟道的进步过程。在空间维度上，这是一个从低到高、从多的世界到一的世界的上升过程。推动这种进步和上升的是爱情：对贝娅特丽斯的爱激励和引导着但丁的求索，最终让他沐浴在天国的光辉里；宝玉弃绝红尘，是为了不辜负他和黛玉之间只属于太虚幻境的木石前盟。宗教维度的存在使爱情得到升华，变得崇高，这一点非常清楚地表现在吴宓对雪莱和但丁的比较中。他写道：

> 但丁亦富热情，其性则较雪莱为严正深刻。但丁亦言爱，然非如雪莱之止于人间，失望悲丧。而更融合天人，归纳宇宙，使爱化为至善至美之理想，救己救人之福音。则其爱更为伟大、更为高尚。此但丁为雪莱所莫及之处。[2]

① 吴宓:《贾宝玉之性格》，第 1079 页。关于第三点，吴宓在《〈石头记〉评赞》中（第 856 页）有更详细的说明：“太虚幻境中之正册副册，区分等第，评定诸女品格，论断其一生行事，此正如（i）孔子作《春秋》之书法，及谥号褒贬。尤似（ii）但丁《神曲》中，天堂、净罪界、地狱三界各有九层，每层又分数小层，厘定上下优劣品级，以定善恶功罪之大小。先定每层之性质（或善或恶），然后再以如此如彼性质之人，一一分别插入。当时生存之人，及历史中之古人，均入之——总之，以品德判分诸男女，而等第其高下而已。”

② 吴宓:《挽徐志摩诗附识》，吴学昭整理:《吴宓诗话》，第 149 页。吴宓在这里对但丁的描述，与他对英国诗人克里斯蒂娜·罗色蒂的评价在本质上是高度近似的：“罗色蒂女士纯洁敏慧，多情善感。以生涯境遇之推迁，企向至美至真至善”（吴学昭整理:《吴宓诗集》卷首的“吴宓自识”）；“予居恒好读罗色蒂女士 Christina Rossetti（1830—1894）诗。即以其中事虽无多而情极真挚，梦想天国而身寄尘寰。如湖光云影，月夜琴音。澄明而非空虚，美丽而绝涂饰，馥郁而少刺激，浓厚而无渣滓。此乃诗之极‘纯粹’者，而仍是生人之诗。”（《吴宓诗集》，第 275 页）

《神曲》（*Commedia*）的题目意为“喜剧”（有快乐结局的作品）。之所以如此命名，最重要的原因就是主人公终得“宗教之善果”，其历程歌颂了“至善至美之理想”，传布了“救己救人之福音”。作为基督教文学中最伟大的作品之一，《神曲》充溢着积极光明的精神，这种精神将照亮所有的黑暗，战胜一切的“失望悲丧”。也许正是在同一意义上，吴宓说“《石头记》之作者并非悲观而是乐观，其态度并非消极而是积极”。《红楼梦》虽然写的是一个爱情悲剧，但太虚幻境和木石前盟将永远象征着那“宁静光明美丽之理想价值世界”[①]，一个等待着读者完成他们在精神的上升之后抵达的世界。《红楼梦》的这种乐观和积极，不是王国维所说的大多数中国传统文学的“世间的”乐天精神，其源泉是世外的和宗教的。

我们这里可以比较一下吴宓和王国维关于文学、宗教以及文学与宗教之关系的观点。吴宓“宗教必不可废”的认识（见上一章），和王国维1906年在《去毒篇》中表达的立场有不少共同之处，但两者的结论却差别巨大。王国维也认为宗教不可废，他的立论根据也是宗教为人提供感情和精神上的慰藉，这一功能是独立于科学之外的，但是他将“人”分为受教育不多的普通民众和受了高等教育的人士（当然，教育程度也和经济条件以及社会地位紧密相关），宗教存在的必要性只是针对前者而言的：

> 宗教之说，今世士大夫所斥为迷信者也。自知识上言之，则神之存在，灵魂之不灭，固无人得而证之，然亦不能证其反对之说，何则？以此等问题，超乎吾人之知识外故

① 上引见吴宓《〈红楼梦〉之教训》。

也。今不必问其知识上之价值如何，而其对感情之效，则有可言焉。今夫蚩蚩之氓，终岁勤动，与牛马均劳逸，以其血汗，易其衣食，犹不免于冻馁，人世之快乐，终其身无斯须之分，百年之后，奄归土壤。自彼观之，则彼之生活果有何意义乎？而幸而有宗教家者，教之以上帝之存在，灵魂之不灭，使知暗黑局促之生活外，尚有光明永久之生活。而在此生活中，无论知愚贫富，王公编氓，一切平等，而皆处同一之地位，享同一之快乐，今世之事业，不过求其足以当此生活而不愧而已。此说之对富贵者之效如何，吾不敢知；然其对劳苦无告之民，其易听受也必矣。彼于是偿现世之失望以来世之希望，慰此岸之苦痛以彼岸之快乐。宗教之所以不可废者，以此故也。人苟无此希望，无此慰藉，则于劳苦之暇，厌倦之余，不归于雅片，而又奚归乎？余非不知今日之佛教已达腐败之极点，而基督教之一部，且以扩充势力干涉政治为事，然苟有本其教主度世之本意，而能造国民之希望与慰藉者，则其贡献于国民之功绩，虽吾侪之不信宗教者，亦固宜尸祝而社稷之也。

紧接着，王国维提出，对于受过良好教育者来说，宗教不足以满足他们的感情需求，美术（即广义的艺术，包括文学）才是他们真正的宗教：

吾人之奖励宗教，为下流社会言之，此由其性质及位置上有不得不如是者。何则？国家固不能令人人受高等之教育，即令能之，其如国民之智力不尽适何？若夫上流社会，则其知识既广，其希望亦较多，故宗教之对彼，其势力不能如对下流社会之大，而彼等之慰藉不得不求诸美术。美术者，上流社会之宗教也。彼等苦痛之感，无以异于下流社会，而空虚之感，则又过之。此等感情上之疾病，固非干燥的科学与严肃的道德之所能疗也。感情上之疾病，非以感情治之不可。必使其闲暇之时，心有所寄，而后能得以自遣。夫人之心力，不寄于此，则寄于彼，不寄于高尚之嗜好，则卑劣之嗜好所不能免矣。而雕刻、绘画、音乐、文学等，彼等果有解之之能力，则所以慰藉彼者，世固无以过之。何则？吾人对宗教之兴味存于未来，而对美术之兴味存于现在。故宗教之慰藉，理想的；而美术之慰藉，现实的也。而美术之慰藉中，尤以文学为尤大。何则？雕刻、图画等，其物既不易得，而好之之误，则留意于物之弊，固所不能免也。若文学者，则求之书籍而已，无不足，其普遍便利，决非他美术所能及也。故此后中学校以上，宜大用力于古典一科，虽美术上之天才不能由此养成之，然使有解文学之能力，爱文学之嗜好，则其所以慰空虚之苦痛，而防卑劣之嗜好者，其益固已多矣。此言教育者所不可不大注意者也。[①]

在本质上，王国维的“宗教不可废”观点其实和“宗教终将随着社会发展和科学进步而逐步消亡”的思路是一致的，因为按照他的逻辑，只要民众的教育程度和生活水平提高到一定程度，那么他们从宗教中寻求生活意义的需求必然越来越小，最终无限

① 王国维:《去毒篇》，收入《静庵文集》，辽宁教育出版社 1997 年版，第 183—184 页。

接近于消失（虽然遗憾的是，因为受实际条件限制，不会彻底消失）。吴宓的观点很不同。对他来说，宗教必不可废，与个人教育水平和社会发展程度都无关，而是因为根本的人性使然；而且同样重要的是，在任何时候、对任何人来说，宗教都不是万不得已而允许存在的一种满足感情需要的工具，而是永远代表着人类最高的追求和最终的归宿，教育程度和生活水平越高也就意味着越有条件去拥抱这种追求和归宿。

相应的，王国维对文学本质的理解也和吴宓迥异。对吴宓来说，文学和宗教紧密相连，但宗教是第一位的："宗教精神为目的，而艺术修养为方法。宗教譬如结果，艺术譬如开花……古今东西最伟大之艺术，其时代，其人物，莫不以宗教精神为基础。而欲上达宗教之灵境，由艺术之修养进身，实为最便利之途径。"[①] 对于我们之前提到过的民国时期"以美术代宗教"的观点，吴宓曾通过对19世纪英国前拉斐尔画派的评论而加以否定：

> 英之前拉飞叶（Pre-Raphaelites）派，则主以美术代宗教，谓人能专心致志于绘画雕刻音乐等，则自有其无上之乐，世中烦恼不足以动其心，且日进于高尚纯洁之域。不知所谓无上之乐者，常为一种淫靡柔冶之感情，体肤之欲，非精神之诚也。以此为宗教，亵渎实甚，匪特恶莠乱苗而已。彼以欣赏圣母像之美而自命为天主教信徒者，是欺人之事也。[②]

从这段批驳可以看出来，吴宓是非常严肃地对待伟大艺术必

① 吴宓:《艺术修养与宗教精神》,《武汉日报·文学副刊》1947年11月10日。

② 吴宓:《论安诺德之诗》,吴学昭整理:《吴宓诗话》,第79页。

须“以宗教精神为基础”这一点的。他不相信艺术可以独立地承担宗教引人向上的功能。没有宗教这块“压舱石”，艺术很可能变成放飞感情和欲望的工具，从而也就无法领人完成“日进于高尚纯洁之域”的精神旅行。出于这种不信任，吴宓直接将“以艺术代宗教”的观点斥为自欺欺人。他所能接受的，就是文学和宗教之间密不可分的关系。

与吴宓赋予文学的神圣基础和崇高目的形成对照的是，王国维认为文学的功能在于为上流社会提供一个宗教的替代品，“必使其闲暇之时心有所寄，而后能得以自遣”，“慰空虚之苦痛而防卑劣之嗜好”。当然，王国维使用这样不甚高尚的语言来形容文学的功能，可能跟《去毒篇》的目的有关（如何根治鸦片所带来的问题）。那么我们来看一看，在《〈红楼梦〉评论》一文中，王国维是怎样定义文学的功能的：

> 呜呼！宇宙一生活之欲而已！而此生活之欲之罪过，即以生活之苦痛罚之，此即宇宙之永远的正义也。自犯罪，自加罚，自忏悔，自解脱。美术之务，在描写人生之苦痛与其解脱之道，而使吾侪冯生之徒，于此桎梏之世界中，离此生活之欲之争斗，而得其暂时之平和。此一切美术之目的也。[①]

不论是排遣、安慰还是解脱，王国维对文学功能的理解都比吴宓消极。我们上文曾讨论过，吴宓也说《红楼梦》“教人解脱”，但他对“解脱”的定义是“随时随地须重一而轻多”，也就是在令人痛苦和绝望的世间奋力完成精神向上的攀升，到

---

① 俞晓红：《王国维〈红楼梦评论〉笺说》，第 77 页。

达“宗教之灵境”，而不仅仅是如王国维所说，摆脱由欲望带来的苦痛，求得“暂时之平和”。吴宓和王国维之间的这一区别，其根源就在他们对宗教的性质以及宗教与文学关系的看法都很不相同。

吴宓在为寿鹏飞《〈红楼梦〉本事辩证》所写的短评中，主要目的是批评索隐派和考据派“皆未尝以艺术之眼光评此大书”，但最后他在括号里加了这样一句议论：“王国维氏之评论较佳，然专以叔本华一家哲学之论点临之，亦嫌一偏，有所未尽。”王国维在《〈红楼梦〉评论》的“余论”一章中，对索隐考证和认为《红楼梦》乃“作者自道其生平者”的观点做了批驳，提出最应该研究的是这部小说在美学和伦理学上的价值。从这个角度来说，吴宓对王国维作出“较佳”的肯定是理所应当的，在现代红学谱系中吴宓也常常被认为是最早继承和发展了王国维所开拓的文学批评方法之人。[①]但吴宓同时又批评王国维太依赖叔本华的一家之言而立论，因而失之偏颇，这该如何理解呢？他和后来其他许多学者一样，也认为王国维将《红楼梦》“当作叔本华哲学观念的图解和佐证，见解难免牵强生硬”吗？[②]这些问题的答案我们只能猜测。

---

① 参见蒋书丽《坚守与开拓》，第123—124页；沈治钧《吴宓红学讲座述略》，《红楼梦学刊》2008年第5辑，第206、222页。

② 根据俞晓红的总结，这是学界关于王国维《〈红楼梦〉评论》四大共识中的第二条。其他三条是：1.《〈红楼梦〉评论》是中国文学批评史上第一篇运用西方哲学、美学的观点和方法研究中国文学作品的批评专著，它建立了一个严谨缜密的批评体系；3. 它敏锐指出和高度评价了《红楼梦》的美学价值，认为该作品是“悲剧中之悲剧”，具有中国传统文学作品所从未有过的悲剧精神；4. 它提出了一种辨妄求真的考证精神，指破旧红学猜谜附会、索隐本事之谬误，为新红学的研究指明了一条正确的途径。（《王国维〈红楼梦评论〉笺说》，第2页）

若从文学与宗教的关系角度看的话，《〈红楼梦〉评论》让吴宓觉得“一偏”和“有所未尽”之处可能有二：(1) 王国维不关注《红楼梦》在虚构艺术技巧方面（即“藉幻显真”）的独特追求和成就，(2) 王国维所阐释的《红楼梦》的精神（即“藉幻显真”“由幻识真”中的“真”）过于消极和悲观。这两条都和王国维写作《〈红楼梦〉评论》时以叔本华哲学为出发点有关：因为关注点集中在哲学思想上，所以对艺术技巧未能顾及；因为太倚重叔本华无神色彩很重的悲观主义哲学，所以对宗教和文学在对抗痛苦、升华人生中能起的作用缺乏信念。

1928 年 6 月 2 日，在王国维投湖一周年之际，吴宓作了《落花诗》八首。吴宓是这样解释这组诗的缘起的：“王静安先生国维自沉前数日，为门人谢国桢字刚主书扇诗七律四首，一时竞相研诵。四首中，二首为唐韩偓致尧之诗。余二首则闽侯陈弢庵太傅宝琛之《前落花诗》也。兹以落花明示王先生殉身之志，为宓《落花诗》宓诗集卷九第十一至十二页之所托兴。”[①] 在《落花诗》的序中，吴宓写道：“古今人所为落花诗，盖皆感伤身世。其所怀抱之理想，爱好之事物，以时衰俗变，悉为潮流卷荡以去，不可复睹。乃假春残花落，致其依恋之情。近读王静安先生临殁书扇诗，由是兴感，遂以成咏，亦自道其志而已。”[②] 胡晓明在《落花之咏：陈宝琛、王国维、吴宓、陈寅恪之心灵诗学》一文中，试图挖掘近现代中国“代代相传、自觉而心灵相通、有文化托命意识的一种精神传统”，但他也指出了吴宓与王国维之间一系列的不同。“与王国维的共同点是，他们都是充满文化的花果飘零之感，落花之咏

① 吴学昭整理：《吴宓诗话》，第 196 页。
② 吴学昭整理：《吴宓诗集》，第 173 页。

都是从较大的感慨出发的……比较而言，王国维是从苦痛出发，吴是从痛与乐出发；王国维是走向解脱，吴是走向执着；王是走向生活与艺术相分，吴是走向相合；王是走向悲观的人生，吴是走向神性救赎的人生。”① 这些区别在本节的讨论中可获得不少证实。②

三、文学与人生

1946年8月16日，在即将离开成都前往武汉大学任教时，吴宓给四川内江东方文教研究院的王恩洋写了一封信。在信中，吴宓对王恩洋“坚信佛教，有救世拯俗之热心”表达了敬佩，告知其自己“近年益趋向宗教”，并希望在离蓉前能得一晤。信的最后一部分是这样写的：

又弟在各地讲《红楼梦》，原本宗教道德立说，以该书

---

① 胡晓明：《陈宝琛、王国维、吴宓、陈寅恪之心灵诗学》，《安徽师范大学学报》2014年第5期，第546—560页（引文出自第546、555页）。

② 吴宓《落花诗》中的第七首如下：“本根离去便天涯，随分飘零感岁华。历劫何人求净乐，寰中无地觅烟霞。生前已断鸳鸯梦，天上今停河汉槎。渺渺香魂安所止，拼将玉骨委黄沙。宗教信仰已失，无复精神生活。全世皆然，不仅中国。”与王国维和吴宓都往来甚密的史学家张尔田（1874—1945）作有《题雨生落花诗后》，诗末注云：“尊诗凄泪哀断，读之辄唤奈何。宗教信仰既失，人类之苦将无极。十年前曾与静安言之，相对慨然。静安云，中国人宗教思想素薄，幸赖有美术足以自慰。呜呼，今竟何如耶！”（吴学昭整理：《吴宓诗集》，第174—175页）显然，王国维之死让张尔田感叹：文学艺术毕竟不足以替代宗教。张尔田曾在陈焕章主编的《孔教会杂志》担任编辑事务，作文力证孔教乃宗教。参见魏采莹《民初的孔教理论与时代思潮（1912—1919）——以宗教、经典问题为论述中心》，吕妙芬、康豹编《五四运动与中国宗教的调适与发展》，第162、177页。

为指示人厌离尘世，归依三宝，乃其正旨。尊论痛斥大学中人讲《西厢记》者，弟极赞同尊论，但弟非其伦，所讲“貌同而心异”，兄可勿怪弟讲《红楼梦》而拒不见，弟亦不因此而忸怩不敢见兄也。[①]

吴宓并不仅仅是在王恩洋这样的佛教人士面前才担心自己对《红楼梦》的浓厚兴趣会引起误解。可以说，吴宓非常注意向所有人表明他研究《红楼梦》的动机，将自己和当时其他很多专家区别开来。在《〈红楼梦〉之人物典型》一文中，吴宓用了大量笔墨谈这个问题：

宓之所以屡事评论大观园中人物，不惮琐屑烦劳者，亦犹王船山之作《读〈通鉴〉论》，亦如林黛玉之《悲题五美吟》，亦如王荆公诗“一时谋议略施行，谁道君王薄贾生”……以及其他万千之例，皆所以抒一己之忠愤，论千古之得失，明道德之义旨，指人生之正途。其法在藉古以论今，托人以自表，借彼以喻此。吾素主为学当文哲史并治，古今中西兼通而一贯，须成为渊雅之士，尤须先勉为笃行知耻，不颓惰，不苟且之人。按文哲史之学，首贵博通，勿取专家。《石头记》为文学人生集大成之书，尤须以各人之真情常识读之验之。彼旧式专家（如读书中某事后，系按某事是金可克木，木可生火）及新式专家（如《东方杂志》某君以历法考定此书年代）皆同一离题甚远，无有是处。“红学”

① 《书信集》，第 296 页。

久为世诟病，俗人以“红学”为承平时代有闲阶级士大夫玩物丧志之行。故近年有称宓为红学家或《红楼梦》专家者，宓恐滋误解，殊未敢受。

吾人不废考据，然若专治考据而不为义理词章，即只务寻求并确定某一琐屑之事实，而不论全部之思想及中涵之义理，又不能表现与创作，则未免小大轻重颠倒，而堕于一偏无用与鄙琐。此今日欧美大学中研究文学应考博士之制度办法之通病，吾国近年学术界亦偏于此。吾人对于精确谨严之考证工作，固极敬佩，然尤望国中人士治中西文哲史学者，能博通渊雅，综合一贯，立其大者，而底于至善。夫考据、义理、词章三者应合一而不可分离，此在中西新旧之文哲史学皆然。吾人研究《红楼梦》，与吾人对一切学问之态度，固完全相同也。[①]

如第二段引文所示，吴宓所谓的“考据、义理、词章应三者合一”，指的是考据应为阐明小说的思想和呈现小说的技巧服务，否则的话，即使再“精确谨严”也难免“轻重颠倒”和“一偏无用与鄙琐”。三者如能真正合一，那当然是理想的“博通渊雅，综合一贯”，然而三者之中首要的无疑是义理，无论在《红楼梦》研究还是在其他学问中都是如此。吴宓是在当时中西方文史哲学术界都偏重考证这一背景下说出这些话的。[②] 就《红楼梦》研究而言，吴宓自己所关注的一向主要在于义理，兼及词章，而对考

① 吴宓:《〈红楼梦〉之人物典型》，初刊于《成都周刊》1945 年 4 月 1 日第 4 期，转载于《武汉日报 · 文学副刊》1947 年 1 月 6 日第 5 期。

② 关于白璧德以及吴宓本人对义理的强调，本书第一章已有所讨论。

证派所做的有益工作则保持尊重。比如，他曾经肯定一篇根据三个内证来证明宁府荣府大观园的所在地为北京的文章，认为该文“殊见细心，有功考据。夫《石头记》一书所指绘之地点必为北京，本有其内在之理由，不烦详证。然得此三证，更见确凿。”[①]对于论敌胡适的考证吴宓也是这种态度。在《胡适君之〈考证红楼梦的新材料〉》一文中，吴宓毫不含糊地称赞胡适根据《脂砚斋重评〈石头记〉》钞本考证出了《红楼梦》作者身份、作者卒年、小说著作之年等信息，认为其将关于《红楼梦》的考证工作带入了正轨：

> 《红楼梦》之考证，自王梦阮、沈瓶庵、钱静方、蔡元培、胡适、俞平伯，以至于最近之寿鹏飞，前后相接，不可谓不盛。然而聚讼纷纭，莫衷一是者，盖因诸人皆凭空想及推测，无新材料之发现，以作最后之定论也。至胡君此文出，乃能解决一切以前所未能解决之问题，而“红学”至此始可告一段落。
>
> ……然吾人言《红楼梦》之考证至此残缺之钞本出始告一段落，非谓此钞本出后种种问题已完全论定。盖谓今后红学可屏弃一切空想的推测，而纳入考证之正轨中。循此正轨以求，他日必有所获。[②]

吴宓批评红学考证派专注于作者生平经历而忽略文学作品本

① 吴宓：《〈红楼梦〉之人物典型》。

② 吴宓：《胡适君之〈考证红楼梦的新材料〉》，《大公报·文学副刊》1928 年 4 月 16 日。

身，并非出于狭隘的门户之见。这从吴宓对他极为心仪的法国文学批评家圣伯夫的评价上可以看出。在推崇圣伯夫精湛文评的同时，吴宓也指出其“传记考证”批评方式的弊端：

> 故圣伯甫研究一人之著作时，最重此人生平之事迹。先详究此人所生之地及其家世亲族，其少年时之境遇及为学情形。所爱读者何书？其入世之事业及位置，成名立功之关键。其所交之朋友，其对于宗教政治科学等之见解，其与妇女交际及情史。其贪财与否，奢俭何若？有何不良之嗜好？有何特异之性行？其学说传于何人？其在后世之影响何若？凡此诸端，无论大小巨细，均考证精确。又设身处地，诚心信服，此人所主张之学说。用此人之观察点，细读其著作，以毋误解其意，然后徐下评判，故圣伯甫最能得一人一书一事之真精神。既获此诀窍，则全局透彻于心矣。因之其所著作，虽广博而极精粹，提要钩玄，而能发人之所未发。盖圣伯甫与古人为友，藉窥其隐，正与其一生之经历同出一辙也。
>
> ……上所言批评之法，有利亦有弊。其弊维何？（一）者，天才名工，往往出人意表，不可以常理测。故圣伯甫之方法，施之第二流作者，最为得力。而施之不世出之大家，则扞格不行，且往往重小忽大。用之不善者，直以作小说、外传，或诗文丛话之法，妄充文学批评矣。（二）者，专重研究及了解，必至漫无标准，徒言比较之得失，必至文学批评之本意及其功用全失。而良莠杂陈，瑕瑜互见，甚至颠倒黑白，淆乱范围，妄为新说，人各自是，而文学

将至沦亡澌灭矣。[①]

文学天才并不是考证批评方法的最佳适用对象，是因为他们超越现实、营造艺术幻境的能力非同一般。如果一味使用这种方法，或者应用不精，则势必忽略了作品的文学性质，导致“文学批评之本意及其功用全失”，生产出的研究只能是“直以作小说、外传，或诗文丛话之法，妄充文学批评矣”。[②] 吴宓在这里就圣伯夫的批评方法所作的一般性评点，非常有助于我们理解他对红学考证的保留态度。曹雪芹当然是“不世出之大家”，其作品本来就很容易暴露出考证批评法固有的问题，再加上批评者的识见和技法罕有能与圣伯夫比肩者，那么该方法落得无助于理解《红楼梦》就不足为奇了。

多年后，吴宓还和考证派后起之秀周汝昌（1918—2012）有过交往。1953 年 12 月 2 日，吴宓致信当时在四川大学任教的周汝昌，其中说：“已读《〈红楼梦〉新证》一过，考评精详，用力勤劬，叹观止矣。佩甚，佩甚。宓不能考据……皆用《红楼梦》讲人生哲学，是评论道德，而无补于本书之研究也。”[③] 这封信中的称许之词可能带有客套成分。在 1964 年 5 月 31 日的日记中，吴宓写道：“晨，续读周汝昌著《曹雪芹》，至上午 10 时完。

① 吴宓：《徐震堮译〈圣伯甫释正宗〉编者按》，《学衡》1923 年第 18 期，第 4 页。

② 吴宓在为英国作家戈斯密（Oliver Goldsmith, 1728—1774）所撰的纪念文章中说：“夫文人之著作与其生活固有关系，然非完全受生活之支配。例如戈斯密，终身不娶，行为放荡，而其名著《威克斐牧师传》则为彼写家庭骨肉之恩情及勤俭忠诚之道德之第一部小说，可类推。”（《英国诗人兼小说戏剧作者戈斯密诞生二百年纪念》，《大公报·文学副刊》1928 年 11 月 5 日。）

③ 《书信集》，第 399 页。

此书诚可为曹雪芹之佳传，其与《石头记》之直接关系实甚少。”事实上，《〈红楼梦〉新证》研究的也主要是“曹学”，吴宓对《曹雪芹》的读后感恐怕基本上也可以移用于彼。[1]在称赞周汝昌的同时，吴宓在信中也如实地道出了自己是如何对待《红楼梦》的：“皆用《红楼梦》讲人生哲学，是评论道德，而无补于本书之研究也。”（这句话的最后一部分显然既是谦虚之词，也是在表达自己和考证派“红学家”之间的鲜明区别。）

因为吴宓从道德人生的角度而非以“红学家”的态度看待《红楼梦》，所以他1942—1949年间在各地为各行各业的听众频繁进行演讲。这里我们列举吴宓面向公众举行的一些《红楼梦》演讲：

> 1942年5月6日：……至电台。[2]8：05—8：25讲《〈红楼梦〉之文学价值》。
>
> 1943年3月19日：至马街子中央电工器材厂……在其大礼堂，听者三百余人。《红楼梦》索隐及考证撮述，宓讲

① 余英时后来在《近代红学的发展与红学革命》一文中说：“就考证派红学而论，对材料的处理就常常有反客为主或轻重倒置的情况。试看《红楼梦新证》中《史料编年》一章，功力不可谓不深，搜罗也不可谓不富，可是到底有几条资料直接涉及了《红楼梦》旨趣的本身呢？这正是我所谓曹学代替了红学的显例。其更为极端者则横逸斜出，考证敦敏、敦诚乃至松斋、高鹗。我并不是说这一类的考证与《红楼梦》毫无关系。我只是想指出：考证派这样过份地追求外证，必然要流于不能驱遣材料而反为材料所驱遣的地步，结果是让边缘问题占据了中心问题的位置。极其所至，我们甚至可以不必通读一部《红楼梦》而成为红学考证专家。这正是乾、嘉末流经学考证的旧陷阱。”（《香港中文大学学报》1974年6月第2期，收入郭豫适主编《〈红楼梦〉研究文选》，华东师大出版社1988年版，第896—897页。）

② 昆明广播电台。

约一小时并答问。

1943年7月8日：资源委员会化工材料长派该厂化验室主任沈祖馨……以汽车来接，至该厂……7—9为该厂职员约五六十人。讲《石头记》之作成及历史考证，又答问。

1943年9月8日：赴云南省地方行政干部训练团之约，3—5演讲《红楼梦》。听者团员，来宾。三百余人。并有写柬发问十九条，宓一一作答。

1943年10月21日：至大石川滇铁路公司，8—10在小学演讲《红楼梦》，听者百数十人。

1943年11月4日：7—9天祥中学演讲《红楼梦》。

1943年11月12日：为昆明职业青年妇女会演讲……宓坐述《石头记》中爱情之大旨。

1943年12月11日：7：30在炼铜厂之新礼堂演讲《红楼梦》。（一）爱读理由。（二）考据。（三）作成。又答问。

1944年7月3日：6：00起，为云南锡业公司职员来宾约五六十人讲《〈红楼梦〉人物之分析》。又答五人之笔问，甚为激昂淋漓。

1944年9月30日：应浙大外文系学生会邀请，在社会服务处公开讲《红楼梦》，听者拥塞。[1]

1944年10月8日：偕王焕镳、杨耀德乘汽车至7里酒精厂……晚7—9讲《红楼梦》。

1945年10月19日：车至女青年会。6：45—7：45讲

---

① 此条记录来自吴宓1944年10月12日致家人及友人的一封信（见《书信集》，第241页）。本段其他记录均根据日记。

《红楼梦》。7：45—8：30 答问。

1946 年 5 月 10 日：空军参谋学校派吉普车来接，即往……7—9 为员生坐讲《石头记》，颇充实酣畅。

1948 年 1 月 10 日：至洞庭街平汉联谊社会堂，演讲《红楼梦》，复答问题。听众男女约四百人。

1948 年 2 月 1 日：10—12 在民众教育馆会堂演讲《红楼梦人物评论》。

1948 年 3 月 15 日：晚 8—10……演讲《红楼梦》于空军文艺晚会。……听众满堂，约二三百人。

1948 年 10 月 9 日：至希里达女校……下午 1—3 在大礼堂演讲《红楼梦》。[①]

不管是在学校、社团组织、广播电台还是在公司、工厂和军队，吴宓都向他的听众传播关于《红楼梦》的根本教训：

《石头记》教人解脱，是教一切读者随时随地须重一而轻多。即教人处处多存一点仁心，多留几分真情；而不可但图多抢些货品，积聚些金钱。亦即教人看明宇宙之真象，了悟人生之大道理，心安意得，乐天知命；而不当一味弄权使

① 以上只包括有确切日期和地点的演讲。沈治钧制作的《吴宓业余红学讲座一览表》也列举了吴宓在各大学举行的《红楼梦》讲座。参见沈治钧《吴宓红学讲座述略》，《红楼梦学刊》2008 年第 5 辑，第 207—210 页）。吴宓 1946 年 5 月 10 日和 1947 年 11 月 2 日的日记分别有以下记载：“下午 4：00 尹德华来，示全国游行演讲计划”；“金克木导其戚朱介凡空军第五大队新闻处长。来谒，传其大队长张唐天命，欲以飞机迎宓至宁、沪、平、津、粤、渝、西安等处讲《石头记》。十月十五日已有函来。姑诺之。”虽然吴宓后来并未成行，但这些巡回演讲邀请足以表明其《红楼梦》讲座当时在社会上所产生的影响。

诈，作奸作恶，贪占便宜，卖弄鬼聪明，使自己私心片刻得意而祸害于天下国家后世。总之《石头记》教人“视人生全体如真”，从大处着眼，由自身改良；每一男女老少之人，能去贪去嗔去痴，则社会、国家、世界自可逐渐变好。[①]

当然，如吴宓所指出的，这些“教训”不是耳提面命的说教：

《石头记》并不提倡或反对某一事，《石头记》亦不有意奖赏或惩罚某种人。《石头记》并不劝人出家修道，《石头记》并不阻止人恋爱或结婚。《石头记》亦不劝人尽情享乐、纵欲败德。《石头记》亦不教人欺世盗名、巧言乱真。《石头记》亦不教人劫夺焚杀、替天行道。《石头记》更不戒人勿吸烟、勿打牌、勿从军、勿作诗、勿跳舞等。[②]

《红楼梦》的“教训”之所以有效，是因为小说的作者“洞明‘一多’之关系，善能写人生‘全体如真’”，使得《红楼梦》和所有“真正之伟大文学作品”一样，能够“于无形中施感化之功，使全体读者之性情得以根本改善”，“逐渐引人精神向上，离弃此肉欲货财争夺变乱之红尘浊世，而进入彼宁静光明美丽之理想价值世界中”。[③] 吴宓在抗战最艰苦的时候开始四处作关于《红楼梦》的演讲，其最合理的解释就是他坚信文学化人救世的功

① 吴宓:《〈红楼梦〉之教训》。
② 吴宓:《〈红楼梦〉之教训》。吴宓认为，“小说最忌直说道德，最忌训诲主义”（吴学昭整理:《吴宓诗话》，第 236 页）。
③ 吴宓:《〈红楼梦〉之教训》。

能，希望《红楼梦》“乐观而积极”的精神能够在至暗时刻给国人带去一点光明，不但帮助他们在艰难和无望中保持道德信念和对美好世界的向往，而且通过点燃他们对中国文化传统的热爱，激发他们团结一致、奋起救国的决心。[1]吴宓对文学功能的这种理解，早在1931年“九一八”事变后的行动中得到了体现。在《民族生命与文学》一文的开头，吴宓写道：

> 欲国家之不亡，民族生命之继续光荣，必须其国中各个人（无分男女老少富贵贫贱智愚贤不肖）悉能精勤淬厉笃志力行，悉能深切感觉本国之可爱，而愿竭诚尽瘁以爱护之。欲使国中各个人悉成为切实有用之爱国分子，其道多端，而文学实为最直接最有效之一途。所谓培养其根本，端正其趋向，乃文学之职责。今拟取中西文学之事例，可为国民之棒喝时针者，略加疏解，贡献于国人。[2]

但是，文学的“棒喝时针”并不是直接宣传，而是有其特殊方式的。在《民族生命与文学》中，吴宓说：

---

① 沈治钧认为：“吴宓的红学讲谈，便是唤醒、强化、延续、升华文化记忆的一种学术努力。因此，越是在抵御日寇野蛮侵略的艰难时刻，他讲谈《红楼梦》的热情就越是高涨。”（《吴宓红学讲座述略》，第221页。）王锦厚更强调吴宓这些讲座与吴宓的人生观和道德观之间的关系：“（吴宓）大讲《石头记》，借以尽情阐述自己‘殉道殉情’的‘人生观、道德观’，讲解‘人生哲学’‘评论道德’‘剖析人性’……以资激发人们的爱国情怀，抗击日寇的侵略，反击胡适、沈从文之流的精神压迫。”（《〈石头记〉研究史上的三大创举——吴宓演讲〈石头记〉追踪之四》，《郭沫若学刊》2020年第3期，第15页。）

② 吴宓：《民族生命与文学》，分三部分刊载于1931年9月28日、10月5日、10月19日的《大公报·文学副刊》（第194、195、197期）。第三部分的结尾有“俟本章下节论之”字样，但此后似未有下文。

文学之功用，不在训诲，而主于感化。此稍具文学常识者所共知也。细究其中关系，可分三层：(一)作者之意旨，不待明宣，不可直示，而当寓于所描叙之人物事实中，使读者自受感动而能了悟。(二)凡伟大优美之文学，皆描叙理想之人物及高尚之行事，有声有色，至真至美，使读者赞叹惊慕而思效法，潜移默化，积渐成习，于是全民族全人类之思想感情行事为之改善。若就一事件一问题，矢意宣传，竭力地唱，而所描叙者非真非美，则不特有违文学之本旨，其收效亦极微。(三)文学作品之高下，作者对于社会之功罪，不在其书中之材料，而视作者之方法及态度。任何事实，任何人物，均可写入书中，不嫌卑贱，但当视作者之本意如何，及其如何描写如何运用此等人物事实而已。以上三层，古今中西文学例证极多，今不具引。然据此以评各家作品并究其及于国家民族世界人类前途之影响，思过半矣。[①]

同样的思想，吴宓次年在评介著名意大利文学批评家桑克蒂斯（Francesco de Sanctis, 1817—1883）的代表作《意大利文学史》时，又一次表达如下：

此书除作者之浪漫理想及其流利雄放之笔足使读者奋发鼓舞外，尚有一重要之价值。其时意大利危亡割裂，尚未统一，甚似今之中国。而作者投身革命，力谋意大利之自由

① 吴宓：《民族生命与文学》(三)，《大公报·文学副刊》1931年10月19日。

独立，以此入狱放逐者屡。作者尝谓一国之文学艺术，为民族精神所寄托滋养，故惟精深涵泳于本国之文学艺术者，方具真正之爱国心。而欲复兴民族、建立国家、御外侮、求统一，非藉本国文学艺术以激发人心团结众力不为功。故氏之著此书（原为多年之在各地之演讲稿），目的实为感化国民而促成意大利之自由与独立。故此书非寻常之文学史，实乃在文学中所表现之意大利国家民族史，亦即意大利之精神文化史。[①]

桑克蒂斯这部堪称“意大利之精神文化史”的文学史说明了，培养真正的爱国心并不一定需要直接鼓吹爱国主义，相反倒是离不开寄托滋养民族精神的伟大文学作品。吴宓指出，桑克蒂斯“非意气矜张狂呼爱国者”，“特注重古来有名之大作者，以为今日国人之楷模”，并举其关于但丁、马基雅维利（1469—1527）和阿里奥斯托（1474—1533）的论述为例，来说明桑克蒂斯的见解如何新颖有力，足以达到其通过经典名著来感发今人之目的。吴宓借此感叹，“奈之何今日中国之讲述本国文学者，惟以疑古辨伪诋毁先哲斫丧国魂为高也”。[②] 如果说，吴宓在1932年撰写书评时即已认同桑克蒂斯式的爱国主义表达，但《意大利文学史》“原为多年之在各地之演讲稿”这一在括号中提到的事实，却直到抗战期间才启发了他四处大讲《红楼梦》的举动。吴宓的演讲在那些年所受到的热烈欢迎说明，他的想法绝非

① 吴宓:《意大利文学史》,《大公报 · 文学副刊》1932 年 8 月 8 日。
② 同上。

一厢情愿，而是满足了国人中普遍存在的强烈愿望；他对《红楼梦》的阐释方法也显然被证明了不是书斋里的琐屑饾饤，而是能够触及广大普通读者的所思所感，让他们看到了文学在任何时候对每一个人生的相关性和重要性。[①]

在大学的讲堂里，吴宓也是以同样的态度去讲《红楼梦》，也同样引起了很大反响。根据《中华人报》1946 年 10 月 21 日的一篇报道，吴宓 1945 年在武汉大学（抗战时期西迁至四川乐山）讲学，“专讲‘文学与人生’并引著《红楼梦》人物为例证，一时听者颇众，大礼堂几成剧场，据统计每日听众平均在千人以上”。当记者问及吴宓研究《红楼梦》之经过与心得，吴宓的回答是：“予有一贯综合之人生观及道德观，予之讲《红楼梦》，只是借取此书中之人物事实为例证以阐明予之人生哲学而已。”

为了更好地理解吴宓以道德人生看《红楼梦》的态度，我们需要说一说刚刚提到的吴宓在三四十年代常开的课“文学与人生”。该课的目标是通过文学研究人生，[②] 课程必读书目中所列的都是古今中外经典（以文学和哲学著作为主）。[③] 这些“每一聪明正直的男人和女人都应当阅读的某些基本好书”入选，是因为它

① 当然，不是所有人都理解吴宓的用心。他 1944 年 12 月 31 日的日记中有以下记载：“今晨接‘《新民报》之一读者’寄来邮函，‘北外何寄’。责宓当今国难紧急，战士浴血舍身之时，不应对青年讲《石头记》贾宝玉等题材。问宓是何居心？促宓在《新民报》中作文答复。宓与诸君商，决置不理云。”1945 年 1 月 18 日的日记又说：“出见市贴一月十七日《华西日报》副刊，有刘由甫撰文，诋斥‘某教授’（指宓）侈谈《红楼梦》。又劝人读四书五经，为迟生数千年、不合时世，为动机不良、别有用心。云云。”吴宓于 1945 年 3 月 25 日发表的《〈红楼梦〉之教训》，我认为可视作他对这类质疑所作的答复。

② 吴宓：《文学与人生》，王岷源译，第 21 页。

③ 同上书，第 3—9 页（1936—1937 学年的书单）。

们提供了“对过去各历史时期（包括东方与西方）各界人士（包括不同气质、不同性格及不同社会地位）之生活叙述、批评、教训”。[①] 该课的形式也与其性质和目的相配合，不是授课者一言堂，而是强调学生的参与和师生之间的交流。吴宓承诺“以我一生之所长给予学生——即从我所读过的书及所听所闻者；我曾思考过及感觉过者；从我的直接与间接生活经验得来者”，同时他也希望学生能够“无拘无束、心情愉快地在本课程的亲切讨论中，表达自己的思想感情”。[②] 从设计上看来，这门课刻意不走专业的文学研究途径，参与者不是以文学批评家的超然姿态去分析文本，而是以个人的身份面对各自以及作品中的人物，对“自知”和“人类之常识”进行共同探索和思考。[③] 将文学教育与具体人生经验紧密结合、重视个人独立阅读和思考这两大特点，[④] 从这门课保留下来的一些考题可窥知一二：

> 拉郎德氏《实践道德述要》一书中，读过后，所认为最重要而公平之点为何？列举各该点，而就实际生活中，举例（或造例）以说明之。
>
> 按照该剧本中之事实与其人物之个性，在莫里哀之《恨世人》一剧收场时，试设身处地一思，为实际生活之幸福起见，则剧中之 Alceste，应与 Celimène 结婚同居欤，抑应弃绝 Celimène 而掉首自去欤？何以如此或如彼主张，并须言

① 吴宓：《文学与人生》，王岷源译，第 10、11 页。

② 同上书，第 10 页。

③ 同上书，第 12 页。

④ 关于这门课的学习方法，吴宓给学生的第一条建议就是：“独立阅读，但要经常阅读。”（同上书，第 11 页。）

其理由。

试描述并讨论萨克雷的《名利场》中任一人物，并据你所知以之与中国历史上或小说中某些人物进行比较。

你采取了什么样的人生观？为什么？

《红楼梦》中你最喜爱哪一个人物？请描写此人物的性格，以说明你为何喜爱这种性格。

于下列诸句（均见《论语》）中择一，以明显之文字，解释其确切之意义，并就实际人生中，举例（或造例）以证明之。

（一）子曰，君子泰而不骄，小人骄而不泰。

（二）子曰，君子和而不同，小人同而不和。

（三）子曰，君子成人之美，不成人之恶，小人反是。

（四）子曰，古之学者为己，今之学者为人。[①]

例证和应用在“文学与人生”这门课中的重要性，可以在吴宓 1945 年 6 月 7 日和 6 月 9 日的日记中得到确认。当时，吴宓在成都燕京大学开设该课。根据 6 月 9 日的日记，这门课的评分标准中有两条为：“五、所述感想及事实，皆系本人生活经验。又皆发自本心。真挚切实，不矫不饰。六、所述见解或疑问，皆

① 吴宓：《文学与人生》，王岷源译，第 206 页（1936 年 6 月 5 日考题中第二、三题），207 页（1937 年 1 月 11 日学期考题中第三题），208 页（1936 年 11 月 21 日，北平女子文理学院期中考试题中第一、三题），209 页（1937 年 5 月 5 日女子文理学院期中考试题中第二题）。未标明为女子文理学院考题的两份应该是清华的。1937 年 6 月 7 日日记：“阅女院考卷。于 Alceste 应否与 Celimène 结婚一题，实暗寓宓应否与彦结婚之意。”

聆本科堂上所讲而得启发，于是推衍之、勘证之。——尤以能应用一多（One in Many）之原理而得当者。”在6月7日的日记中，吴宓记录了他在发还第一批课卷后，针对五名学生的答题，为他们提供了一些事例，包括生活中的故事、《圣经》《论语》中关于耶稣和孔子的事迹以及弗洛伊德对哈姆莱特的解读，作为“一多之应用之实例”。

吴宓不只是引导他的学生这样对待文学和人生之间的关系，他自己也是实践者。在让学生回答“你采取了什么样的人生观？为什么？”这个问题之前的很多年，他就发表了《我之人生观》一文，给出了他自己的回答。在该文的结论部分，他说：“以上粗述吾三十年之人生观，盖由读书阅历，又经几多变化之痛苦而得者也……（一）人生观必求其至善至美而惬于心者，故以上所陈，乃吾之理想，所悬之鹄的。虽不能至，心向往之，非谓吾已皆能实行之也。（二）以上所述之意旨，散见于群书。吾逐渐融合吸收，而造成吾之人生观……其中亦有吾由阅历感触所得，自造之意思，不能辨别也。”[①]

作为吴宓最爱之书，《红楼梦》为我们了解他的人生观和人生理想提供了一个重要窗口。前引吴宓给学生的考题，“《红楼梦》中你最喜爱哪一个人物？请描写此人的性格，以说明你为何喜爱这种性格”，他在《论紫鹃》一文中作出了自己的回答，通过对一个文学形象的礼赞，表达了他的人生观和人生理想。

在文章的第一段，吴宓即开宗明义：“宓于《石头记》中人物，所最爱敬而‘虽不能至，心向往之’者，厥为紫鹃。”在接

① 吴宓：《我之人生观》，《学衡》1923年第16期，第25—26页。

下来的阐述中，吴宓告诉我们，他之所以如此选择，是因为紫鹃是"最忠于理想之人"。因为对吴宓来说，林黛玉代表着美和爱情的理想（见上），所以看起来吴宓无非是在称赞紫鹃是个忠仆，他对紫鹃品行的第一段描述也符合忠仆这个形象：

> 黛玉临终，李纨以其仁，探春以其智，均能在侧视殓，已属不可多得。然能详知黛玉多年之隐情，旦夕服侍，不厌不倦，不怨不违，厥惟紫鹃。彼能洞悉其所奉之理想，深信不疑，终身为此尽力，不离不叛，不懈不衰，岂非所谓"造次必于是，颠沛必于是"者乎？此紫鹃一生之大节，而为人所难能者也。[①]

的确，吴宓指出，他对紫鹃的赞美，和旧时评论家对她的评价是一致的。他引用了清代涂瀛《红楼梦论赞》中给紫鹃的评语，"忠臣之事君也，不以羁旅引嫌。孝子之事亲也，不以螟蛉自外"，然后说"其所称美紫鹃者同是"。在日记中（1926年11月14日），吴宓曾说过："宓生平最感动于《左传》鉏麑刺赵盾一段文字，以其推崇忠于所职之人也。"联系到这一评论，我们似乎可以说，吴宓对于紫鹃的高度赞赏，是基于"忠"这一品德在传统儒家伦理中的重要地位。然而，事实上，吴宓对紫鹃的认识和涂瀛还是有很大不同的。在涂瀛眼里，紫鹃对黛玉是忠仆事主，与忠臣事君和孝子事亲一样，三者表现的都是人际伦理关系中卑幼者对尊长者的忠诚和奉献。与此形成对照的是，在《论紫

① 吴宓：《论紫鹃》。

鹃》中，吴宓虽也大量举例证明紫鹃如何忠心耿耿地服侍黛玉和捍卫黛玉的利益，但并不是将她仅仅视为一个忠仆的典型而已，而是“最忠于理想之人”，她为黛玉所做的一切，都是因为“彼能洞悉其所奉之理想，深信不疑，终身为此尽力，不离不叛，不懈不衰”。如此一来，紫鹃和作为美与爱情化身的黛玉之间的关系就超越了我们一般所理解的主仆关系。在将黛玉的殉美殉情类比为“耶稣基督负荷人类之罪恶而上十字架也者”之后，吴宓紧接着发问：“然当时门徒中能深知耶稣者几人？彼时大观园中能同情而赞助林黛玉者谁乎？曰：紫鹃一人而已。”[①] 中国传统批评家以世俗人伦的角度看待紫鹃之忠，而吴宓将其升华到了宗教的境界。

因为吴宓的黛玉论只有存目，所以我们现在只能通过《论紫鹃》一文对紫鹃归宿的讨论，来看吴宓是怎样发挥他黛玉-紫鹃/耶稣-门徒这一比方的。在一百二十回的小说中，黛玉死后，紫鹃并未立刻出家，而是等到她得知宝玉是在神志不清的情况下被骗与宝钗成亲之后。吴宓对这一情节安排有如下评论：

> 紫鹃最后确知宝玉当日实昏迷，对黛玉并非负心。于是紫鹃不禁作胜利之微笑，喜黛玉之殉情而死确有价值，决非痴妄，如此亦好！此正如圣马利亚及门徒等亲见确知耶稣基督之复活飞升，重归天上，于是回忆其在人间之行事施教，但感其言行之真切伟大。而未来基督教之发挥光大，与上帝天国之真实荣光，更不容怀疑，只须欣庆矣。黛玉原非枉

① 吴宓：《论紫鹃》。

> 死，宝玉甘心弃世——《石头记》至此而紫鹃之心事毕，而紫鹃之理想终于在破灭中得以完成实现。故紫鹃之出家最为心安意得，此忠于理想、甘为理想牺牲没也者之最后归宿，亦其最高之报酬也。

对很多读者来说，吴宓以上的这番议论恐怕太过牵强附会。然而，如吴宓所声明的，“文学与人生”不是一门文学批评的课（“非 Literary Criticism”），他在课上对作品的使用方法会断章取义，只求为讨论人生问题提供例证，而且会紧密结合自己的经历来进行这种讨论。[①] 吴宓在紫鹃身上投射的既是他自己的人生理想，也是他的自我认识。在文章的最后一段，他写道：“诗云，‘高山仰止，景行景止’。紫鹃紫鹃，吾实敬爱其人。吾愿效法紫鹃，且愿引紫鹃以自慰，终吾之余年也。吾亲吾友，欲知宓者，请视紫鹃！”如果我们遵从吴宓的这一请求，就很容易理解他黛玉-紫鹃 / 耶稣-门徒这一比方了。如上一章所述，对吴宓来说，新人文主义是可以救世的宗教，白璧德和穆尔是备受世人误解和荼毒的耶稣，而自己则立志效法坚贞不渝的耶稣门徒。可以说，在吴宓心中，门徒和耶稣之间的关系，因为其宗教性和超越性，是“忠于理想”这一品质的终极代表；紫鹃和黛玉之间的关系是这种品质在中国文学传统里最美也最感人的表现；和耶稣的门徒一样，紫鹃是吴宓的榜样，也是离他更近的榜样。吴宓对紫鹃“宗教性”的歌颂，可以帮助我们理解他为同样具有“宗教性”的自己树立的标准：

① 吴宓：《文学与人生》，王岷源译，第 21—22 页。

> 盖凡趋鹜理想之人，即具有宗教性之人，亦即真正高尚明智之人，其行事皆发乎本心，由于自性。于是行其所必当行，止于至美最上。一切出之自然，丝毫不须勉强。其殉情殉道，殆如水之就下，火之上升，从吾性之所适，行吾心之所悦。既不为邀名，亦不知避祸。“富贵不能淫，贫贱不能移，威武不能屈”，在彼只如汽车所行道路忽软土、忽沙砾、忽泥水，而车之构造及其功用固未稍改变也。能见及此，方可知人论世；能深信此，方可立德化俗。且由此方可与论紫鹃。

紫鹃最后是出家而非自杀，但从以上引文可以看到，吴宓是把她视为具有殉情殉道精神之人的。这是因为紫鹃虽贱为奴婢，却屡屡为了黛玉而有“大智大勇，忠而忘身”之举。吴宓所举的例子如 57 回《慧紫鹃情辞试莽玉》中，紫鹃“犯天下的大不韪，集众怒于一己，毅然挺身而出，代黛玉行其所不便行，为黛玉求其心所欲之事，试探宝玉之真情，使今后黛玉可以放心，而天下人对此问题（宝黛应当且必须结婚）更不容犹疑误会。忠矣紫鹃！仁哉紫鹃！”又如黛玉临终，紫鹃寸步不离病榻，并在贾府长老为了瞒过宝玉，召她前往陪侍宝钗出阁时，愤怒地予以拒绝，“此紫鹃养生送死之忠贞不渝”。紫鹃的忠、仁、勇，赋予了她“富贵不能淫，贫贱不能移，威武不能屈”的英雄气质。“紫鹃之出家最为心安意得，此忠于理想、甘为理想牺牲没也者之最后归宿，亦其最高之报酬也。”

在吴宓自拟紫鹃之外，他还曾被友生比作《红楼梦》里的其他人物。《论紫鹃》是以这样一幕开头的：

昔年在清华园中聚餐，同座诸友以《石头记》中人物互拟。刘文典教授（叔雅，合肥）以宓拟妙玉，众韪之。宓谓“气质美如兰，才华馥比仙”，我实愧不敢当，然心中亦颇自喜。南渡后，居昆明，乃改《世难容》曲，以自悼自况（见《旅行杂志》十六卷十一期）。于是世传宓尝自比妙玉云云，其实非也……宓所作《无题》诗，虽有“槛外长怜身独立”之句亦系借用，非不知其性行之多异妙玉也。

从这一段可以看到，一方面，吴宓对妙玉的气质和才华很欣赏，所以当友人将他比作妙玉时他也心中窃喜，但他强调，这不是他的自视，他也很清楚自己和妙玉在性情上多么不同。两人之间的最重大差异似乎在于，妙玉性格孤冷，而吴宓喜于任事，无时不沥胆披肝（在这一点上，显然他和“造次必于是，颠沛必于是”的紫鹃更为相似）。另一方面，在 1934 年的这次聚会之后，吴宓也确实借用妙玉来“自悼自况”过。他作于 1939 年的《新红楼梦曲之（七）》乃改《红楼梦》第五回中写妙玉生平的《世难容》曲而成：

气质美如兰，才华馥比仙。昔当一九三四年春，在清华古月堂西餐社座中，会食闲谈。同人以《石头记》中人物方今之人。刘文典君（叔雅，合肥）口诵此二句，曰，宓应比槛外人妙玉。宓亦窃喜，故宓是年五月六日《感事》诗有“隔世秾欢槛外身“之句。此乃本曲所托始，否则宓何敢自比妙玉，更何敢掠用此二句之原文乎？天生成孤僻人皆罕。你道是，唯物论腥膻，白话文俗厌。却不知，行真人愈妒，守礼世同嫌。可叹这危邦末造人将老，辜负了名园清华丽景春色阑。到头来，依旧是，风尘碌碌，此四字用《石头记》开卷自叙“今风尘碌碌，一事无成……”言宓以教授谋生，劳忙少暇，光阴虚度。一己欲著之人生哲学及小说，终未能成，毕生大恨，亦《落花》诗第五首之意也。违心愿。只赢得，花落无果空枝恋，即《落花诗》第四首之意。又何须，高人名士叹无缘。此言宓立志奋发，而终局如此。天下后世类似宓或不如宓者，更不当自己悲叹其蹉跎不遇矣。[①]

这首新曲的开头三句完全袭用《世难容》，不同的只是吴宓在第二句后加了一个长长的注，解释曲子的本事，说明自己并不敢在气质和才华上自比妙玉。第三句后无注，显然因为吴宓认为自己“孤僻”的程度确实和妙玉相仿，将这一句原封不动拿来自况正好。以下几句就是对“天生成孤僻人皆罕”的拓展说明。虽然吴宓之热大不同于妙玉之冷，但因为他的思想主张处处与当世相左（曲中所举两例为他对唯物论和白话文的态度），所以他越热烈追求自己的理想，他的孤立和不合时宜也必然显得更为突出，使自己成为“人愈妒”和“世同嫌”的对象。曲的下半部是感叹自己兢兢业业奋斗一生（吴宓此时四十五岁），却一事无成，既未著成多年来立志撰写的一部小说和一部人生哲学，新人文主义的大业也惨遭失败。在对“花落无果空枝恋”一句的自注中，吴宓提醒读者参见他 1928 年所作八首《落花》中的第四首。该诗开头的两句是“曾到瑶池侍宴游，千年圣果付灵修”。根据吴

① 吴学昭整理：《吴宓诗集》，第 343 页。《世难容》原曲为：“气质美如兰，才华馥比仙。天生成孤癖人皆罕。你道是啖肉食腥膻，视绮罗俗厌；却不知太高人愈妒，过洁世同嫌。可叹这，青灯古殿人将老；辜负了，红粉朱楼春色阑。到头来，依旧是风尘肮脏违心愿。好一似，无瑕白玉遭泥陷；又何须，王孙公子叹无缘。”（《红楼梦》，人民文学出版社 1982 年版，第 83—84 页。）

宓自注，全诗的旨意是："此言我至美洲，学于白璧德师。比较中西文明，悟彻道德之原理。欲救国救世，而新说伪学流行，莫我听也。"[①] 吴宓在妙玉身上看到的与自己共同之处，其实他的学生沈师光（1920年生，西南联大外文系1944年毕业）曾一语道破："谓宓境遇虽可比妙玉，性情则颇似宝玉"（1943年2月7日日记）。吴宓引妙玉以自伤，是因为和她一样，他也和世界扞格不入，空有高洁之志，最后一切都事与愿违，收获的只是误解和讥嘲。

沈师光评语的后半部分也颇有意思。吴宓对贾宝玉性格的分析，与他的自我认识和期许多有重合之处。比如，贾宝玉性格中的第一条是"性格真挚"，而吴宓将自己的性情总结为"热烈而真诚"（1941年5月29日日记）。贾宝玉为得古圣贤心法者，而吴宓奉孔子为千古第一圣人，自己一生行事以孔子为圭臬。贾宝玉"一多明识"，而"一多"之别可以说是吴宓人生观的基石。贾宝玉同情和理解女性（更准确地说，是少女），乐于为她们服务，而吴宓也以同样的态度对待爱情，认为爱情"乃极纯洁、仁厚、明智、真诚之行事"，值得为之牺牲一切（1936年8月1日日记）。这里也应当指出吴宓和他眼里的贾宝玉的一点不同之处。赤子之心、忠恕之德、一多明识，以及无我之佛心造就了贾宝玉的爱情观，而将殉情和殉道等量齐观的吴宓，为了汲取追求爱情的力量，常常以受难的耶稣为自己的榜样。他曾在日记中写道"宓痛感世间千百男子，对女子或凶暴欺凌，或负心骗诈，始乱终弃，自纵自私。宓窃欲师法耶稣，为此等无情无义之男子担负

① 吴学昭整理:《吴宓诗集》，第174页。

其罪恶”（1940年2月12日）；“宓之爱女子，欲效耶稣之上十字架”（1942年5月30日）；“读More先生书。又思《红楼梦》讲稿，自觉确系爱情充溢，有耶稣上十字架之愿力”（1942年8月13日）。然而，虽然吴宓在分析贾宝玉时没有直接提到过耶稣，但他显然认为他们在爱情上都是理想主义者，这种理想主义的根基是四大宗传所共有的宗教情怀。在1936年8月1日的日记中，吴宓写道：

> 盖中国一般人，其对爱皆视为肉体之满足及争夺之技术，不知宓则以宗教之情感而言爱。宓→，而彼等←，故绝难了解。宓以为“惟圣罔念作狂，惟狂克念作圣”。故真正之爱者，皆情智超卓，道行高尚，上帝之宠儿，而人类之俊杰也。

出自《尚书·多方》的“惟圣罔念作狂，惟狂克念作圣”这句话，被吴宓在《贾宝玉之性格》一文中的“总论”部分引用来说明宝玉性格中“狂（介乎圣凡之间）”的一面。在同一篇文章中，吴宓在解释贾宝玉的好色性格时，引用了柏拉图《筵话篇》中的讨论：“爱有二种，一高一卑，一正一邪，一善一恶，一精神一肉体，一向上一堕落，正即《石头记》第五回警幻仙姑之教训。”[①] 可见，贾宝玉是吴宓心中“真正之爱者”，属于“上帝之宠儿”和“人类之俊杰”，因此也被“以宗教之情感而言爱”（而非将爱理解为“肉体之满足及争夺之技术”）的吴宓视为异

① 吴宓:《贾宝玉之性格》，第1077页。

代知音。

除了性情上的近似，“由情入道”的人生轨迹也是吴宓和贾宝玉之间的共同点。1936 年，在事业和恋爱都遭到惨败后，吴宓万念俱灰，曾考虑成为天主教神父（见上一章）。在 7 月 25 日的日记中他写道：

> 读《石头记》凤姐托巧姐于刘老老，及宝玉出家等段，大悲泣，泪如流泉。盖宓多年经历，伤心实太深矣。于是极有意出家，为天主教僧侣。对世中之人与事，一切均极厌鄙。今与宓言救国益世，如对宝玉言科第功名。盖恋爱乃宗教之初步与过程。必极聪明而又多情之人，始足语于斯二者也。宓读西洋宗教及哲学书，所得既深，一已经验又繁，夫然后，乃益赞赏《石头记》一书之伟大，以其为人生全体之真切悲剧也。

“极聪明而又多情之人”，即吴宓前边所说的“情智超卓”的“真正之爱者”。这种人很少，世上也只有他们才能理解爱情和宗教之间的关系，贾宝玉就是其中的一个。[1] 所以小说中宝玉的归宿让此时的吴宓特别感同身受。此后几年，吴宓在由情入道的路上继续前行，在这个过程中贾宝玉的命运常常成为他思考的参照

① 在《改造民族精神之管见》一文中，吴宓说：“骑士文学之爱，即中国昔所谓‘义’。孟子言义，后人亦重义士义行、仗义执言，但西洋尊崇女性之‘骑士之爱’非止为扶助弱者，其中实含有‘理想之爱’之倾向，为宗教与爱情之结合体，此则为中国夙所未有，亟应输入于理想及生活也。”（《大公报·战国副刊》1941 年 12 月 10 日。）然而，从吴宓对贾宝玉的种种评论看来，他在宝玉身上是同时看见了尊崇女性之爱和带有宗教性质的理想之爱的。

对象。比如，1940 年 8 月 21 日，他半夜醒来，思绪万千，有关于宗教心的感悟，也有关于自己身世的哀悼，而最后归于“宓今殆已中乡魁而却尘缘之宝玉”的悲戚。在这之后不久的一天，吴宓宣布：“我自诩为情僧，可以悟矣！”（1940 年 10 月 18 日日记）当然，“悟”没有这么简单。1942 年 4 月 29 日，吴宓又“读《石头记》。有得于贾宝玉悟道出家”。在这之后，又过了近十年，吴宓说自己“昔为贾宝玉、柳湘莲，而今则为甄士隐与警幻仙姑一流人物，盖乃注重道德之高僧与侠士”（1951 年 6 月 9 日日记）。从这些跨越十五年的记录，我们可以看到，吴宓对贾宝玉一直保持着高度认同，视其为“由情入道”的同路人。

以上所述，皆关于《红楼梦》在认识自我和指导人生方面对吴宓的影响。但文学的作用不止于此。下边让我们来看一看，《红楼梦》在吴宓企图改变自己人生的一项宏伟计划中所扮演的重要角色。这里所说的计划，指的是吴宓从 1920 年代起就打算创作的一部名为《新旧因缘》的小说。在 1935 年出版的《吴宓诗集》刊印自序中（作于 1933 年 12 月），吴宓这样交代：

> 按约十年前，宓早已决定，我今生只作三部书，（1）诗集。（2）长篇章回体小说《新旧因缘》，或改名。（3）《人生要义》或名《道德哲学》，系由直接感觉体验综合而成之人生哲学。取东西古今圣贤之言，触处阐释其确义，而以日常实际公私事物为之例证……今《诗集》既已出版，即拟专心致力于其余二者。所成如何，殊未敢必。[①]

---

① 吴学昭整理：《吴宓诗集》，第 5 页。

其实，早在1919年4月26日的日记中，吴宓就说他“常有志著大小说一部，拟以一人一家之遭际，寓中国近年之世变”，只不过当时还未曾命名。1924年12月，吴宓在《学衡》第36期以王志雄为笔名发表了《新旧因缘》第一回（“溯渊源明稗官要旨　寓理想撰新旧因缘”），主要叙述作者生平以及这部小说的创作宗旨和方法。作者生平部分一望而知是在吴宓本人经历的基础上稍微加工而已，而在表达对小说创作的各种看法时，《红楼梦》总是作者最重要的参照对象，吴宓前前后后发表过的关于《红楼梦》的很多观点，都在这一回中现身。其中有一大段称赞《红楼梦》是亦幻亦真的艺术杰作，特别强调曹雪芹是意识鲜明地运用各种手段去操纵小说里真幻两世界之间的关系（这显然是在间接批评索隐考证派的解读方法）。从中可以看出来，吴宓开始创作《新旧因缘》时，最倾力关注的主要是文学“藉幻显真”的奇妙能力：

> 今夫凡百艺术，皆主以理想运用事实，决不可专事模仿（to imitate）钞袭（to copy），将我在某时某地耳闻目见之实境（Actuality）一丝不变，表现出之，而当用整理剪裁选择修缮之法（Selection and Improvement），改易实境，造成想像之幻境（Illusion），然后写出。此幻境必比原来之实境为美。盖实境乃事物偶然之实况（Things as they are），幻境则系理想所当然之情形（Things as they ought to be）。但当改易实境而造成幻境之时，必以不悖人生事物之真理为归宿。凡幻境之处处合于人生事物之根本原理者，即名曰真境（Reality），否则不能。故真境乃幻境之最高最美者。到此地

步，真与幻合而为一，不可划分，而小说与其他艺术皆以表现此种境界为目的，似幻实真，亦真亦幻，然与实境则相去天渊矣。譬如酿酒，实境乃水与生米，理想为制造佳酿之规条及药方，想象力（Imagination）为发酵之酵母（Yeast），幻境乃酿出之酒。然酒有好有坏。真境则味甘色美质浓之上品醇酒也。《石头记》作者深明此理，所谓真甄假贾，以及真事隐去、太虚幻境云云，实皆不外此理。但凡其所谓真甄，实皆实境之义；而所谓假贾，则幻境中之真境也。太虚幻境乃人世所绝无，则不合乎真之幻境也，故终在虚无缥缈之间。《石头记》一部书中所写之事，皆幻而皆真……曹雪芹洞明凡百艺术之根本要理，独得作小说之正法，遂作为《石头记》，而惧人之不解其意，不明真境幻境实境相关之理，故特一再申说……兹所言者，乃艺术之原理，小说之定法，古今中西皆同。中国小说家解此理而用其法者固亦甚多，不止一人。而因曹雪芹言之甚为透彻，又《石头记》书中之事，可为最佳之说明及例证，故姑就该书而言之如此。[①]

在接下来的很多年中，吴宓虽然继续构思《新旧因缘》，[②]但并未真正动手。等到他下一次迫切考虑这部小说的创作时，时代

① 王志雄：《理想小说新旧因缘》，《学衡》1924年第36期，第13—15页。据作者在文中交代，这段议论乃“我在三四年前，写给我的朋友刘宏度君的一封信，中有一段，论及此事。今节录于下，请读者注意看看。”吴宓可能确实给刘永济（字宏度，1887—1966）写过这样一封信，但现在已难以求证。

② 吴宓经常在日记中提到他撰写小说的想法以及他和友人关于此事的讨论。例如：1929年2月19日、8月23日，1930年2月22日、6月5日、8月2日日记。

和他的人生都已经发生了巨大变化。从下面两则日记可以看到，对吴宓来说，现在《新旧因缘》的写作计划已不再主要是一个“藉幻显真”的艺术追求，而是和他本人“离幻趋真”的精神求索紧密地连在了一起：

> 宓近读《神曲》，益洞见真理而超离人事……宓所拟著之《新旧因缘》，亦有仿效《神曲》之处。就私人生活论，宓由恋爱婚姻之失败，于是离幻趋真，脱谢人世，遁于哲理。以此证明道德宗教之真实，苦乐悲欢之有其方术。又就国家世界大局论，宓身历中国及世界近数十年之变迁，终至中国灭亡，世界危乱。于是离幻趋真，旷观全史，求厥因果。以此证明道德宗教之真实，盛衰兴亡之有其定理。《新旧因缘》中之主角，固为宓之自寓。但其人之性行、事功、遭遇等，不必与宓同。惟藉以显明以上二层大意而已。所谓“曾历过一番大梦境之后，……将真事隐去，而藉通灵，说此《石头记》一书也。”按《神曲》之作意与方法，亦正如此，故可兼资并学也。（1939年3月25日日记）
>
> 按两世界之说，为一切宗教、哲学、文艺之根本，固矣。然此两世界者，是一是二，未可划分。不仅因个人身经巨变，由入世变为出世，由事实世界进入理想世界。如贾宝玉之变（即 converted）为曹雪芹，一生分为两段，前后界限分明也。即每人平日之生活，亦浮沉于两世界中。有如泅泳者之忽而水底，忽而水面。经此易彼，观感顿殊。如李后主词“梦里不知身是客，一晌贪欢”。其一晌之梦中贪欢，亦是真生活。但为事实世界中之生活。今此刻憬然省悟

(disillusioned, sober mood)，则已入于理想世界中之情境(mood)。凡深于情，明乎道，而禀赋宗教性，于文艺有大成就者，盖莫非对此两世界具有强烈之感觉之人也。(1940年8月30日)

在同时期的另一篇日记里，吴宓反思他的失败人生，得出的结论是，除了小说创作和宗教修行，再无别的挽救之法：

我以前所作之事，所历之生活，如婚姻恋爱、编杂志、作诗、资助朋友等等，每一事似皆值得作，且皆立意甚高，而以全力赴之。然其结果无不失败。My life is a complete failure。失败之原因，乃由方法之不善，或材料对象选择之未精。而此二者，则又因宓在当时学问识见之未充足，或偶然事境之所拘限，固亦莫可如何。即今后或重返于昔日，淬励精神，再作一遍，譬如下围棋，再试一局，结果仍必亏输。而不免于自悔，自责，自嗟，自怨。诚如是，则宓之正当途径，乃至一切人之正当途径，惟有逃世，弃世，出世。惟有归于纯正之宗教，而为内心之锻炼修行。即欲有所作为，如著述之业，亦必以出世后之所见所得，且用超然离世之态度写出之，方可成佳作，如《石头记》是也。由是以谈，宓欲撰述《人生哲学》，其目的为救国化世，仍不免于上所言弥缝之失。(cf. Carlyle "Sartor Resartus")用力多而成功甚少，可以预知。不若专吾力以作成《新旧因缘》小说。上窥《石头记》之宗旨与方法。即以世外人(已出世者)写世中之事……今后决当于此一事努力。(1940年1月2日)

吴宓在这段话里悟出的最重要的一点就是，宗教修行和小说创作都要求一种“超然离世”的态度，也就是以一个已经到达“真境”之人的眼光来观照人世的幻境（实境），只不过宗教修行者止于观照，而小说家还需要通过创造艺术的幻境来呈现真境。就修正人生败局而言，宗教修行是吴宓看到的根本和终极途径（他特别说明，这对所有人来说皆然），而文学创作则在他假如仍然“欲有所作为”的情况下，还能够提供另外一条道路。在这方面，《红楼梦》成为吴宓准备借鉴的一个杰出范例，显然是因为《红楼梦》“开卷第一回”中也将该书的缘起系于作者对自己失败人生的反思以及因此而产生的对“梦”“幻”“真”“假”这些主题的深刻兴趣。[①] 吴宓对《新旧因缘》的打算就是：“上窥《石头记》之宗旨与方法。即以世外人（已出世者）写世中之事。”

吴宓的这篇日记还传达了另外一个值得注意的看法，即在以超脱的态度揭示纯粹的人生真相上，文学创作优于哲学写作：“宓欲撰述《人生哲学》，其目的为救国化世，仍不免于上所言弥缝之失。”所谓的“上所言弥缝之失”，指的是这一天日记中前边的一句话：“必欲有真实之成就，只有超然世外，为根本之整理，此即宗教是也。若陶诗所谓孔子欲‘弥缝使其淳’者，亦是‘知

① 《红楼梦》第一回：“作者自云：因曾历过一番梦幻之后，故将真事隐去，而借‘通灵’之说，撰此《石头记》一书也。故曰‘甄士隐’云云。但书中所记何事何人？自又云：‘今风尘碌碌，一事无成，忽念及当日所有之女子，一一细考较去，觉其行止见识，皆出于我之上。何我堂堂须眉，诚不若彼裙钗哉？实愧则有余，悔又无益之大无可如何之日也！当此，则自欲将已往所赖天恩祖德，锦衣纨绔之时，饫甘餍肥之日，背父兄教育之恩，负师友规训之德，以至今日一技无成、半生潦倒之罪，编述一集，以告天下人……虽我未学，下笔无文，又何妨用假语村言，敷演出一段故事来，亦可使闺阁昭传，复可悦世之目，破人愁闷，不亦宜乎？’故曰‘贾雨村’云云。此回中凡用‘梦’用‘幻’等字，是提醒阅者眼目，亦是此书立意本旨。”（《红楼梦》，第1—2页）

其不可而为之’而已。”通过撰写或讲授人生哲学来救国化世固然是一个高尚的理想，但这一事业的性质属于对世界进行修修补补，不像宗教修行能给自己带来“根本之整理”，而且改变世界这一目标能否实现取决于天时地利等诸多因素（孔子生前的遭遇就是例证），不像宗教修行只要努力就有收获。[①] 在文学和哲学写作之间，吴宓认为前者在性质和方法上都更接近宗教修行，因此也成为他在自己人生危机时刻的首要选择。这一想法在吴宓这个时期的日记中时有流露。如：“处此而不自杀或出家，则只有撰作小说之一途。”（1937 年 10 月 14 日日记）“此种超空客观之小说家态度，其为宓解脱自救之惟一方法乎？若宗教，乃最后之归宿。”（1942 年 6 月 21 日记）“幸宓有诗之安慰、宗教之依止，乃得免于疯狂与自杀而已！”（1943 年 9 月 11 日）“上下午，撰《我之人生观及道德标准》，凡五页。既成，乃觉其空虚无用，不如作成诗之有味也。”（1943 年 3 月 28 日）对吴宓来说，文学不仅比历史更能揭示普遍真理（亚里士多德），而且比哲学本身都更富有哲理。

吴宓一生都未停止作诗，而他的小说创作计划却始终没有执行。我们从他的日记只能看到，（1）他一直没有放弃《新旧因缘》的写作计划，（2）《红楼梦》是他最主要的模仿对象，[②] 但他所构想的小说在思想源泉上还要更为丰富，反映出他自己独特的学术背景。他曾自述：“至所著之《新旧因缘》，当以佛教及

---

① 在比较宗教和爱情的不同时，吴宓曾指出：宗教修行的结果是“必然得到；基于努力（善行 = 信仰）”，而爱情“不一定成功；取决于机遇与复杂情况”；宗教修行是“（有求必应）自我依靠”，而爱情则取决于“爱者的恩宠”（《文学与人生》，王岷源译，第 132 页）。此处提到吴宓所做的这个比较，有助于说明他对宗教修行不倚外物这一性质的认识。

② 参见 1943 年 7 月 23 日和 1946 年 6 月 16 日日记。

柏拉图哲学为观察人生、描写人生之根据，而为融化无迹、自由改造之自传。"（1947年10月19日日记）《新旧因缘》准备仿效的作品还有《神曲》（上引1939年3月25日日记）。此外，吴宓还常常向普鲁斯特的《追忆似水年华》看齐。除了对《追忆似水年华》艺术造诣的推崇（关于《大公报·文学副刊》1933年对普鲁斯特所作的长篇介绍，见本书第一章），这一想法还基于吴宓在自己和普鲁斯特的经历和个性之间看到的共同点。在《壬申岁暮述怀》一诗中，吴宓就曾写下普鲁斯特巨著给他的启示（"时失方为得"），并表示自己"得暇亦拟撰小说"（见本书第一章附录中的讨论）。在1937—1941年间，吴宓日记中不时提及普鲁斯特（1937年3月28日、4月2日、4月3日，1940年11月14日，1941年6月2日、7月8—10日），其中多是简单的阅读记录。但是，1937年4月2日，吴宓写道："上午读 Marcel Proust 之书，益觉 Proust= 贾宝玉；曹雪芹。又 Proust= 吴宓，但恐吾之小说不能作成耳。"在次日的日记中，吴宓又说："宓之性质正同 Marcel Proust，神经受病，不堪刺激，郁积过久，不克自制，即强能自制，则道德之得益而文艺之损失也。"由本段所引的这些记录可见，吴宓的小说写作计划是牢牢建立在他对文学与人生紧密关系的理解之上的。一方面，他创作小说，是为了观察、描写和思考与自己有关的人生。另一方面，他想写的是一部"融化无迹、自由改造之自传"。这让我们想起了本章开头所引吴宓对《红楼梦》自传性质的理解："其描写人物亦有蓝本，间参一己之经验；然写入书中，必已脱胎换骨，造成一完密透明之幻境，而不留渣滓。"①

---

① 吴宓：《〈红楼梦〉本事辩证》。

吴宓的小说创作永远停留在了规划阶段，这当然可以像他自己所说的那样以才力不逮和用心不专来解释，[①]但这些也许不是全部原因。吴宓最迫切地想撰写《新旧因缘》的那些年，也是他在强烈的精神危机之下开始积极向佛的阶段。在这个关头，小说创作的计划成为吴宓在宗教修行之外另一个抵抗人生失败的手段。而当他日益深入宗教世界之后，他创作小说的动力似乎相应地减弱了，也许因为佛教和柏拉图哲学的合流使他对真幻二界的体认进入了一种新的超拔状态，已经不那么需要小说创作这一更为刻意的抵抗手段（也即吴宓所说的“有所作为”的方式）了。在1944年4月30日的日记中，吴宓写道：“自觉日日生活，正如读小说，亦即撰作小说也！”《红楼梦》让吴宓醉心的原因之一就是这部小说所创造的亦幻亦真、皆幻皆真的境界。现在，生活本身对他来说就跟读小说和写小说一样了，也就是说，他觉得自己已经到达一个自由之境，无须再去有意识地对“离幻趋真”（宗教修行）、“藉幻显真”（文学创作）、“由幻识真”（读文学作品）这些本质一样的过程进行区分了。其实，早在1933年12月，吴宓就曾在他诗集的《刊印自序》中说过，他虽然计划用余生撰写一部小说和一部道德哲学著作，但是“所成如何，殊未敢必”，因为人生的最高目标是“明道”（“即志在维护并实现真善美之理想于人事中。亦即止于至善。亦即宣扬上帝之教”），所以“直

① 1943年9月8日，1947年10月19日，1963年12月1日日记。在《年谱》1904年部分（第53页），吴宓承认，自己在小说创作上虎头蛇尾的缺点从幼年开始即已存在：“宓此时，已提笔多作小说，但皆发端，而未续写下去，此宓一生长有之缺陷也。”在1963年12月1日日记中，吴宓表达了自己的懊悔：“若夫《新旧因缘》及自传之终身大著作，倘移宓撰录历年日记及写信与亲、友、生之时力以从事，则数十万言之书早已作成且或已印行矣。”

当一书不作，方为最上之途径也”。[①] 彼时，宗教即已被吴宓视为衡量世间一切价值的终极准绳。在吴宓此后的人生中，宗教成为一个永久的主题，读《红楼梦》继续为他提供情感宣泄的重要渠道，而《新旧因缘》的创作则被无限期地搁置。这部基本上止于计划的小说对研究者仍有意义，是因为我们从中不仅可以了解到吴宓对《红楼梦》的一些关键看法，而且可能更重要的是，还可以得知他是如何认识文学在改变人生和对抗失败中的巨大潜力的。[②]

在本节的最后，让我们再一次回到吴宓和王国维。辛亥革命后，王国维的治学方向发生了一个巨大转变，从文哲到经史，从西学到中学，他在学术界的地位也随之真正确立。吴宓对这一转向的评价，很好地反映了他对文学与人生的关系的看法。

尽管吴宓认为《〈红楼梦〉评论》有不尽人意之处，但是吴宓对王国维早期在文学、哲学方面的研究是极其推崇的，而对王氏后期在经史领域的成就反倒颇有保留。吴宓在《空轩诗话》中曾说：“王先生古史及文字考证之学冠绝一时，予独喜先生早年文学如论屈原融合南北，兼古典浪漫之长等。哲学论著。以其受西洋思想影响，故能发人之所未发。”[③] 吴宓真诚地认为，跟王国维相比，自己的学问“不及先生十分之一”，[④] 但他真正喜爱和敬佩的是王

---

① 参见本书第一章附录中的讨论。

② 沈治钧认为：“虽然《新旧因缘》没有作成，他却耗费自己的全部人生，写就了一部更为宏大的著作，即吴宓日记。皇皇七百余万言，它就是吴宓的《新旧因缘》，它就是吴宓的《石头记》。”（《平生爱读〈石头记〉——吴宓恋石情结摭谭》，《红楼梦学刊》2010 年第 2 期，第 32 页）

③ 吴宓：“王国维咏史诗”，吴学昭整理：《吴宓诗话》，第 192 页。

④ 这是吴宓 1927 年 6 月 3 日在王国维灵前祭拜时心里默念之语，记录于当天的日记中。

氏早期的治学方向和成果。1928年1月16日，吴宓在他主编的《大公报·文学副刊》发表了《王静安遗书初集出版》一文（此前一周，吴宓《〈红楼梦〉本事辩证》书评在该刊登出）。当时距王国维自沉昆明湖约半年，由罗振玉（1866—1940）主持的王国维遗著出版计划顺利进行，总共四集的《海宁王忠悫公遗书》中的第一集已经面世。[①] 在赞扬该书印刷之精美和罗氏出资之慷慨后，吴宓转而对整个刊行计划的取舍标准进行了批评：

> 细阅初集，并检全书目录，知该书于王静安一生著作，搜罗略备。惟吾人所认为缺憾者，即《静庵文集》中所收，及曾登载《教育世界》杂志中之各篇，绍介西洋哲学（康德、叔本华等）评论文学及解释《红楼梦》等，均极精要，今兹弃而不收，实为可惜。推罗氏及其他注重考据之旧学者之意，盖谓考订经史、阐明文字、校勘版本、著录金石，乃中国之正经学问，允宜藏之名山；其他则皆野狐禅，偶尔游戏，存之不足为作者荣，反足为作者辱，改从删削。吾人以为此类见解，一偏狭隘，殊属错误。[②]

对于一贯最重义理的吴宓来说，罗振玉等人以考据为惟一"正经学问"的态度本来就是本末倒置，大可商榷，而如今他们的这种价值观居然导致《静庵文集》（出版于1905）中的作品被排除在外，这已经无可商榷了，只能用"一偏狭隘，殊属错误"

① 关于整个出版计划，参见吴宓《王静安遗著之刊行》，《大公报·文学副刊》1928年1月1日。

② 吴宓：《王静安遗书初集出版》，《大公报·文学副刊》1928年1月16日。

这样激烈的言辞直截了当地予以驳斥了。在未收入的作品中，吴宓特意提到了“绍介西洋哲学（康德、叔本华等）评论文学及解释《红楼梦》等”各篇，认为这些皆为“极精要”之作，而编者将其尽情删去，可见在他们眼中，这些都是“野狐禅，偶尔游戏，存之不足为作者荣，反足为作者辱”。

根据罗振玉的自述，王国维是在辛亥革命后与他一起避难日本，在他的影响下毅然放弃其早年的学术方向的：

> 至是予乃劝公专研国学，而先于小学训诂植其基，并与论学术得失。……至欧西哲学，其立论多似周秦诸子，若尼采诸家学说，贱仁义、薄谦逊、非节制，欲创造新文化以代旧文化，则流弊滋多。方今世论益歧，三千年之教泽不绝如线，非矫枉不能反经。士生今日，万事无可为，欲拯此横流，舍反经信古末由也。公年方壮，予亦未至衰暮，守先待后，期与子共勉之。公闻而悚然，自怼以前所学未醇，乃取行箧《静安文集》百余册悉摧烧之。……公既居海东，乃尽弃所学……”①

王国维是否真的在听了罗振玉的劝导之后，将《静庵文集》付之一炬，以表示自己走上治学新路的决心？近人信从罗氏之说者居多。彭玉平在考证这桩公案时即认为，《静庵文集》出版后反响寂寥，王国维继续研究的兴趣不免受到打击，这时又加上罗振玉的劝说，于是促成了他告别文学与哲学的决定，并且有焚书

① 罗振玉:《海宁王忠懿公传》，谢维扬、房鑫亮主编:《王国维全集》第二十卷，浙江教育出版社 2020 年版，第 228—229 页。

之举，作为他转向国学的一个象征性起点。彭玉平还提到，转向之后的王国维避免和友人谈论他曾苦下功夫的西方哲学，甚至对早年的学术经历颇有悔意。考虑到种种证据，彭玉平认为，罗振玉在出版王国维遗书时不收入《静庵文集》“完全可以视为是对王国维心愿的一种尊重”。[①] 黄进兴也接受焚书之说。他认为，王国维第二次东渡日本后决定告别西哲转向国学，不仅是因为西哲给他带来的困惑和失望，也是出于对自己才能的清醒认识。“一旦王氏旅日既久，以他的聪明才智和求知的热忱，不歇时便会知晓其时日本西方哲学研究的水平远非他所及；而在知己知彼之后，果要在治学上出类拔萃，善尽己之长，‘返归国学’不失为正确的抉择。”“一旦他幡然醒悟，竟至弃之如敝屣，改变不可谓不大，而将《文集》焚毁不啻宣示其破釜沉舟的决心。之后，王氏乃尽弃前学，为学判若两样。”和彭玉平一样，黄进兴也提到王国维从此之后不愿意再与人谈及西方哲学。[②]

在证明《静庵文集》的寂然无闻时，彭玉平引用了素痴的一篇文章，其中说：“此书之出，影响极微。当时硕彦，绝无称道。至今世人犹罕知有其书。其知而爱重之，亦大抵在先生经史考证学既驰声之后。此盖不由于显晦之无常，亦不由于提挈之乏力，实当时思想界之情势所必生之结果也。”[③] 素痴是张荫麟（1905—1942）的号兼笔名，他的这篇文章正是1928年1月吴宓刊登在《大公报·文学副刊》“王静安先生逝世周年纪念”的三篇专题论

① 彭玉平：《关于〈静安文集〉的一桩公案》，《清华大学学报》（哲学社科版），2009年第1期，第71—81页，引文见第81页。
② 黄进兴：《两难的抉择：王国维的哲学时刻》，《文汇学人》2019年5月10日。
③ 彭玉平：《关于〈静安文集〉的一桩公案》，第76页。

文之一。吴宓显然不会不知晓，王国维的早年作品是借助其后来在经史考证领域的声誉才开始得到世人重视的。在两人 1925—1927 年的交往过程中，吴宓也应当有足够的机会了解王国维对其早期学术经历的态度，[①] 而吴宓深得王国维信任这一点，从王氏遗嘱中托请陈寅恪和吴宓处理其书籍这一点即可看出（吴宓 1927 年 6 月 3 日日记）。也就是说，吴宓并非因为不明就里而指责罗振玉等人在编选中违背了王国维的意愿；事实上，王国维的抉择本身也是他的批评对象。在《王静安遗书初集出版》一文中，吴宓在指斥编者的决定之后，从两个方面解释了自己的意见：

> （一）者，王先生早年治西洋哲学文学六七年之久，甚能得其精要，故其议论见解精深透辟，不同流俗。即如《人间词话》一作，近复为众所赏；然亦非受西洋哲学文学之影响者不能为此。王先生治学常造新境，既精且博，论其大体乃由思想义理精神而趋于考据校勘训诂，虽成绩精绝，然自另一方面观之，则其趋向愈专愈狭，脱离人生，不问时世，而专为虫鱼简编之业。以其人之勤且慧，晚年如不专务考据，则成就亦必甚宏，而裨益中国之学术思想界者或当更

---

① 1925 年清华组建国学院时，王国维是被聘的四大导师之一，吴宓以国学院主任身份前往王宅送呈聘书。据《年谱》（第 260 页）记载：“宓持清华曹云祥校长聘书，恭谒王国维静安先生，在厅堂向上行三鞠躬礼。王先生事后语人，彼以为来者必系西服革履、握手对坐之少年，至是乃知不同，乃决就聘。”在《空轩诗话》的“王国维咏史诗”中，吴宓说：“宓于民国十四年，任清华国学研究院事，得与王静安先生及梁任公先生常相近接者约二载。”（吴学昭整理：《吴宓诗话》，第 192 页。）吴宓这两年的日记中有不少二人来往的记录。根据日记，在王国维自杀前的半年里，两人曾在如下日期有过交往：1926 年 12 月 3 日、12 月 11 日、12 月 21 日，1927 年 3 月 28 日、5 月 2 日、5 月 12 日、5 月 26 日。

大。总之,《静庵文集》已经绝版,《教育世界》初未广布,欲读王先生早年之精著者,无从检寻。普通读者,实乐读此,而不愿研究甲骨文及辽金蒙古史料也。

（二）者,凡人一生学问及事业,前后大小,本末精粗,其间均有因果之关系。近世批评,有重了解作者之性格,而明溯其治学之方法及思想技术之变迁。今后有欲发明并批评王先生之学问者,不得见其早年西洋哲学文学之作,乌能从事?故即认此诸作为非上品,亦应收入全集中也。[①]

以上的第二条说的是吴宓认可的编辑原则,可谓持平之论,不只适用于王国维的作品,所以我们可以暂且不论,而重点关注第一条。这一条直指王国维本人,对他学术生涯中从西方文哲到中国经史这一重大转向表示强烈遗憾,其断语可谓尖锐之至:"虽成绩精绝,然……其趋向愈专愈狭,脱离人生,不问时世,而专为虫鱼简编之业。"吴宓遗憾之处不外两点:一、王国维早年在中国学问方面的成就其实得益于西学修养给他提供的新鲜视野和灵感,但他后来却彻底放弃了西学;二、王国维"由思想义理精神而趋于考据校勘训诂",与人生的大问题脱节。虽然王国维最为人称道的成就是在其转向之后做出的,但在吴宓看来,王国维"以其人之勤且慧,晚年如不专务考据,则成就亦必甚宏,而裨益中国之学术思想界者或当更大"。

当然,这可能完全是吴宓的偏见。许多学者认为王国维后期的学术不但在技术层面上代表了他的最高成就,而且也并未失去

① 吴宓:《王静安遗书初集出版》。

其早期的文化关怀或者是从此不受西学的影响。叶嘉莹说:“(王国维)研究学术乃抱有双重之用心,一则欲借埋首于学术之研究以求得一己之安慰,再则又对于学术研究之可以有裨于世乱寄以一厢情愿之理想。其早期与晚期之治学途径虽然不同,而其用心则未尝或异。不过因为甲午之战以后及辛亥革命以后之时弊不同,所以其治学途径才因之有趋新趋旧之意。”[①] 彭玉平也认为,转向前后的王国维都关切现实和有志于创造新文化,两个时期之间的区别只在于直接(通过新学)与间接(通过旧学),而且其早期的学术理念(如历史眼光和质疑精神)其实是延续到了晚期的。[②] 黄进兴则指出,王国维在转向后继续受益于西学,其运用史料的方式带有明显的兰克史学印记,“西方哲学对王氏的影响是一时的,而西方史学方是恒久的”。[③] 陈赟以《殷周制度论》为中心,提出王国维的后期学术其实比前期更贴合中国文化的历史现实,也更能体现他对中华文明命运的道德担当。“由本西洋哲学以批评中国文化,而转入对中国文化之认识与理解,王氏本人亦由一味寻求精神之形上慰藉的解脱心态,转而进入在具体的历史文化世界直面现实而有所承担”;“由原先的文哲之学所将建构的中国,将极大的不同于传统中国,更重要的是,它可能不再是一个绵延在历史与大地上的文明之国,而是孤悬在天上的‘不食人间烟火’的近乎‘绝对’的思辨国家。故而王氏经史之学的转向其骨子里是对中西之学的重新理解。是以

① 叶嘉莹:《从性格与时代论王国维治学途径之转变》,《幼狮学刊》1974 年第 39 卷 6 月号,收入《王国维及其文学批评》,河北教育出版社 1997 年版,第 42 页。

② 彭玉平:《关于〈静安文集〉的一桩公案》,第 78 页。

③ 黄进兴:《两难的抉择》。

转向后的王国维尽力淡化甚至摒弃西方哲学尤其是叔本华的色彩，也就不难理解”。[1]

吴宓的偏见，可能在于他太执着于他自己关于经世致用和中西贯通的学术理想，太遗憾王国维本有非凡才智可实现那些理想但可惜中道改志。我们可以通过吴宓对梁启超和柳诒徵的评价，大致把握在吴宓心目中何为经世致用和中西贯通的学问，也可以从中感受到他对王国维转向后的遗憾何在：

> 近今吾国学者人师，可与梁任公先生联镳并驾，而其治学方法亦相类似者，厥惟丹徒今改镇江县柳翼谋先生诒徵。两先生皆宏通博雅，皆兼包考据义理词章，以综合通贯之法治国学，皆萃其精力于中国文化史。柳先生所著《中国文化史》，每部二册。定价五元，南京锺山书局发行。宓曾参校。皆并识西学西理西俗西政，能为融合古今折衷中外之精言名论。皆归宿于儒学，而以论道经邦内圣外王为立身之最后鹄的。皆缘行道爱国之心，而不能忘情于政治事功。皆富于热诚及刚果之勇气，皆能以浅显犀利之笔，为家喻众晓之文。皆视诗词等为余事，而偶作必具精彩。此皆两先生根本大端之相同处。若……事之迹以及声名之大小显晦有异，则时世与境遇

……对中西文化的再认识》，《杭州师范大学学……，第 3、5 页。同样，从《殷周制度论》，叶……之外，所流露出的对于周代之文物制度的一种……安先生的考证之学，其目的原不仅为考证一事……想”（《王国维及其文学批评》，第 8 页）。

……理：《吴宓诗话》，第 201—202 页。

即便我们不考虑“论道经邦内圣外王”和“政治事功”这两项，吴宓所理解的王国维的学术转向也使他颇有别于梁、柳二人。梁、柳“兼包考据义理词章”，而王国维由义理趋考据；梁、柳“融合古今折衷中外”，而王国维放弃了融合与折中，存身于甲骨金石的狭小世界；梁、柳努力做切近现实，甚至“家喻众晓”的学问，而王国维后来的研究远离世事，一般读者很难了解。关于最后一点，我们可以回想起吴宓在批评罗振玉不该将《静庵文集》中的作品排除在王国维的遗书之外时所说的，“普通读者，实乐读此，而不愿研究甲骨文及辽金蒙古史料也”。

读者或许还会想到以下这些：吴宓 1942—1949 年之间面向大众所做的《红楼梦》系列演讲，他关于宗教和文学关系的看法（宗教乃人生的最终归宿，文学艺术乃助人抵此归宿的最佳手段），以及他的悲剧观（在痛苦和绝望中的奋力向上）。对吴宓来说，文学归根结底是关乎救世和自救，而且他深信文学在此两方面的功效。王国维则不然。他的治学转向可以有多种不同的解释，但若说对于文学和文学研究他从未抱有像吴宓那样肯定和积极的看法应该大致不错。

在治学方向上吴宓对王国维不无指摘和抱憾，但王国维的自沉为他树立了一座道德上的丰碑。对于王国维之死的意义，吴宓的理解是和陈寅恪在《王观堂先生挽词》的序中所表达的思想一致的。陈寅恪这样写道：

> 凡一种文化值衰落之时，为此文化所化之人
> 痛，其表现此文化之程量愈宏，则其所受之苦痛
> 既达极深之度，殆非出于自杀无以求一己之

吾中国文化之定义，具于《白虎通》三纲六纪之说，其意义为抽象理想最高之境，犹希腊柏拉图所谓 Eidos 者……盖今日之赤县神州值数千年未有之巨劫奇变，劫尽变穷，则此文化精神所凝聚之人，安得不与之共命而同尽，此观堂先生所以不得不死，遂为天下后世所极哀而深惜者也。至于流俗恩怨荣辱委琐龌龊之说，皆不足置辨，故亦不之及云。[①]

陈寅恪将儒家伦理中的三纲六纪定义为中国文化的最高理想，并引用柏拉图的理念论来注解何为理想主义，也就此解释了王国维之死的原因和意义：他为之殉身的是中国几千年的文化传统，他的死是一个理想主义者最后的悲歌，其必然性也正是其具有普遍意义的原因，其令人痛惜之处也正是其高尚所在。从内容到方式，陈寅恪的这一解说都深得吴宓之心，不仅因为陈寅恪所呈现的王国维完全符合王国维在吴宓心中的地位，而且因为吴宓本人念兹在兹的莫过于孔子之教、一多之别和殉情殉道。在《空轩诗话》中，吴宓这样总结和评价陈作：

王静安先生国维自沉后，哀挽之作，应以义宁今改修水县陈寅恪君之《王观堂先生挽词》为第一。此篇即效王先生《颐和园词》之体。原有序，序与词，并载《学衡》杂志六十四期。发明中国文化中之纲纪仁道，皆抽象理想之通性。如柏拉图所谓 Eidos 者，而非具体之一人一事。予平日所言殉道殉情，亦即此义。陈义甚精。[②]

① 吴宓：“陈寅恪《王观堂先生挽词》”，吴学昭整理：《吴宓诗话》，第 194 页。

② 同上书，第 193—194 页。

作为一个“愿以维持中国文化道德礼教之精神为己任者”，吴宓立誓以王国维为榜样，“他年苟不能实行所志，而澳忍以没；或为中国文化道德礼教之敌所逼迫，义无苟全者，则必当效王先生之行事，从容就死”（1927年6月3日日记）。时至吴宓晚年，当自杀已成为祸及家人的政治罪行时（1960年8月17日、1967年1月14日日记），他常常想起王国维，日益佩服王氏之死的大仁大勇和大智（1952年3月28日、1958年8月22日、1960年8月17日日记）。在这种情况下，吴宓从王国维的《颐和园词》和陈寅恪的《王观堂先生挽词》中找到了安慰。根据1971年1月29日的日记记载：“上午、下午及晚，皆读《辞源》。然，上午，身体觉不适，心脏痛，疑病，乃服狐裘卧床，朗诵（1）王国维先生《颐和园词》（2）陈寅恪君《王观堂先生挽词》等，涕泪横流。久之乃舒。”1971年9月，吴宓日记中又有以下记录：“宓始撰写《王国维先生〈颐和园词〉注释》”（9月13日）；“上下午，续撰写《王国维先生〈颐和园词〉注释》完。晚，续就电灯勉默写陈寅恪《王观堂先生挽词》”（9月14日）；“上午，续默写陈寅恪《王观堂先生挽词》完”（9月15日）。1973年，吴宓还将王国维的《宋元戏曲史》校读一过（4月12日日记），应该也是同样的寄托感情之举。

吴宓的这些举动很容易让我们想起，《红楼梦》常常在安定和疏导他的情绪方面起到特殊作用，在逆境中更是如此。比如，他在1944年7月13日的日记中写道：“回舍，心乱。读 *Types of Eth. Theory*，又读《战国策》，皆不成，乃寝息……下午，再寝息。久坐床读《石头记》……晚7—9翁同文来，久谈。仍酣读《石头记》至11:00寝。”1962年10月13日：“卧读《石头记》散段，直至涕泪横流，觉心情悲苦、清明、安定始已。”1964年11月4日：“晚，读《石头记》第十七回园景题联，第十八回省亲欢庆，顿觉神怡心安。”1966年4月2日：“下午2∶00至中文系，2∶30至5∶30中文系教学改革学习会，记录粘存。……宓在会中，心甚愤懑。回舍，读《石头记》三十七八回，乃略舒。”1967年4月3日：“读《石头记》43—44回，流泪，觉甚舒适（宓此情形，少至老不异）。”1967年3月17日，凌晨四时起，读穆尔《〈失乐园〉的主题》（The Theme of“Paradise Lost”）一文，有如下记录：“深佩。按：《石头记》之太虚幻境，正即universal dream of a Golden Age之旨，特用于男女爱情之范围者耳……‘梦’Dream=回忆过去之生活；经验之理解与写真：老人之有Dream，亦如少年人之各有Vision也。”穆尔之文论证的是，弥尔顿史诗《失乐园》的真正主题不是亚当和夏娃的原罪和堕落，而是人类心中普遍而永恒存在的对无忧无虑的美好乐园的渴望。[①] 吴宓深有所感，因为他在《红楼梦》里的太虚幻境即看见这样一个“关于黄金时代的普世梦想”。对于此时的他，葆有这一梦想是既艰难又重要的。就在一个月前，在1967年2月12日的日记中，吴宓想到了自己过去一二十年的遭遇（接受思想改造，被打为“牛鬼蛇神”）和妙玉“美玉陷泥”“风尘肮脏违心愿”之间的相似之处，不由得感叹当年改《世难容》而成的新曲是如何的“神奇又精确”。当“可怜金玉质，终陷淖泥中”之时，若不是通过读书仍然能够抓住那个缥缈的梦想乐园，

① Paul Elmer More, “The Theme of ‘Paradise Lost’ ”, in *Shelburne Essays*, Fourth Series, G. P. Putnam’ s Sons, 1907, pp. 239-253.

他将何以为继？[①]

不管是吴宓当年对王国维学术转向的批评和遗憾，还是吴宓晚年在王国维身上找到的寄托，或是吴宓一生对《红楼梦》不变的钟爱，都表明了他对文学与人生关系的理解。文学是为了维系和改善人生，人生也永远不能离开文学的滋养和引导。

四、小结

1944 年 11 月 28 日晚，吴宓在四川大学演讲《红楼梦》。他在日记中写道："饶孟侃教授子离，南昌。被命介绍宓时，谓宓之道德胜于宓之学问。又谓平生所见之人中，惟宓最真且正。真而能正，斯为不易得云云。此言实能道出宓一生志事。"视道德重于学问这一点，在吴宓对待《红楼梦》研究的态度上体现得尤其明显。由于当代红学中的显学以考据取胜，而吴宓首推义理兼及词章，所以他拒绝接受"红学家"和"《红楼梦》专家"的头衔。关于《红楼梦》到底该怎样阅读和研究，我们上边曾经引用过的两段话极好地反映了吴宓的观念，值得重温一遍：

> 吾素主为学当文哲史并治，古今中西兼通而一贯，须成为渊雅之士，尤须先勉为笃行知耻，不颓惰，不苟且之人。按文哲史之学，首贵博通，勿取专家。《石头记》为文学人生集大成之书，尤须以各人之真情常识读之验之。
>
> ……吾人对于精确谨严之考证工作，固极敬佩，然尤望

① 在 1952 年 3 月 28 日日记中，吴宓写道："宓恒自拟妙玉。"

> 国中人士治中西文哲史学者，能博通渊雅，综合一贯，立其大者，而底于至善。夫考据、义理、词章三者应合一而不可分离，此在中西新旧之文哲史学皆然。吾人研究《红楼梦》，与吾人对一切学问之态度，固完全相同也。①

将《红楼梦》作为与人生有着密切关系的文学来阅读，作为优秀世界文学的一部分来研究：吴宓自己就是这样做的。通过《红楼梦》，吴宓不但为他自己找到了表达人生观的手段，排解苦闷的渠道和对抗失败的方式，而且他通过教学和演讲在校园内外传播他对这部文学名著与人生世事关系的理解。吴宓在抗战期间开始面向大众演讲《红楼梦》这一选择，以及他所得到的热烈反应，是他文学救世信念和努力的最佳见证。现代的红学家中，不管是索隐派、考证派还是文学批评派，没有其他人对他们的研究对象的自救和救世功能持有同样深刻的信念或者付出过同样扎实的努力。②

吴宓对《红楼梦》任何层面的阐释，从艺术技巧到人物形象和主题思想，都很少离开比较文学的视野。总体上，他有两个倾向。第一，他始终坚持，比较文学研究证实了《红楼梦》从各方面来说都可跻身于世界名著之林。这种看法在吴宓同辈的批评家

① 吴宓：《〈红楼梦〉之人物典型》。

② 沈治钧称："在现代学术史上，吴宓是最早举办《红楼梦》业余讲座的学者，是最早在海外针对留学生开设《红楼梦》业余讲座的学者，也是上个世纪举办业余红学讲座场次最多的学者。"（《吴宓红楼梦讲座述略》，第213页）海外讲座指的是1919年3月2日吴宓在哈佛大学应中国学生会之邀演讲《红楼梦》。当时的听众中还有波士顿其他学校的中国学生，吴宓发表于1920年《民心周报》的《〈红楼梦〉新谈》就是以这次的演讲稿为基础（1919年3月26日日记）。在吴宓心目中，他的事业包括四个方面：（1）主编《学衡》，（2）主编《大公报·文学副刊》，（3）出版《吴宓诗集》，（4）《红楼梦》演讲（1952年5月9日日记）。

中是少见的。稍后的李辰冬（1907—1983）才以写作技巧为重点，大力证明曹雪芹可与但丁、莎士比亚、塞万提斯、歌德、巴尔扎克、托尔斯泰并驾齐驱。[①] 第二，吴宓将自己融合四大宗传的努力应用于对《红楼梦》的解读，注重各大传统的共同点和普遍性，并且特别着力指出，儒家思想的底蕴正是《红楼梦》之所以伟大的重要原因之一。吴宓对贾宝玉性格的分析是最好的例证。采取比较角度的其他批评家往往倾向于强调贾宝玉对儒家主流社会价值的叛逆，从他身上看到"现代性"的萌芽，通过他来对中国传统进行批判，而吴宓却同时使用柏拉图学说和孟子的"赤子之心"以及孔子的"忠恕之德"来解释贾宝玉性格中最主要的一些方面，其用意无非是要证明，真正的儒家传统不但与某些重要的现代价值不相违背，而且代表着这些价值最经典和最完美的体现。吴宓对《红楼梦》悲剧性质的理解也是一个例子。当其他具有比较视野的批评家在这个问题上着重对中国文学传统的"乐天"和"大团圆"精神进行批判性分析时，吴宓所采取的悲剧观却允许他将《红楼梦》和《论语》《孟子》这样的儒家经典相提并论，证明四大宗传皆崇尚乐观积极的精神（指在痛苦和绝望中奋发向上）。吴宓这些做法背后的一些重大考虑在今天的比较文学研究中仍然是根本问题。应该更看重传统之间的相似还是差异？不管是侧重相似还是差异，比较的目的是什么，将如何影响我们对自己的古典传统的看法以及我们对中国在当今世界的位置的期待？

---

① 李辰冬：《〈红楼梦〉研究》，1942年正中书局初版。该书的基础是李辰冬1934年完成于巴黎大学的博士论文，1934—1935年间由作者本人译成中文登载于《国闻周报》。吴宓在《〈石头记〉评赞》中提到李作，并称赞其"议论颇精"。

要理解吴宓围绕《红楼梦》进行的关于文学与人生、中国文学与世界文学的思考和实践，我们决不能忽视他对文学与宗教关系的看法。正是因为吴宓将宗教视作人生归宿，而文学是抵达这一归宿的最佳途径之一，所以他的文学研究才会最重视道德人生的角度，才会将完善人生、提高人的精神境界作为核心目标。比较的视野，从柏拉图的“一多”（真幻）两世界，到但丁的信仰之旅和乌那牟那“绝望成就伟绩”的悲剧理论，为吴宓的文学与宗教观提供了关键的资源。没有这些资源，就不会有吴宓特色鲜明的对文学本质和功能的理解。宗教维度对吴宓文学和人生观的重要性可以浓缩为“藉幻显真”“由幻识真”和“离幻趋真”这几个概念。吴宓的关怀就是如何通过打造和欣赏艺术幻境（词章），实现超离虚幻人生和上达宗教真境的目标（义理）。在现代批评家中，吴宓是第一个高度重视并且反复申说以下这个问题的：《红楼梦》的作者对其作品的虚构性质具有强烈的自我意识，而这种意识的表现之一就是其对真幻二境之间的复杂关系所进行的种种艺术操纵。①

吴宓对义理、考据、词章三者关系的理解不但使他自外于当代红学的主流，也解释了他对《红楼梦》文学批评派开创者王国维的一些批评。就《〈红楼梦〉评论》本身来说，吴宓遗憾的也许首先是王国维未能关注词章部分（尤其是《红楼梦》在真幻间

① 这个问题在余国藩（Anthony C. Yu）的 *Rereading the Stone: Desire and the Making of Fiction in Dream of the Red Chamber*（Princeton University Press, 1997；《重读石头记：红楼梦里的情欲与虚构》，李奭学译，台湾麦田出版社2004年版）中得到了细致的讨论。比较文学的视角和对文学与宗教关系的重视也是余著的两大特色。

题上有意识的艺术探索），另外可能就是王国维对《红楼梦》悲剧精神的理解只看到其悲观和消极的一面。尽管《〈红楼梦〉评论》有这样一些“一偏”和“有所未尽”之处，总体上吴宓对该文以及王国维早年的其他著作是非常钦佩的，真正受到吴宓抨击的“偏”和“狭”是王国维转向中国古代经史之后的学问。吴宓1928年对王国维前后期学术的评价所反映的不仅是两人之间对义理、考据、词章关系理解的分歧，而且最终也许可以归结到文学和宗教在两人心目中不同的地位。几十年后，吴宓对王国维的不断追怀和他在王国维的诗文中找到的寄托，则再一次证实了对他来说文学与道德人生之间不可分割的关系。

必须强调的是，吴宓并非反对考据，而是提倡考据应为词章和义理服务，对做到了这一点的人，他不吝赞誉之词和心悦诚服之表示。这方面最好的例子，是1953年2月10日吴宓在读了俞平伯新出的《红楼梦研究》之后在日记中写下的长篇感想：

> 读至深夜。毕，甚为欣佩。此书乃修改1921所作而1922出版之《红楼梦辨》更加增改而成。要点为曹雪芹原书，约一百一十回。每回较今略长。前八十回即今本之1—80回，为高鹗所续成81—120回，而1791程伟元铅印行世者。原书之后三十回即81—110回，曹雪芹业已撰成，但其稿已散佚（高、程迄未搜得）。今只能由有正书局《脂砚斋评本》之评注中，窥其大略。大体根据曹雪芹之实在生活，贾府以（一）抄家（二）内讧贾环当权，赵姨娘报复。（三）办皇家事用费浩大，不能节俭之故，日趋衰败。抄家极严厉，宝玉、熙凤等皆入狱。巧姐被卖入娼寮，遇刘老老救出。抄家后，

并无给还家产及复世职之事。黛玉先死，而后宝玉娶宝钗，钗、黛并非敌对。“悲金悼玉”证明钗、黛各有所长而宝玉实兼爱。宝玉始终本其个性，不再入塾，不习八股文，不应科举，更无受封文妙真人及成仙得道之事。既遭穷困，无以为生，遣散婢妾，遂命袭人嫁蒋玉函，袭亦欣愿。最后惟留麝月一人。湘云嫁夫卫若兰（金麒麟）而寡。诸人中惟李纨以子得享富贵，然贾兰成名未久，李纨即死。他如香菱则死于夏金桂之手。如王熙凤则为姑邢夫人、夫贾琏所休而回王家。按此与宓所主张同。总之，一切逼真而悲惨，决无调和剥复之事。宝玉出家，半由穷困，半由痛恨一般人情，非仅因失黛而厌世。凡此雪芹原定之写法，固远胜于《后梦》《续补》等书，亦高出于高鹗之续作也。高鹗之续作，力求合于曹雪芹之本意。遵照原定计划，揣摩求合。惟以高鹗非特出之天才，见解庸俗，必求如是方得快意，故使宝玉出家而获荣显，贾府亦失势而得重兴，亦自然之势也。按宓谈《红楼梦》多凭揣想，未考版本，且素不信高鹗续补之说。若俞君所言，实甚分明，而更合于“千红一窟哭”“万艳同杯悲”之本旨，使宓废然矣。

要承认自己相信了一辈子的观点——《红楼梦》一百二十回皆为同一人所做，且后四十回并不比前八十回低劣——是站不住脚的，这一定是极其痛苦的。所以吴宓在读了俞平伯的书之后感觉“废然”。但他承认了自己的错误，因为他看到了，俞平伯的论证更符合《红楼梦》第五回中昭示的“本旨”，俞平伯所做的是为义理和词章服务的上等考据。也就是说，吴宓在版本这个聚讼纷纭的问题上可能错了，[1]但这并不需要他修正自己关于考据、词章、义理三者关系的认识，或是放弃他对《红楼梦》本旨的理解。吴宓对《红楼梦》研究最有启发意义的那些贡献，不管是在中国文学与世界文学的比较方面，还是在文学与宗教的关系方面，或是在文学与人生的关系方面，都不会因为已知的版本问题而发生任何大的改变。对吴宓自己来说，毫无疑问不曾变化的一点就是，《红楼梦》是他一生中最爱的文学作品，直到最后。让我们以他1973年日记中与《红楼梦》的阅读和背诵有关的一些记录结束本章：

4月6日：夜1：30a.m.醒一次。4：30再醒，背诵《石头记》末段回目。[2]

5月26日：晚，读《石头记》第一百二十回。

8月1日：宓10：30始入寐，而中夜12m.即醒，1：30a.m.再醒。风雨甚大，宓2—3时，背诵《石头记》120回目完。

8月4日：8时寝。又起而读《石头记》第一百十六、

① 吴宓并没有因为1953年2月10日的这一次醍醐灌顶而彻底放弃他原先的看法。1973年1月15日，在读了《高兰墅集》中的《红楼梦序》后，吴宓在日记中写道："据此，则高鹗仅在《红楼梦》全书120回（程本）付刊时，参与校订之一人耳。续撰后四十回之说，不攻自破。"如我们下边将要看到的，此后他继续阅读全部120回。

② 1942年4月27日日记记载："10—11上课，讲《石头记》回目之美。"在吴宓晚年，这种美学上的欣赏成了他寻找精神寄托的一种重要方式，日记中常常出现他背诵《红楼梦》回目的记录（1966年8月17日、8月20日，1967年4月2日；1971年12月5日，1972年4月18日、4月22日、5月15日，1973年8月1日）。其中1972年4月22日那一次，吴宓居然"默诵《石头记》120回目数过"。1966年8月17日，吴宓"自默《石头记》回目（失其六）"；三天之后，他弥补了自己的失误："枯坐，休息。默回目，全无误。"

七回，9时再寝。

8月15日：上午8—10候钱国华来，教其英文而不至。近午宓往询，据称：因往为家中购缝纫机一具，故缺课。宓自读《石头记》第五、六回，第二十一、二回，第四十三、四回。

8月16日：晡3—5起，宓读《石头记》。

11月25日：晚读《石头记》。尤二姐情事。

结语

吴宓的悲喜剧

吴宓很早就被定位为一个悲剧人物。温源宁称他为“一个孤独的悲剧角色”（a tragic and lonely figure），一个连微笑都带着痛苦的人。他的痛苦来自他所献身的一场注定失败的斗争，他的孤独是因为他的主张“遭人不齿”，他的悲剧在于他尽管如此痛苦和孤独却仍然勇往直前。[①] 吴宓虽然对他前同事的这篇“讥讽嘲笑之文章”很不满意，[②] 但温源宁勾画的那个伶仃苦斗者的形

---

① 温源宁:《吴宓》，林语堂译（略有改动），《人间世》1934 年 4 月 20 日第 2 期，第 44—45 页。英文引文出自 Christopher Rea, *Imperfect Understanding: Intimate Portraits of Modern Chinese Celebrities*（Cambria Press, 2018）, p. 37。钱锺书在《吴宓先生及其诗》（“A Note on Mr. Wu Mi and His Poetry”）一文中也使用了“悲剧的”（tragic）和“悲惨的”（pathetic）这样的词来形容吴宓（《钱锺书英文文集》，外语教学与研究出版社 2005 年版，第 74，75 页。）。关于吴宓对钱文的反应，见本书第二章。钱锺书为 *Imperfect Understanding* 撰写了一篇书评（钱将书名译为《不够知己》），给予高度评价，发表于 1935 年 6 月第 29 卷的《人间世》。在这篇短评中，钱锺书认为，吴宓遭受众人误解甚多，独有温源宁对其公允。关于钱锺书和温源宁的关系，包括温发表于《中国评论周报》的名人小传有一两篇（叶公超和林文庆）实际上可能出于钱之手这一考证，参见 Rea，*Imperfect Understanding*, pp. 17–24。

② 1937 年 2 月 28 日日记。有人重新翻译了温源宁撰写的吴宓小传，发表在《逸经》杂志 1937 年第 24 期，那天被吴宓在图书馆读到。此前林语堂的翻译登载于《人间世》1934 年第 2 期。

象，何尝不也是吴宓的自我写照。吴宓关于悲剧英雄的理解，可见于他关于黄遵宪《聂将军歌》的一段评论中：

> 此歌所叙之聂士成将军，其志节守职尽忠，殉国死难。及境遇，内外矛盾，友敌均仇。实合于西洋文学中所谓悲剧中之主角。即志行均合于理想道德，而竟致失败牺牲之英雄是。参阅 John A. Scott 之 *The Unity of Homer* 一书第七章，论 Hector 为道德之英雄，故为悲剧之主角云云。又钱锺书君及郭斌龢君，尝谓宓为悲剧之主角，宓甚感且喜。并见宓诗集卷十三第二百八十七页。即以文论，此歌亦《人境庐集》全集中最佳之诗……呜呼，近年国土崩沦，外寇益深。吾侪追念此悲剧英雄牙山及津沪之战迹，更不知涕之何从矣！①

晚清名将聂士成（1836—1900）在中法战争和甲午战争中屡建战功，在八国联军入侵天津的战役中，因当朝者的掣肘，陷入一场毫无希望的战局，但仍坚持身先士卒、浴血奋战，直至阵亡。聂士成的命运让吴宓想起了《伊利亚特》中同样尽忠守土、同样注定失败的赫克托耳。他们怀抱使命，忠于职守，苦撑危局，奋斗至死，聂士成和赫克托耳定义了吴宓心目中的悲剧英雄。这些英雄人物的悲剧下场引发了吴宓深深的同情和哀伤。由“吾侪追念此悲剧英雄牙山及津沪之战迹，更不知涕之何从矣”，可知聂士成的事迹令吴宓泫然泪下。关于赫克托耳，吴宓曾有诗句感叹“伤哉海克多，国祚终难绍”，并自作注云：“海克多（Hector）仁贤英勇，躬为主帅。苦战十年，卒乃身死国灭，

---

① 吴宓：《空轩诗话·黄遵宪》，收入吴学昭整理《吴宓诗话》，商务印书馆 2005 年版，第 207、208 页。

亲族万众悉遭诛戮。爱子 Astyanax 摔死塔下，美妻 Andromache 为敌婢妾。诚可哀矣！”[①] 然而，在悲悯的同时，这些悲剧英雄让吴宓感到的是崇敬，给他带来的是激励。据上引《聂将军歌》诗话，当吴宓被钱锺书和郭斌龢称为悲剧主角时，他的反应是“甚感且喜”，喜的正是自己在他人眼中具有悲剧英雄的崇高品质。吴宓 1934 年赠钱锺书的一首诗中的第七句为“悲剧终场吾事了”，[②] 其语调似乎有悲丧之感，但更准确来说可能是求仁得仁者的悲壮和甘心情愿。

吴宓引以为模范的悲剧英雄可以说都是孤独的斗士，但他们不只限于聂士成和赫克托耳这样驰骋疆场的将帅。在他作于 1934 年寒假的《空轩诗》十二首中，有两首（第六、第七）“自叙”是这样写的：

> 力战冲围苦未通，单枪匹马望奇功。舟横绝港迷歧路，身被絮衣陷棘丛。敌笑亲讥无一可，一九三四年一月二十五日之英文《中国评论周报》七卷四号中，有人作文，评述宓之为人。文中亦有此语。该文曾译登《人间世》半月刊第二期。情亏志折事全终。投怀只欲依坤母，泣血椎心诉困穷。
>
> 奋逐若华过邓林，长途壮往识愁深。血流创重医难觅，苦战军饥路自寻。弱水三千思一勺，昆冈玉碎看珠沉。频加

① 吴宓：《欧游杂诗·伦敦纳耳逊纪念碑》，吴学昭整理：《吴宓诗集》，商务印书馆 2004 年版，第 220、221 页。

② 吴宓：《赋赠钱君锺书默存无锡即题中书君诗初刊》，吴学昭整理：《吴宓诗集》，第 287 页。自注云：“七句答来函之意。来函谓宓具有亚里士多德所言悲剧主角之资格云云。”

责任无欢乐，漫说痴情损道心。[①]

第六首看起来比较简单，整篇就是一个斗士苦苦独立支撑、力竭途穷之后的伤心告白。第七首的情怀也相似，但因为用典而更复杂些。头两句用的是夸父逐日的故事："夸父与日逐走，入日。渴欲得饮，饮于河渭。河渭不足，北饮大泽。未至，道渴而死。弃其杖，化为邓林。"（《山海经·海外北经》）第三、四句的所指，从吴宓的一篇札记中可以得知。在那篇札记中吴宓告诉我们，在《空轩诗》第七首中他将自己比作塞万提斯（1547—1616）笔下的堂·吉诃德。[②] 堂·吉诃德向往已经逝去的骑士时代，在行将半百之年立志行侠仗义，扫清天下之不平；不出所料，他被所有人视为疯子，他征途中的所有侠义行为换来的只是嘲笑、捉弄和遍体鳞伤。接下来的第五、六句指向的是《红楼梦》，"弱水三千，我只取一瓢饮"（《红楼梦》第91回）道出的是贾宝玉对林黛玉的心意，"昆冈玉碎看珠沉"说的是黛玉的早逝给宝玉带来沉重打击，终将导致他遁入空门。[③] 夸父、堂·吉诃德和贾宝玉这三个跨越时间和文化的人物之间的共同点就是，他们都是狂人，拼尽全力去做一件让普通人觉得不可思议的事。[④]

① 吴学昭整理：《吴宓诗集》，第274页。在组诗后的说明中，吴宓解释道："第六第七两首自叙。"（第275页）

② 吴宓：《文学与人生》，王岷源译，清华大学出版社1993年版，第52页。

③ 诗的最后两句涉及的应该是吴宓自己失败的恋爱经历。1931年夏，吴宓和毛彦文的关系进入紧张状态，两人在很多根本问题上（包括对责任和快乐的理解）无法沟通。参见7月6日日记（第375—376页）。当天两人的争论预示，这场恋情即将进入尾声。

④ 关于贾宝玉的"狂"，见吴宓《贾宝玉之性格》一文（本书上一章讨论过）。在该文中，吴宓将贾宝玉和堂·吉诃德对比，说："吉诃德先生，恒'无缘无故而疯狂'，与宝玉'无故寻愁觅恨，有时似傻如狂'者同。"（《流星月刊》1945年第1卷第2期，收入吕启祥、林东海编《红楼梦研究稀见资料汇编》下册，人民文学出版社2001年版，第1077页。）

他们的故事共同证明了第六首诗中用直白语言表达的“情亏志折事全终”这一悲剧结局。

在夸父、堂·吉诃德和贾宝玉之中，西班牙的那位侠士显然最适合拿来形容吴宓一生中最著名的事迹，即他对新文化运动和五四运动现代化事业的抗拒。堂·吉诃德妄想凭一己之力，召唤回充满美德的骑士时代，但不管他的信念多么虔诚，他的搦战多么英勇，他注定只能大败而归。吴宓不仅仅是觉得自己的行迹和堂·吉诃德相似而已。在1952年的一封检讨书中，他承认自己“喜欢……中世纪骑士文学所产生的吉诃德先生精神”。[①] 吴宓曾将堂·吉诃德定义为“偏于浪漫而趋重理想者”：“此类人激于热诚及至情，认幻作真，为己所宝爱所尊尚之理想价值牺牲奋斗，出生入死，冒万苦千辛而不悔。其结果多竟无所成就，憬然自失。间亦有杀身成仁，惠及百世者。为圣为狂，殉道殉情，悉属此类。”[②] 吴宓所说的“吉诃德先生精神”，符合我们在上一章讨论的他对悲剧精神的理解：在绝望和痛苦中奋力拼搏，执着向上。这是一种充溢着乐观主义的悲剧精神。

这种精神在吴宓1928年的《落花诗》中清楚可见。一方面，他感叹“我所爱之理想事物，均被潮流淘汰以去”（第一首自注），他也很清楚“新文化家新教育家主领百事，文明世运均操其手”（第八首自注）。但另一方面，他仍然勉励自己：

---

① 吴宓：《改造思想，站稳立场，勉为人民教师》，《新华日报》1952年7月8日，《光明日报》7月19日。文学中侠士形象对吴宓的吸引力还可见于他1951年6月9日日记中的自比：“昔为贾宝玉、柳湘莲，而今则为甄士隐与警幻仙姑一流人物，盖乃注重道德之高僧与侠士。”

② 吴宓：《文学与人生》（四），《大公报·文学副刊》1929年11月25日。

“我之怀抱未容施展，然当强勉奋斗，不计成功之大小，至死而止。”（第二首自注）[①] 1934年吴宓作《空轩诗》时，他刚刚辞去《大公报·文学副刊》主编之职，《学衡》也才终刊约半年，正是他极为郁闷消沉之时。此时他在诗中以堂·吉诃德自况，仿佛是在从一个相同遭遇的孤独勇士那里寻求安慰。

堂·吉诃德在结束他失败的游侠经历后回到家中，从此幡然醒悟，认识到他从前是如何的荒诞不经。不久之后他就宁静地去世了，临终时他谴责了将自己引上歧途的那些骑士文学作品，并且要求外甥女（他唯一的亲属）将来只能嫁给一个对骑士文学一无所知的人。塞万提斯为他的主人公安排这样一个结局，也许是因为堂·吉诃德生命的精彩完全集中在他癫狂的那个阶段，一旦他回归清醒，他也就丧失了他生活的理想和生存的意义。不论是他最后带着淡淡忧伤的觉醒还是他之前豪情满怀的迷狂，堂·吉诃德似乎都是一个不折不扣的悲剧。

上一章我们讨论过西班牙哲学家乌那牟那《悲剧的人生观》一书对吴宓悲剧观的影响。该书的结论一章题为《当代欧洲悲喜剧中的堂·吉诃德》。乌那牟那称堂·吉诃德为“西班牙的耶稣基督”，视“吉诃德先生精神”为“西班牙的国教”。[②] 这是因为，激励堂·吉诃德踏上他行侠征途的癫狂和让耶稣舍身上了十字架的精神是同源的。两者的行为都是同样的不可理喻，他们的英雄主义最闪光之处就在于他们面对举世的蔑视和嘲讽而毫不退缩。正是在堂·吉诃德身上并存着的高贵心灵和可笑表象之中，

① 吴学昭整理：《吴宓诗集》，第173—174页。

② Unamuno, *Tragic Sense of Life*, pp. 296, 309. 乌那牟那还著有《堂·吉诃德和桑丘》（1905），至今仍然是《堂·吉诃德》研究的重要参考书。

在他屡败屡战的奋斗精神当中，乌那牟那看到了一出伟大的悲喜剧。①

在匡时救世的侠义心肠和不畏世人讥嘲的勇气方面，吴宓都与堂·吉诃德酷似。钱锺书在将对抗新文化运动的吴宓比作向风车发起冲击的堂·吉诃德时曾经评论说："对于他人的嘲讽能够如此毫不忌惮的，要么是个了不起的人，要么是个极端的傻瓜。吴先生是个了不起的人。"② 我们也许可以说，吴宓和堂·吉诃德是同样意义上的悲喜剧。

当然，吴宓和堂·吉诃德不完全一样。首先，堂·吉诃德企图恢复的只是他所知道的欧洲中世纪，而吴宓的精神源泉是跨越东西方的整个古典世界。跟本传统内的复古相比，这注定是一个要受到更多争议和讥嘲的梦想。和堂·吉诃德的另外一个区别是，吴宓始终不曾清醒和忏悔。《学衡》时期过后，他确实不再向他的对手们公开宣战，他承认了自己在战场上的失败，但他的立场始终未变，只不过从前的激情和豪迈逐渐变成了悲哀的倔强。我们从他的日记中可以窥见他落寞中的顽强：

> 晚6—10才盛巷赴联大宴请W.L. Renwick及美国George B. Cressey二教授，进黄酒。席间诸人盛道新文学，而指宓为守旧。宓默不一言，极深厌世离群之感。(1944年1月17日日记)
>
> 报载昨晚联大文艺晚会，诸人盛表五四身与之功，而痛诋中国之礼教与文学。读之愤怒已极，惜年衰力孤，末由与

① Unamuno, *Tragic Sense of Life*，最后一章，尤其是第313—315、325—326页。

② 钱锺书："A Note on Mr. Wu Mi and His Poetry", p. 81.

彼辈争战。(1944年5月9日日记)

报载前日闻一多演辞，竟与我辈“拥护文学遗产”者挑战。恨吾力薄，只得隐忍。(1944年5月10日日记)

见学生壁报，承闻一多等之意，出特刊讨论尊孔、复古问题。不胜痛愤，仍强为隐忍……前日滇越火车在近郊出轨，死数百人。宓以为此乃中国近若干年来上下贪污奢淫，不敬谨奉公治事之结果。其情形普遍，非一时一地之事。中国人之道德如此败坏，而XX等方赞扬五四、攻诋孔子之教，真令人痛愤欲绝。(1944年5月11日日记)

今胡适等愈登盛显，而吾侪乃益销沉沦落。二十五年以来，此两派之盛衰适成反比例。而中国之文教学德乃全澌灭毁弃，而无人能道及或追惜者矣。岂不痛哉！(1945年9月25日日记)

(瞿秋白)主张全废汉字，改为拉丁化之拼音文字……深惜瞿君是一科学逻辑式之思想家……而毫无历史的想像及文学的感情者。其所主张，与宓等正相反对。而今日全国奉行之文字改革方案，实即瞿君1931所制定者，则欲望当局之稍留余地、勿为已甚，容我辈保守者之法外自由，岂可得哉？是故瞿君之死固可伤，然一死而其主张得大行。以视宓与迪生、碧柳等之姓名亦不为撰作中国近世文学史者所齿及，诚彼幸而我不幸已！(1958年4月27日日记)

1959年3月14日，吴宓在观看了苏联电影《堂·吉诃德先生》之后，在日记中写下了自己的感想：

> 观至唐·吉诃德临终，不胜自悲：盖宓1934诗中曾自比若而人也，今则更觉我生悔恨无及。又唐·吉诃德病床遗言有云“冷静安详是老人之本分”，可为宓之指箴。

吴宓在想到自己二十五年前自比堂·吉诃德时，悲痛和悔恨的是什么？答案在1959年12月27日的日记中可以找到。那天，“近值岁暮，静思宓生平行事，殊多悔恨自责。最要者，宓当坚苦不懈，专心编撰《学衡》。尽力维持其久久出版，且内容充实，立场明白而坚定。至1937停刊，可出至一百五十或一百八十期。清华研究院主任及《大公报·文学副刊》编辑，均可不担任”。虽然吴宓当年以他对新文化运动充满“勇气毅力”的反抗著称，[①] 但如今让他难过的是，若不是因为他在毅力和专注力上的欠缺，他完全可以将这场战斗打得更漂亮，将他的主要阵地《学衡》一直经营到抗战爆发，多出版七十甚至一百期。堂·吉诃德在告别了自己的行侠经历之后就恢复了清醒，认识到了那段经历的荒唐，而六十六岁的吴宓不但丝毫没有这种认识，而且他惭愧和懊悔的反而是自己当年未能全力以赴，向世界宣示的立场不够“明白而坚定”，有负自己喜爱和效仿的“吉诃德先生精神”。

堂·吉诃德“冷静安详是老人之本分”的临终遗言也确实触动了吴宓，让他打算用来作为箴言。这显然是为了提醒自己在当时的环境下务必更加“隐忍”，不要公开与官方的立场为敌。至于他内心的价值取向如何，看一看同一年的另一篇日记就知道了。在1959年8月1日，吴宓写道：“偶翻阅人文主义书籍，如

① 温源宁：《吴宓》，林语堂译，第45页。

归故乡而入仙境，真有此身何世之感”。关于吴宓的这种坚持，不管是涉及学问、信仰还是礼仪，我们在本书前几章已引用过很多其他例证；我们也看到了，在极端情况下（面临“批孔”任务时），他甚至不顾一切地放弃隐忍，准备实现自己近半个世纪前立下的虽白刃手枪加于身亦决不改志的殉道誓言。可以说，吴宓是一个永远不曾从癫狂中清醒的堂·吉诃德。

吴宓离开这个世界时，认为自己的一生是个彻底的失败者。但是四五十年后，在对待文化遗产的态度上，在对“五四”的评价上，在对“进步”和“反动”的理解上，吴宓这样的声音越来越被认为值得倾听和重视。从他的声名目前所经历的逆转来说，我们也许可以说看到了另一个意义上的悲喜剧。在他的身前和身后，吴宓这个悲喜剧到底悲在何处，喜从何来？

在《当代欧洲悲喜剧中的堂·吉诃德》一章中，乌那牟那有这样一段看似充满悖论的话：

> 是的，我明白，我很明白，企图让河水倒转，回到它的源头，这是一件疯狂的事，只有无知的人才会企图在过去寻找医治当下弊病的药方。但是我也明白，每一个为了任何理想而奋斗的人，即使他的理想可能看起来存在于一个过去的时代，都是在将世界向未来推进，唯一的反动派是那些安然活在当下的人。每一个据说是复古的行动都是在创造未来，而且假如企图恢复的这个过去是一个梦，是某种我们了解不足的东西，那就更妙了。行进的方向总是朝向未来的，行进者也总是会抵达他的目标的，哪怕他是倒退着行进。谁知道

他的走法不是更好的法子呢！①

钱锺书在对吴宓的评论中，也刻意在反动和进步、开明和保守、现代和古代之间维持一种张力：

> 有时候我认为，一个严肃而开明的反动分子对“进步”事业的帮助不亚于一个激烈的前锋。吴宓先生压根不是一个迂腐的保守派。任何一个对他那个时代有一丁点了解的人都不可能看不见他本质上的现代性。在某种意义上，他通过他的反对而与文学革命家们合作，正如足球赛中敌对的两支球队之间的合作一样。②

如钱锺书在文中指出的，对当时的国人来说，吴宓所介绍的希腊罗马文学，与他的对手们所推荐的俄国文学，在新奇程度上是一样的。③钱锺书对吴宓的“现代性”这一认识在近年来已日渐成为共识。余英时说：“当时批评五四的所谓‘守旧派’，也和他们‘进步的’对手一样，不但具有批判的精神而且也采取了西化的立场。”“现在，似乎愈来愈有必要在陈独秀与鲁迅的激进主义和胡适的自由主义之外，将梅光迪和吴宓的文化保守主义，置于与五四新文化的同一的论述结构之中。”郑师渠强调“学衡派的文化思想，同样属于五四新文化的范畴，学衡派是倡导新文化的一族”，认为“肯定学衡派是新文化运动的一翼，其思想文化

---

① Unamuno, *Tragic Sense of Life*, p. 321.
② 钱锺书：“A Note on Mr. Wu Mi and His Poetry”, p. 73。
③ 同上。

同样体现着新文化的精神，当是毫无疑义的”。[①]

钱锺书点到为止地提出，吴宓的现代性之所以惨遭忽略，是因为他对白璧德思想的引介不合时宜、注定要失败（ill-starred and untimely）。[②] 郑师渠则对“不合时宜”做了具体解说：

> 新文化运动高揭科学与民主的大旗，力倡个性解放，充分体现了近代中国反对封建主义，追究社会民主化、近代化的时代主题；而学衡派强调“人性制裁”、“自由节制”，便不免与中国具体的国情相隔膜，与时代的主题相左了。应当说，学衡派并不缺乏科学、民主、自由的素养与激情，问题在于他们对中国国情理解错位了。欧战进一步暴露了西方资本主义深刻的内在矛盾，以及物欲横流、道德沦丧、极端个人主义泛滥等等社会弊病。白璧德新人文主义的兴起，归根结底，是西方社会的产物，尽管它并不足以解决西方社会的矛盾。而因时代的落差，中国社会面临的问题与西方不可同日而语，但学衡派未能看到国情的差异，却将新人文主义简

① 余英时：《文艺复兴乎？启蒙运动乎？——一个史学家对五四运动的反思》，《重寻胡适历程——胡适生平思想与再认识》，台湾联经出版公司 2014 年版，第 291、292、297 页。郑师渠：《在欧化与国粹之间：学衡派文化思想研究》，商务印书馆 2019 年版，第 372、373 页。关于同一方向的结论，参见乐黛云《世界文化对话中的中国现代保守主义——兼论〈学衡〉杂志》，《第一届吴宓学术讨论会论文选集》，陕西人民教育出版社 1990 年版，第 253—275 页；Lydia H. Liu（刘禾）, *Translingual Practice: Literature, National Culture and Translated Modernity—China, 1900–1937*, Stanford University Press, 1995, pp.239–259；李怡《论“学衡派”与五四新文学运动》，收入王泉根编《多维视野中的吴宓》，重庆出版社 2001 年版，第 312—334 页；Haun Saussy, “Contestatory Classics in 1920s China”, in Susan A. Stephens and Phiroze Vasunia eds., *Classics and National Cultures*, Oxford University Press, 2010, pp. 258–266. 李怡指出，在将学衡派重新纳入中国现代新文化建设的讨论框架时，应注意避免将其理想化。

② 钱锺书：“A Note on Mr. Wu Mi and His Poetry”, p. 74。

> 单照搬到了中国来，其终至于南辕北辙也就成了不可避免的。这与学衡派久居国外，不谙国情有关，但更主要还在于只关心心内自省，而漠视对社会现实的考察，即与新人文主义的理论误导分不开。这一点也与新文化运动倡导者们的取径形成鲜明的对照。[①]

虽然“久居国外”不见得是导致“不谙国情”的原因（吴宓留美四年，胡适七年），但是说吴宓的主张不符合中国当时的国情和时代的最迫切需求，那无疑是对的。然而，接下来的问题是：吴宓的时代终于来到了吗？或者说，当中国已经以激进喧嚣的方式告别传统社会，并在现代化的路上疾走了一百年之后，曾经“误导”了吴宓的新人文主义者（不管是白璧德还是穆尔）终于可以为解决中国问题提供良方了吗？

在1926年10月于布朗大学的一次演讲中，白璧德呼吁，“古典派和现代派应该合作，而不是继续他们由来已久的争吵”。[②]时至今日，如果他得以重生，不知他是否还有信心提出这种建议。从白璧德和穆尔（也可以加上阿诺德）的眼中看去，当代西方社会大概是这样的：在对物质进步的崇拜和对个人欲望的放纵愈演愈烈、花样翻新的同时，在民主政治和相对主义的协力合作下，“真善美”的认知基础被全面动摇，一切价值判断都丧失了标准。他们也会哀叹，象征着所有这些既新且旧的问题的严重性的就

---

① 郑师渠：《在欧化与国粹之间：学衡派文化思想研究》，第371页。书中另一处（第346页）也总结性地陈述了新文化运动和学衡派之间的区别：前者抓住了中国文化变革的主要矛盾，后者反之，因此只能落得边缘化的下场。

② Babbitt, “Humanist and Specialist”, in Claes G. Ryn ed., *Character and Culture: Essays on East and West*, Routledge, 2019, p. 195.

是：一方面，在他们旧日解决方案中占据核心地位的古典传统如今已彻底衰落，不再承担养成人格和塑造标准的重任，而是和其他人文学科一样，早已变成了学院内要么过分琐细要么被意识形态绑架的专业研究对象；另一方面，宗教信仰不幸成了高度分裂的社会的标志，而且常常沦为选民政治中的武器，在被一些人鞭挞为保守愚昧的同时，被另一些人以呵护文化的灵魂的名义来捍卫。一百年前，他们的主张还能吸引不少门徒和崇拜者，并引发与重量级对手的辩论；今天，他们不但得戴着“精英主义者”和“保守主义者”等洋溢着贬损意味的标签，并且还将看到，如今的保守主义阵营也已面目全非，大量被打上和他们一样标签的人其实和他们几乎没有任何共同之处。

如果20世纪初中国和西方国情之间的强烈错位可以用来解释吴宓新人文主义事业的失败选择，那么，在已经再一次出现明显错位的今天，他是否有可能避免他的三位精神导师在后现代西方学术界和思想界的命运，得以遭遇一个仍然崇尚“世界上表达出来的最佳思想和言论”，仍然赋予古典传统重要的指导作用，仍然追求以真善美为理想的精神世界的环境？吴宓当年的“运气”不佳，[①] 在有着自己悠久历史和特定近代轨迹的当下中国，他在获取听众上是否有望胜过阿诺德、白璧德和穆尔在西方的境遇？中国当今从西方看到什么，需要什么，不想要什么？在一个新的历史交叉口上，吴宓是否终于有可能会成为中国文化选择中值得严肃考虑的一部分？

1930年11月11日下午，正在牛津大学访学的吴宓写下了

① 在谈论吴宓被忽略的现代性时，钱锺书使用了“运气”（luck）一词（“A Note on Mr. Wu Mi and His Poetry,” p. 74）。

这样一段话，可以视为他的座右铭：

> 牛津大学为英国国学，亦世界文化中坚。希腊古学及耶教德义，于此中深植根底。牛津所养成之人才，不重博学，而期于修身立行，经世致用。所谓造成大英帝国之工匠（Empire-builders）是也。牛津以守旧闻于世，盖其精神惟重是非，不计利害。宁为义死，不屑苟全。行其心之所安，坚贞不渝。绝异于顺应潮流，揣摩风气者。故牛津有the home of lost causes之名。然屈于一时而伸于百世。事功虽败，精神大显矣。[①]

所谓“牛津有the home of lost causes之名”，出自阿诺德《批评集》的序言（1865）。当时阿诺德在牛津大学担任诗歌教授（Professor of Poetry）。在序言的最后一部分，阿诺德诗情画意地赞美起这所古老的大学来。他问道，哪一个人，置身于她在月光下绵延的花园，聆听着她的钟楼中传出的来自中世纪的最后絮语，能够否认，牛津以一种超出所有最尖端科学的力量，在召唤我们不断靠近我们所有人的真正目标——理想和完美（真和美是一个事物的两面）？就是在这样一个具有无法言喻的魅力的牛津，“无望的事业、唾弃的信仰、不吃香的名字和不可能的忠诚都找到了它们的家园”。[②]

阿诺德是将牛津作为真善美的统一、作为古希腊-希伯来传

---

① 吴学昭整理：《吴宓诗集》，第230—231页。

② “Home of lost causes, and forsaken beliefs, and unpopular names, and impossible loyalties.” 参见 Matthew Arnold, “Preface”（*Essays in Criticism*）, in John Bryson ed., *Matthew Arnold: Poetry and Prose*, Rupert Hart-Davis, 1967, p. 350.

统合一的象征来歌颂的。[1]牛津给吴宓带来的感动，与阿诺德的体验一脉相承，也和他自己对“中世纪骑士文学所产生的吉诃德先生精神”的喜爱若合符节。“无望的事业、唾弃的信仰、不吃香的名字和不可能的忠诚”——这四者简直可以直接拿来作为吴宓一生的写照。然而他就这样毅然前行了，“惟重是非，不计利害。宁为义死，不屑苟全。行其心之所安，坚贞不渝。绝异于顺应潮流，揣摩风气者”。他是否能像历史上的牛津一样，“屈于一时而伸于百世。事功虽败，精神大显”？吴宓怎样看待自己一生的成败和身后的评价？关于后一个问题，吴宓写于 1943 年的《五十生日诗》中的最后一首，给了我们一个知天命者的回答：

缅怀贤圣迹，及今知天命。
宇宙转轮劫，不改真如性。
至道智难窥，笃信须诚敬。
世师孔柏先，教宗佛耶正。
报施各有宜，我未识究竟。
薪尽火能传，溪流入海镜。
功毕可长息，途穷焉足病。
西山晚霞明，美景资欢庆。[2]

---

① 白璧德和穆尔也对牛津抱有特别的感情，虽然在角度上两人侧重点不同（一人文，一宗教）。参见 Babbitt, *Literature and the American College*, pp. 206–208; “Are the English Critical?” in *Character and Culture*, pp. 42–43; Babbitt, *Democracy and Leadership*, Houghton Mifflin, 1924, pp. 113–114; More, *Pages from an Oxford Diary*, Princeton University Press, 1937。

② 吴学昭整理：《吴宓诗集》，第 387 页。在组诗的第十首中，吴宓写道：“白穆即孟荀，人文立教旨。继往足开来，后贤应仰止。”（第 386 页）

约在20世纪50年代，吴宓重读《五十生日诗》，在诗作原件的空白处作了自注："……此诗实宓简括之自传，亦即宓自作之墓志铭。欲知宓者，但读此一篇诗足矣。每章之第一二句，即该章之题目及大意（内容综括），其排置，则（一）总序；以下由近及远，由小而大，由此时此地一身之现实生活，扩延上升而至社会、国家、世界、千古（宗教）……"[①] 以上所引的末章，即引领我们进入吴宓精神世界中的最高境界——宗教。正如整组诗可视为吴宓的简括自传，最后这一首也融聚了他关于宗教的一些基本思想。宗教超越时空和物质，代表着永恒的真知；宗教至理非科学理性所能探知，诚敬之心是唯一的必由之路；四大宗传殊途同归，为全世界指引光明和正道；在道德层面，宗教最重要的修行在于谦卑自律和不懈奋斗，除此之外，一无所求。在一个持有这些信仰的失败者身上，也许不存在一般意义上的纯粹悲剧。在比较《红楼梦》和《神曲》（*Commedia*）这部世界文学史上最著名的"喜剧"时，吴宓曾说："宝玉与但丁，二人精神同向上，而皆得宗教之善果。"[②] 不论世俗成败，在他永远向上攀升的精神之旅和对宗教善果的孜孜追求中，吴宓谱写了一部为理想主义所照亮的悲喜剧。如我们所看到的，在其"自作之墓志铭"里，忧患困顿中的吴宓这样落下了最后一笔："西山晚霞明，美景资欢庆。"

---

① 王泉根：《重庆发现的吴宓佚文》，王泉根编：《多维视野中的吴宓》，第531页。

② 吴宓：《贾宝玉之性格》，《流星月刊》1945年第1卷第2期，收入吕启祥、林东海编《红楼梦研究稀见资料汇编》下册，第1079页。

参考文献

一、吴宓著作

吴宓：《文学与人生》，王岷源译，清华大学出版社 1993 年版。

吴宓著，吴学昭整理：《吴宓自编年谱》，生活·读书·新知三联书店 1995 年版。

吴宓著，吴学昭整理：《吴宓日记》，生活·读书·新知三联书店 1998—1999 年版。

吴宓著，吴学昭整理：《吴宓诗集》，商务印书馆 2004 年版。

吴宓著，吴学昭整理：《吴宓诗话》，商务印书馆 2005 年版。

吴宓著，吴学昭整理：《吴宓日记续编》，生活·读书·新知三联书店 2006 年版。

吴宓著，吴学昭整理：《吴宓书信集》，生活·读书·新知三联书店 2011 年版。

吴宓著，吴学昭编：《世界文学史大纲》，商务印书馆 2020 年版。[①]

吴宓：《〈红楼梦〉新谈》，原载《民心周报》1920 年第 1 卷第 17 期，收入吕启祥、林东海主编：《红楼梦研究稀见资料汇编》上册，人民文学出版社 2001 年版。

吴宓（Mi Wu），"Old and New in China"，*The Chinese Students' Monthly*, 16.3（January 1921）198-209.

吴宓：《〈钮康氏家传〉（*The Newcomes*，萨克雷小说）译序》，《学衡》1922

① 已收入《吴宓诗话》和《世界文学史大纲》的篇章，以下不再单列。

年第1期。
吴宓:《文学研究法》,《学衡》1922年第2期。
吴宓:《〈白璧德中西人文教育谈〉编者按》,《学衡》1922年第3期。
吴宓:《论新文化运动》,《学衡》1922年第4期。
吴宓:《论今日文学创造之正法》,《学衡》1923年第15期。
吴宓:《我之人生观》,《学衡》1923年第16期。
吴宓:《徐震堮译〈圣伯甫释正宗〉编者按》,《学衡》1923年第18期。
吴宓(王志雄):《理想小说新旧因缘》,《学衡》1924年第36期。
吴宓:《立论之标准》,《国闻周报》1926年第3卷第38期。
吴宓:《论孔教之价值》,《国闻周报》1926年第3卷第40、41期。
吴宓:《〈名利场〉译者序》,《学衡》1926年第55期。
吴宓:《浪漫的与古典的(书评)》,《国闻周报》1927年第4卷第37期。
吴宓:《孔子之价值及孔教之精义》,天津《大公报》1927年9月22日。
吴宓:《王静安遗著之刊行》,《大公报·文学副刊》1928年1月1日。
吴宓:《〈红楼梦〉本事辩证》,《大公报·文学副刊》1928年1月9日。
吴宓:《文学与人生》(一)(二)(三)(四),《大公报·文学副刊》1928年1月9日、1月30日、2月18日,1929年11月25日。
吴宓:《王静安遗书初集出版》,《大公报·文学副刊》1928年1月16日。
吴宓:《穆尔论现今美国之新文学》编者按,《学衡》1928年第63期。
吴宓:《法国诗人兼批评家马勒尔白逝世三百年纪念》,《学衡》1928年第65期。
吴宓:《最近逝世之英国大小说家兼诗人哈代评传》,《大公报·文学副刊》1928年2月6日。
吴宓:《评〈歧路灯〉》,《大公报·文学副刊》1928年4月23日。
吴宓:《英国诗人兼小说戏剧作者戈斯密诞生二百年纪念》,《大公报·文学副刊》1928年11月5、12日。
吴宓:《英国宗教寓言小说作者彭衍诞生三百年纪念》,《大公报·文学副刊》1928年11月26日。
吴宓:《圣伯甫略传》,《大公报·文学副刊》1928年12月17日。
吴宓(Mi Wu),"Confucianism, Christianity, and Modern China", *The Chinese Social and Political Science Review* 12(1928)45–57.
吴宓:《民族生命与文学》(一)(二)(三),《大公报·文学副刊》1931年9月28日、10月5日、10月19日。

吴宓:《中华民族在抗敌苦战中所应持之信仰及态度》,《大公报·文学副刊》1932年2月8日。
吴宓:《意大利文学史》,《大公报·文学副刊》1932年8月8日。
吴宓:《茅盾长篇小说:〈子夜〉》,《大公报·文学副刊》1933年4月10日。
吴宓:《孔诞小言》,《学衡》1933年第79期。
吴宓:《悼白璧德先生》,《大公报·文学副刊》1933年12月25日。
吴宓:《贾宝玉之性格》,《流星月刊》1945年第1卷第2期，收入吕启祥、林东海编《红楼梦研究稀见资料汇编》下册，人民文学出版社2001年版。
吴宓:《王熙凤之性格——〈红楼梦〉人物评论之一》,《流星月刊》1945年第1卷第3、4期合刊。
吴宓:《改造民族精神之管见》,《大公报·战国副刊》1941年12月10日。
吴宓:《〈石头记〉评赞》,《旅行杂志》1942年第16卷第11期，收入吕启祥、林东海主编《红楼梦研究稀见资料汇编》下册，人民文学出版社2001年版。
吴宓:《论紫鹃》,《成都周刊》1945年3月11日第1期。
吴宓:《〈红楼梦〉之教训》,《成都周刊》1945年3月25日第3期。
吴宓:《〈红楼梦〉之人物典型》,《武汉日报 ·文学副刊》1947年1月6日。
吴宓:《悼念诗人王荫南烈士》,《武汉日报·文学副刊》1947年2月10日。
吴宓:《艺术修养与宗教精神》,《武汉日报·文学副刊》1947年11月10日。
吴宓:《孔子圣诞感言》，重庆《大公报》1949年8月27日。
吴宓:《改造思想，站稳立场，勉为人民教师》,《新华日报》1952年7月8日。

二、其他著作（中文）

白璧德:《白璧德论欧亚两洲文化》，吴宓译,《学衡》1925年第38期。
白璧德:《白璧德论民治与领袖》，吴宓译,《学衡》1924年第32期。
蔡元培:《以美育代宗教说》，高平叔编:《蔡元培全集》第3卷，中华书局1984年版。
曹新宇编:《激辩儒教：近世中国的宗教认同》，中华书局2019年版。
曹雪芹、高鹗:《红楼梦》，人民文学出版社1982年版。
陈独秀:《基督教与中国人》,《新青年》1920年2月第7卷第3号。
陈怀宇:《在西方发现陈寅恪》，香港三联书店2015年版。
陈怀宇:《白璧德之佛学及其对中国学者的影响》,《清华大学学报》(哲学社科版）2005 年第 5 期。
陈来:《梁漱溟与密宗》,《河北学刊》2009 年第 6 期。
陈明编:《激辩儒教》,贵州人民出版社 2010 年版。
陈漱渝:《〈斯巴达之魂〉与梁启超》,《鲁迅研究月刊》1993 年第 10 期。
陈熙远:《"宗教"——一个中国近代文化史上的关键词》,《新史学》2002 年第 13 卷第 4 期。
陈熙远:《"孔""教"联名的最后一搏——逆航在五四运动的风口浪尖上》,吕妙芬、康豹编:《五四运动与中国宗教的调适与发展》,"中研院"近代史研究所 2020 年版。
陈寅恪:《王观堂先生挽词》,收入《吴宓诗话》。
陈泳超:《周作人的民歌研究及其民众立场》,《鲁迅研究月刊》2000 年第 9 期。
陈友康:《二十世纪中国旧体诗词的合法性和现代性》,《中国社会科学》2005 年第 6 期。
陈赟:《晚年王国维的学术转向及其对中西文化的再认识》,《杭州师范大学学报》(社会科学版)2015 年第 4 期。
戴燕:《文学史的权力》,北京大学出版社 2002 年版。
杜心源:《"西方古学"的东方面相—— 1920—1930 年代中国的古希腊文学史写作与现代性问题》,《中国比较文学》2011 年第 4 期。
段怀清:《白璧德与中国文化》,首都师范大学出版社 2006 年版。
段怀清:《T. S. 艾略特对白璧德人文主义的诠释与批判》,《跨文化对话》2003 年第 12 期。
段怀清:《曾觉之与普鲁斯特》,《新文学史料》2007 年第 2 卷。
方维规:《世界第一部中国文学史的"蓝本"》,《世界汉学》2003 年第 12 卷。
方维规:《何谓世界文学?》,《文艺研究》2017 年第 1 期。
干春松:《康有为、陈焕章与孔教会》,《兰州大学学报》(社会科学版)2008 年第 2 期。
干春松:《保教立国:康有为的现代方略》,生活·读书·新知三联书店 2015 年版。
高旭东:《比较文学与二十世纪中国文学 1901—2000》,人民文学出版社 2003 年版。
顾颉刚:《顾颉刚日记》,台湾联经出版公司 2007 年版。
顾钧:《周作人与〈圣经〉》,《中华读书报》2012 年 1 月 18 日。

郭双林:《前后“甲寅派”考》,《近代史研究》2008年第3期。
郭亚珮:《陈独秀的‘新宗教’——现代文明的“精神性”及其求索》,吕妙芬、康豹编:《五四运动与中国宗教的调适与发展》,“中研院”近代史研究所2020年版。
哈迎飞:《论周作人的儒释观》,《文学评论》2009年第5期。
韩星:《儒教的现代传承与复兴》,福建教育出版社2015年版。
韩子华:《父亲韩复榘并非一介武夫》,《河北青年报》2013年5月21日。
贺麟:《文化与人生》,商务印书馆1999年版。
胡适:《胡适留学日记》,海南出版社1994年版。
胡适著,曹伯言整理:《胡适日记全编》,安徽教育出版社2001年版。
胡适著,严云受选编:《胡适论红学》,安徽教育出版社2006年版。
胡适:《不朽(我的宗教)》,欧阳哲生编:《胡适文集》第2册,北京大学出版社1998年版。
胡适:《说儒》,欧阳哲生编:《胡适文集》第5册,北京大学出版社1998年版。
胡适:《四十自述》,岳麓书社1998年版。
胡晓明:《陈宝琛、王国维、吴宓、陈寅恪之心灵诗学》,《安徽师范大学学报》(人文社会科学版)2014年第5期。
胡迎建:《民国旧体诗史稿》,江西人民出版社2005年版。
华麓农:《吴雨僧先生遗事》,黄世坦编:《回忆吴宓先生》,陕西人民出版社1990年版。
黄进兴:《两难的抉择:王国维的哲学时刻》,《文汇学人》2019年5月10日。
黄修己:《旧体诗词与现代文学的啼笑因缘》,《中国现代文学研究丛刊》2002年第2期。
季剑青:《1935年郑振铎离开燕京大学史实考述》,《文艺争鸣》2015年第1期。
贾植芳等编:《文学研究会资料》(上),知识产权出版社2010年版。
蒋梦麟:《西潮》,辽宁教育出版社1997年版。
蒋书丽:《坚守与开拓:吴宓的文化理想与实践》,社会科学文献出版社2009年版。
李辰冬:《〈红楼梦〉研究》,正中书局1942年版。
李赋宁:《怀念恩师吴宓教授》,《泾阳文史资料·吴宓专辑》,陕西省泾阳县委员会文史资料研究委员会1990年版。

李赋宁:《学习吴宓先生的〈文学与人生〉课程讲授提纲后的体会》，吴宓:《文学与人生》附录，清华大学出版社 1993 年版。
李赋宁:《学习英语与从事英语工作的人生历程》，北京大学出版社 2005 年版。
李菊休编，赵景深校:《世界文学史纲》，上海亚细亚书局 1933 年版。
李俊:《“世界文学”语境下的中国文学史书写——兼论〈文学大纲〉的学术史意义》,《广西社会科学》2015 年第 7 期。
李明滨:《世界第一部中国文学史的发现》,《北京大学学报》(哲学社会科学版)2002 年第 39 卷第 1 期。
李倩:《翟理思的〈中国文学史〉》,《古典文学知识》2006 年第 3 期。
李怡:《论“学衡派”与五四新文学运动》，王泉根编:《多维视野中的吴宓》，重庆出版社 2001 年版。
梁漱溟:《东西文化及其哲学》，商务印书馆 2006 年版。
梁漱溟:《中国文化要义》，上海人民出版社 2003 年版。
林语堂:《八十自叙》，刘志学编:《林语堂作品选》第 1 卷，河北人民出版社 1991 年版。
林语堂:《从异教徒到基督徒》，谢绮霞、工爻、张振玉译，湖南文艺出版社 2016 年版。
林正三:《胡适与基督教的互动——以〈说儒〉借用基督教的观念为例》，欧阳哲生、宋广波编:《胡适研究论丛》，黑龙江教育出版社 2009 年版。
刘锋:《“致用”：早期西方文学引介和研究的一个基本面向》,《北京大学学报》(哲学社会科学版)2017 年第 4 期。
刘明华:《吴宓教学年谱》，王泉根编:《多维视野中的吴宓》，重庆出版社 2001 年版。
刘淑玲:《吴宓与〈大公报·文学副刊〉》,《中国现代文学研究丛刊》2001 年第 4 期。
刘锡诚:《歌谣研究会与启蒙运动》,《民间文化论坛》2004 年第 3 期。
鲁迅:《在现代中国的孔夫子》,《鲁迅全集》第 6 卷，人民文学出版社 1981 年版。
吕妙芬:《本色基督教与儒学传统——以 1920 年代、1930 年代为主的讨论》，吕妙芬、康豹编:《五四运动与中国宗教的调适与发展》，“中研院”近代史研究所 2020 年版。
罗家伦:《罗家伦论美育——罗家伦致熊子真》,《新潮》1920 年第 2 卷第 4 期。

罗振玉:《海宁王忠慤公传》，谢维扬、房鑫亮主编:《王国维全集》第二十卷，浙江教育出版社 2020 年版。
马家骏:《古希腊文学教学的典范：从吴宓先生的二图谈其创造性》，李赋宁等编:《第一届吴宓学术讨论会论文选集》，陕西人民出版社 1992 年版。
马西尔:《白璧德之人文主义》，吴宓译，《学衡》1923 年第 19 期。
茅盾（沈雁冰）:《托尔斯泰与今日之俄罗斯》，《学生杂志》1919 年第 6 卷第 4—6 号。
牛水莲:《郑振铎与印度文学》，《郑州大学学报》（哲学社会科学版）2001 年第 6 期。
潘凤娟、江日新:《张君劢与玄学鬼——五四新文化及其献祭》，吕妙芬、康豹编:《五四运动与中国宗教的调适与发展》，“中研院”近代史研究所 2020 年版。
潘正文:《“五四”社会思潮与文学研究会》，新星出版社 2011 年版。
彭玉平:《关于〈静安文集〉的一桩公案》，《清华大学学报》（哲学社科版）2009 年第 1 期。
浦江清:《清华园日记 西行日记》（增补本），生活·读书·新知三联书店 1999 年版。
普鲁斯特:《驳圣伯夫》，王道乾译，上海译文出版社 2007 年版。
祁雁蓉:《重塑经典：古史辨派与〈诗经〉文学本体性之发现》，《中原文化研究》2021 年第 2 期。
钱锺书:《论林纾的翻译》，《七缀集》（修订本），上海古籍出版社 1993 年版。
沈松侨:《学衡派与五四时期的反新文化运动》，台湾大学出版委员会 1984 年版。
沈卫威:《“学衡派”谱系：历史与叙事》，南京大学出版社 2015 年版。
沈治钧:《吴宓红学讲座述略》，《红楼梦学刊》2008 年第 5 辑。
沈治钧:《平生爱读〈石头记〉——吴宓恋石情结摭谭》，《红楼梦学刊》2010 年第 2 期。
宋广波:《胡适与俞平伯》，《河南教育学院学报》（哲学社会科学版）2005 年第 3 期。
孙尚扬:《曾国藩家族与基督教》，《中国农业大学学报》（社会科学版）2009 年第 1 期。
孙尚扬:《社会重建：赵紫宸的基督教社会哲学之旨趣探析》，李灵、曾庆豹主编：《中国现代化视野下的教会与社会》，上海人民出版社 2011 年版。
汤林峄：《论〈大公报 · 文学副刊〉的德国文学研究》，《湖南大学学报》（社会科学版）2011 年第 5 期。
汤林峄：《论〈大公报 · 文学副刊〉的英国文学研究》，《兰州大学学报》（社会科学版）2012 年第 5 期。
汤林峄：《论〈大公报 · 文学副刊〉的法国文学研究》，《湘潭大学学报》（哲学社科版）2013 年第 6 期。
汤林峄：《〈大公报 · 文学副刊〉在中国早期比较文学中的地位与价值》，《湖南商学院学报》2014 年第 4 期。
汪大白：《胡适：现代诗经学的开山人》，《江淮论坛》2011 年第 5 期。
王本朝：《宗教作为一种可能的现代价值资源——论吴宓的宗教观》，王泉根编：《多维视野中的吴宓》，重庆出版社 2001 年版。
王本朝：《20 世纪中国文学与基督教文化》，安徽教育出版社 2000 年版。
王德生：《贡噶活佛》，云南民族出版社 2006 年版。
王恩洋：《五十自述》，《王恩洋先生论著集》第十册，四川人民出版社 2001 年版。
王国维：《去毒篇》，《静庵文集》，辽宁教育出版社 1997 年版。
王锦厚：《〈石头记〉研究史上的三大创举——吴宓演讲〈石头记〉追踪之四》，《郭沫若学刊》2020 年第 3 期。
王泉根：《重庆发现的吴宓佚文》，王泉根编：《多维视野中的吴宓》，重庆出版社 2001 年版。
魏采莹：《民初的孔教理论与时代思潮（1912—1919）——以宗教、经典问题为论述中心》，吕妙芬、康豹编：《五四运动与中国宗教的调适与发展》，"中研院"近代史研究所 2020 年版。
温源宁：《吴宓》，英文原文收入 Christopher Rea ed., *Imperfect Understanding: Intimate Portraits of Modern Chinese Celebrities by Wen Yuanning and Others*, Cambria Press, 2018，林语堂译，《人间世》1934 年 4 月 20 日第 2 期。
闻一多：《从宗教论中西风格》，《闻一多全集》第 3 卷，生活 · 读书 · 新知三联书店 1982 年版。
吴世昌：《评郑振铎〈插图本中国文学史〉第二册》，《吴世昌全集》第 2 册，河北教育出版社 2003 年版。
吴学昭：《吴宓与陈寅恪》（增补本），生活 · 读书 · 新知三联书店 2014 年版。
吴学昭：《中国文学里的"罗密欧与朱丽叶"——吴宓对〈红楼梦〉故事的英

译》,《新文学史料》2020 年第 4 期。
夏传才:《从传统诗经学到现代诗经学》,河北师范大学学报（哲学社会科学版）2003 年第 4 期。
向天渊:《吴宓与马修 · 阿诺德》,王泉根编:《多维视野中的吴宓》,重庆出版社 2001 年版。
萧公权:《题吴宓诗集》,收入《吴宓诗集》。
萧公权:《小桐阴馆诗词》,《萧公权文集》第 2 卷,中国人民大学出版社 2014 年版。
徐葆耕编选:《会通派如是说:吴宓集》,上海文艺出版社 1998 年版。
［南朝陈］徐陵:《玉台新咏》,文学古籍刊行社 1955 年版。
徐扬尚:《中国比较文学源流》,中州古籍出版社 1999 年版。
徐志啸:《中国比较文学简史》,湖北教育出版社 1996 年版。
许钧、宋学智:《20 世纪法国文学在中国的译介与接受》,湖北教育出版社 2007 年版。
许开明:《论赵紫宸先生的脉络化基督论的神学意义》,唐晓峰、熊晓红编:《夜鹰之志——“赵紫宸与中西思想交流”学术研讨会论文集》,宗教文化出版社 2010 年版。
许正林:《周作人与基督教文化》,《道风》1998 年第 9 期。
杨天宏:《基督教与民国知识分子—— 1922 年—1927 年中国非基督教运动研究》,人民出版社 2005 年版。
杨周翰:《吴宓——中国比较文学的拓荒者》,黄世坦:《回忆吴宓先生》,陕西人民出版社 1990 年版。
叶嘉莹:《从性格与时代论王国维治学途径之转变》,原载《幼狮学刊》1974 年第 39 卷 6 月号,收入叶嘉莹《王国维及其文学批评》,河北教育出版社 1997 年版。
尹任先:《圣光指引——尹任先蒙恩三十年的见证》,香港天道书楼有限公司 2001 年版。
尤小立:《胡适之〈说儒〉内外:学术史和思想史的研究》,北京大学出版 2018 年版。
俞平伯:《俞平伯全集》第五、六卷,花山文艺出版社 1997 年版。
俞晓红:《王国维〈红楼梦评论〉笺说》,中华书局 2004 年版。
余婉卉:《〈学衡〉中的古希腊:以吴宓〈希腊文学史〉为中心》,《中国文学研究》2018年第4期。

余婉卉:《跨文化的诗与思：吴宓〈欧游杂诗〉探析》,《文学评论》2018年第5期。

余英时:《近代红学的发展与红学革命》，原载《香港中文大学学报》1974年月第2期，收入郭豫适编《〈红楼梦〉研究文选》，华东师大出版社1988年版。

余英时:《文艺复兴乎？启蒙运动乎？——一个史学家对五四运动的反思》，《重寻胡适历程——胡适生平思想与再认识》，台湾联经出版公司2014年版。

乐黛云:《世界文化对话中的中国现代保守主义——兼论〈学衡〉杂志》，李赋宁、孙天义、蔡恒编:《第一届吴宓学术讨论会论文选集》，陕西人民教育出版社1990年版。

曾宝荪:《曾宝荪回忆录》，岳麓书社1986年版。

曾庆豹:《革命的基督教——五四以后激进的汉语基督教思想之形成》，吕妙芬、康豹主编:《五四运动与中国宗教的调适与发展》，“中研院”近代史研究所2020年版。

张百熙、荣庆、张之洞:《重订学堂章程折》，朱有瓛编:《中国近代学制史料》第2辑上册，华东师范大学出版社1987年版。

张东荪:《我对于基督教的感想》,《生命》1922年第2卷第7期。

张弘:《吴宓：理想的使者》，文津出版社2005年版。

张颂之:《孔教会始末汇考》,《文史哲》2008年第1期。

张雪松:《太无成见——梁启超的宗教观》,《中国民族报》2019年2月26日。

张源:《从“人文主义”到“保守主义”:〈学衡〉中的白璧德》，生活·读书·新知三联书店2009年版。

张治:《民国时期古希腊神话的汉译》,《读书》2012年第3期。

章克生:《吴雨僧师以新材料入旧格律的吟诗理论及实践》，李继凯、刘瑞春选编:《解析吴宓》，社会科学文献出版社2001年版。

赵瑞蕻:《我是吴宓教授，给我开灯：纪念吴宓先生辞世二十周年》，王泉根编:《多维视野中的吴宓》，重庆出版社2001年版。

赵天:《孔与佛之间的抉择：论梁启超的变与不变》，陈明、朱汉民主编:《原道》第36辑，湖南大学出版社2019年版。

赵紫宸:《基督教与中国文化》,《赵紫宸文集》第3卷，商务印书馆2007年版。

郑师渠:《在欧化与国粹之间：学衡派文化思想研究》，商务印书馆 2019 年版。
郑振铎:《俄国文学史略》,《郑振铎全集》第 15 卷，花山文艺出版社 1998 年版。
郑振铎:《俄国文学发达的原因与影响》,《改造》1920 年第 3 卷第 4 号。
郑振铎:《诗人拜伦的百年祭》,《小说月报》1924 年第 15 卷第 4 期。
郑振铎:《插图本中国文学史》,《郑振铎全集》第 8—9 卷，花山文艺出版社 1998 年版。
郑振铎:《文学大纲》,《郑振铎全集》第 10—12 卷，花山文艺出版社 1998 年版。
郑振伟:《郑振铎前期文学思想》，人民文学出版社 2000 年版。
止庵:《关于周作人〈欧洲近代文学史〉》,《中华读书报》2007 年 9 月 26 日。
钟明奇:《王国维〈红楼梦评论〉的佛家底蕴》,《安徽大学学报》(哲学社科版) 2010 年第 34 卷第 2 期。
周辅成:《吴宓的人生观和道德理想》，吴宓:《文学与人生》附录，清华大学出版社 1993 年版。
周淑媚:《学衡派文化与文学思想研究》，台湾花木兰文化出版社 2015 年版。
周绚隆:《中国文化的殉道者：吴宓与顾亭林》,《吴宓评注〈顾亭林诗集〉》，人民文学出版社 2012 年版。
周作人:《文学上的俄国与中国》,《民国日报·觉悟》1920 年 11 月 19 日。
周作人:《欧洲文学史》，止庵校订:《周作人自编文集》第 1 卷，河北教育出版社 2002 年版。
周作人:《山中杂信》,《雨天的书》，止庵校订:《周作人自编文集》第 4 卷，河北教育出版社 2002 年版。
周作人:《关于非宗教》,《谈虎集》，止庵校订:《周作人自编文集》第 8 卷，河北教育出版社 2002 年版。
周作人:《谈儒家》,《秉烛谈》，止庵校订:《周作人自编文集》第 21 卷，河北教育出版社 2002 年版。
周作人:《关于祭神迎会》,《药堂杂文》，止庵校订:《周作人自编文集》第 26 卷，河北教育出版社 2002 年版。
周作人:《知堂回想录》，止庵校订:《周作人自编文集》第 36 卷，河北教育出版社 2002 年版。
周作人:《宗教与文学》，钟叔河编:《周作人文类编》第 3 卷，湖南文艺出版社 1998 年版。
周作人:《圣书与中国文学》，钟叔河编:《周作人文类编》第 8 卷，湖南文艺出版社 1998 年版。
朱光潜:《中国文学之未开辟的领土》,《东方杂志》1926 年第 23 卷第 11 期。
朱光潜:《长篇诗在中国何以不发达》,《申报月刊》1934 年第 3 卷第 2 期。

三、其他著作（英文）

Alexander, Patrick, *Marcel Proust's Search for Lost Time: A Reader's Guide to The Remembrance of Things Past*, Vintage Books, 2007.

Alitto, Guy, *The Last Confucian: Liang Shu-ming and the Chinese Dilemma of Modernity*, University of California Press, 1979.

apRoberts, Ruth, *Arnold and God*, University of California Press, 1983.

Arnold, Matthew, *God and the Bible*, MacMillan, 1883.

Arnold, Matthew, *Matthew Arnold: Poetry and Prose*, John Bryson ed., Rupert Hart-Davis, 1967.

Arnold, Matthew, *Culture and Anarchy: An Essay in Political and Social Criticism*, Oxford World's Classics, 2006.

Babbitt, Irving, *Literature and the American College*: *Essays in Defense of the Humanities*, Houghton Mifflin, 1908.

Babbitt, Irving, *Rousseau and Romanticism*, Houghton Mifflin, 1919.

Babbitt, Irving, *Democracy and Leadership*, Houghton Mifflin, 1924.

Babbitt, Irving, *Irving Babbitt on Literature, Culture, and Religion*, George A. Panichas ed.,Transaction Publishers, 2006.

Babbitt, Irving, *Character and Culture*: *Essays on East and West*, Claes G. Ryn ed., Routledge, 2019.

Bai, Liping, "Wu Mi's Discourse on Translation" , *Neohelicon* 44（2017）.

Berger, Peter, ed., *The Desecularization of the World: Resurgent Religion and World Politics*, Eerdmans, 1999.

Blondell, Ruby, *Helen of Troy: Beauty, Myth, Devastation*, Oxford University Press, 2013.

Brandt Corstius, J. C., "Writing Histories of World Literature" , *Yearbook of*

Comparative and General Literature 12（1963）.

Dakin, Arthur Hazard, *Paul Elmer More*, Princeton University Press, 1960.

Duggan, Francis X, *Paul Elmer More*, Twayne Publishers, 1966.

Dunham, Barrows, "Paul Elmer More", *The Massachusetts Review* 7.1 (1966).

Edmond, Jacob, *A Common Strangeness: Contemporary Poetry, Cross-Cultural Encounter, Comparative Literature*, Fordham University Press, 2012.

Elliott, G. R, "The Religious Dissension of Babbitt and More", *American Review* 9（1937）.

Feuerwerker, Yi-tsi Mei, "Reconsidering *Xueheng*: Neoconservatism in Early Republican China", in Kirk Denton and Michel Hockx eds., *Literary Societies of Republican China*, Lexington Books, 2008.

Fingarette, Herbert, *Confucius: The Secular as Sacred*, Harper & Row, 1972.

Glüer, Winfried, "The Legacy of T.C. Chao", *International Bulletin of Missionary Research* 6.4（1982）.

Hampton, Alexander J. B., and John Peter Kenney, *Christian Platonism: A History*, Cambridge University Press, 2021.

Hanafin, John J, "The 'Last Buddhist': The Philosophy of Liang Shuming", in John Makeham ed., *New Confucianism: A Critical Examination*, Palgrave, 2003.

Hoeveler, David, *The New Humanism: A Critique of Modern America, 1900–1940*, University Press of Virginia, 1977.

Hon, Tze-ki, "From Babbitt to 'Bai Bide': Interpretations of New Humanism in *Xueheng*", in Kai-wing Chow et al. eds., *Beyond the May Fourth Paradigm: In Search of Chinese Modernity*, Lexington Books, 2008.

Hou, Chien, "Irving Babbitt in China", PhD dissertation, State University of New York, Stony Brook, 1980.

Hughes, Bettany, *Helen of Troy: Goddess, Princess, Whore*, Knopf, 2005.

Kennedy, George Alexander. ed., *The Cambridge History of Literary Criticism*, Vol. 1, *Classical Criticism*, Cambridge University Press, 1990.

Kirk, Russell, "Foreword", Irving Babbitt, *Democracy and Leadership*, Liberty Fund, 1979.

Kirk, Russell, *The Conservative Mind: From Burke to Eliot*, BN Publishing,

2008.

Koons, Robert C., "The War of the Three Humanisms: Irving Babbitt and the Recovery of Classical Learning" , *Modern Age* 52 (summer 2010).

Kowallis, Jon Eugene von., *The Subtle Revolution: Poets of the 'Old Schools' during Late Qing and Early Republican China*, Institute of East Asian Studies, University of California, 2006.

Kuo, Ya-pei, "*Zongjiao* and the Category of Religion in China" , in Richard King ed., *Religion, Theory, Critique: Classic and Contemporary Approaches and Methodologies*, Columbia University Press, 2017.

Leander, Folke, *The Inner Check: A Concept of Paul Elmer More with Reference to Benedetto Croce*, E. Wright, 1974.

Liu, Jinyu, "Translating and Rewriting Western Classics in China (1920s–1930s): The Case of the *Xueheng* Journal" , in Almut-Barbara Renger and Xin Fan eds., *Receptions of Greek and Roman Antiquity in East Asia*, Brill, 2019.

Liu, Lydia H., *Translingual Practice: Literature, National Culture and Translated Modernity—China, 1900–1937*, Stanford University Press, 1995.

Lutz, Jessie G., *Chinese Politics and Christian Missions: The Anti-Christian Movements of 1920–28*, Cross Cultural Publications, 1988.

Maguire, Laurie, *Helen of Troy: From Homer to Hollywood*, Wiley-Blackwell, 2009.

Mercier, Louis J. A., *The Challenge of Humanism: An Essay in Comparative Criticism*, Oxford University Press, 1933.

Miller, J. Hillis, *The Disappearance of God: Five Nineteenth-Century Writers*, Belknap Press of Harvard University Press, 1963.

More, Paul Elmer, "The Wholesome Revival of Byron" , *The Atlantic Monthly* 82 (December 1898).

More, Paul Elmer, "A Note on 'Don Juan' " , in *Shelburne Essays*, Third Series, G. P. Putnam's Sons, 1905.

More, Paul Elmer, "The Theme of 'Paradise Lost' " , in *Shelburne Essays*, Fourth Series, G. P. Putnam's Sons, 1907.

More, Paul Elmer. ed., *The Complete Poetical Works of Lord Byron*, Houghton Mifflin, 1905.

More, Paul Elmer, *The Religion of Plato*, Princeton University Press, 1921.

More, Paul Elmer, *The Catholic Faith*, Princeton University Press, 1931.

More, Paul Elmer, *On Being Human*, Princeton University Press, 1936.

More, Paul Elmer, *Pages from an Oxford Diary*, Princeton University Press, 1937.

More, Paul Elmer, *The Essential Paul Elmer More*, Byron C. Lambert ed., Arlington House, 1972.

Ong, Chang Woei, "On Wu Mi's Conservatism", *Humanitas* 12.1 (1999).

Ong, Chang Woei, "Which West Are you Talking About? *Critical Review*: A Unique Model of Conservatism in Modern China", *Humanitas* 17.1–2 (2004).

Owen, Stephen, "Stepping Forward and Back: Issues and Possibilities for 'World' Poetry", *Modern Philology* 100.4 (2003).

Page, Judith W., *Wordsworth and the Cultivation of Women*, University of California Press, 1994.

Panichas, George A., *The Critical Legacy of Irving Babbitt*, Intercollegiate Studies Institute, 1999.

Qian, Zhongshu, "A Note on Mr. Wu Mi and His Poetry", *Qian Zhongshu's English Essays*, Foreign Language Teaching and Research Press, 2005.

Ryn, Claes G., "Babbitt and the Christians", *Modern Age* 32.4 (1989).

Ryn, Claes G., *Will, Imagination and Reason: Babbitt, Croce, and the Problem of Reality*, Routledge, 1997.

Saussy, Haun, "Contestatory Classics in 1920s China", in Susan A. Stephens and Phiroze Vasunia eds., *Classics and National Cultures*, Oxford University Press, 2010.

Schneider, Axel., "The One and the Many: A Classicist Reading of China's Tradition and Its Role in the Modern World: An Attempt on Modern Chinese Conservatism", *Procedia Social and Behavioral Sciences* 2 (2010).

Stark, Rodney, *The Triumph of Faith: Why the World is More Religious Than Ever,* Intercollegiate Study Press, 2015.

Stark, Rodney, and William Sims Bainbridge, *The Future of Religion: Secularization, Revival, and Cult Formation*, University of California Press, 1985.

Stone, Donald D., "Matthew Arnold and the Pragmatics of Hebraism and Hellenism", *Poetics Today*, 19.2 (1998).

Stryer, Steven, "'A Loftier Tone': 'Laodamia,' the Aeneid, and Wordsworth's Virgilian Imagination", *Studies in Philology* 112.3 (2015).

Sun, Anna, *Confucianism as a World Religion: Contested Histories and Contemporary Realities*, Princeton University Press, 2013.

Suzuki, Mihoko, *Metamorphoses of Helen: Authority, Difference, and the Epic*, Cornell University Press, 1989.

Tanner, Stephen, *Paul Elmer More: Literary Criticism as the History of Ideas*, State University of New York Press, 1987.

Tian, Xiaofei, "Muffled Dialect Spoken by Green Fruit: An Alternative History of Modern Chinese Poetry", *Modern Chinese Literature and Culture* 21.1 (2009).

Tsu, Jing, "Getting Ideas about World Literature in China", *Comparative Literature Studies* 47.3 (2010).

Unamuno, Miguel de., *Tragic Sense of Life*, tr. J. E. Crawford Flitch, Dover Publications, 1954.

Willey, Basil, *Nineteenth-Century Studies: Coleridge to Matthew Arnold*, Cambridge University Press, 1980.

Wu, Shengqing, *Modern Archaics: Continuity and Innovation in the Chinese Lyric Tradition, 1900–1937*, Harvard University Asia Center, 2014.

Young, Julian, "Schopenhauer: The First European Buddhist", *Times Literary Supplement*, August 24, 2017.

Yu, Anthony C., *Rereading the Stone: Desire and the Making of Fiction in Dream of the Red Chamber*, Princeton University Press, 1997.

Zarrow, Peter, *Abolishing Boundaries: Global Utopias in the Formation of Modern Chinese Political Thought, 1880–1940*, State University of New

York Press, 2021.

Zhang, Longxi, *From Comparison to World Literature*, State University of New York Press, 2015.

Zhou, Yiqun, "Greek Antiquity, Chinese Modernity, and the Changing World Order" , in Ban Wang ed., *Chinese Visions of World Order: Tianxia, Culture, and World Politics*, Duke University Press, 2017.

后　　记

从 2020 年 3 月至今，我在斗室中度过了几乎所有时间。在此期间，眼看着世界疫情失控，美国政局混乱，中美关系紧张，不免耗去自家许多精力和情绪，而写作《吴宓的精神世界》（从前年 8 月开始）则是难得的具有安定和治愈功能的一件事。吴宓对学术与人生之间紧密关系的认真讲究，以及他在各种逆境下都不改的热烈执着，无疑是他在此时对我具有特殊意义的原因。我希望本书为他提供的精神肖像能够不太走样地传达出这位奇人和畸人的风貌，促进我们重新检讨一些他曾经以著名的失败者身份参与的关于中国文化道路的论争，并勉力展望充满各种可能性的前途。

我衷心感谢吴学昭、何可人、徐杭平、徐东风和吕明烜诸位友人。他们阅读了本书的部分章节，在各方面提出了改进建议。本书中的吴宓照片由吴学昭女士提供并授权使用。在这诸事不易的两年中，他们的慷慨弥足珍贵。此外，斯坦福大学东亚图书馆的薛昭慧女士为我寻找资料提供了诸多方便，商务印书馆的陈洁女士对本书的出版给予了大力支持，我在此也向她们两位表示谢意。

2022 年 2 月于加州